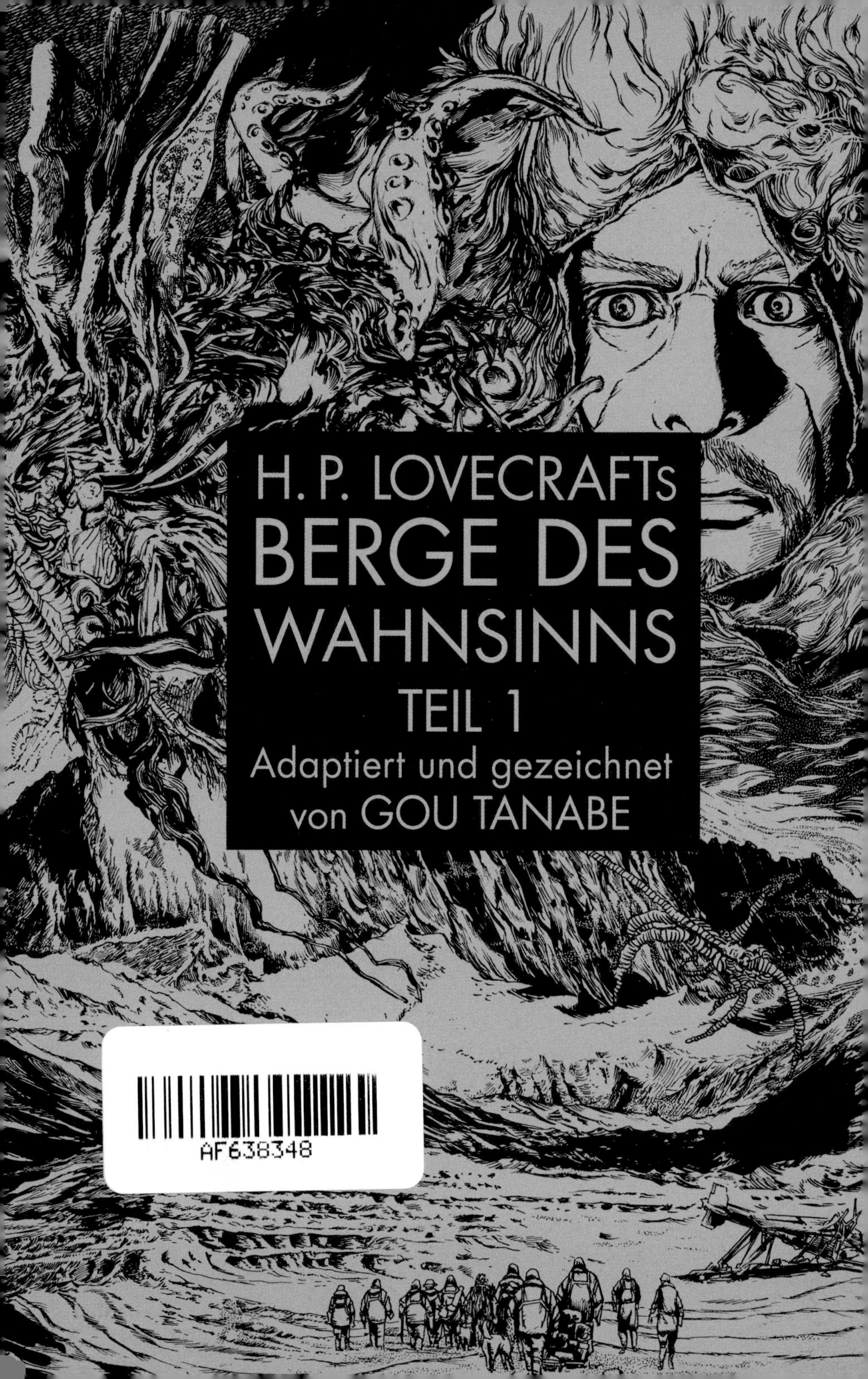

H. P. LOVECRAFTs

BERGE DES WAHNSINNS

TEIL 1

Adaptiert und gezeichnet von GOU TANABE

AF638348

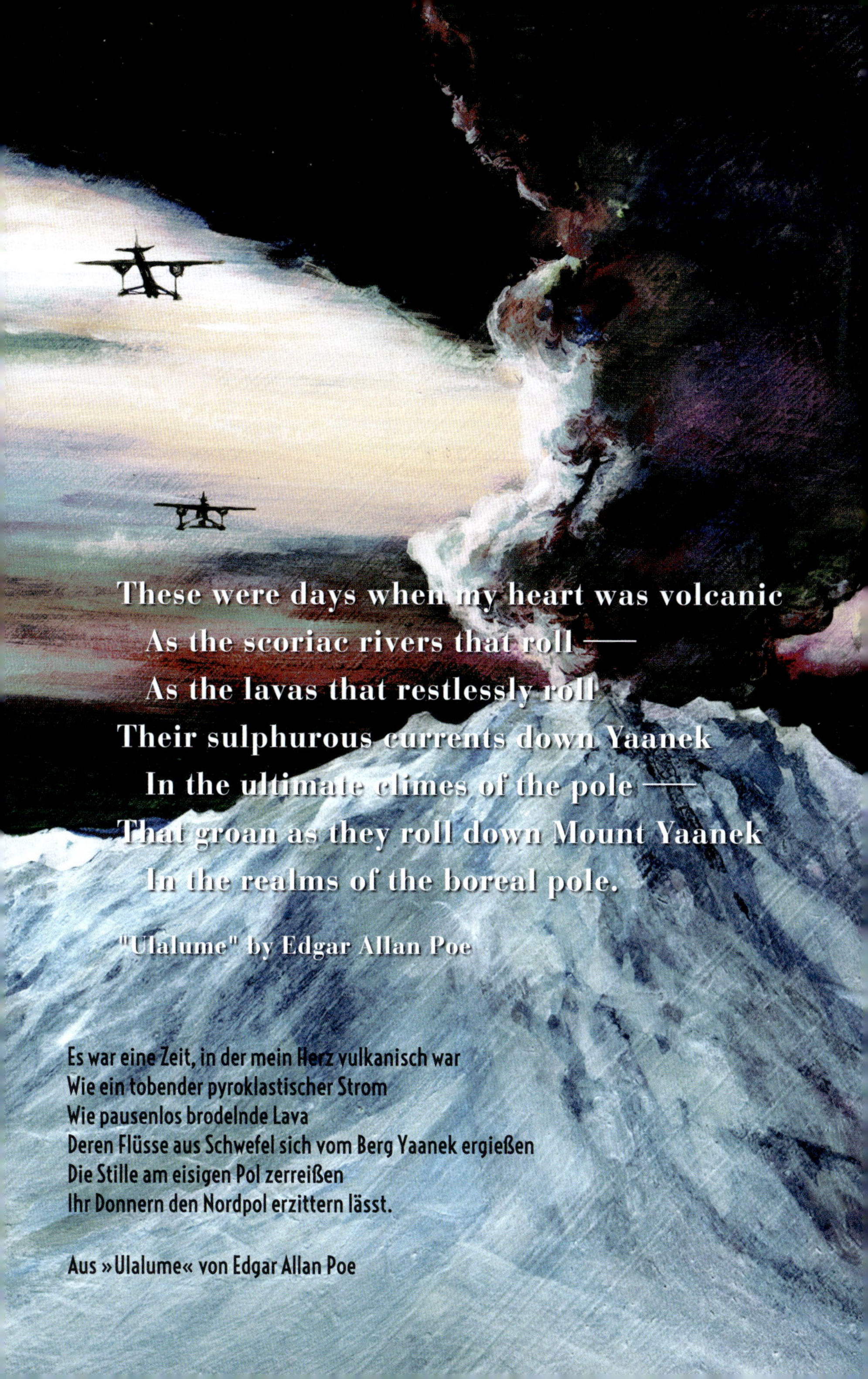

These were days when my heart was volcanic
As the scoriac rivers that roll —
As the lavas that restlessly roll
Their sulphurous currents down Yaanek
In the ultimate climes of the pole —
That groan as they roll down Mount Yaanek
In the realms of the boreal pole.

"Ulalume" by Edgar Allan Poe

Es war eine Zeit, in der mein Herz vulkanisch war
Wie ein tobender pyroklastischer Strom
Wie pausenlos brodelnde Lava
Deren Flüsse aus Schwefel sich vom Berg Yaanek ergießen
Die Stille am eisigen Pol zerreißen
Ihr Donnern den Nordpol erzittern lässt.

Aus »Ulalume« von Edgar Allan Poe

The darkness had materially increased, relieved only by the glare of the water thrown back from the white curtain before us. Many gigantic and pallidly white birds flew continuously now from beyond the veil, and their scream was the eternal Tekeli-li! as they retreated from our vision.

"The Narrative of Arthur Gordon Pym of Nantucket"
by Edgar Allan Poe

Die Dunkelheit hatte sich derart verdichtet, dass sie sich greifen ließ. Unser einziger Halt war der schneeweiße Vorhang des Polarlichts, der sich auf dem Meer spiegelte.
Abertausende riesiger blassweißer Vögel kamen durch den Schleier geflogen und verschwanden im Nichts. Nur ihr »Tekeli-li« erklang bis in alle Ewigkeit.

Aus »The Narrative of Arthur Gordon Pym of Nantucket«

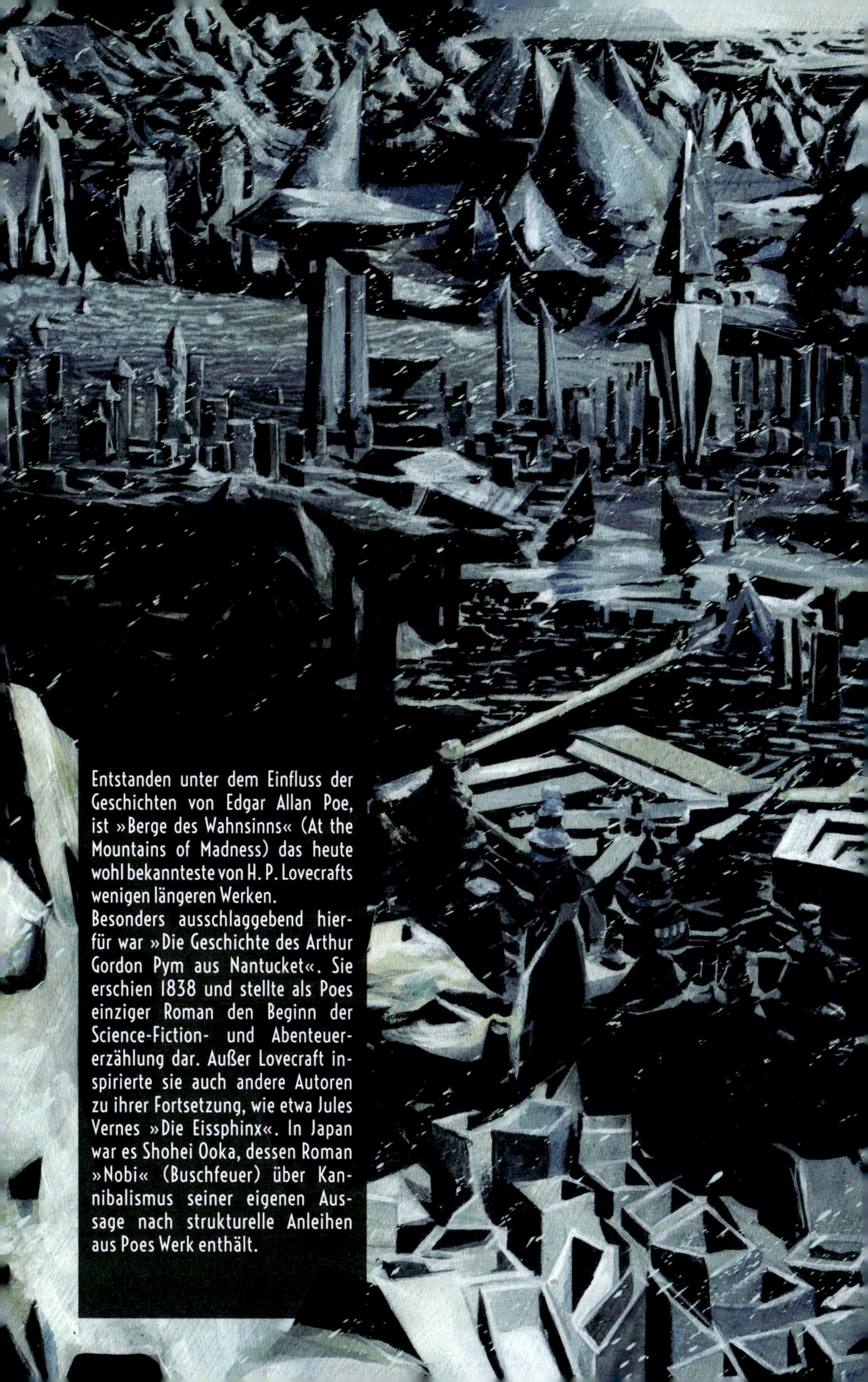

Entstanden unter dem Einfluss der Geschichten von Edgar Allan Poe, ist »Berge des Wahnsinns« (At the Mountains of Madness) das heute wohl bekannteste von H. P. Lovecrafts wenigen längeren Werken.
Besonders ausschlaggebend hierfür war »Die Geschichte des Arthur Gordon Pym aus Nantucket«. Sie erschien 1838 und stellte als Poes einziger Roman den Beginn der Science-Fiction- und Abenteuererzählung dar. Außer Lovecraft inspirierte sie auch andere Autoren zu ihrer Fortsetzung, wie etwa Jules Vernes »Die Eissphinx«. In Japan war es Shohei Ooka, dessen Roman »Nobi« (Buschfeuer) über Kannibalismus seiner eigenen Aussage nach strukturelle Anleihen aus Poes Werk enthält.

Berge des Wahnsinns«

At the Mountains of Madness«

as Meisterwerk in H. P. Lovecrafts ammlung »Cosmic Horror«. Dabei ›hnte das Pulp-Magazin »Weird ales« das Manuskript zunächst b. Den Weg in die Öffentlichkeit ınd es erst 1936, fünf Jahre nach ›iner Entstehung, in dem Magazin Astounding Stories«.

uillermo del Toro, Regisseur des cience-Fiction-Spielfilms »Pacific im«, träumte viele Jahre davon, Berge des Wahnsinns« zu verlmen. Ein Vorhaben, das er im ahr 2010 mit James Cameron als roduzenten ankündigte, jedoch is heute nicht umgesetzt hat.

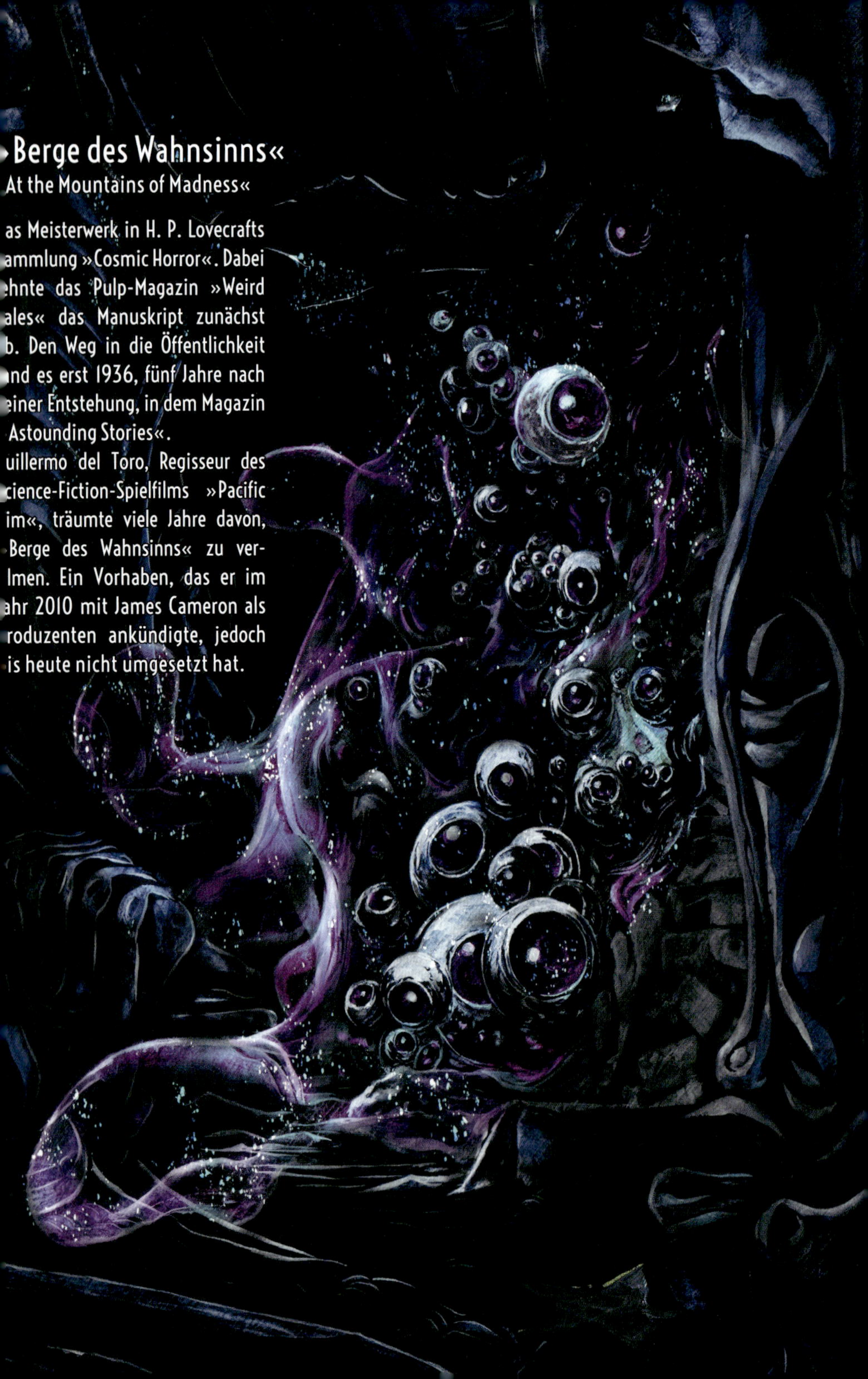

BERGE DES WAHNSINNS
TEIL 1

Meisterwerke von
H. P. Lovecraft

GOU TANABE

INHALT

Nach der Geschichte von
Howard Phillips Lovecraft

H. P. Lovecrafts »Berge des Wahnsinns«

Verfasst 1931, veröffentlicht 1936
in »Astounding Stories«

PROLOG
NACH DEM STURM

After the Storm

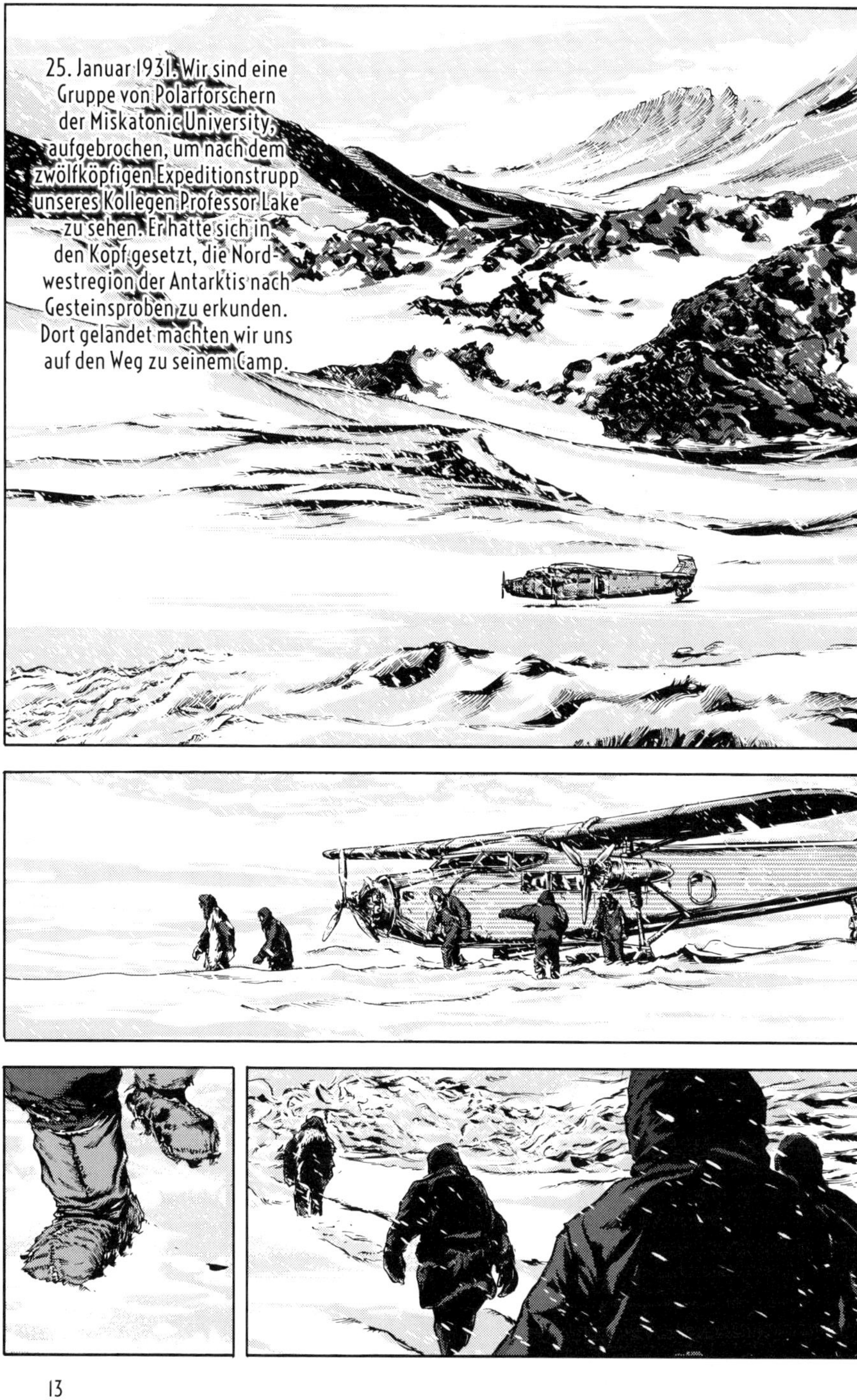
25. Januar 1931. Wir sind eine Gruppe von Polarforschern der Miskatonic University, aufgebrochen, um nach dem zwölfköpfigen Expeditionstrupp unseres Kollegen Professor Lake zu sehen. Er hatte sich in den Kopf gesetzt, die Nordwestregion der Antarktis nach Gesteinsproben zu erkunden. Dort gelandet machten wir uns auf den Weg zu seinem Camp.

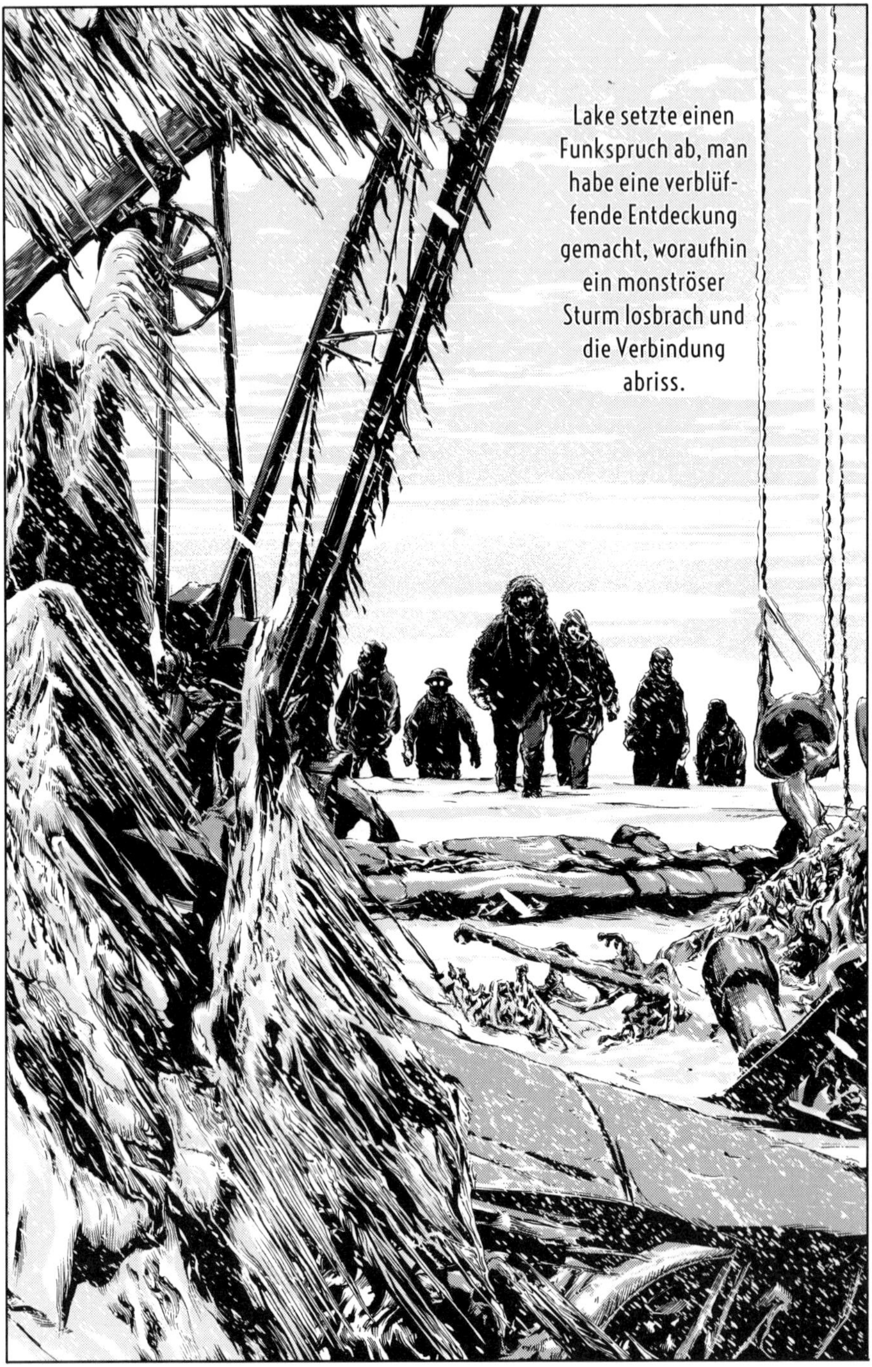
Lake setzte einen Funkspruch ab, man habe eine verblüf-fende Entdeckung gemacht, woraufhin ein monströser Sturm losbrach und die Verbindung abriss.

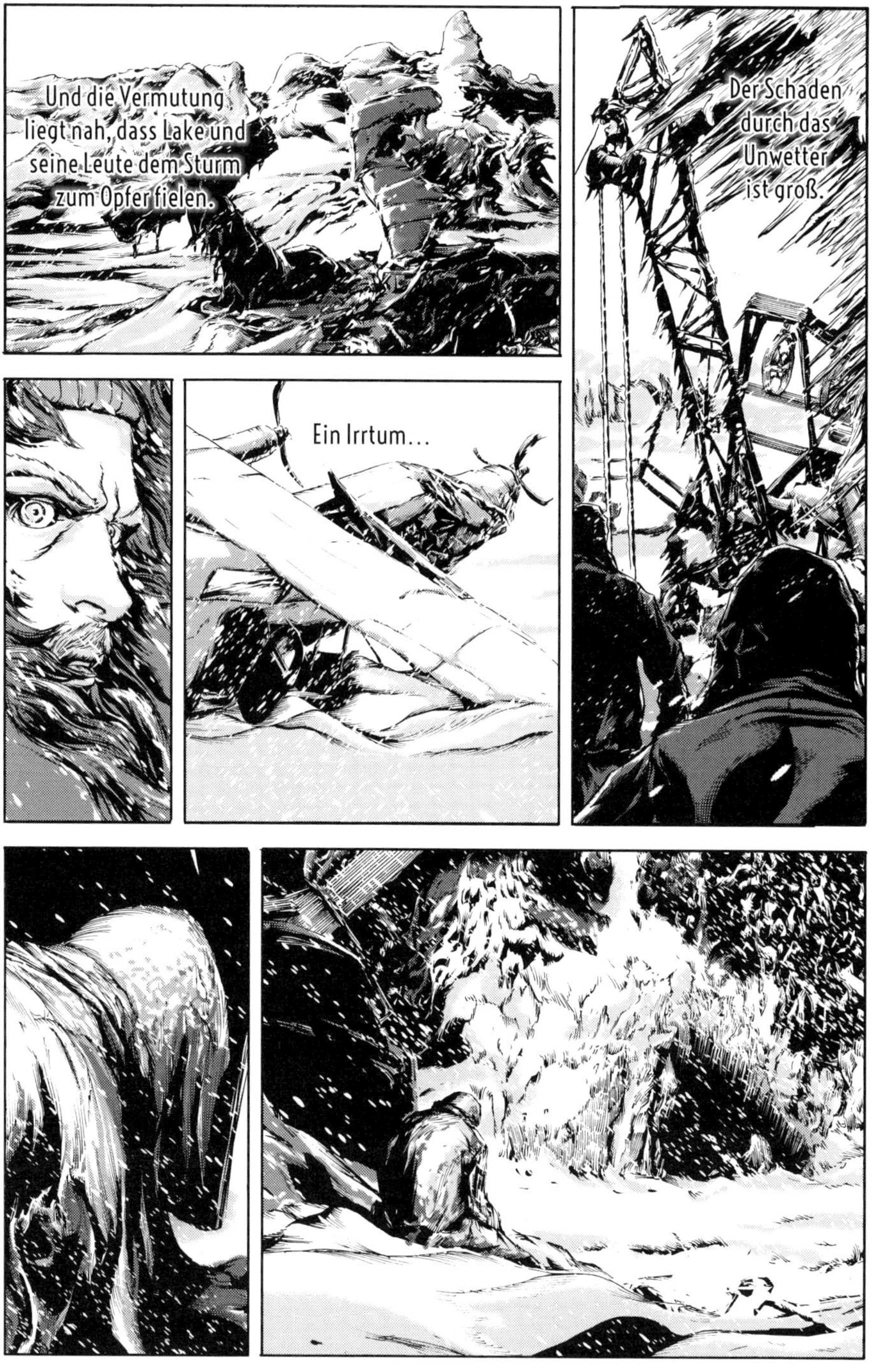
Und die Vermutung liegt nah, dass Lake und seine Leute dem Sturm zum Opfer fielen.
Der Schaden durch das Unwetter ist groß.
Ein Irrtum…

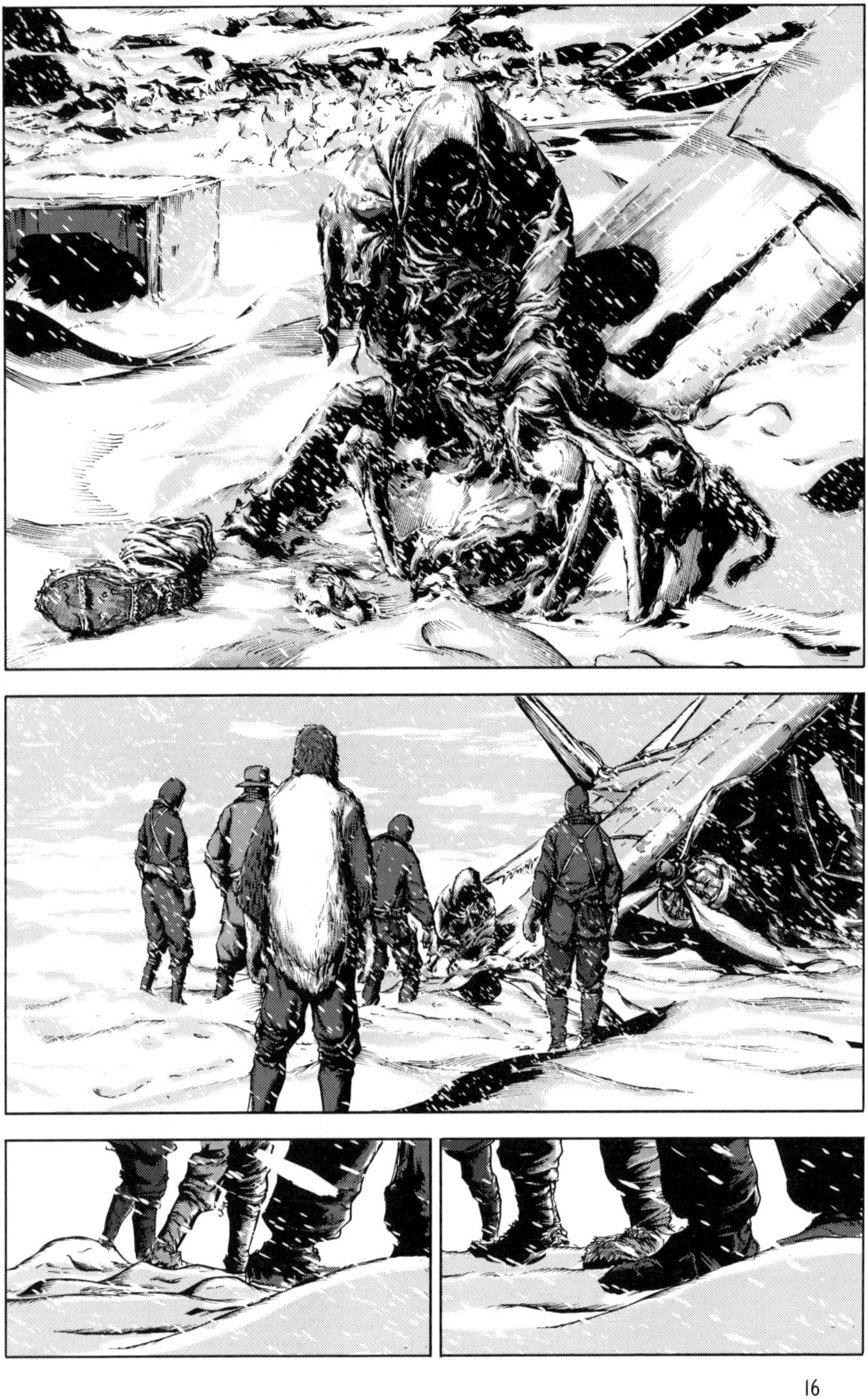

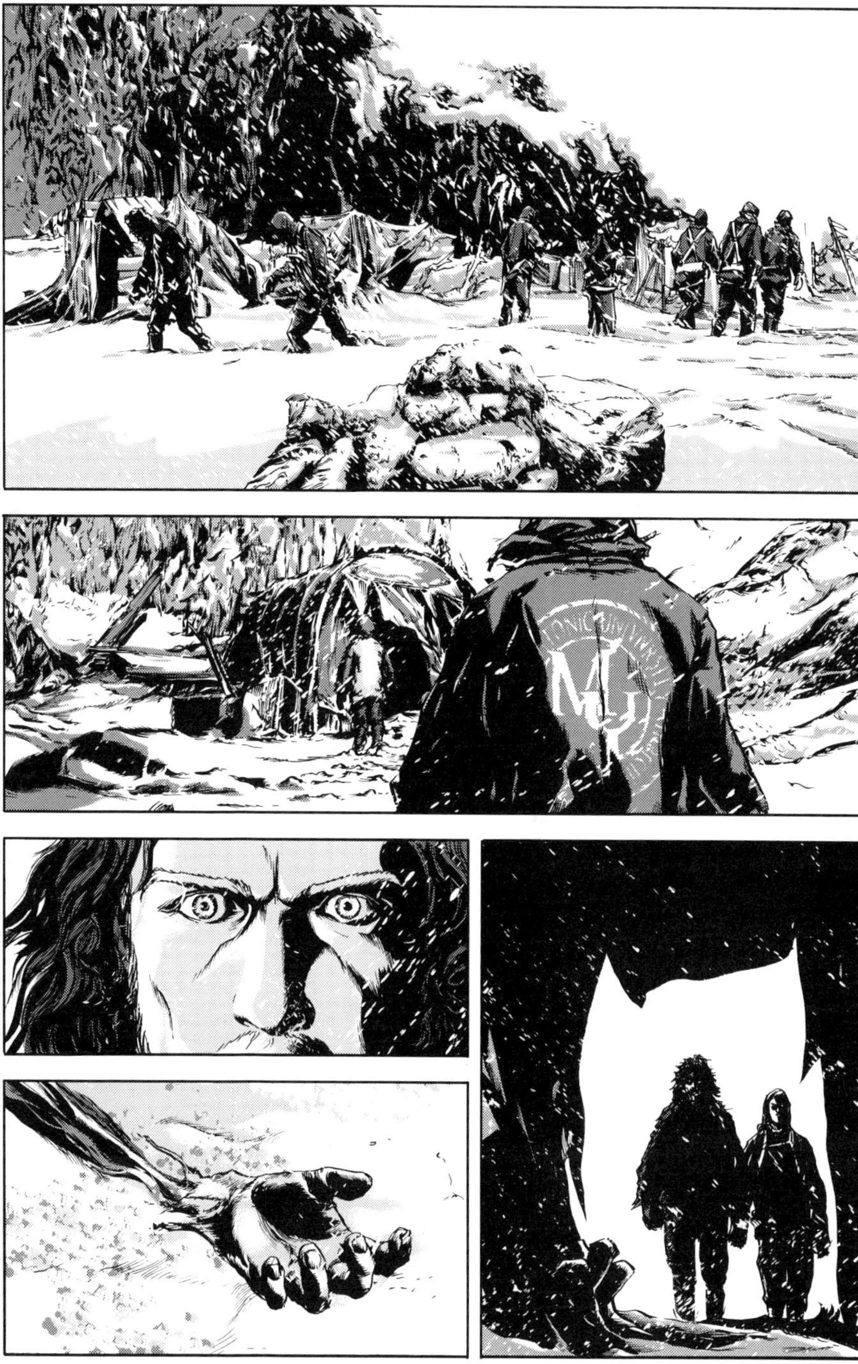

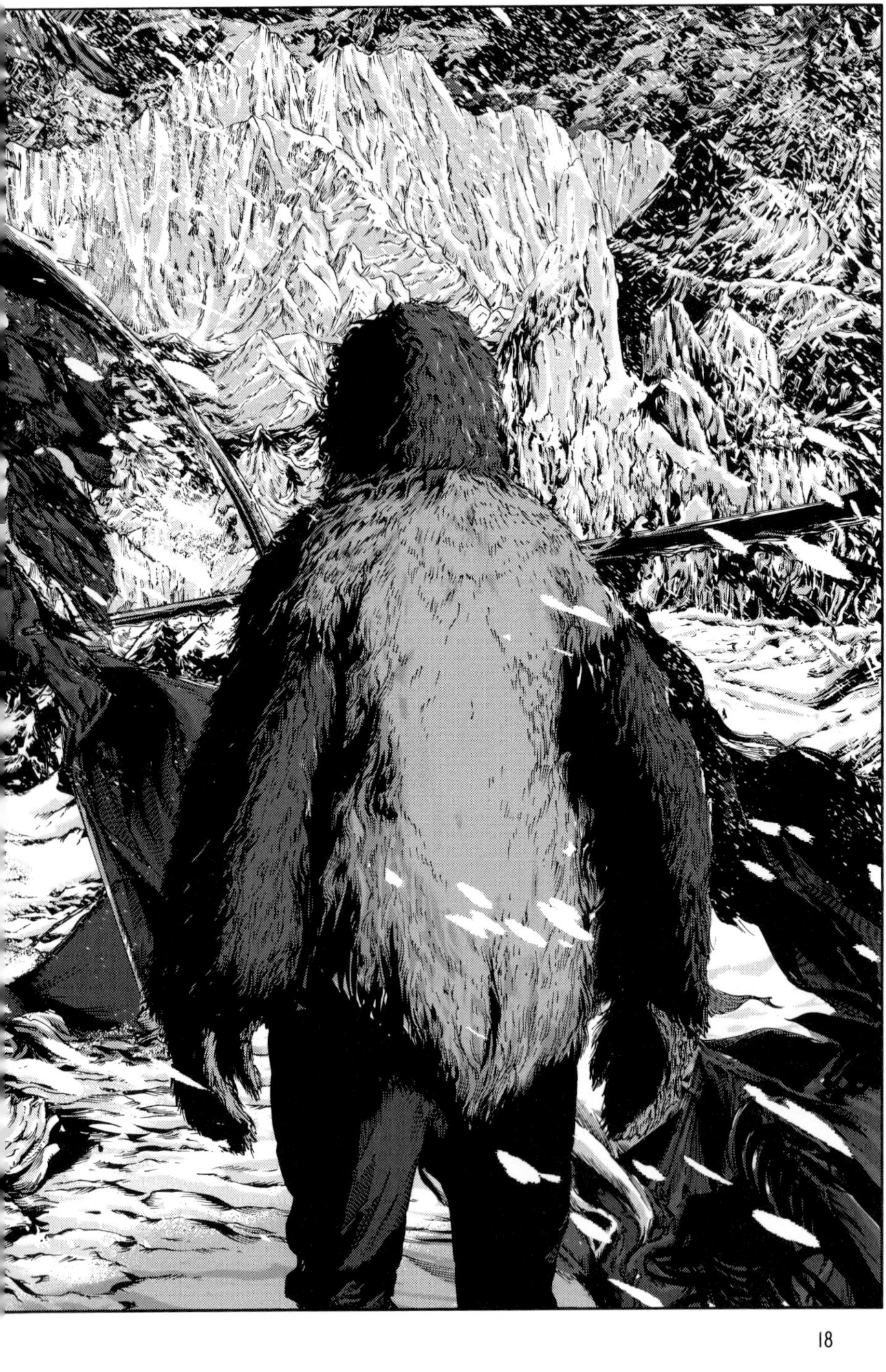

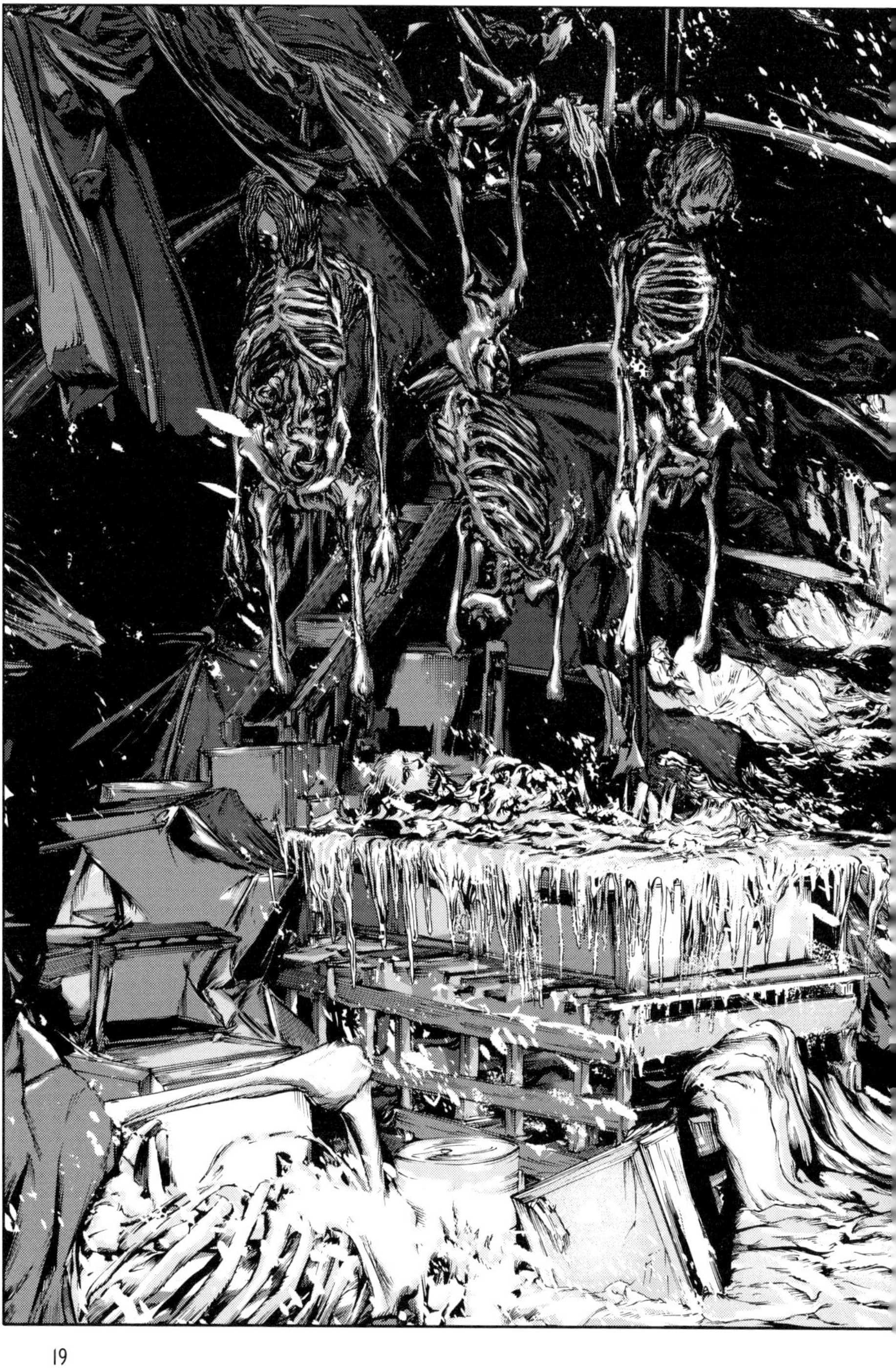

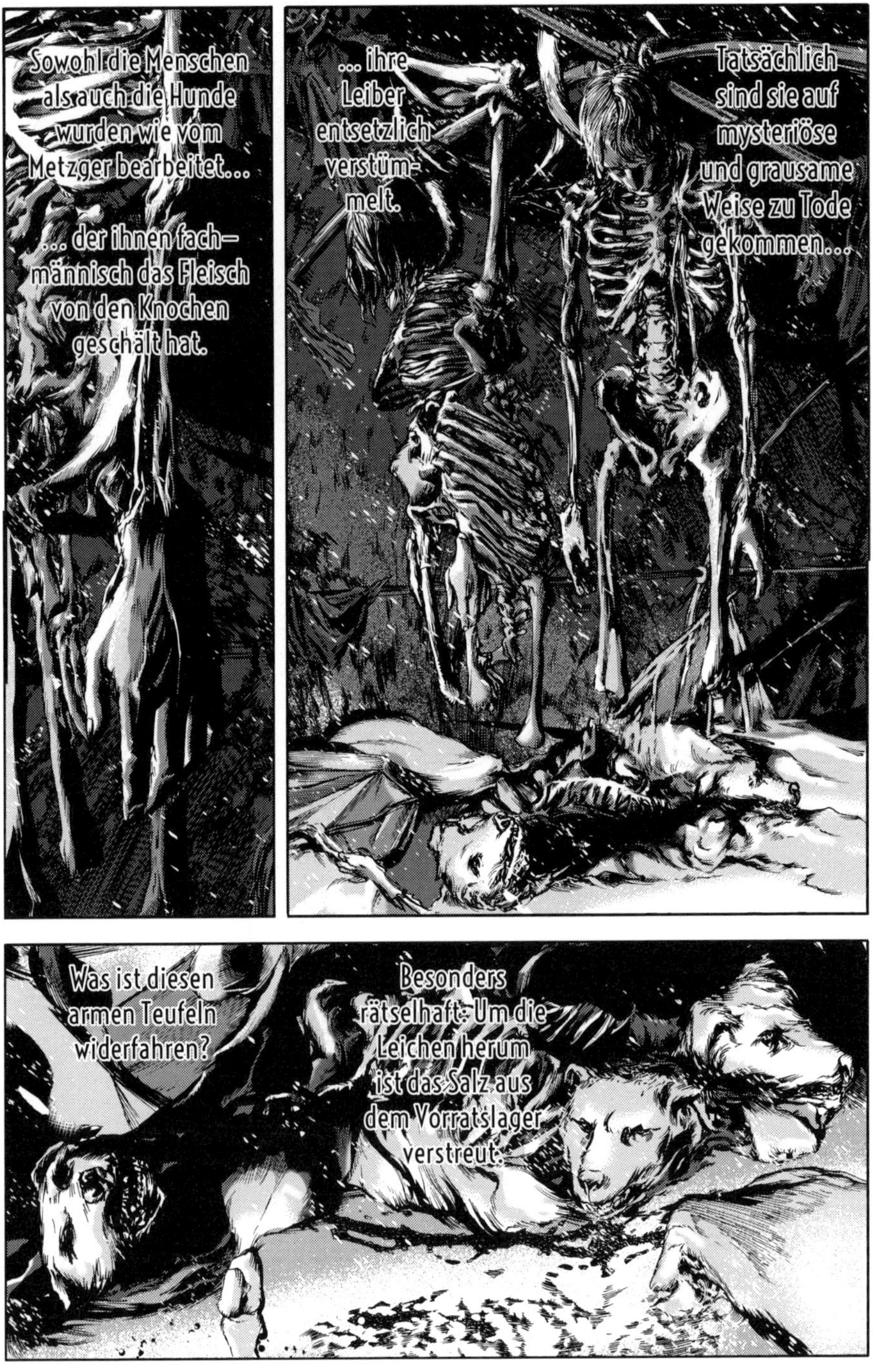
Sowohl die Menschen als auch die Hunde wurden wie vom Metzger bearbeitet…
… der ihnen fachmännisch das Fleisch von den Knochen geschält hat.
Tatsächlich sind sie auf mysteriöse und grausame Weise zu Tode gekommen…
… ihre Leiber entsetzlich verstümmelt.
Was ist diesen armen Teufeln widerfahren?
Besonders rätselhaft: Um die Leichen herum ist das Salz aus dem Vorratslager verstreut.

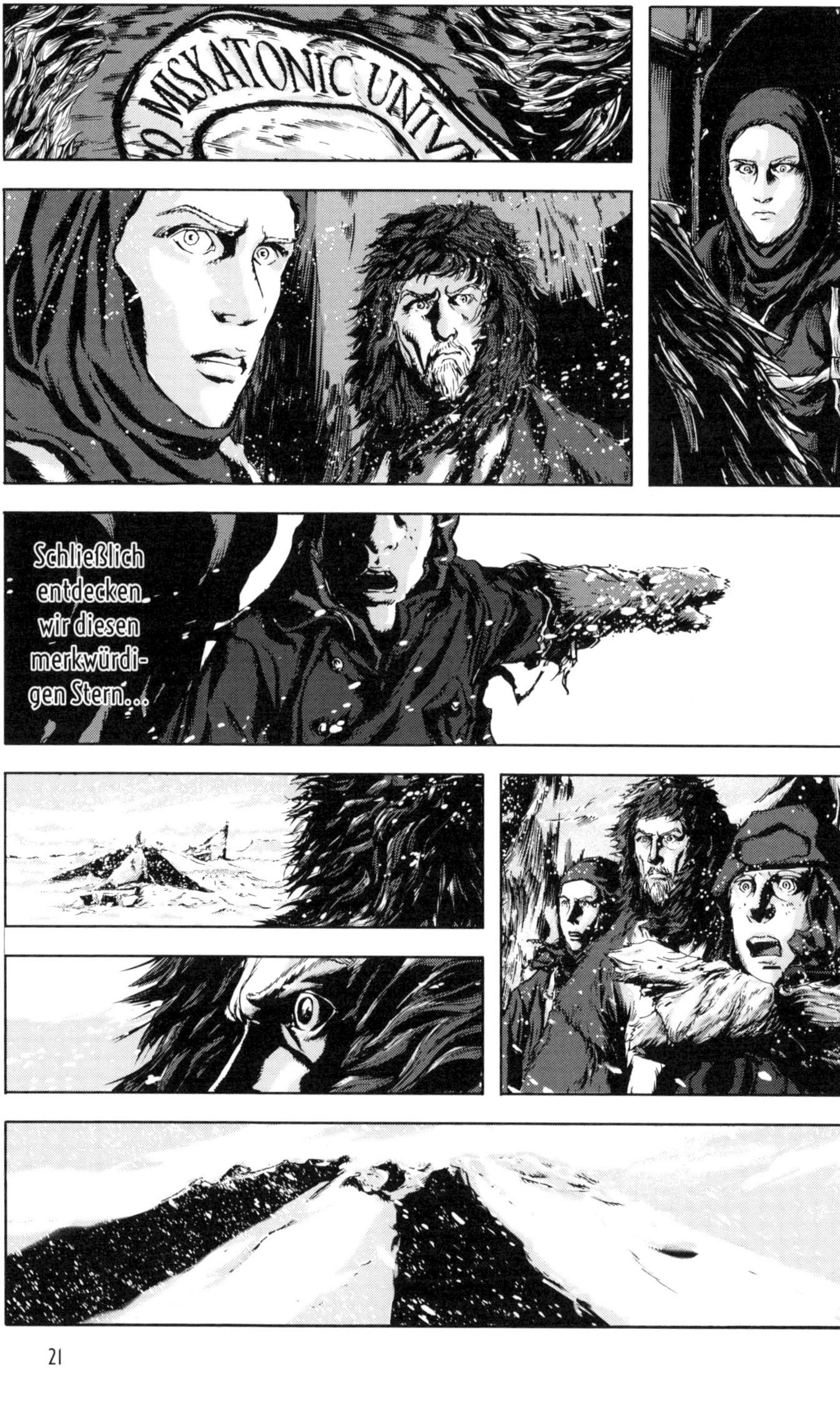
MISKATONIC UNIV
Schließlich entdecken wir diesen merkwürdigen Stern...

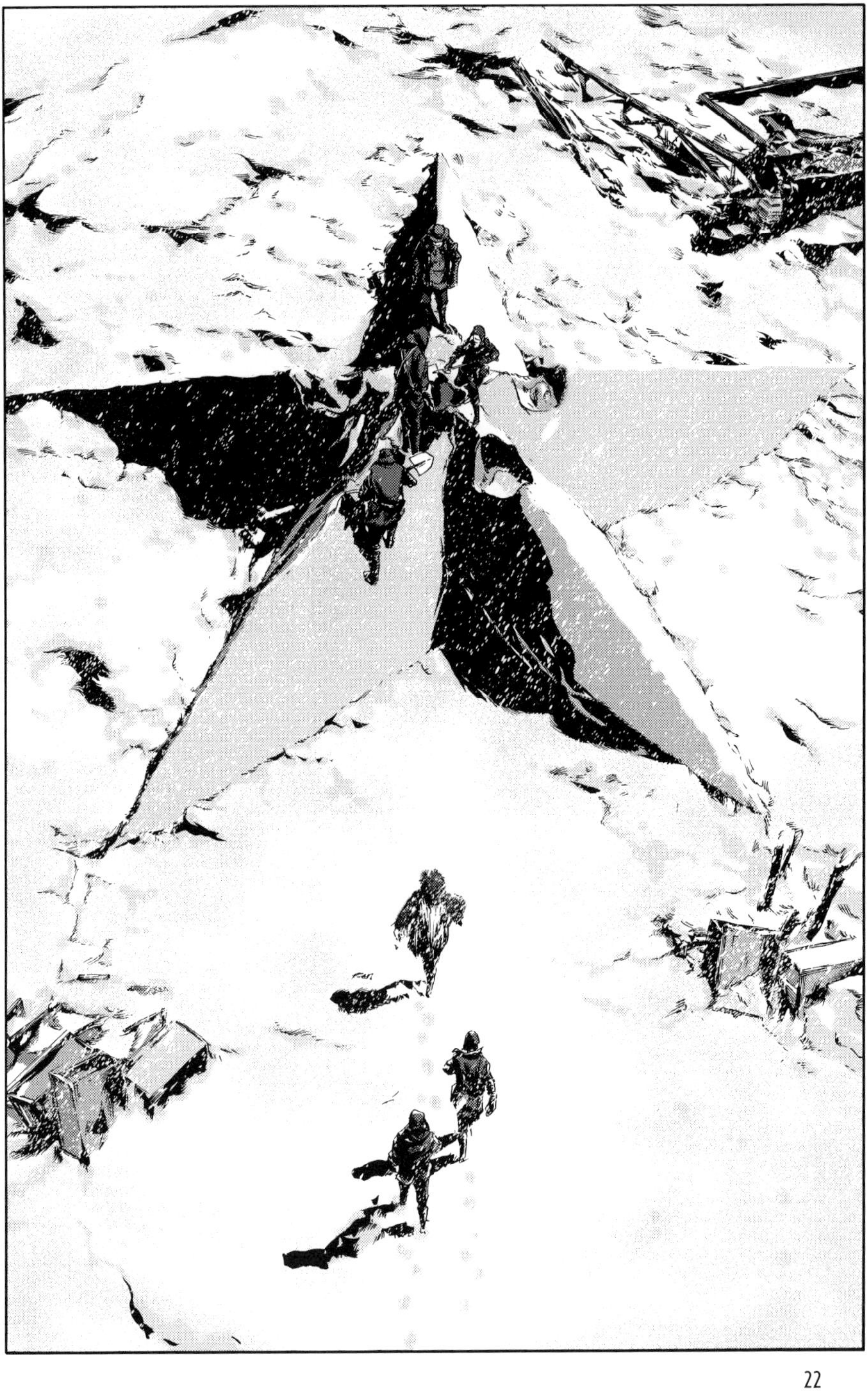

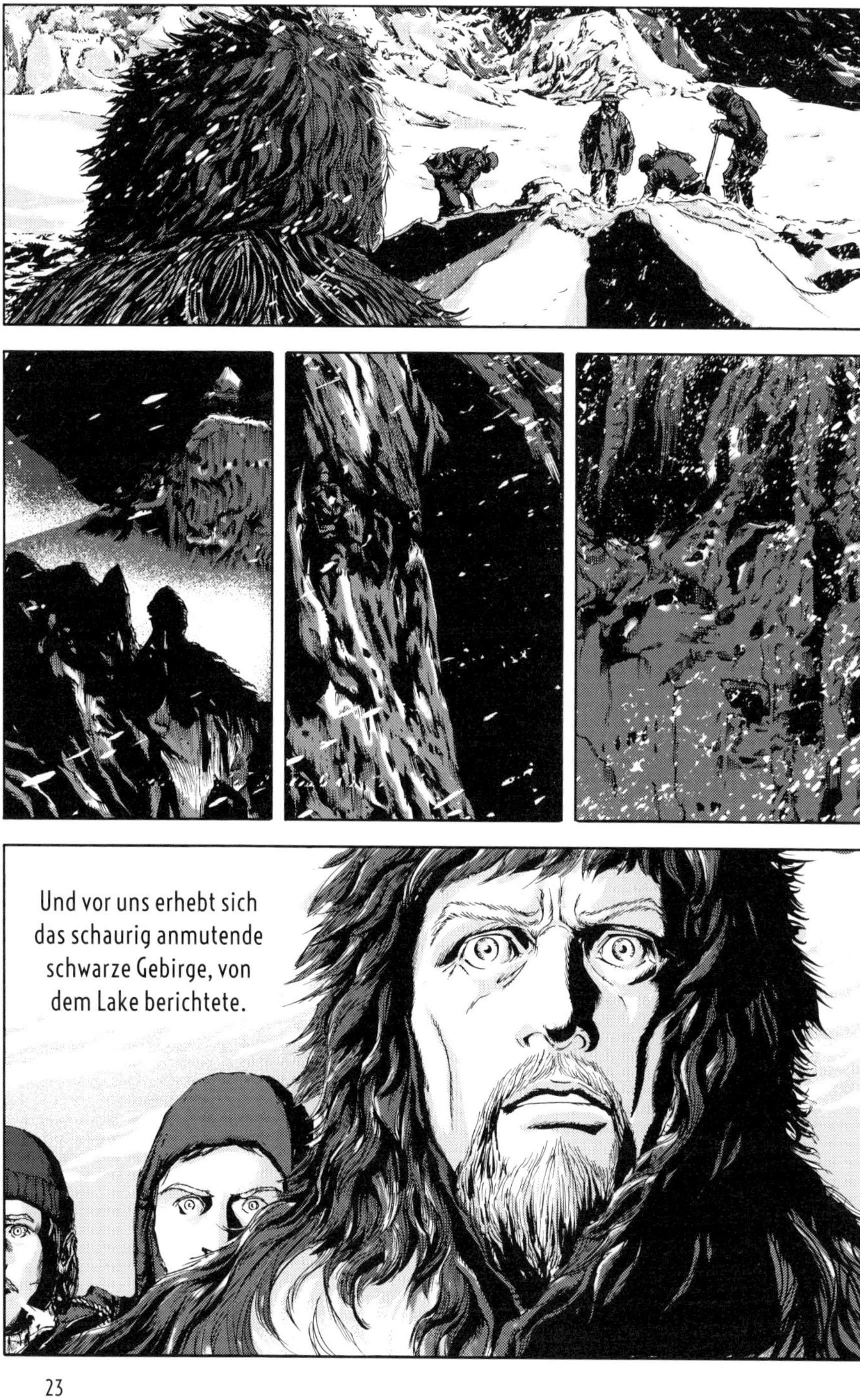
Und vor uns erhebt sich
das schaurig anmutende
schwarze Gebirge, von
dem Lake berichtete.

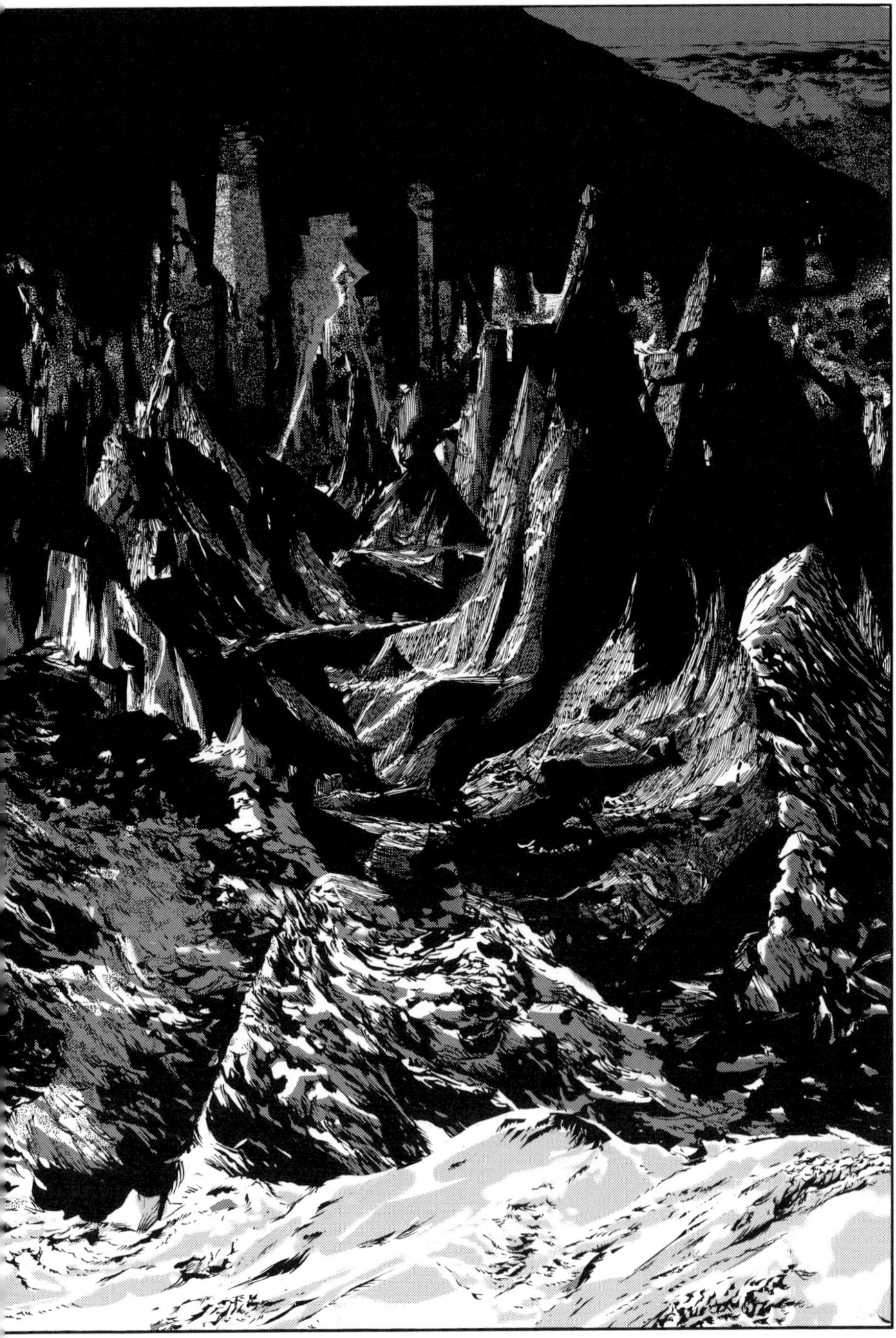

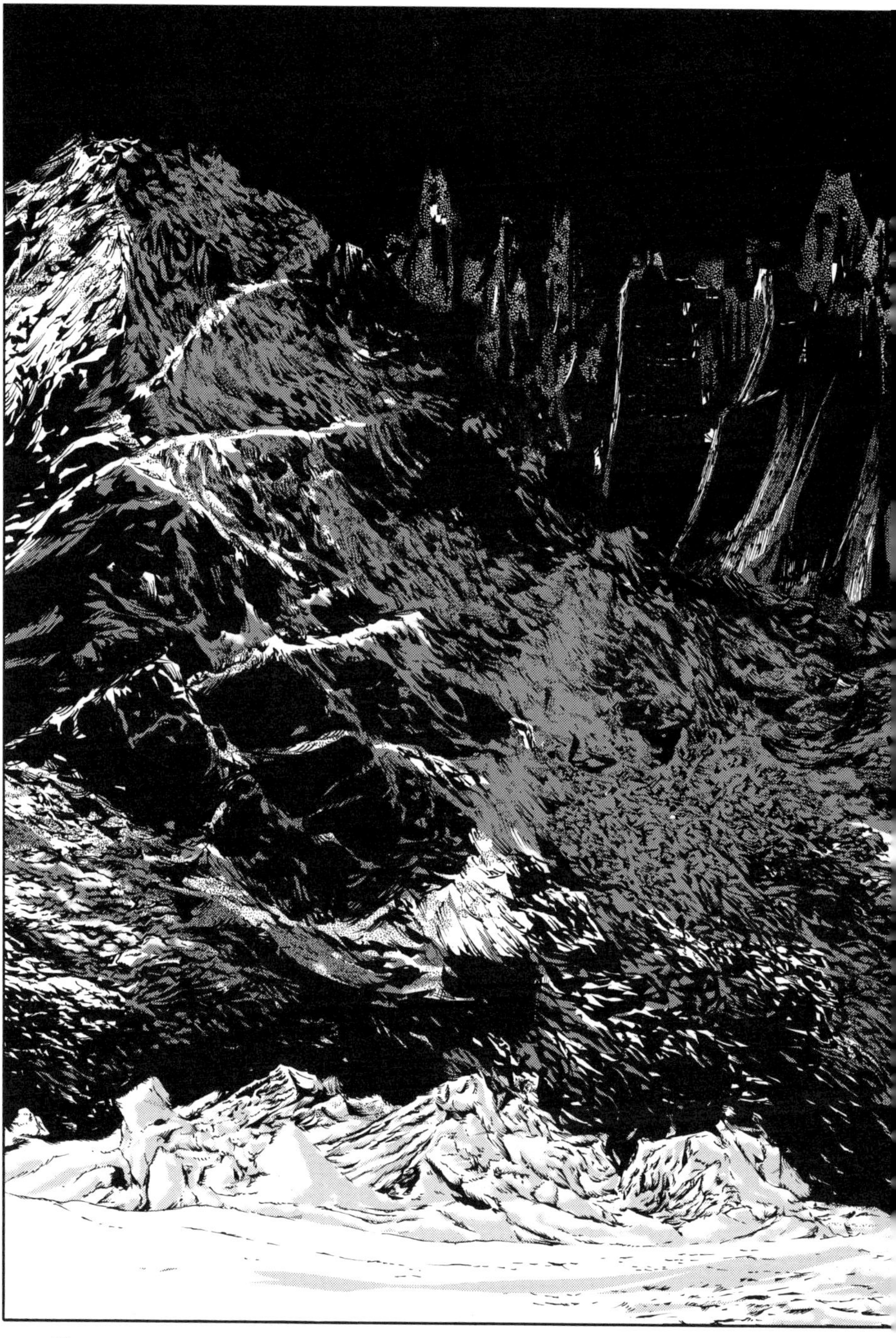

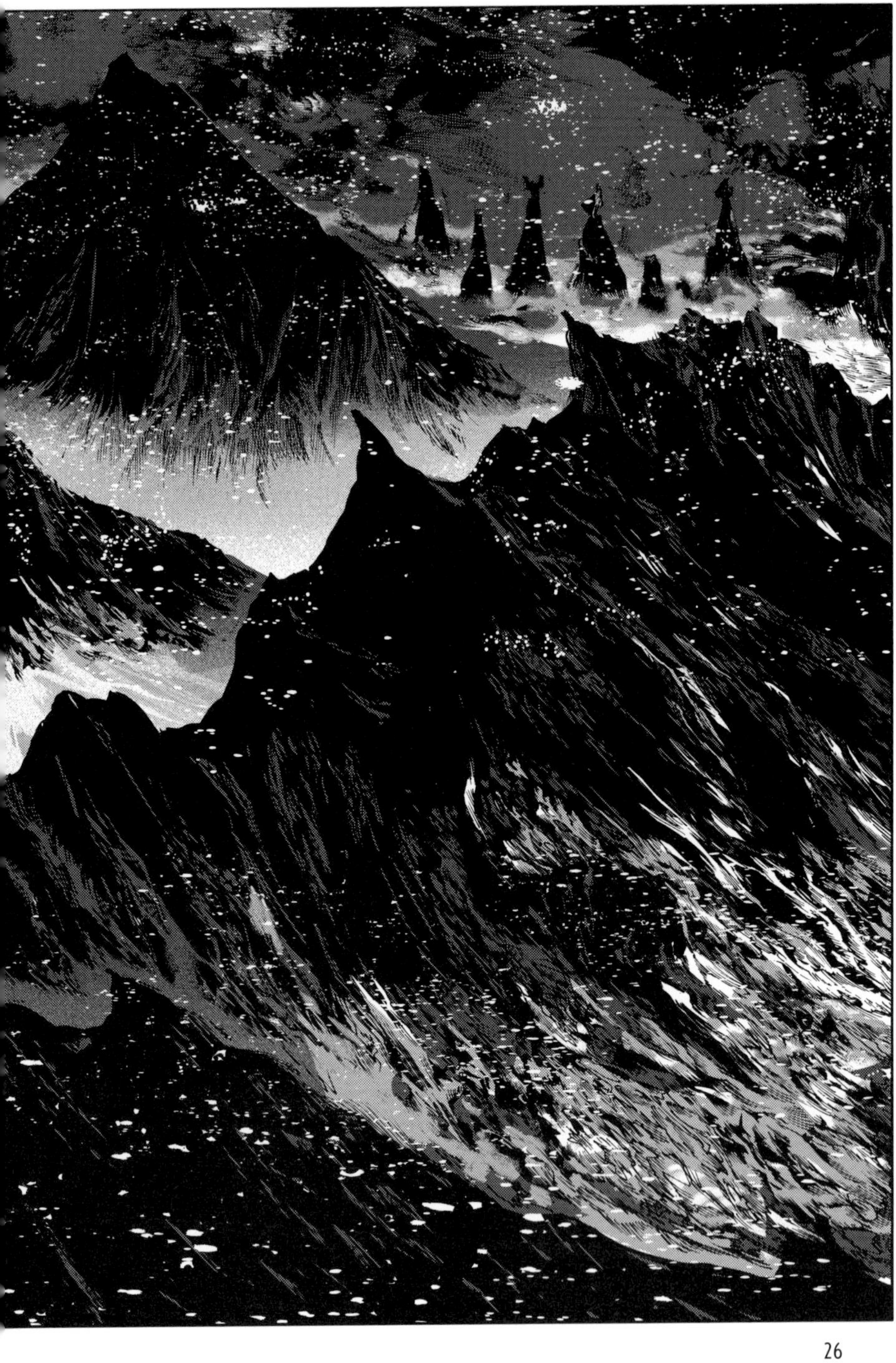

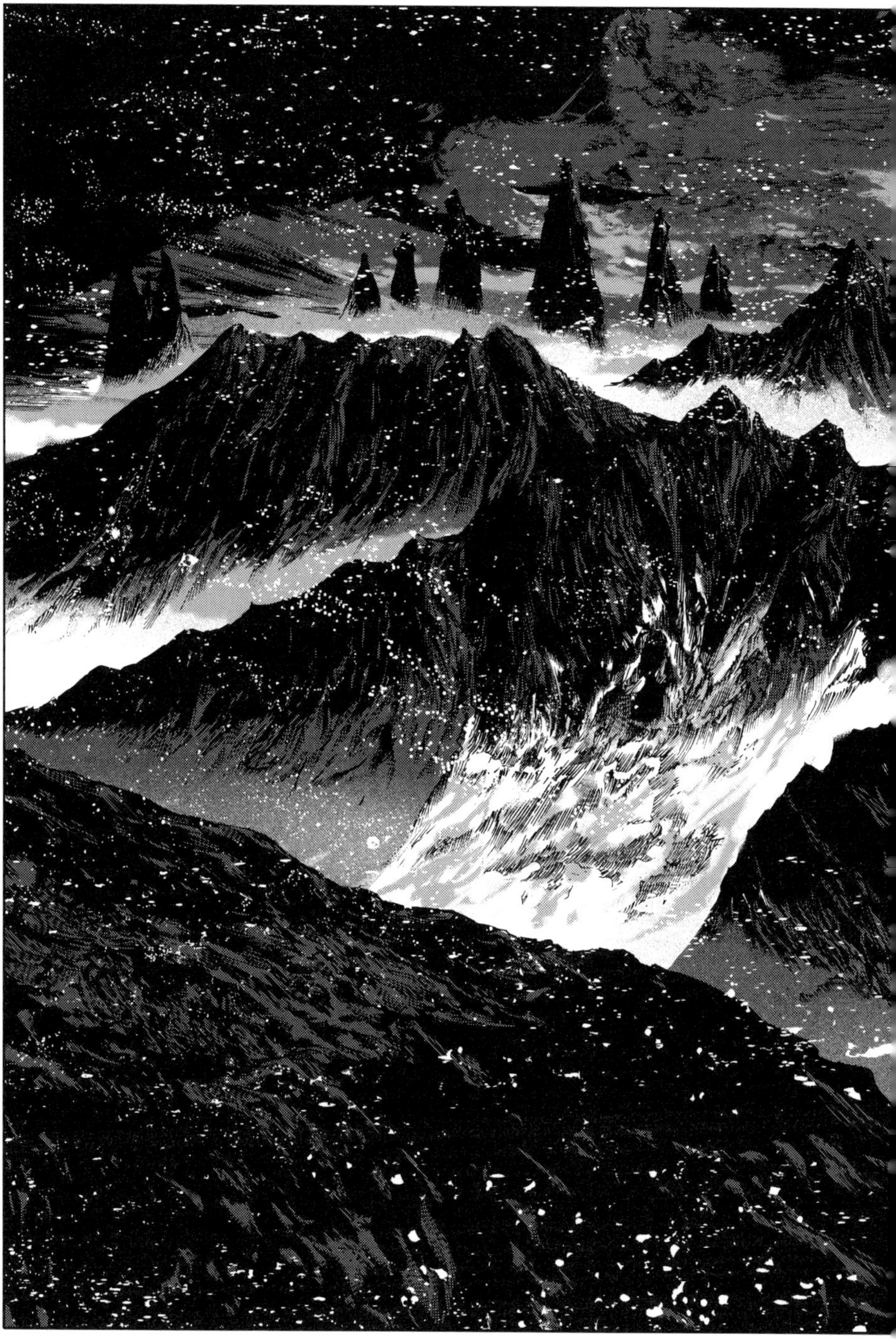

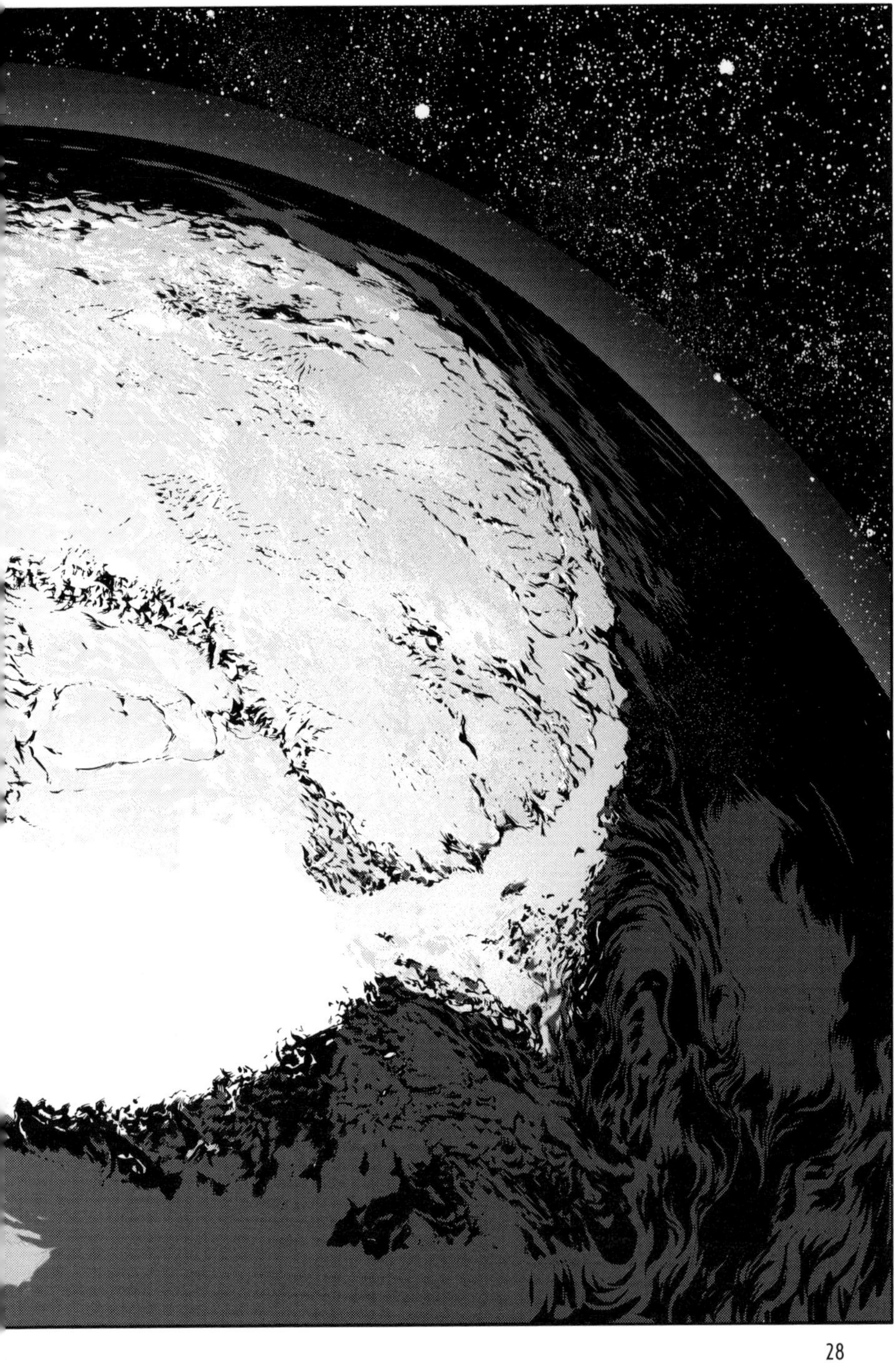

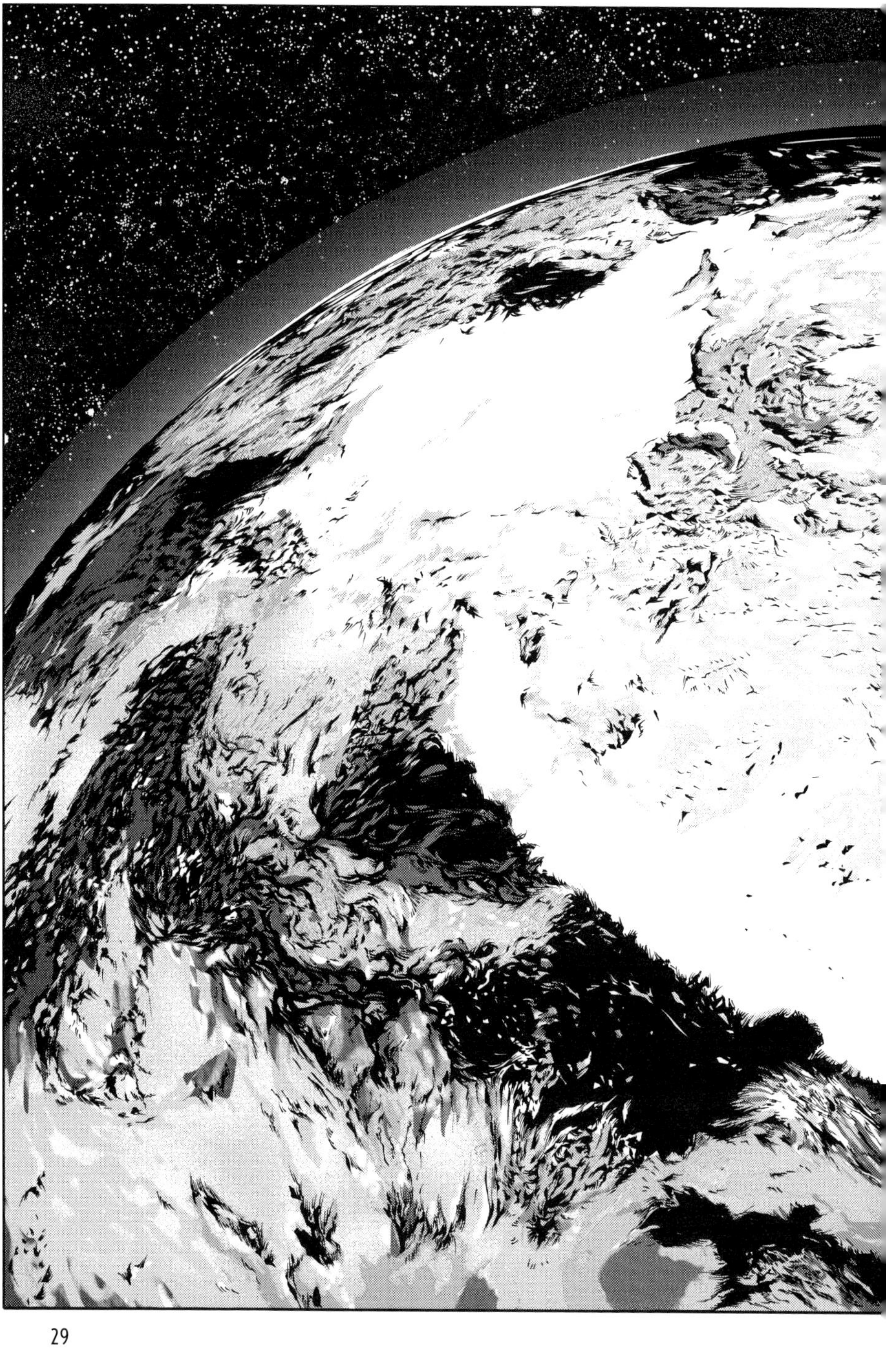

DES

SINNS

BERGE

WAHN

1 DIE STILLE AM EISIGEN POL ZERREISSEN...

That groan as they roll down...

Aufgrund ihrer unerbittlichen Natur ist es bis Mitte des 19. Jahrhunderts ein Tabu, sich der Antarktis auch nur zu nähern.

Neue Transport- und Kommunikationsmittel erlauben es dem Menschen jedoch bald, in unerforschte Gebiete vorzudringen.

Nachrichten über Expeditionen werden zur spannenden Unterhaltung fürs Volk, das jeder neuen Entdeckung entgegenfiebert.

Der unermüdliche Forscherdrang zieht die Pioniere stetig weiter gen Süden, bis sie schließlich in seine eisigen und ewig weißen Gefilde gelangen.

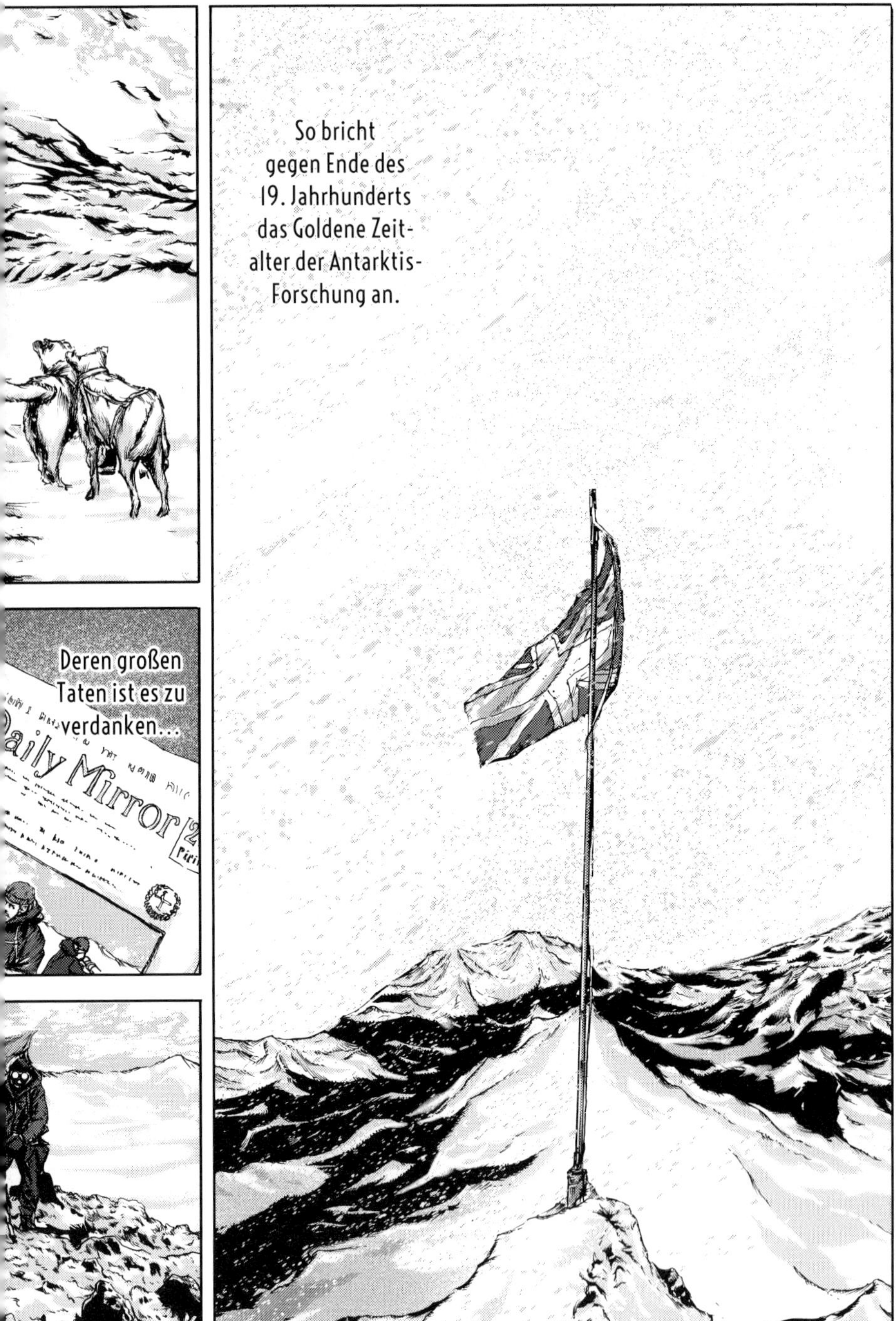
So bricht gegen Ende des 19. Jahrhunderts das Goldene Zeitalter der Antarktis-Forschung an.
Deren großen Taten ist es zu verdanken…
Daily Mirror

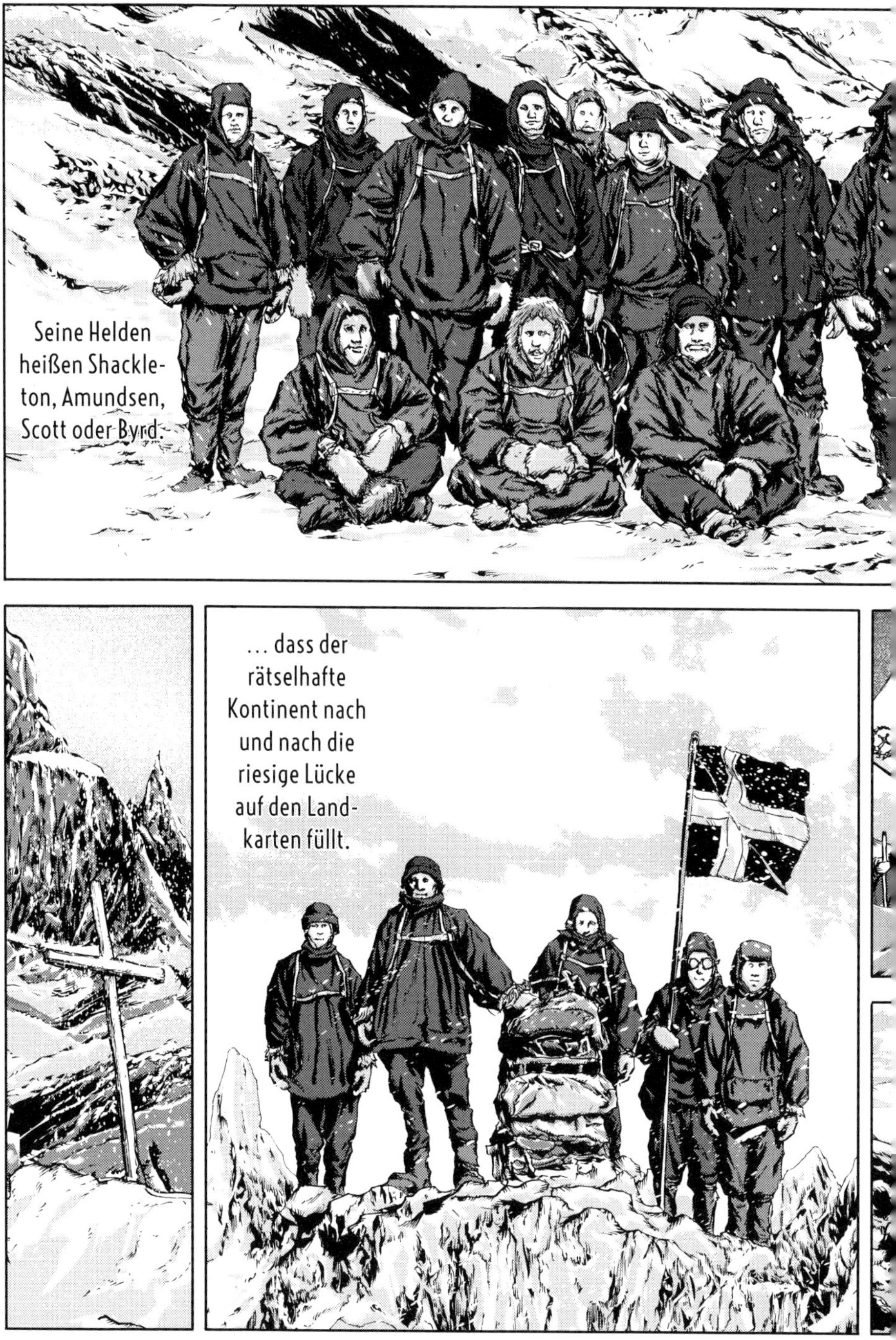
Seine Helden heißen Shackleton, Amundsen, Scott oder Byrd.
... dass der rätselhafte Kontinent nach und nach die riesige Lücke auf den Landkarten füllt.

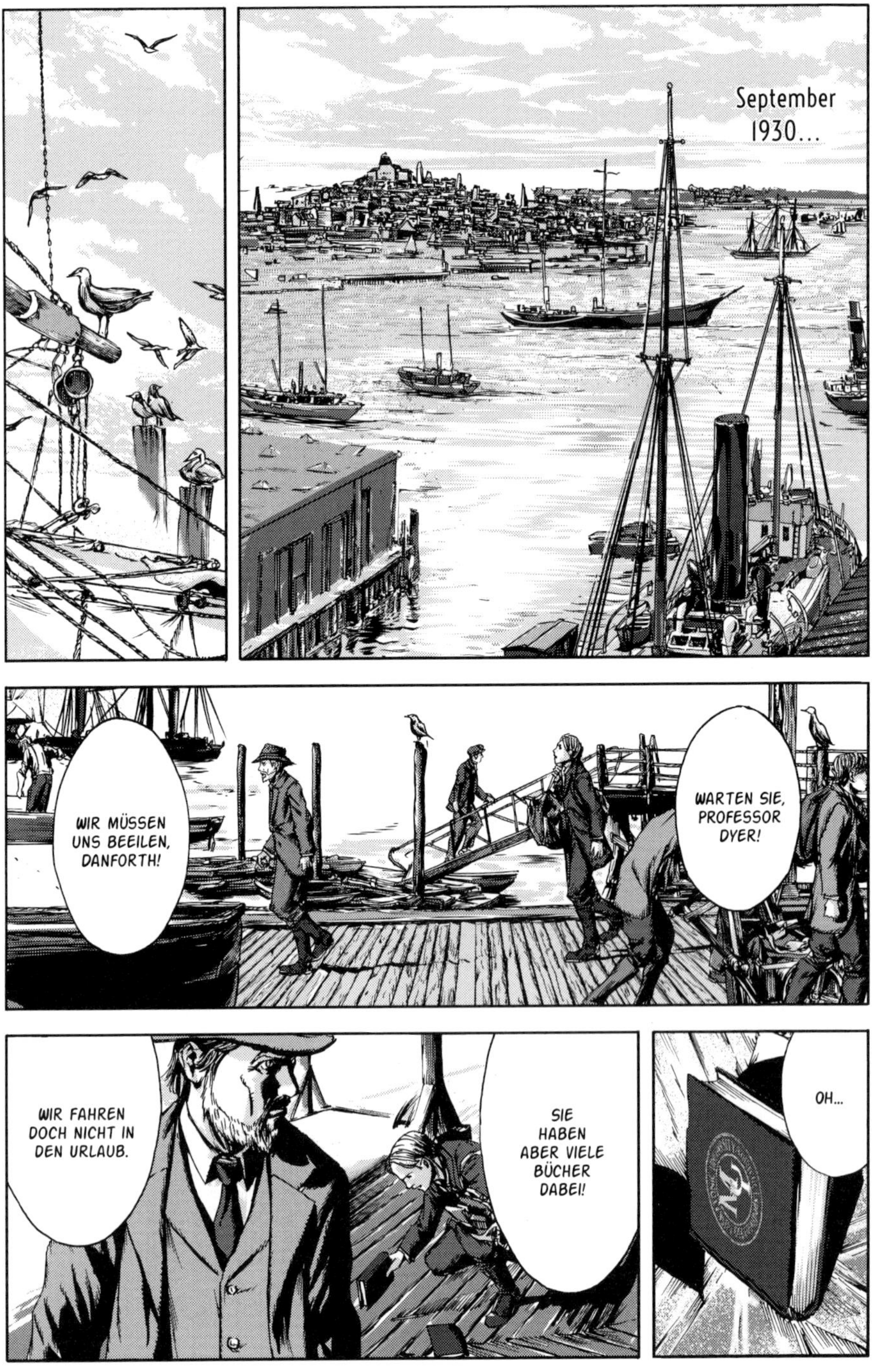
September 1930…
WIR MÜSSEN UNS BEEILEN, DANFORTH!
WARTEN SIE, PROFESSOR DYER!
SIE HABEN ABER VIELE BÜCHER DABEI!
WIR FAHREN DOCH NICHT IN DEN URLAUB.
OH…

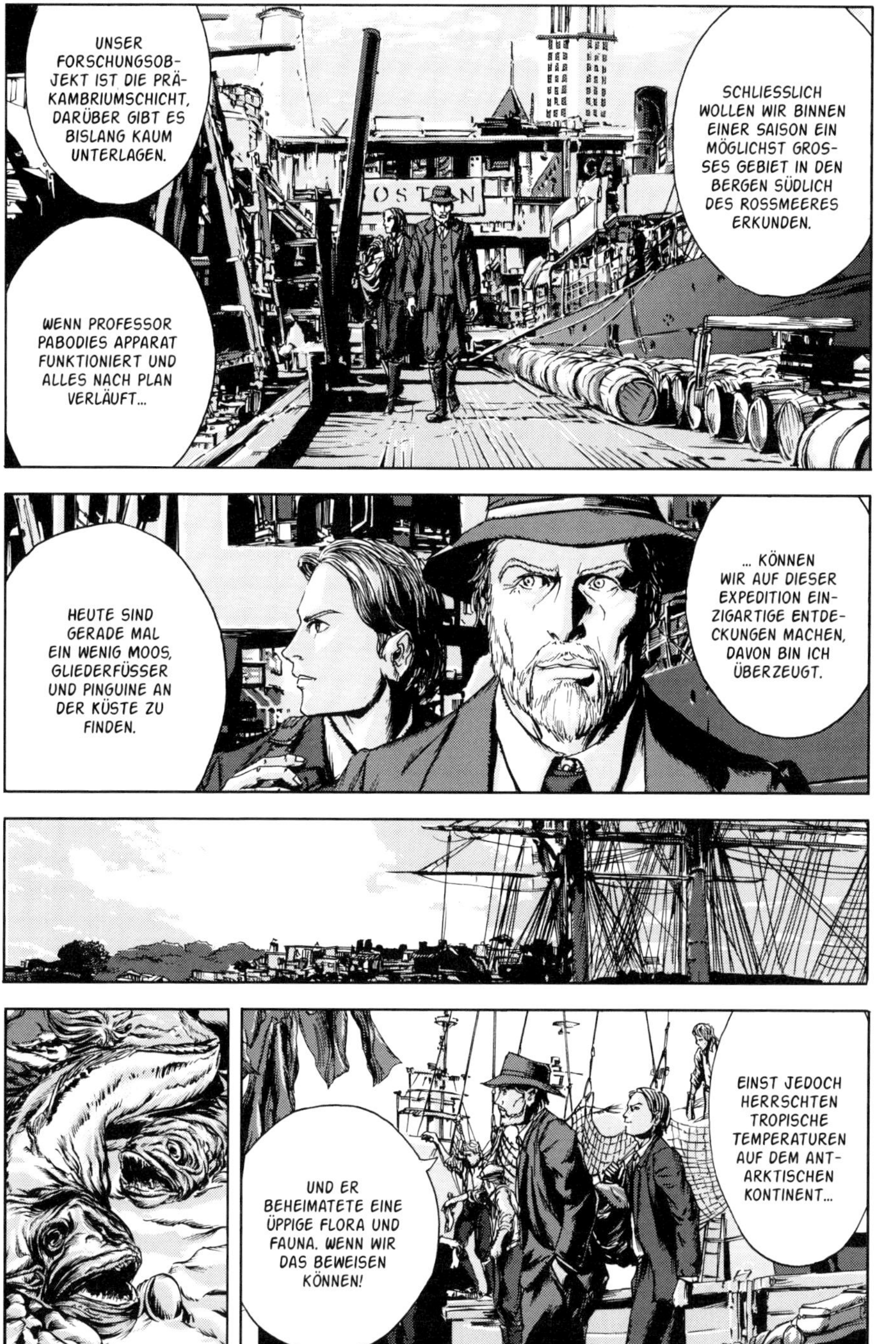
UNSER FORSCHUNGSOBJEKT IST DIE PRÄKAMBRIUMSCHICHT, DARÜBER GIBT ES BISLANG KAUM UNTERLAGEN.
SCHLIESSLICH WOLLEN WIR BINNEN EINER SAISON EIN MÖGLICHST GROSSES GEBIET IN DEN BERGEN SÜDLICH DES ROSSMEERES ERKUNDEN.
WENN PROFESSOR PABODIES APPARAT FUNKTIONIERT UND ALLES NACH PLAN VERLÄUFT...
HEUTE SIND GERADE MAL EIN WENIG MOOS, GLIEDERFÜSSER UND PINGUINE AN DER KÜSTE ZU FINDEN.
... KÖNNEN WIR AUF DIESER EXPEDITION EINZIGARTIGE ENTDECKUNGEN MACHEN, DAVON BIN ICH ÜBERZEUGT.
EINST JEDOCH HERRSCHTEN TROPISCHE TEMPERATUREN AUF DEM ANTARKTISCHEN KONTINENT...
UND ER BEHEIMATETE EINE ÜPPIGE FLORA UND FAUNA. WENN WIR DAS BEWEISEN KÖNNEN!

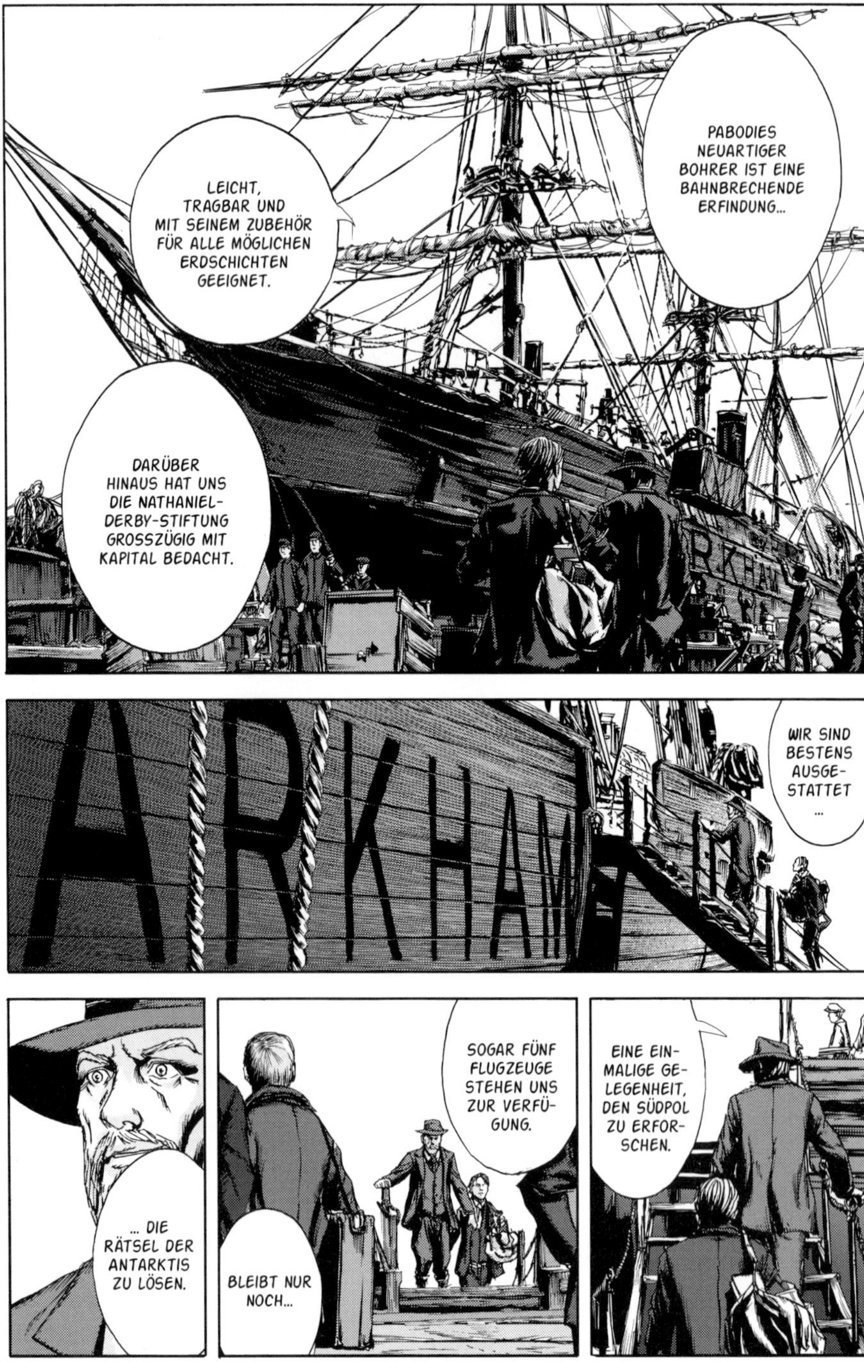
PABODIES NEUARTIGER BOHRER IST EINE BAHNBRECHENDE ERFINDUNG...
LEICHT, TRAGBAR UND MIT SEINEM ZUBEHÖR FÜR ALLE MÖGLICHEN ERDSCHICHTEN GEEIGNET.
DARÜBER HINAUS HAT UNS DIE NATHANIEL-DERBY-STIFTUNG GROSSZÜGIG MIT KAPITAL BEDACHT.
ARKHAM
WIR SIND BESTENS AUSGE-STATTET ...
SOGAR FÜNF FLUGZEUGE STEHEN UNS ZUR VERFÜ-GUNG.
EINE EIN-MALIGE GE-LEGENHEIT, DEN SÜDPOL ZU ERFOR-SCHEN.
BLEIBT NUR NOCH...
... DIE RÄTSEL DER ANTARKTIS ZU LÖSEN.

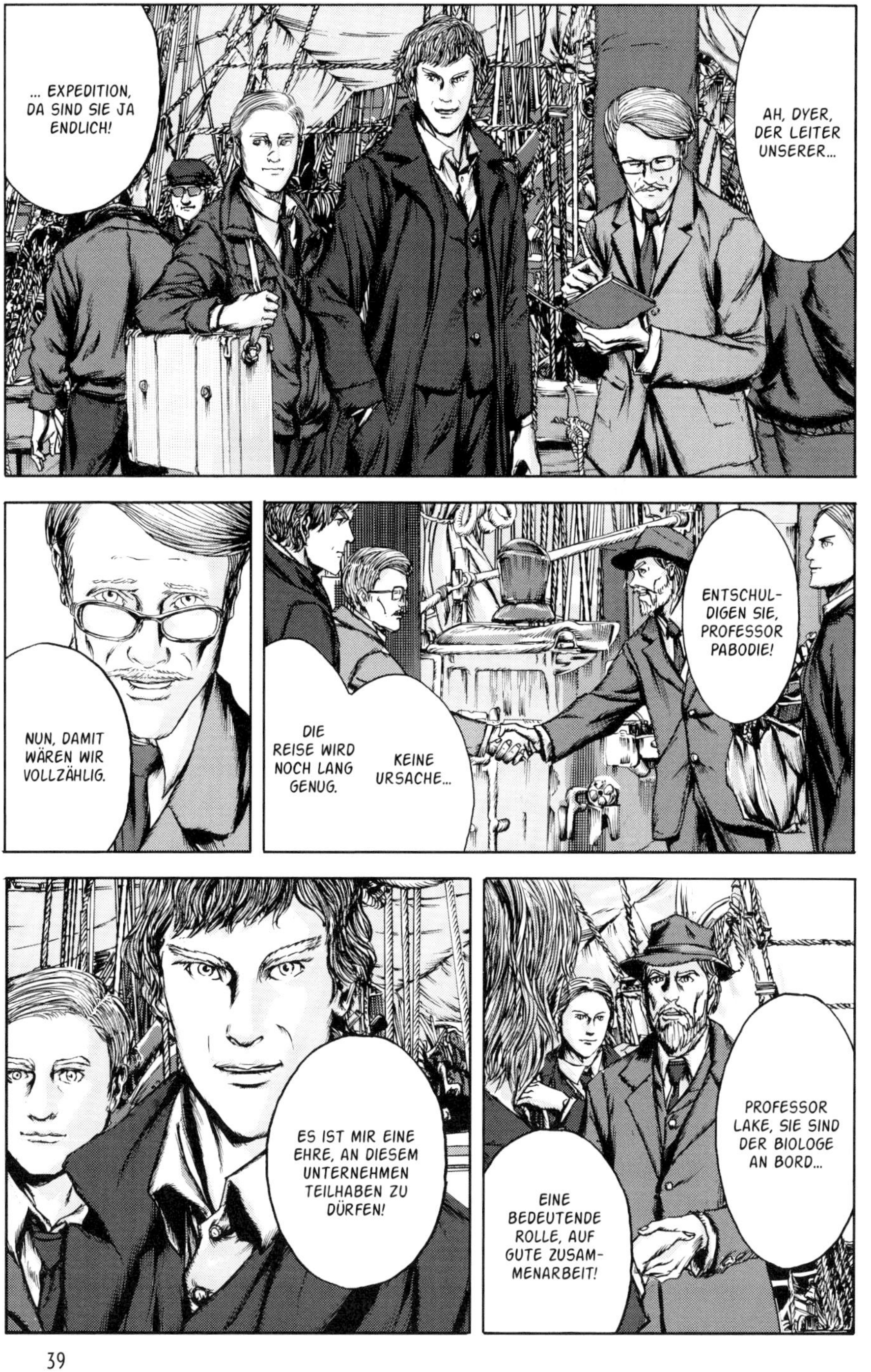
AH, DYER, DER LEITER UNSERER...
... EXPEDITION, DA SIND SIE JA ENDLICH!
NUN, DAMIT WÄREN WIR VOLLZÄHLIG.
ENTSCHULDIGEN SIE, PROFESSOR PABODIE!
KEINE URSACHE...
DIE REISE WIRD NOCH LANG GENUG.
ES IST MIR EINE EHRE, AN DIESEM UNTERNEHMEN TEILHABEN ZU DÜRFEN!
PROFESSOR LAKE, SIE SIND DER BIOLOGE AN BORD...
EINE BEDEUTENDE ROLLE, AUF GUTE ZUSAMMENARBEIT!

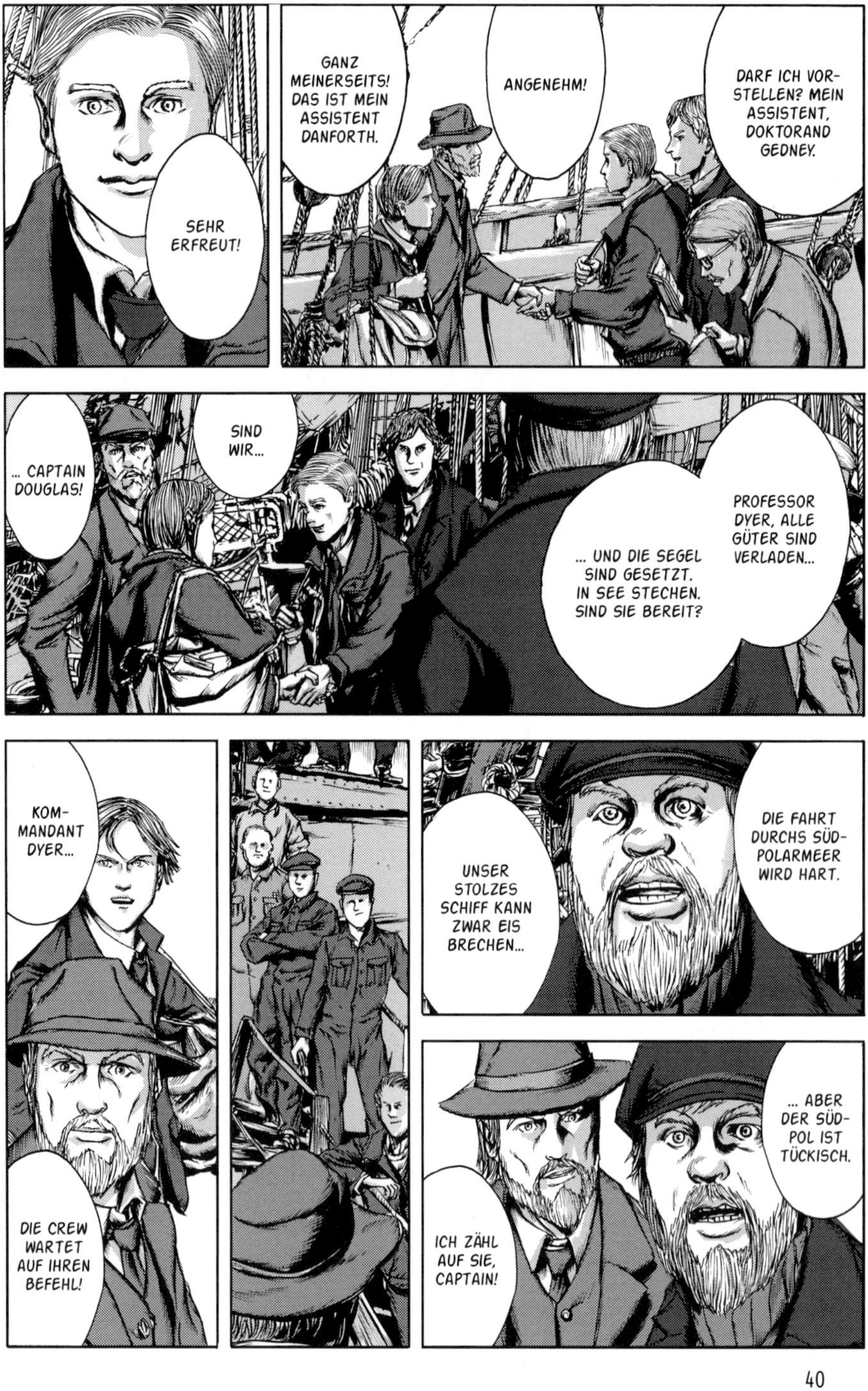
DARF ICH VORSTELLEN? MEIN ASSISTENT, DOKTORAND GEDNEY.
ANGENEHM!
GANZ MEINERSEITS! DAS IST MEIN ASSISTENT DANFORTH.
SEHR ERFREUT!
PROFESSOR DYER, ALLE GÜTER SIND VERLADEN...
... UND DIE SEGEL SIND GESETZT. IN SEE STECHEN. SIND SIE BEREIT?
SIND WIR...
... CAPTAIN DOUGLAS!
DIE FAHRT DURCHS SÜDPOLARMEER WIRD HART.
UNSER STOLZES SCHIFF KANN ZWAR EIS BRECHEN...
... ABER DER SÜDPOL IST TÜCKISCH.
ICH ZÄHL AUF SIE, CAPTAIN!
KOMMANDANT DYER...
DIE CREW WARTET AUF IHREN BEFEHL!

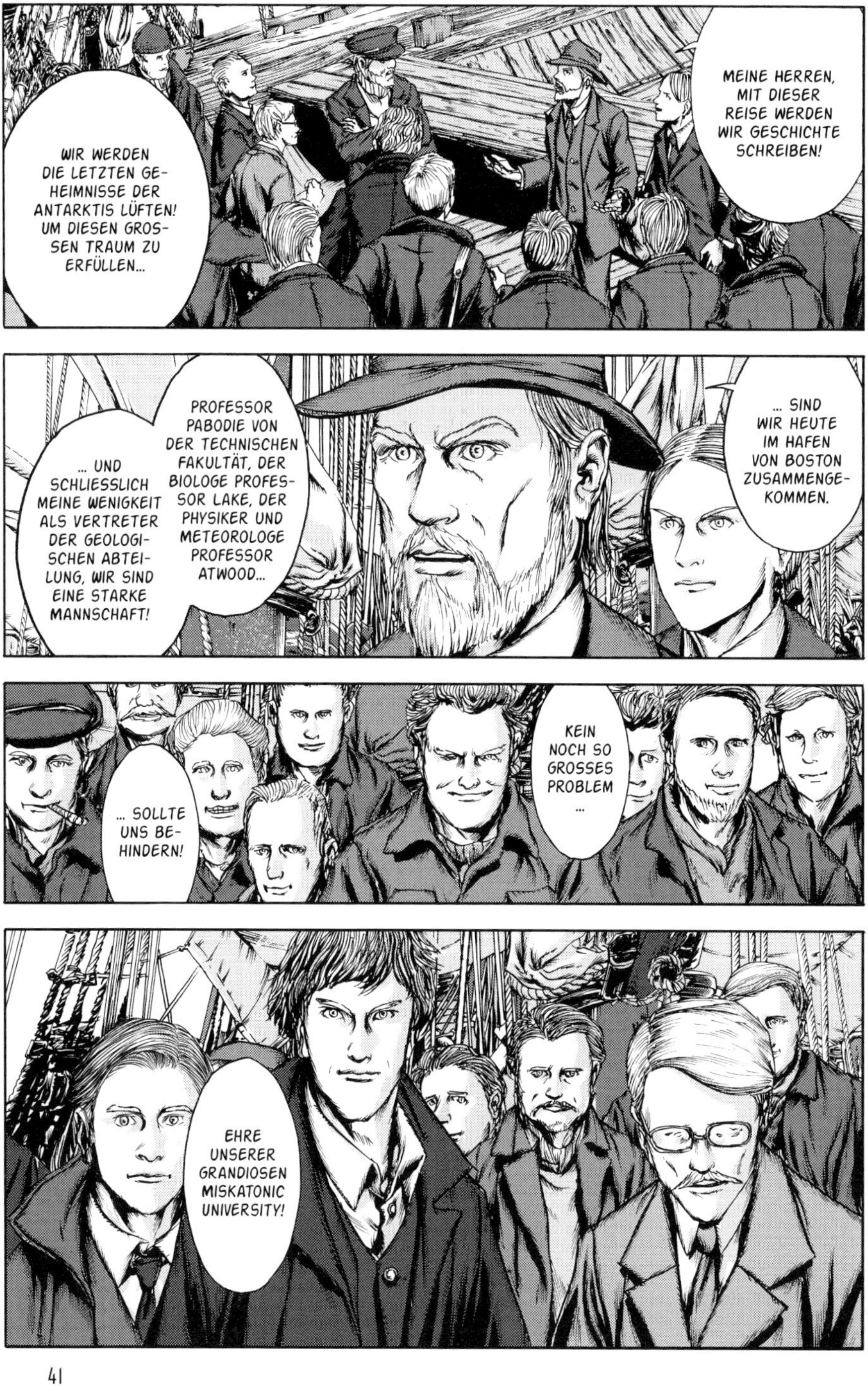
MEINE HERREN, MIT DIESER REISE WERDEN WIR GESCHICHTE SCHREIBEN!
WIR WERDEN DIE LETZTEN GE-HEIMNISSE DER ANTARKTIS LÜFTEN! UM DIESEN GROS-SEN TRAUM ZU ERFÜLLEN...
... SIND WIR HEUTE IM HAFEN VON BOSTON ZUSAMMENGE-KOMMEN.
PROFESSOR PABODIE VON DER TECHNISCHEN FAKULTÄT, DER BIOLOGE PROFES-SOR LAKE, DER PHYSIKER UND METEOROLOGE PROFESSOR ATWOOD...
... UND SCHLIESSLICH MEINE WENIGKEIT ALS VERTRETER DER GEOLOGI-SCHEN ABTEI-LUNG, WIR SIND EINE STARKE MANNSCHAFT!
KEIN NOCH SO GROSSES PROBLEM ...
... SOLLTE UNS BE-HINDERN!
EHRE UNSERER GRANDIOSEN MISKATONIC UNIVERSITY!

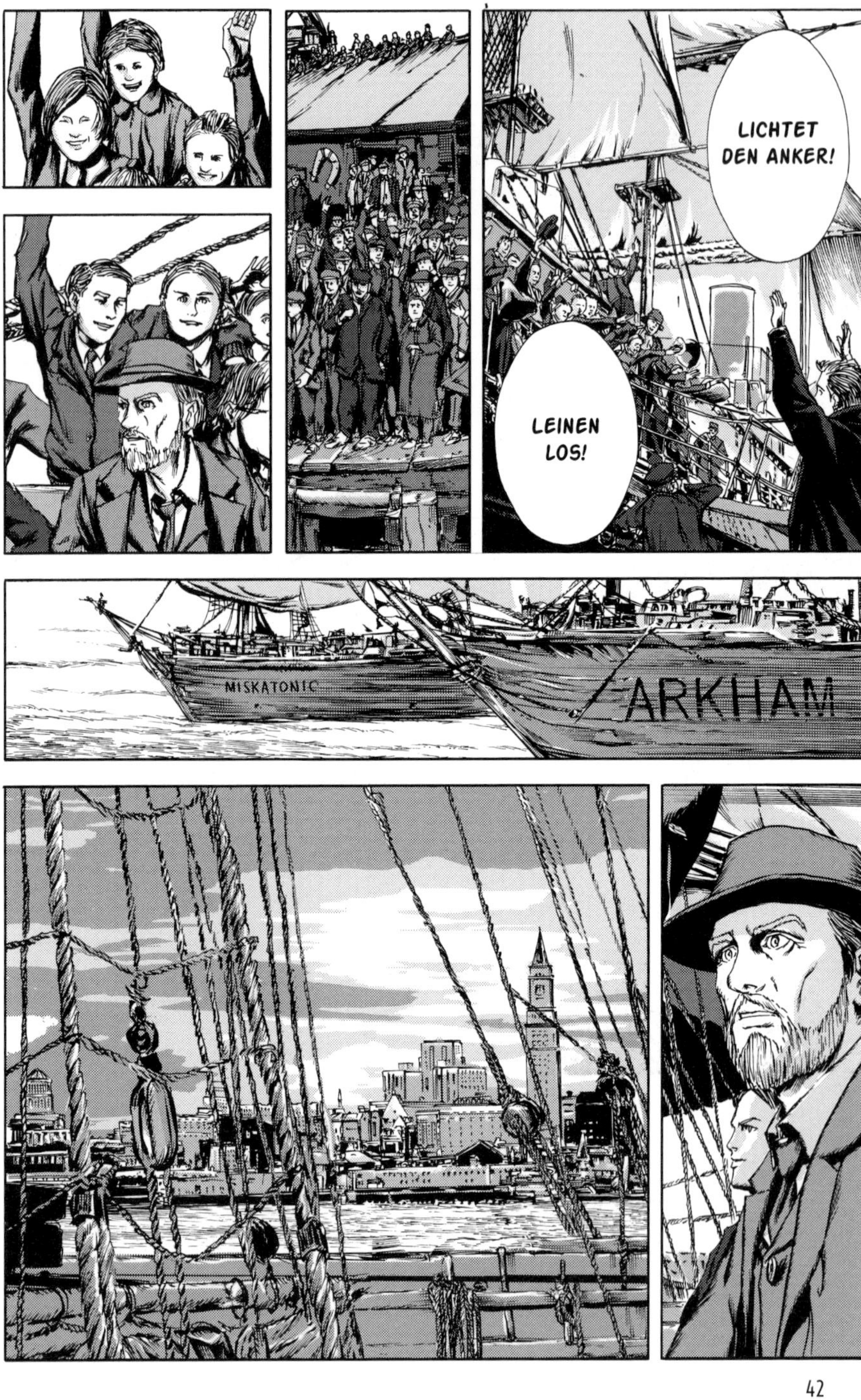
LICHTET DEN ANKER!
LEINEN LOS!
MISKATONIC
ARKHAM

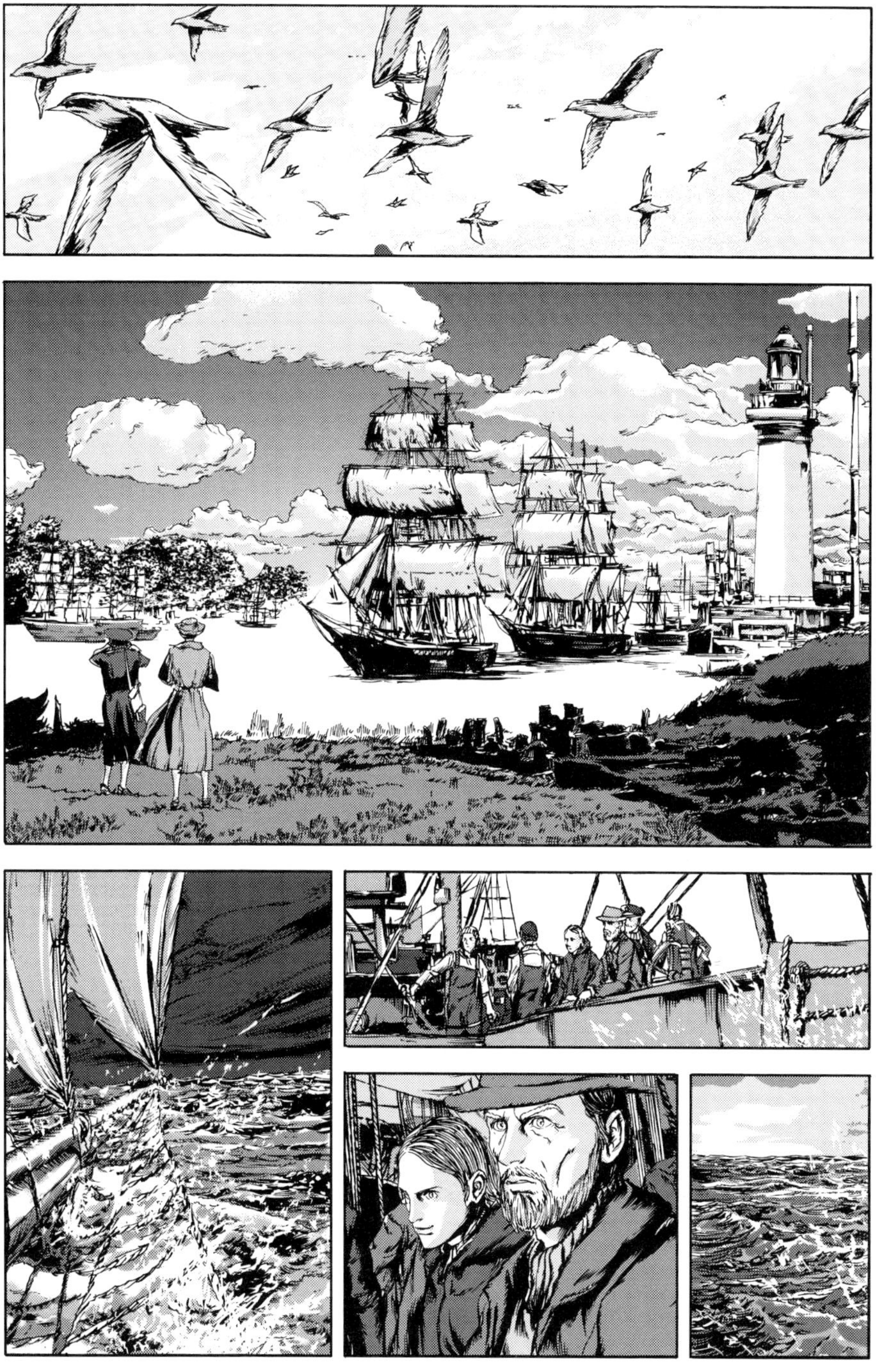

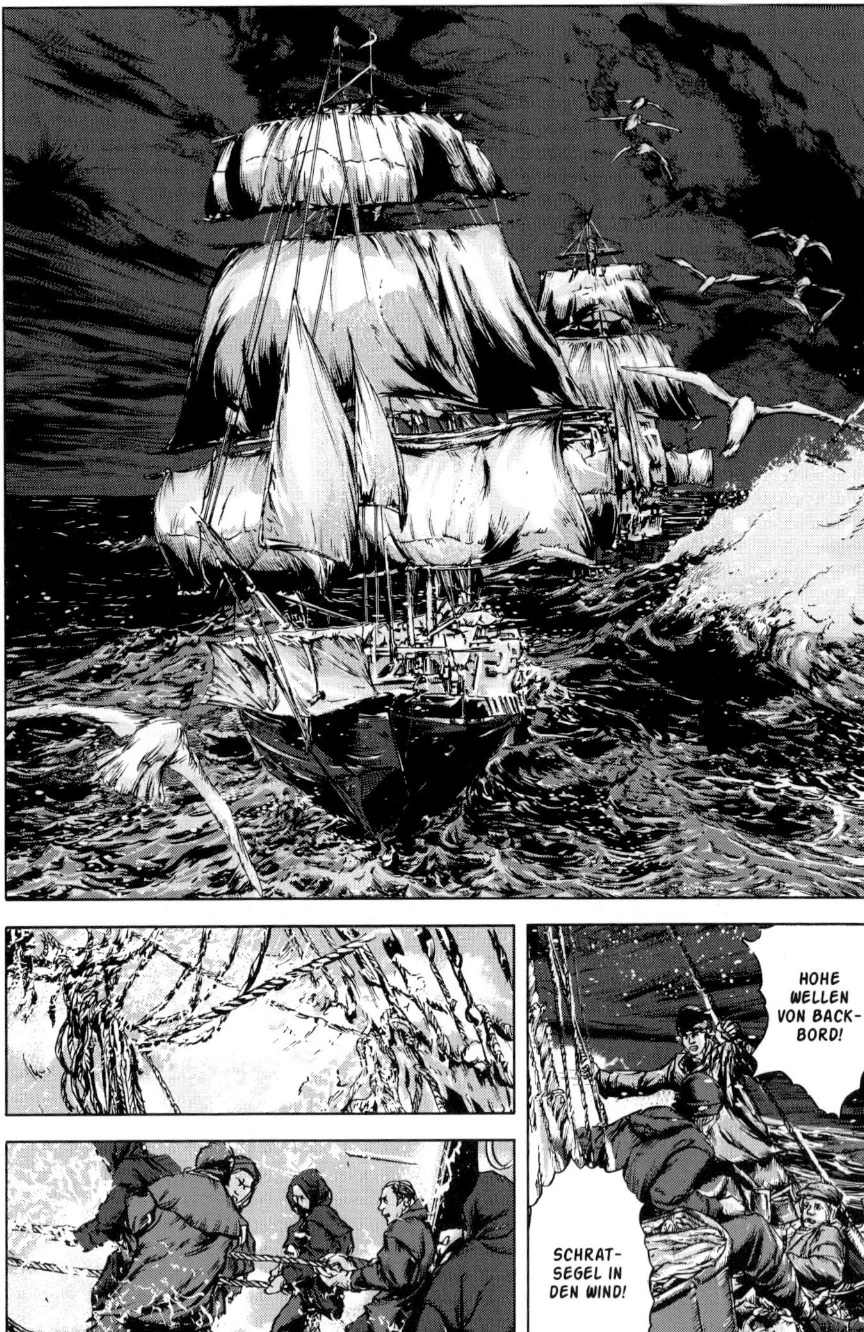
HOHE
WELLEN
VON BACK-
BORD!
SCHRAT-
SEGEL IN
DEN WIND!

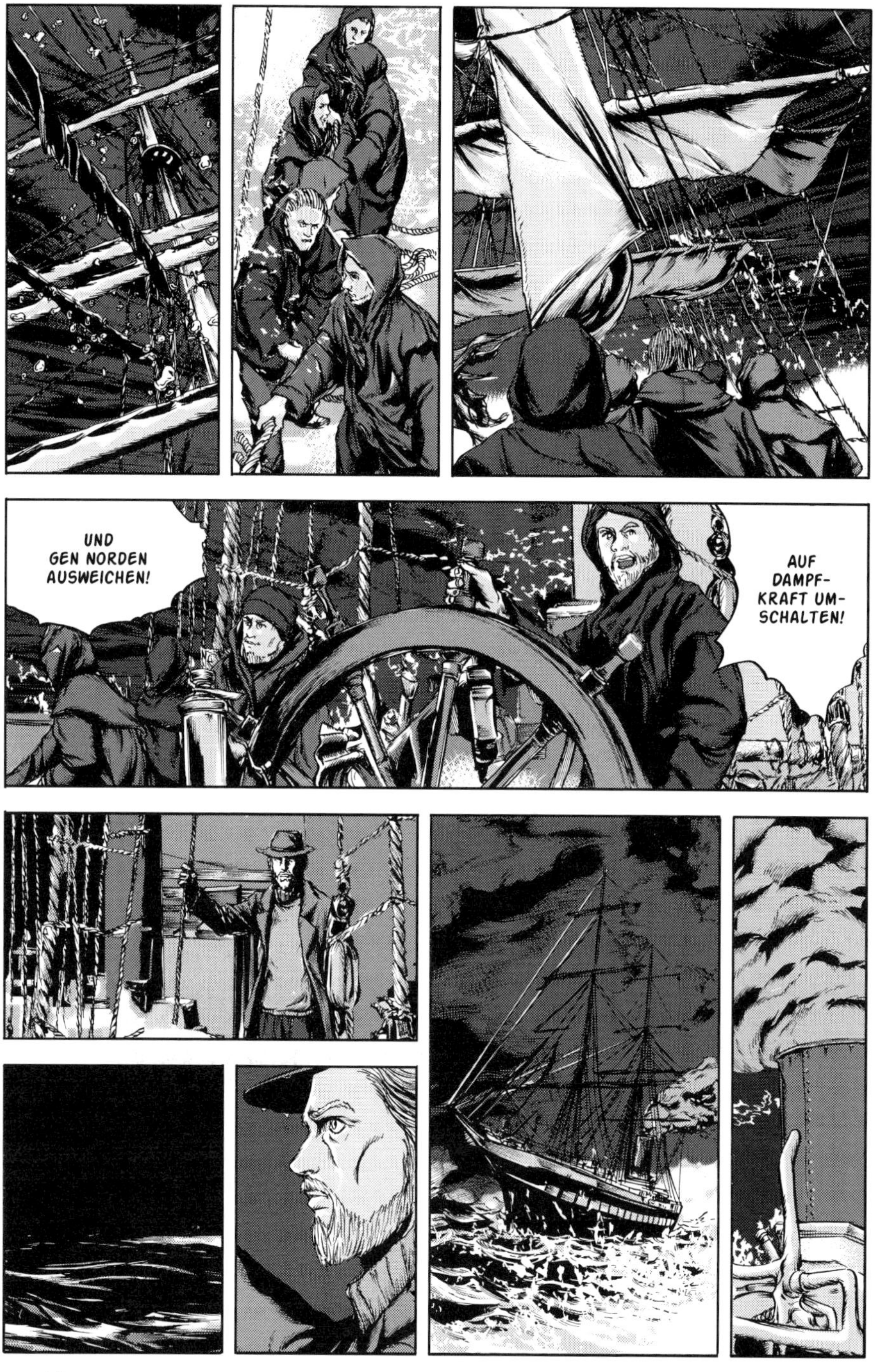
UND GEN NORDEN AUSWEICHEN!
AUF DAMPF-KRAFT UM-SCHALTEN!

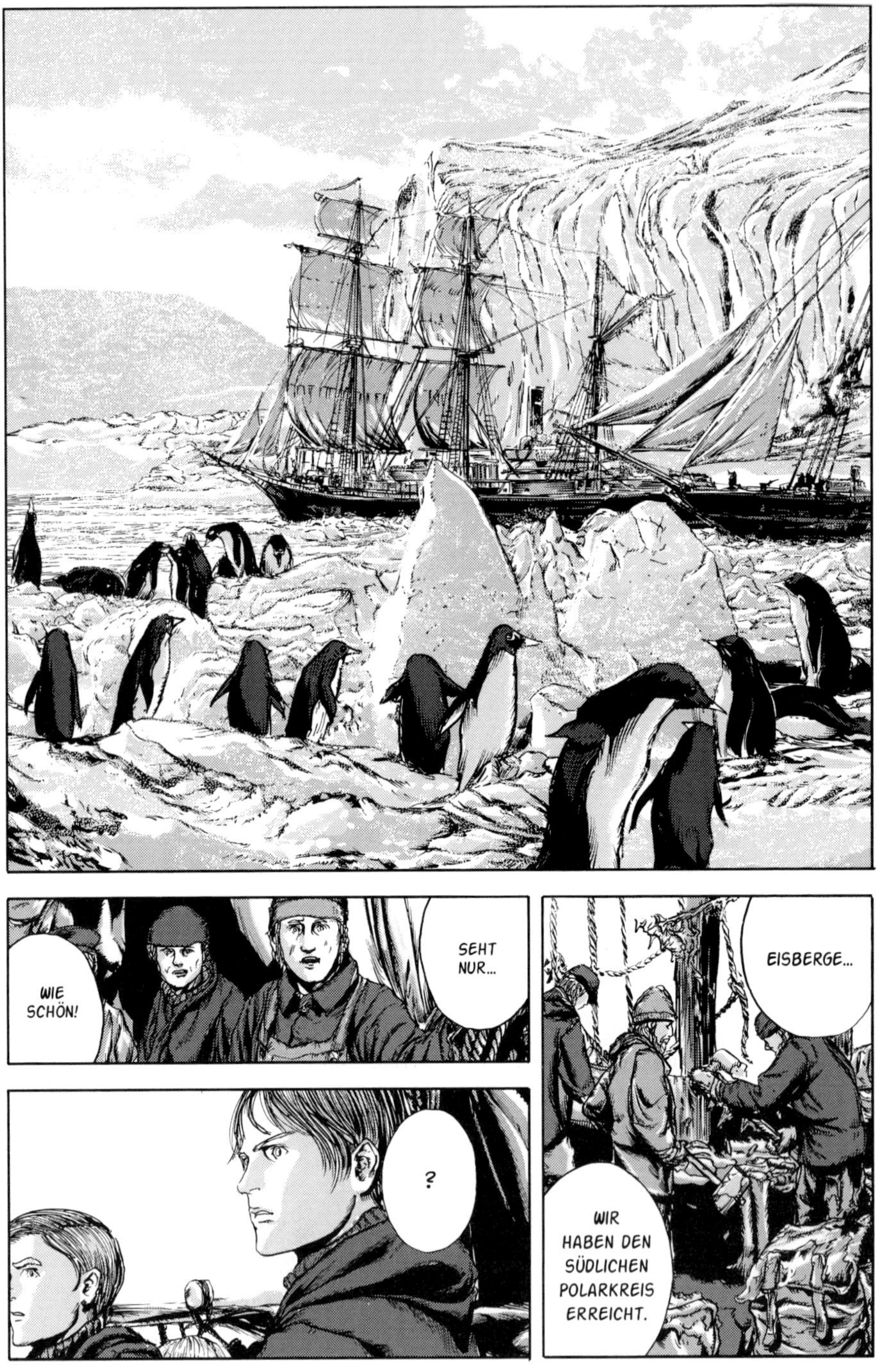
EISBERGE...
WIR HABEN DEN SÜDLICHEN POLARKREIS ERREICHT.
SEHT NUR...
WIE SCHÖN!
?

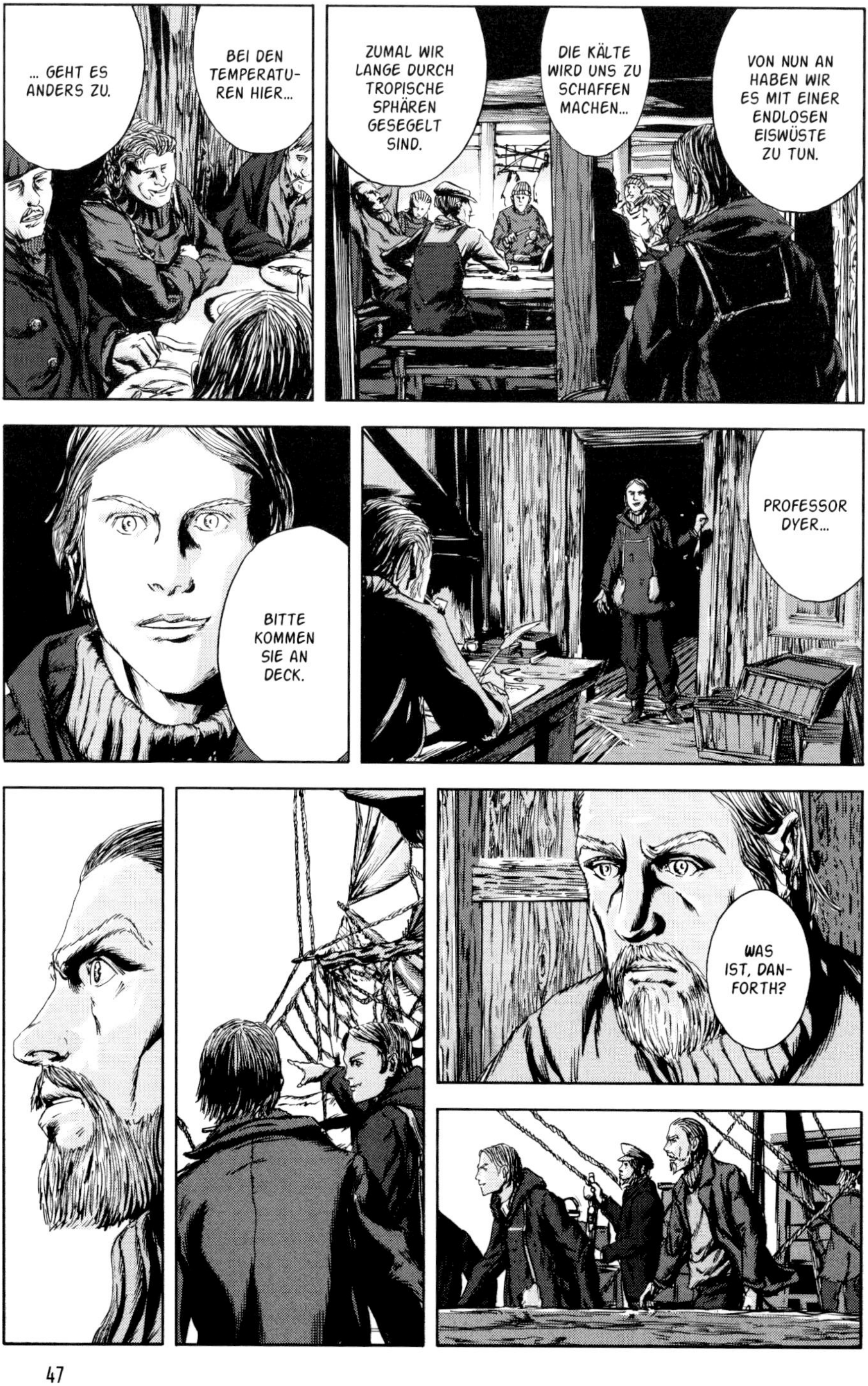
VON NUN AN HABEN WIR ES MIT EINER ENDLOSEN EISWÜSTE ZU TUN.
DIE KÄLTE WIRD UNS ZU SCHAFFEN MACHEN...
ZUMAL WIR LANGE DURCH TROPISCHE SPHÄREN GESEGELT SIND.
BEI DEN TEMPERATUREN HIER...
... GEHT ES ANDERS ZU.
PROFESSOR DYER...
BITTE KOMMEN SIE AN DECK.
WAS IST, DANFORTH?

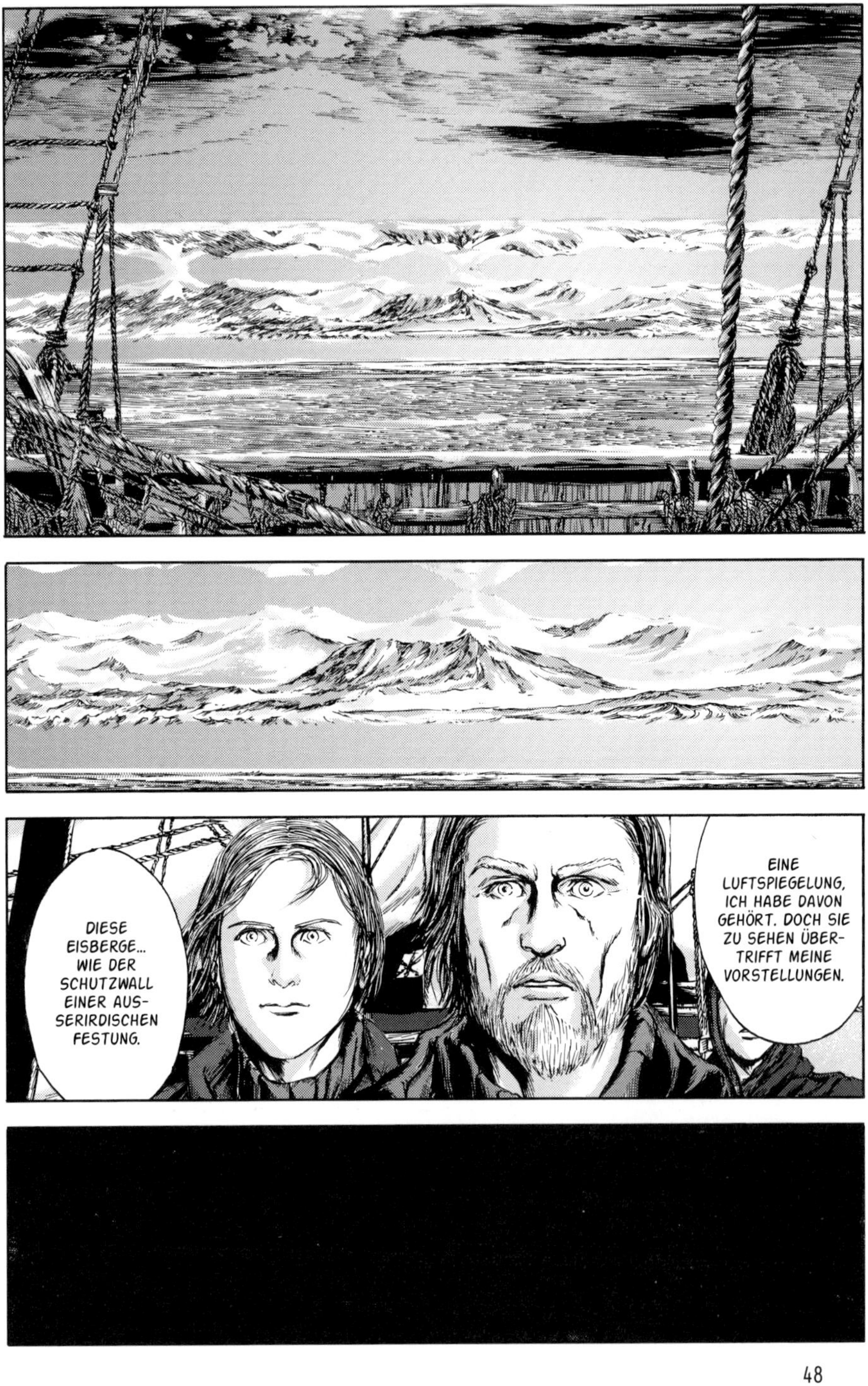
DIESE EISBERGE... WIE DER SCHUTZWALL EINER AUS-SERIRDISCHEN FESTUNG.
EINE LUFTSPIEGELUNG, ICH HABE DAVON GEHÖRT. DOCH SIE ZU SEHEN ÜBER-TRIFFT MEINE VORSTELLUNGEN.

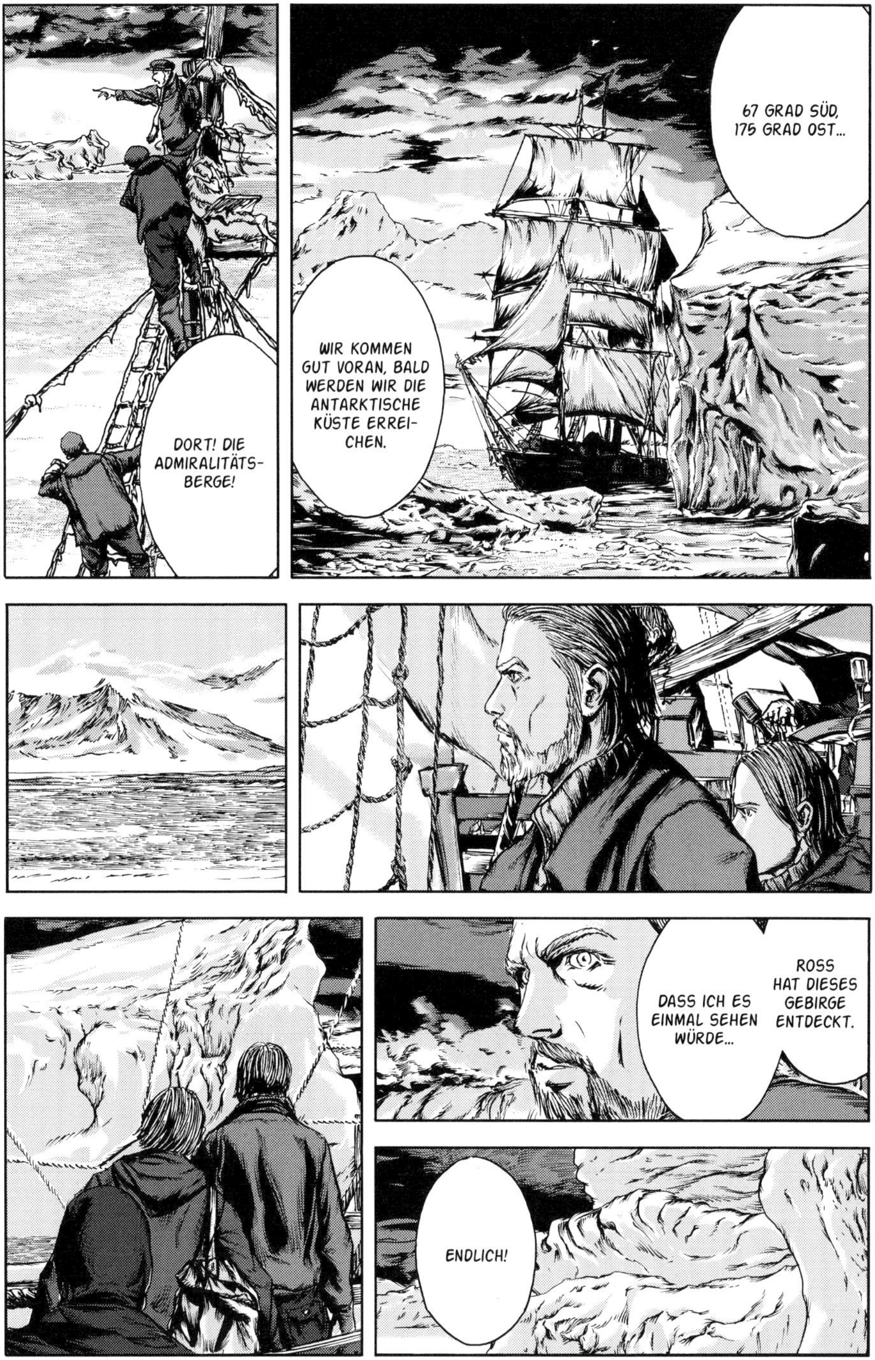
DORT! DIE ADMIRALITÄTS-BERGE!
67 GRAD SÜD, 175 GRAD OST...
WIR KOMMEN GUT VORAN, BALD WERDEN WIR DIE ANTARKTISCHE KÜSTE ERREI-CHEN.
ROSS HAT DIESES GEBIRGE ENTDECKT.
DASS ICH ES EINMAL SEHEN WÜRDE...
ENDLICH!

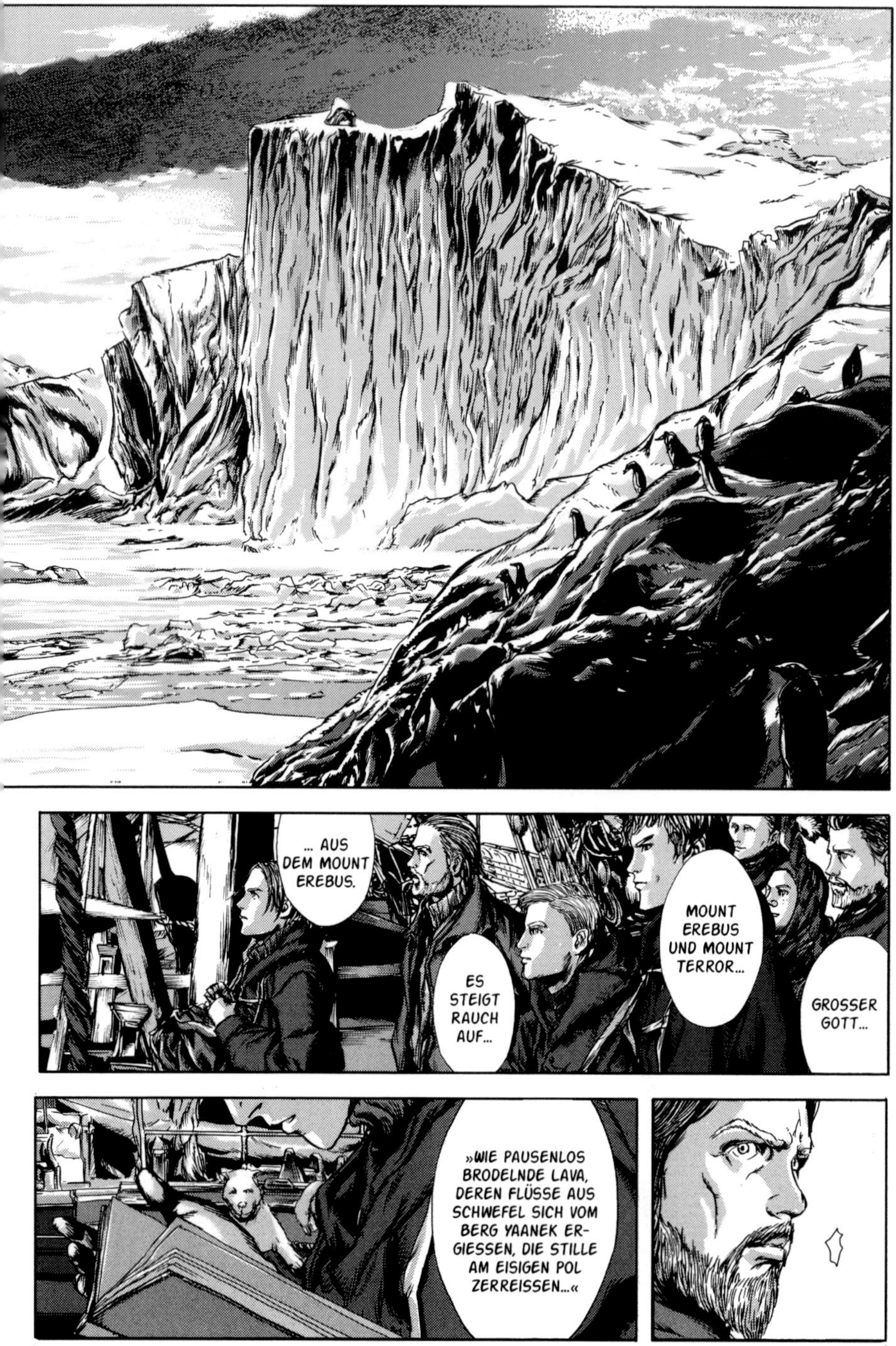
... AUS DEM MOUNT EREBUS.
MOUNT EREBUS UND MOUNT TERROR...
ES STEIGT RAUCH AUF...
GROSSER GOTT...
»WIE PAUSENLOS BRODELNDE LAVA, DEREN FLÜSSE AUS SCHWEFEL SICH VOM BERG YAANEK ER-GIESSEN, DIE STILLE AM EISIGEN POL ZERREISSEN...«

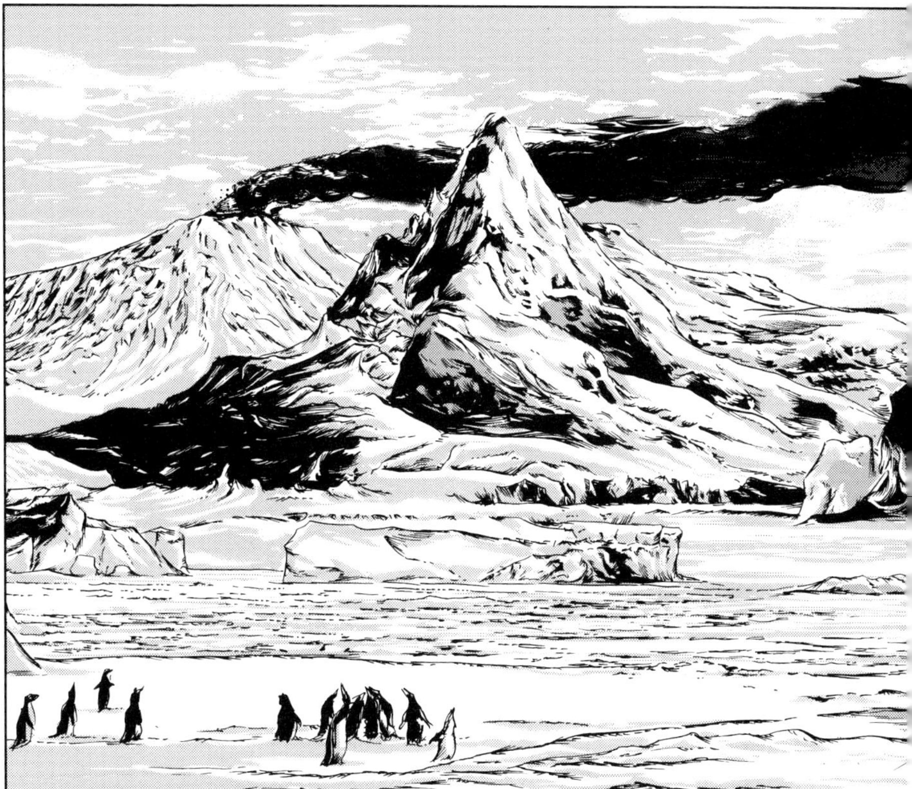

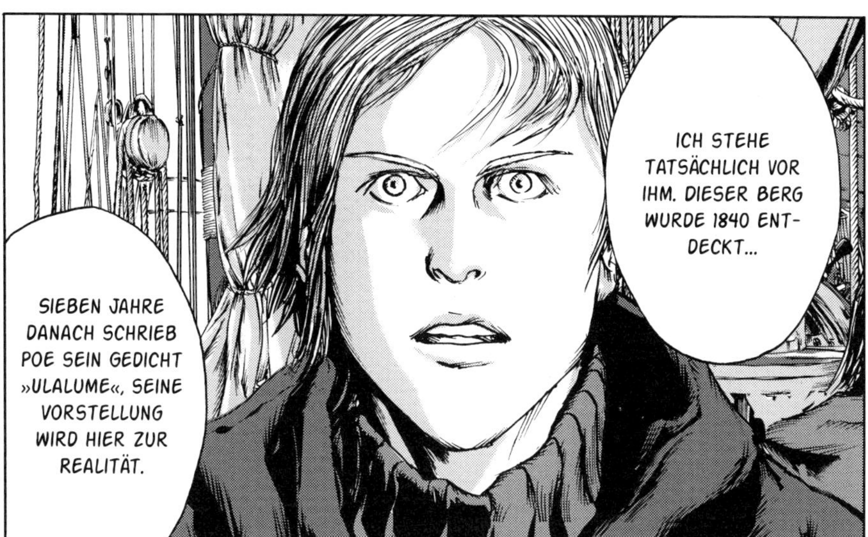
ICH STEHE TATSÄCHLICH VOR IHM. DIESER BERG WURDE 1840 ENT-DECKT...
SIEBEN JAHRE DANACH SCHRIEB POE SEIN GEDICHT »ULALUME«, SEINE VORSTELLUNG WIRD HIER ZUR REALITÄT.

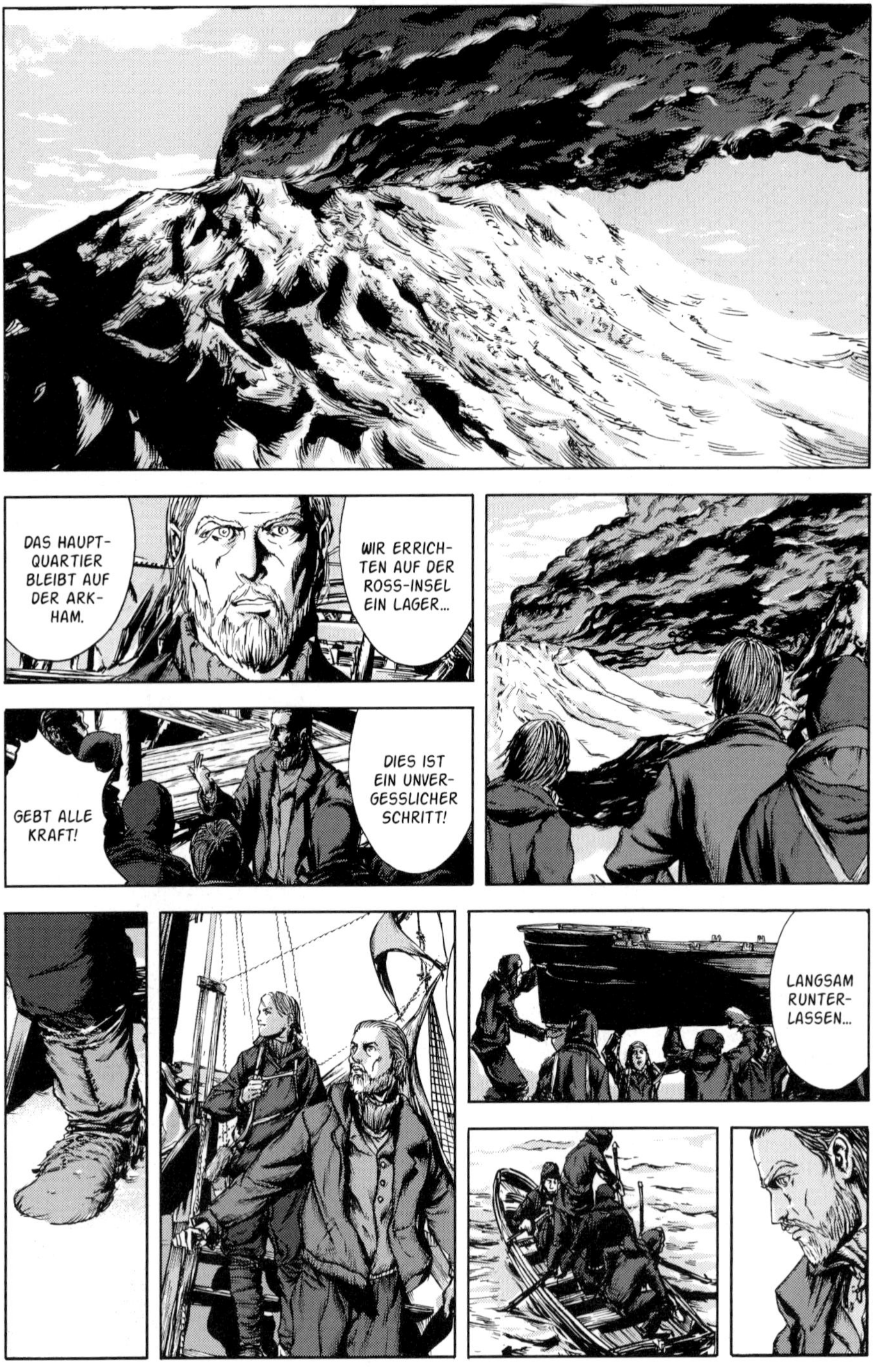
DAS HAUPT-QUARTIER BLEIBT AUF DER ARK-HAM.
WIR ERRICH-TEN AUF DER ROSS-INSEL EIN LAGER...
GEBT ALLE KRAFT!
DIES IST EIN UNVER-GESSLICHER SCHRITT!
LANGSAM RUNTER-LASSEN...

2 EWIG WEISSE, TOTE WELT

The White Aeon-dead World

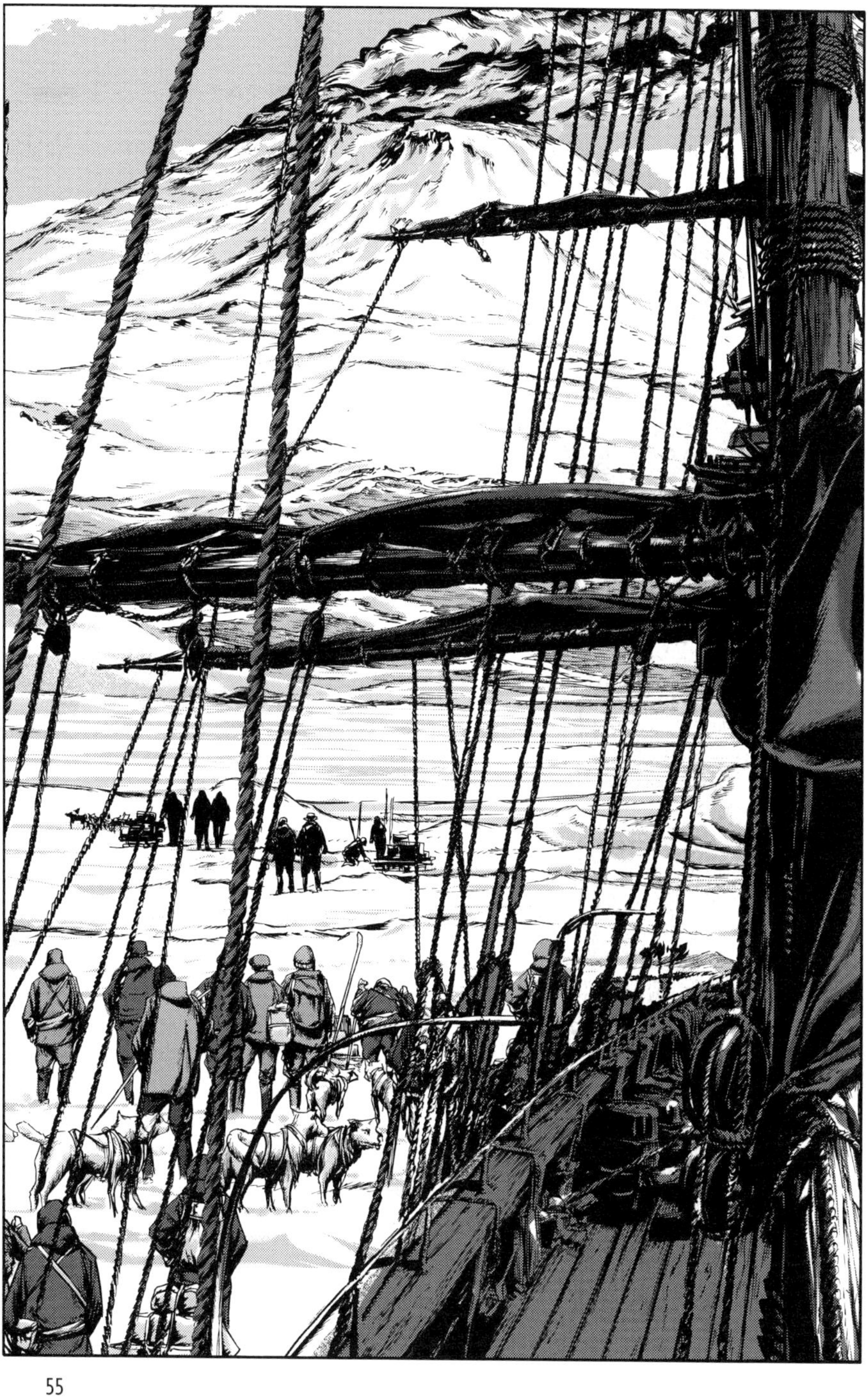

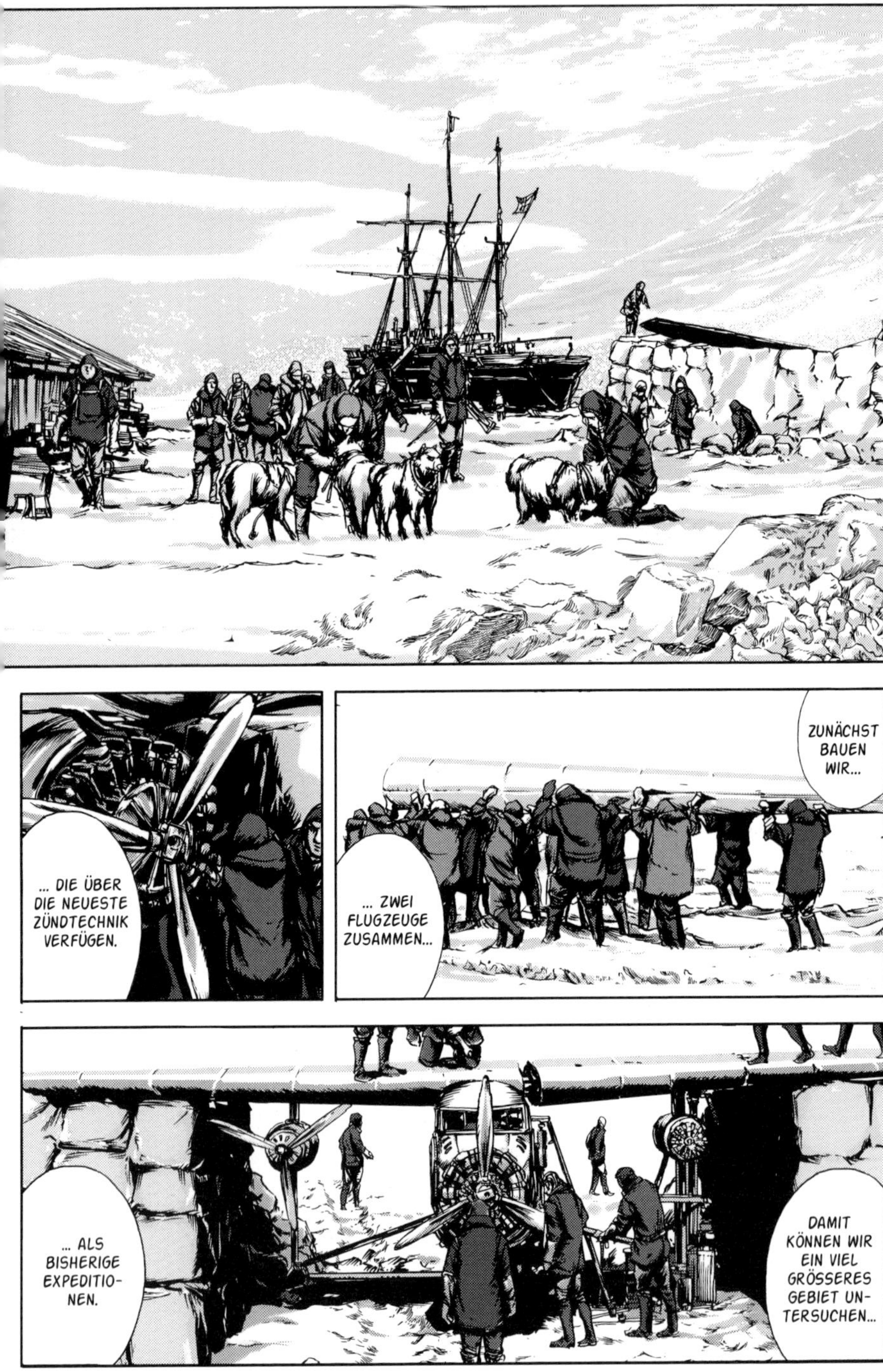
ZUNÄCHST BAUEN WIR...
... ZWEI FLUGZEUGE ZUSAMMEN...
... DIE ÜBER DIE NEUESTE ZÜNDTECHNIK VERFÜGEN.
DAMIT KÖNNEN WIR EIN VIEL GRÖSSERES GEBIET UN-TERSUCHEN...
... ALS BISHERIGE EXPEDITIO-NEN.

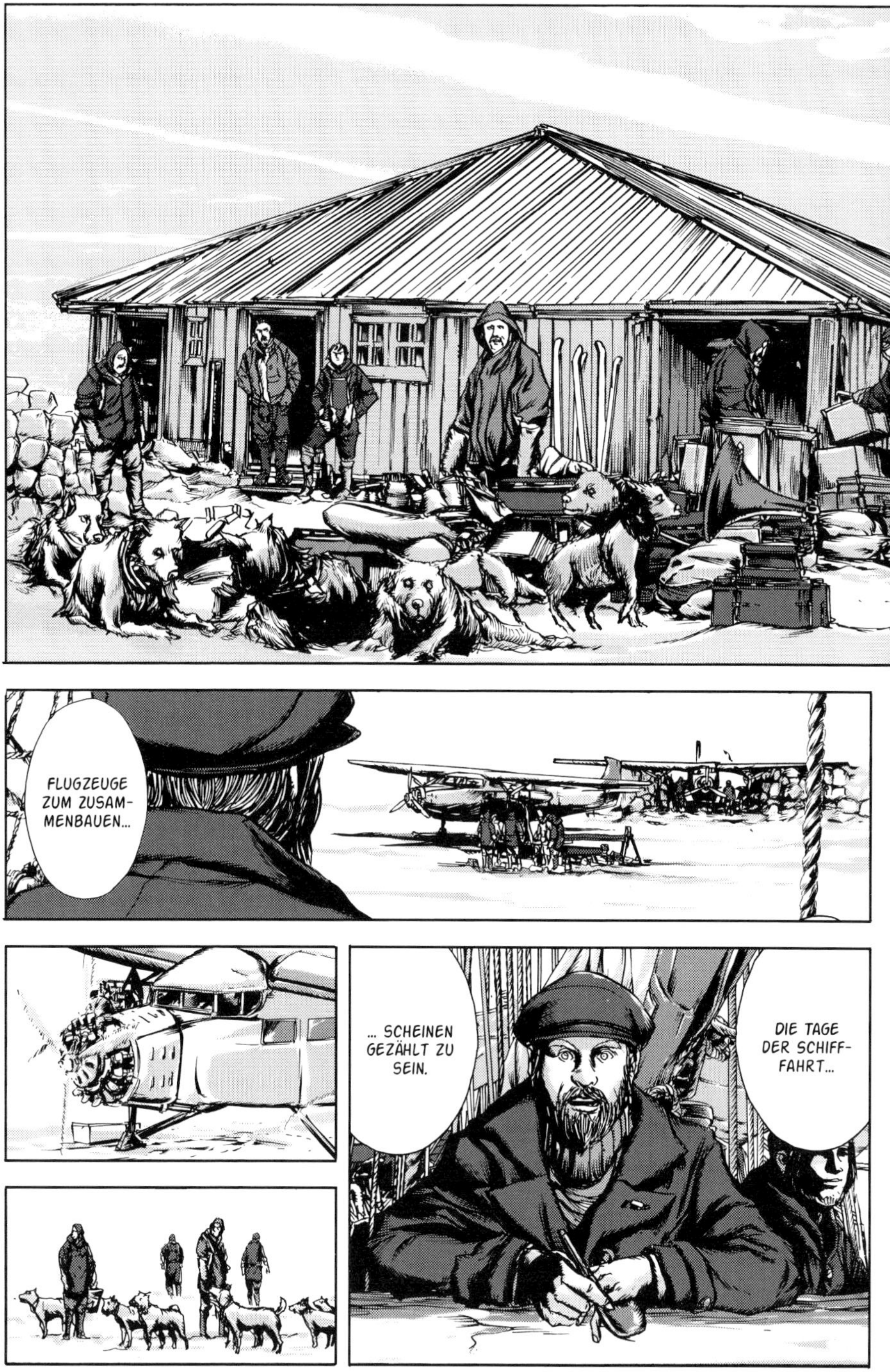
FLUGZEUGE ZUM ZUSAMMENBAUEN...
DIE TAGE DER SCHIFFFAHRT...
... SCHEINEN GEZÄHLT ZU SEIN.

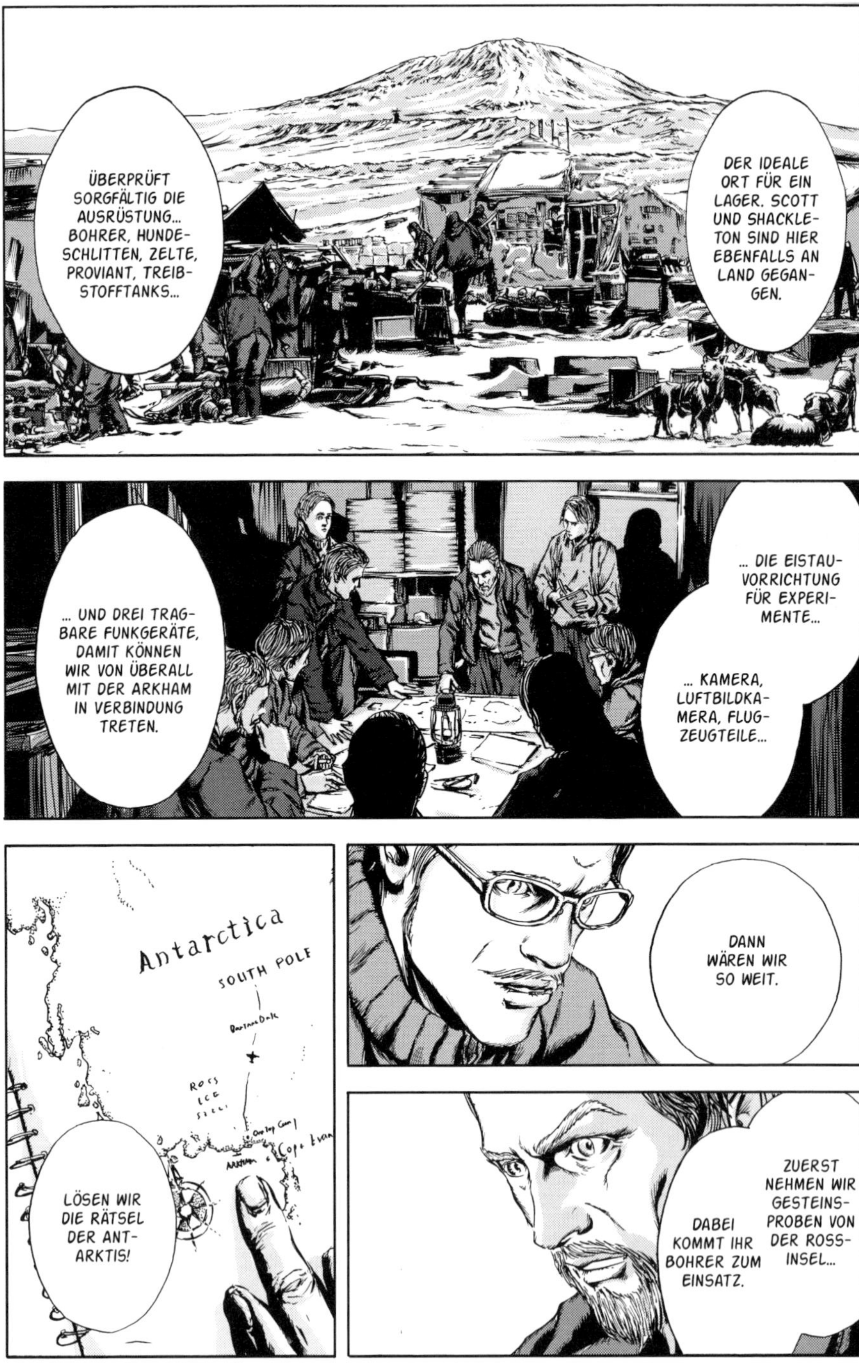
ÜBERPRÜFT SORGFÄLTIG DIE AUSRÜSTUNG... BOHRER, HUNDESCHLITTEN, ZELTE, PROVIANT, TREIBSTOFFTANKS...
DER IDEALE ORT FÜR EIN LAGER. SCOTT UND SHACKLETON SIND HIER EBENFALLS AN LAND GEGANGEN.
... UND DREI TRAGBARE FUNKGERÄTE, DAMIT KÖNNEN WIR VON ÜBERALL MIT DER ARKHAM IN VERBINDUNG TRETEN.
... DIE EISTAUVORRICHTUNG FÜR EXPERIMENTE...
... KAMERA, LUFTBILDKAMERA, FLUGZEUGTEILE...
Antarctica
SOUTH POLE
LÖSEN WIR DIE RÄTSEL DER ANTARKTIS!
DANN WÄREN WIR SO WEIT.
ZUERST NEHMEN WIR GESTEINSPROBEN VON DER ROSSINSEL...
DABEI KOMMT IHR BOHRER ZUM EINSATZ.

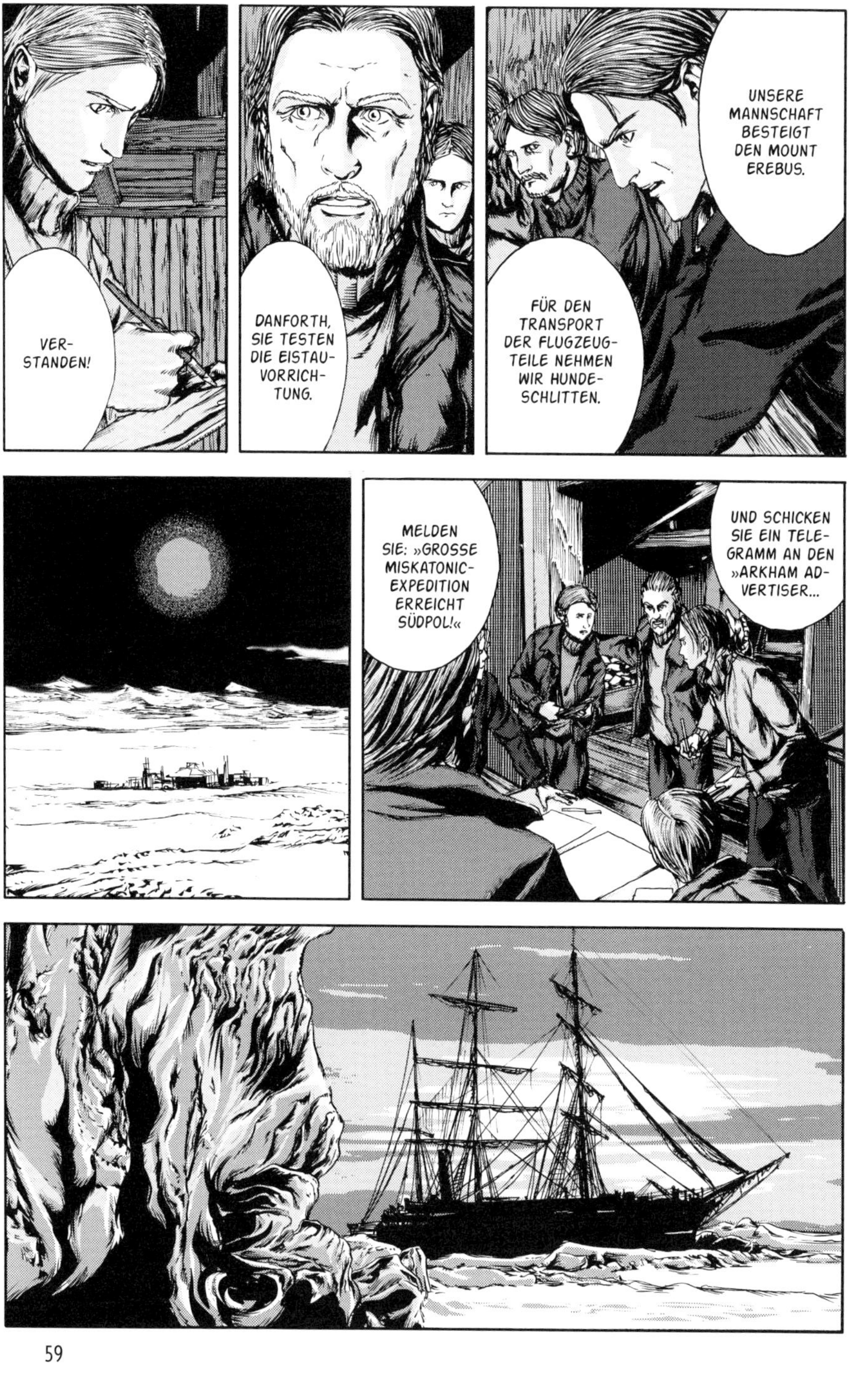
VERSTANDEN!
DANFORTH, SIE TESTEN DIE EISTAUVORRICHTUNG.
UNSERE MANNSCHAFT BESTEIGT DEN MOUNT EREBUS.
FÜR DEN TRANSPORT DER FLUGZEUGTEILE NEHMEN WIR HUNDESCHLITTEN.
UND SCHICKEN SIE EIN TELEGRAMM AN DEN »ARKHAM ADVERTISER...
MELDEN SIE: »GROSSE MISKATONIC-EXPEDITION ERREICHT SÜDPOL!«

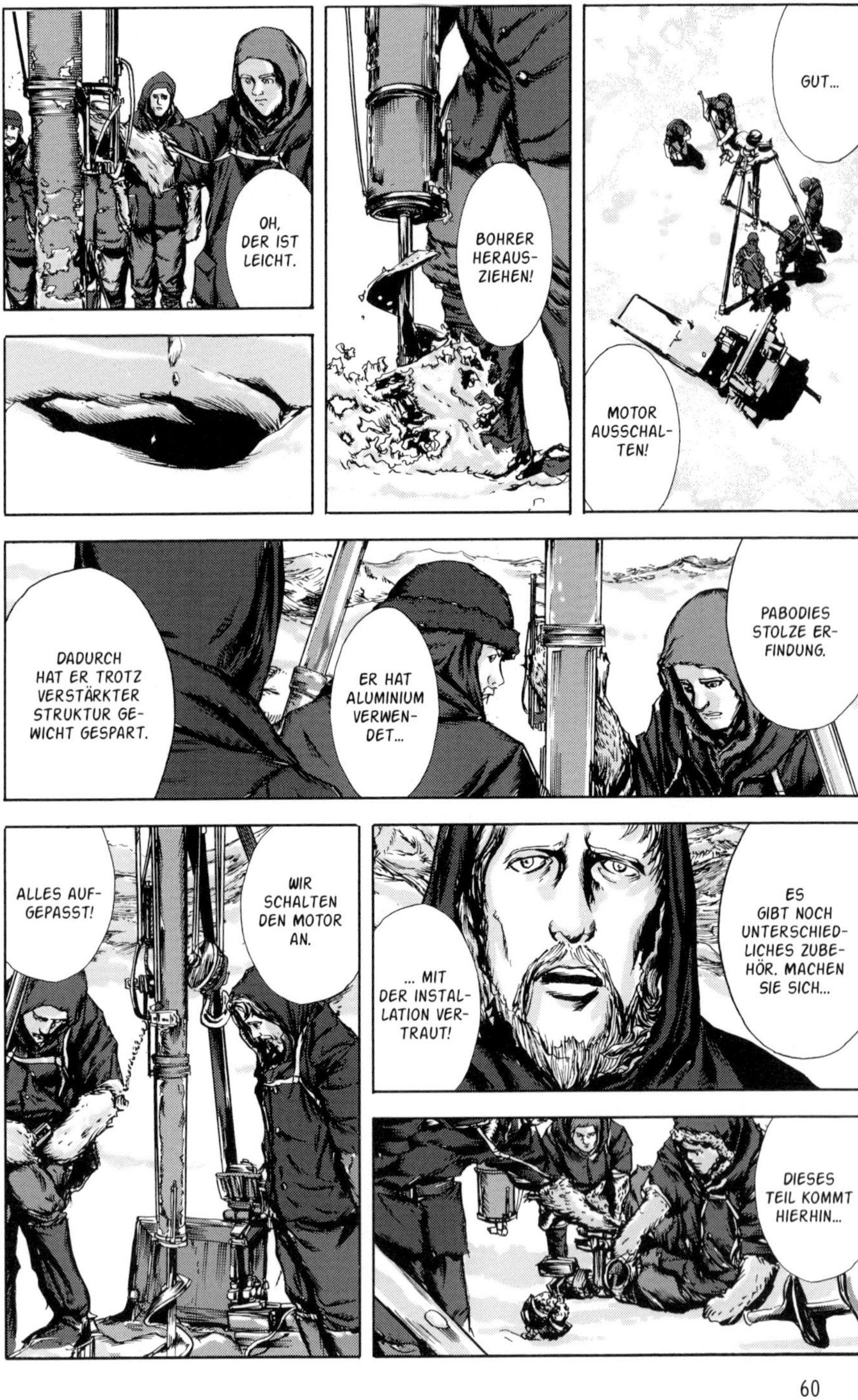
GUT...
MOTOR AUSSCHALTEN!
BOHRER HERAUSZIEHEN!
OH, DER IST LEICHT.
PABODIES STOLZE ERFINDUNG.
ER HAT ALUMINIUM VERWENDET...
DADURCH HAT ER TROTZ VERSTÄRKTER STRUKTUR GEWICHT GESPART.
ES GIBT NOCH UNTERSCHIEDLICHES ZUBEHÖR. MACHEN SIE SICH...
... MIT DER INSTALLATION VERTRAUT!
DIESES TEIL KOMMT HIERHIN...
WIR SCHALTEN DEN MOTOR AN.
ALLES AUFGEPASST!

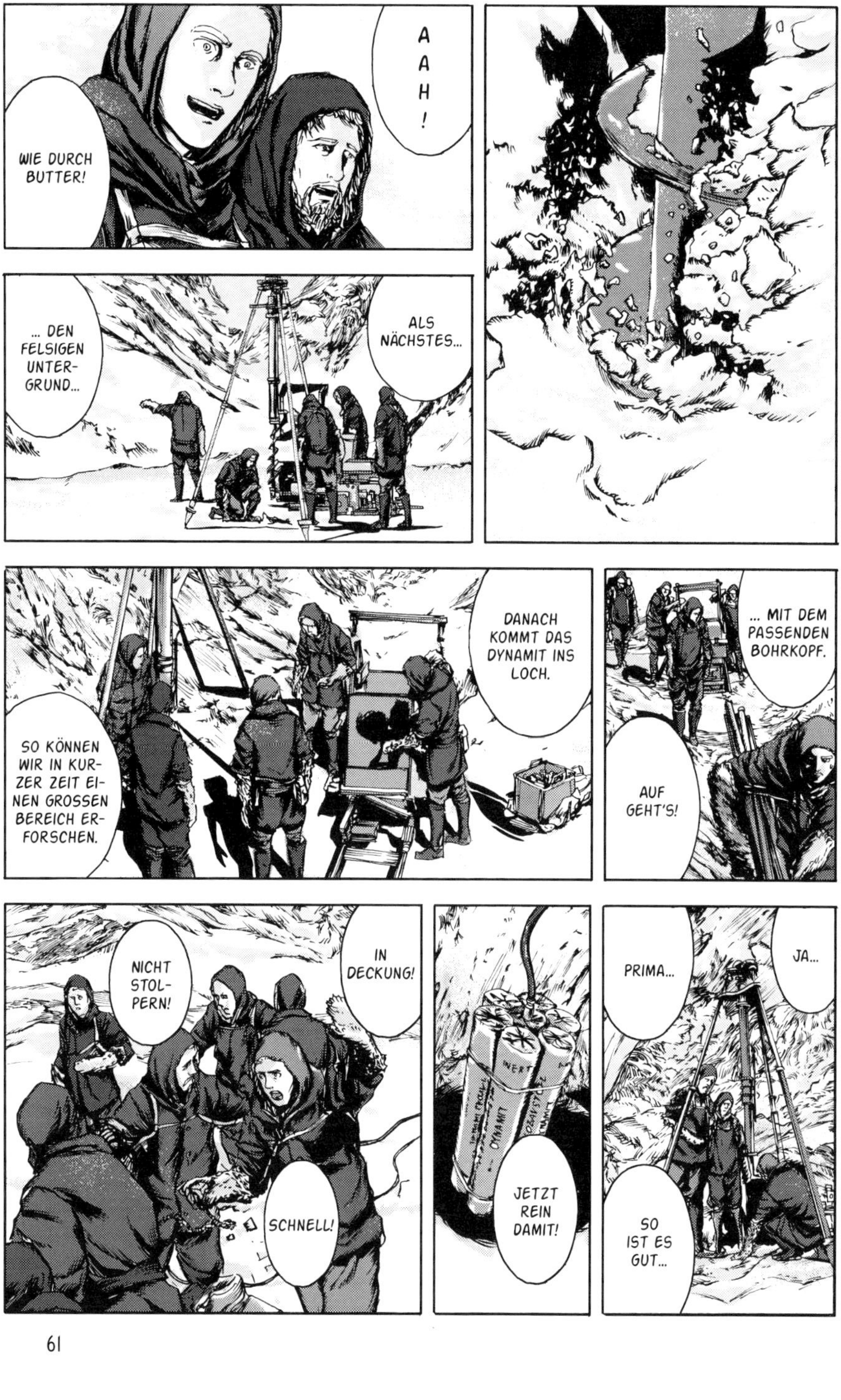
AAH!
WIE DURCH BUTTER!
ALS NÄCHSTES...
... DEN FELSIGEN UNTERGRUND...
... MIT DEM PASSENDEN BOHRKOPF.
AUF GEHT'S!
DANACH KOMMT DAS DYNAMIT INS LOCH.
SO KÖNNEN WIR IN KURZER ZEIT EINEN GROSSEN BEREICH ERFORSCHEN.
JA...
PRIMA...
SO IST ES GUT...
JETZT REIN DAMIT!
IN DECKUNG!
NICHT STOLPERN!
SCHNELL!

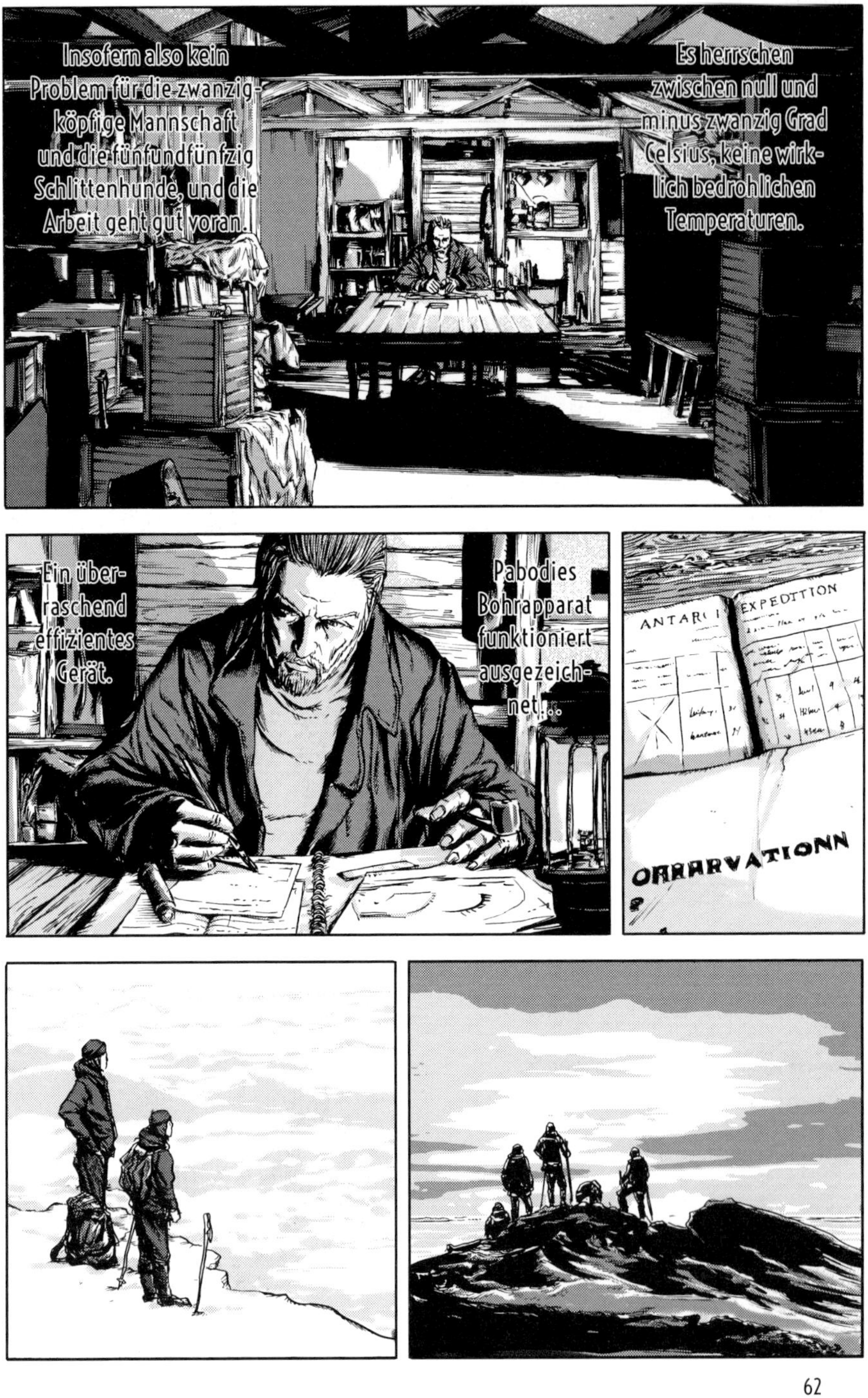
Insofern also kein Problem für die zwanzigköpfige Mannschaft und die fünfundfünfzig Schlittenhunde, und die Arbeit geht gut voran.
Es herrschen zwischen null und minus zwanzig Grad Celsius, keine wirklich bedrohlichen Temperaturen.
Ein überraschend effizientes Gerät.
Pabodies Bohrapparat funktioniert ausgezeichnet ...
ANTARC
EXPEDITION
ORRRRVATIONN

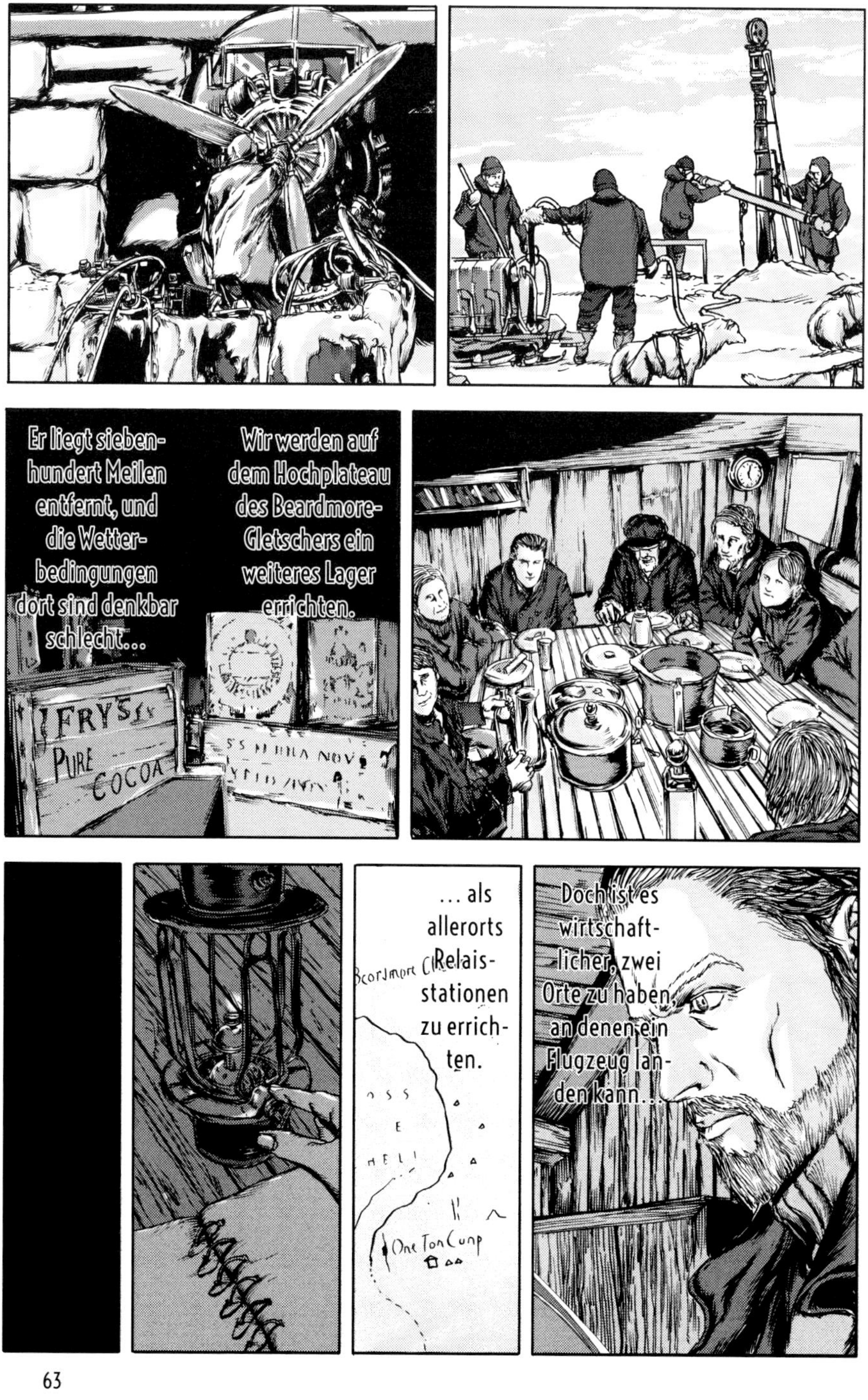
Er liegt siebenhundert Meilen entfernt, und die Wetterbedingungen dort sind denkbar schlecht…
Wir werden auf dem Hochplateau des Beardmore-Gletschers ein weiteres Lager errichten.
FRY'S PURE COCOA
… als allerorts Relaisstationen zu errichten.
One Ton Camp
Doch ist es wirtschaftlicher, zwei Orte zu haben, an denen ein Flugzeug landen kann…

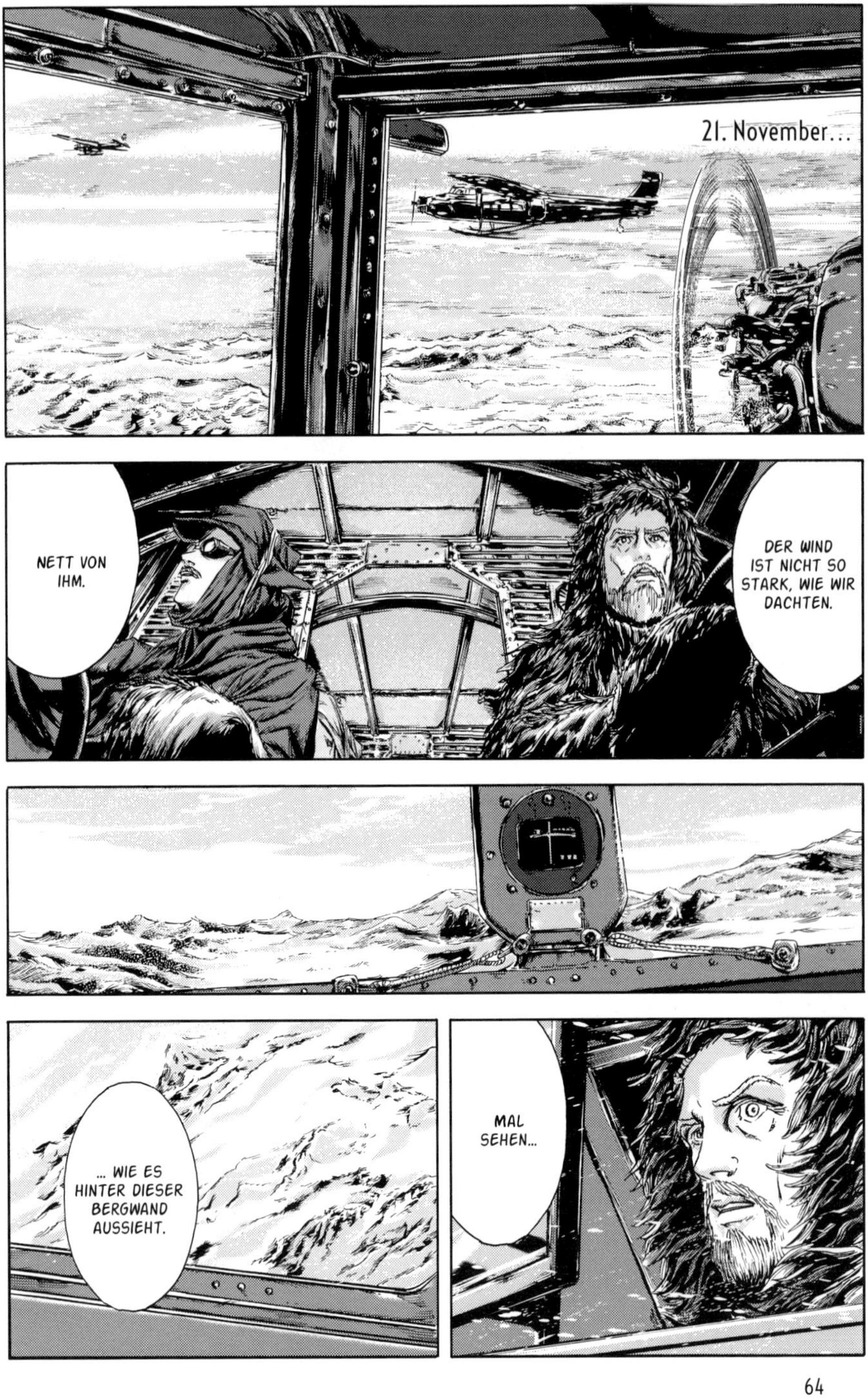
21. November...
Der Wind ist nicht so stark, wie wir dachten.
Nett von ihm.
Mal sehen...
... wie es hinter dieser Bergwand aussieht.

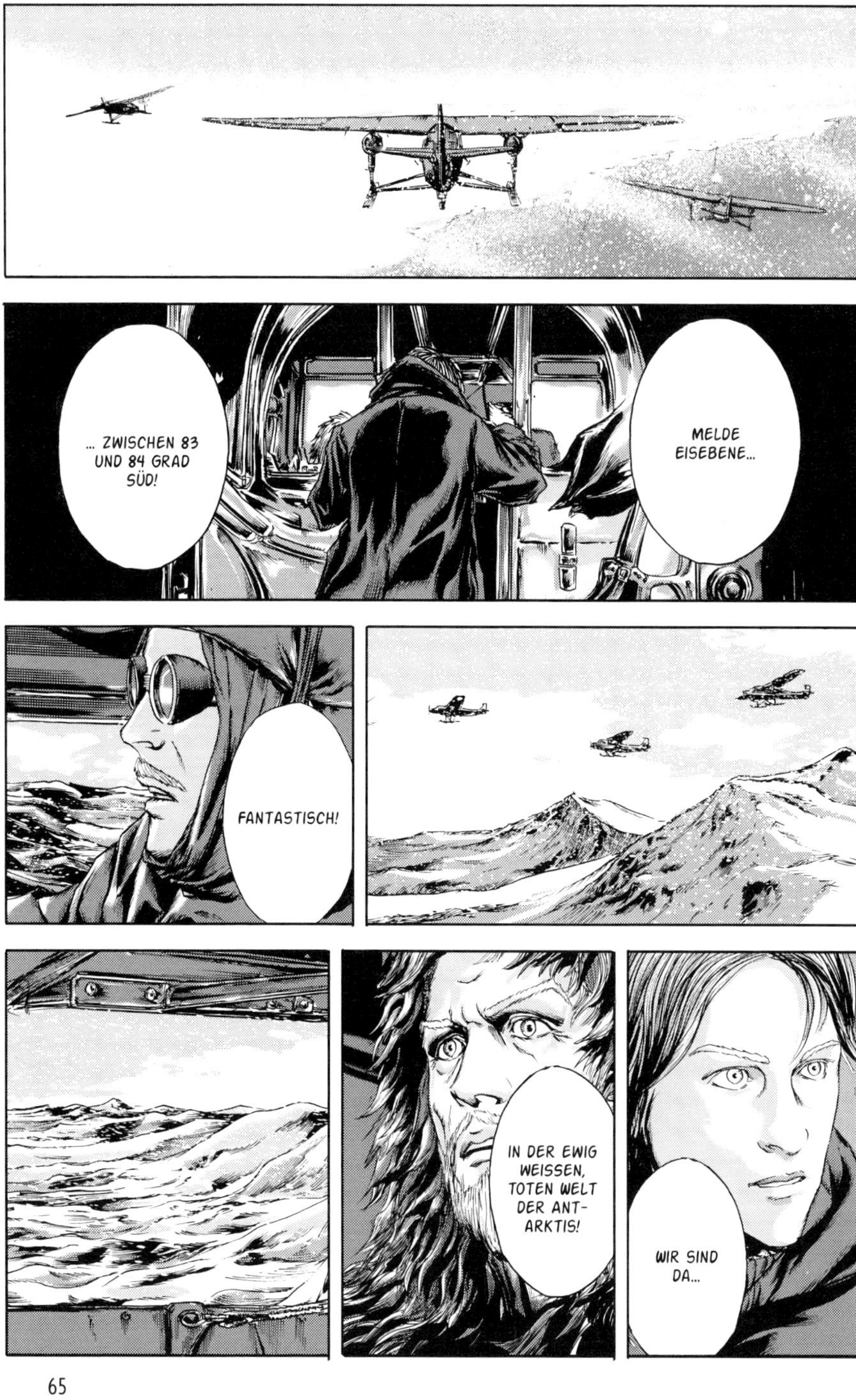
MELDE EISEBENE...
... ZWISCHEN 83 UND 84 GRAD SÜD!
FANTASTISCH!
WIR SIND DA...
IN DER EWIG WEISSEN, TOTEN WELT DER ANT-ARKTIS!

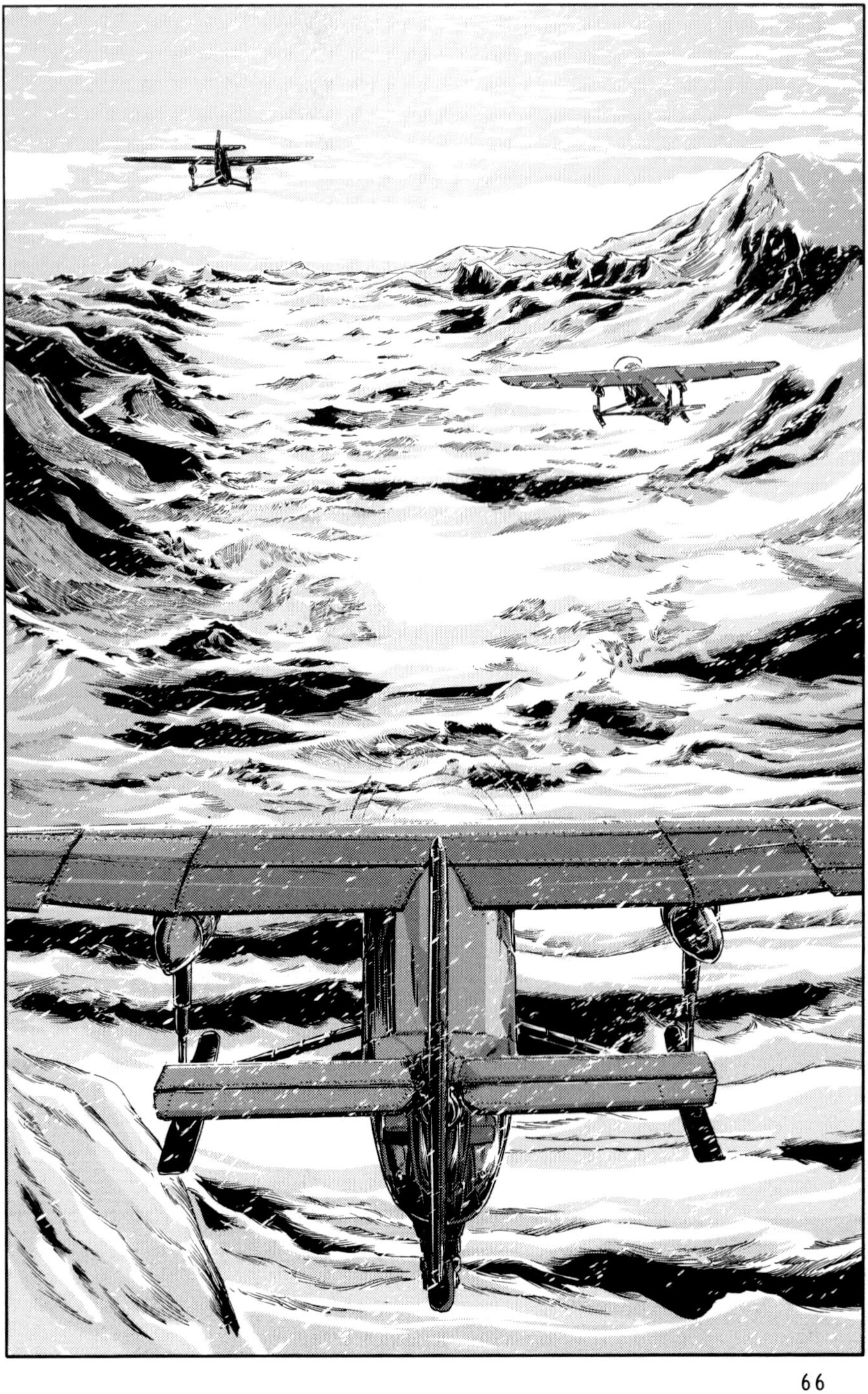

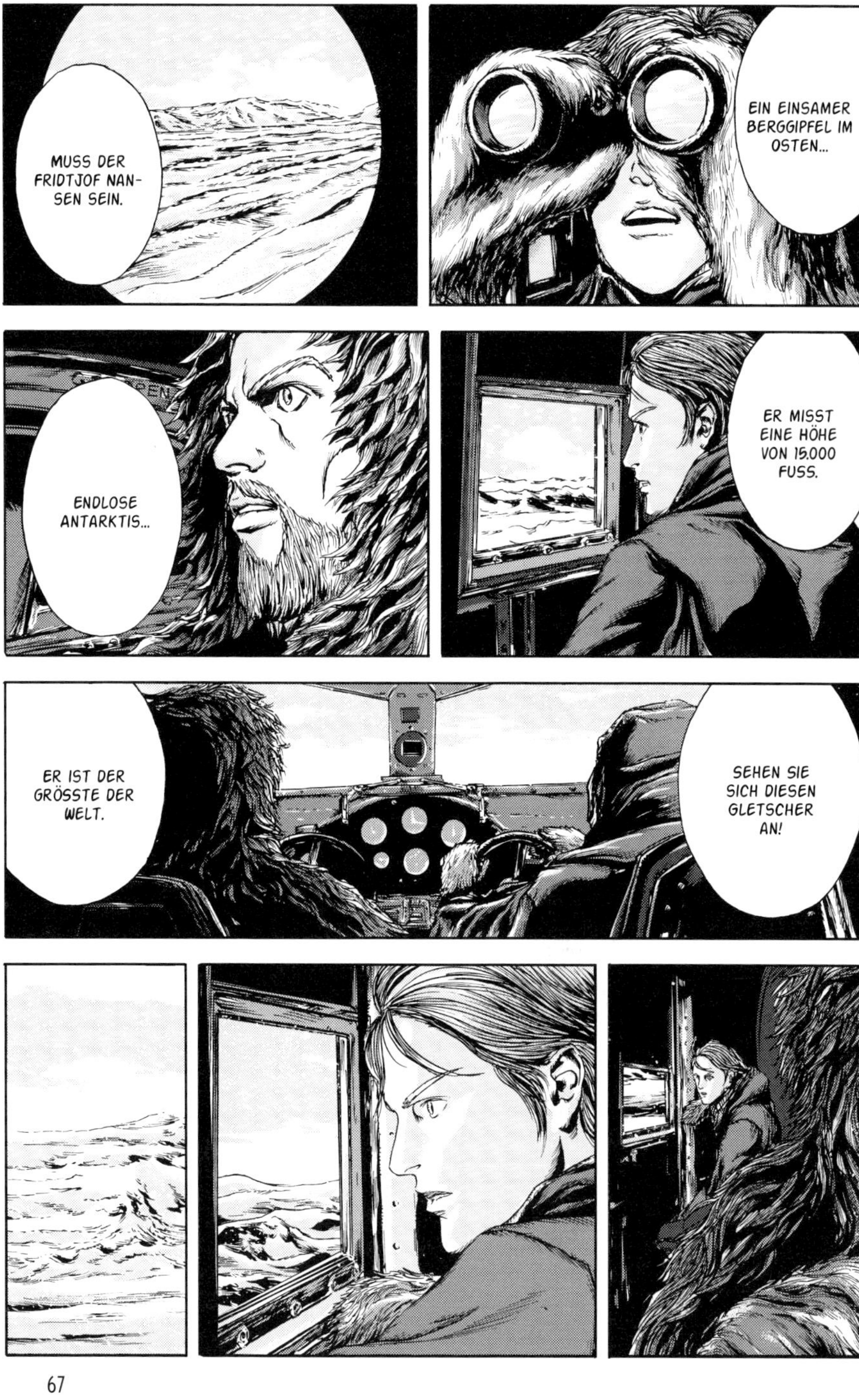
EIN EINSAMER BERGGIPFEL IM OSTEN...
MUSS DER FRIDTJOF NANSEN SEIN.
ER MISST EINE HÖHE VON 15.000 FUSS.
ENDLOSE ANTARKTIS...
SEHEN SIE SICH DIESEN GLETSCHER AN!
ER IST DER GRÖSSTE DER WELT.

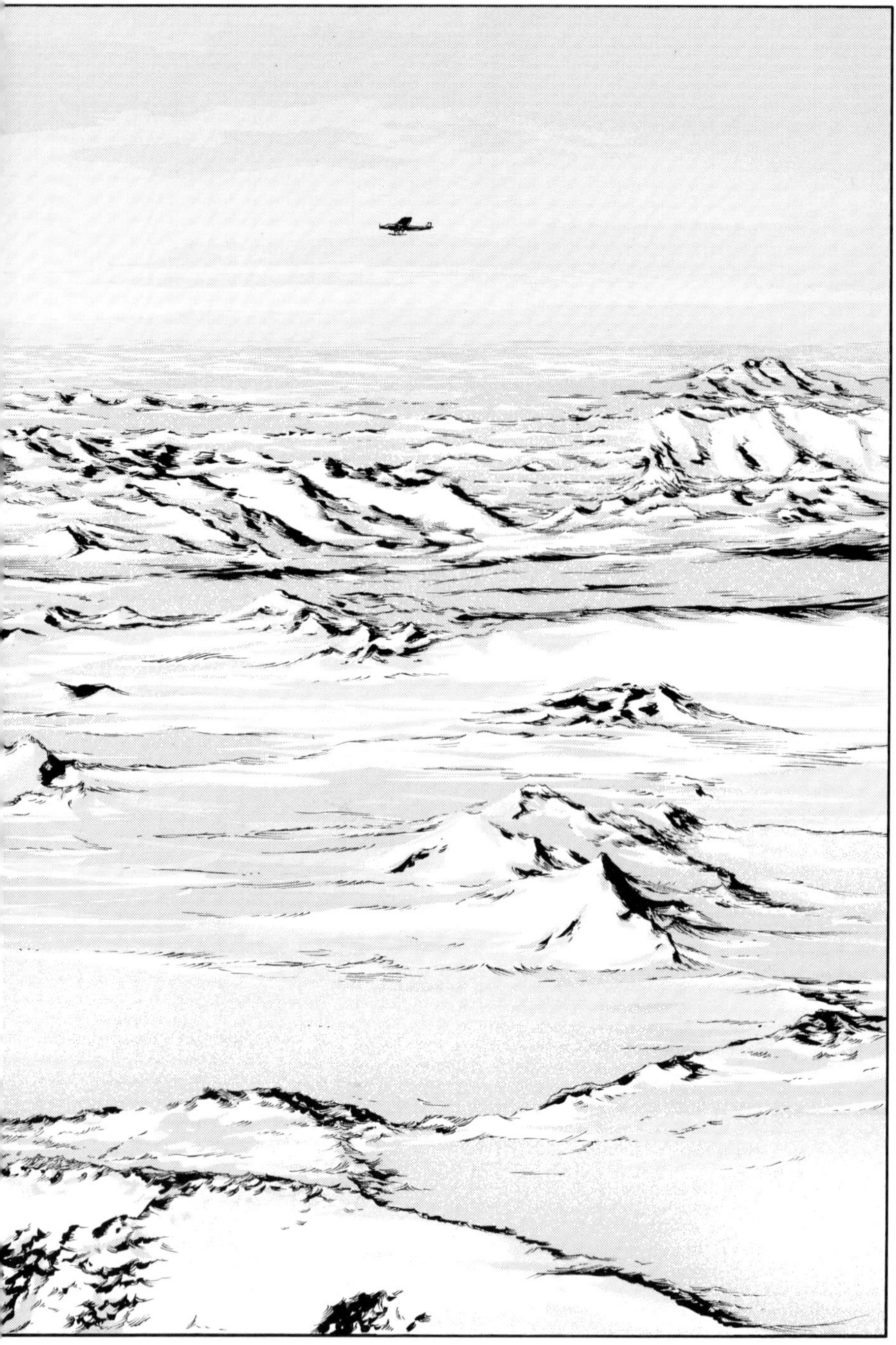

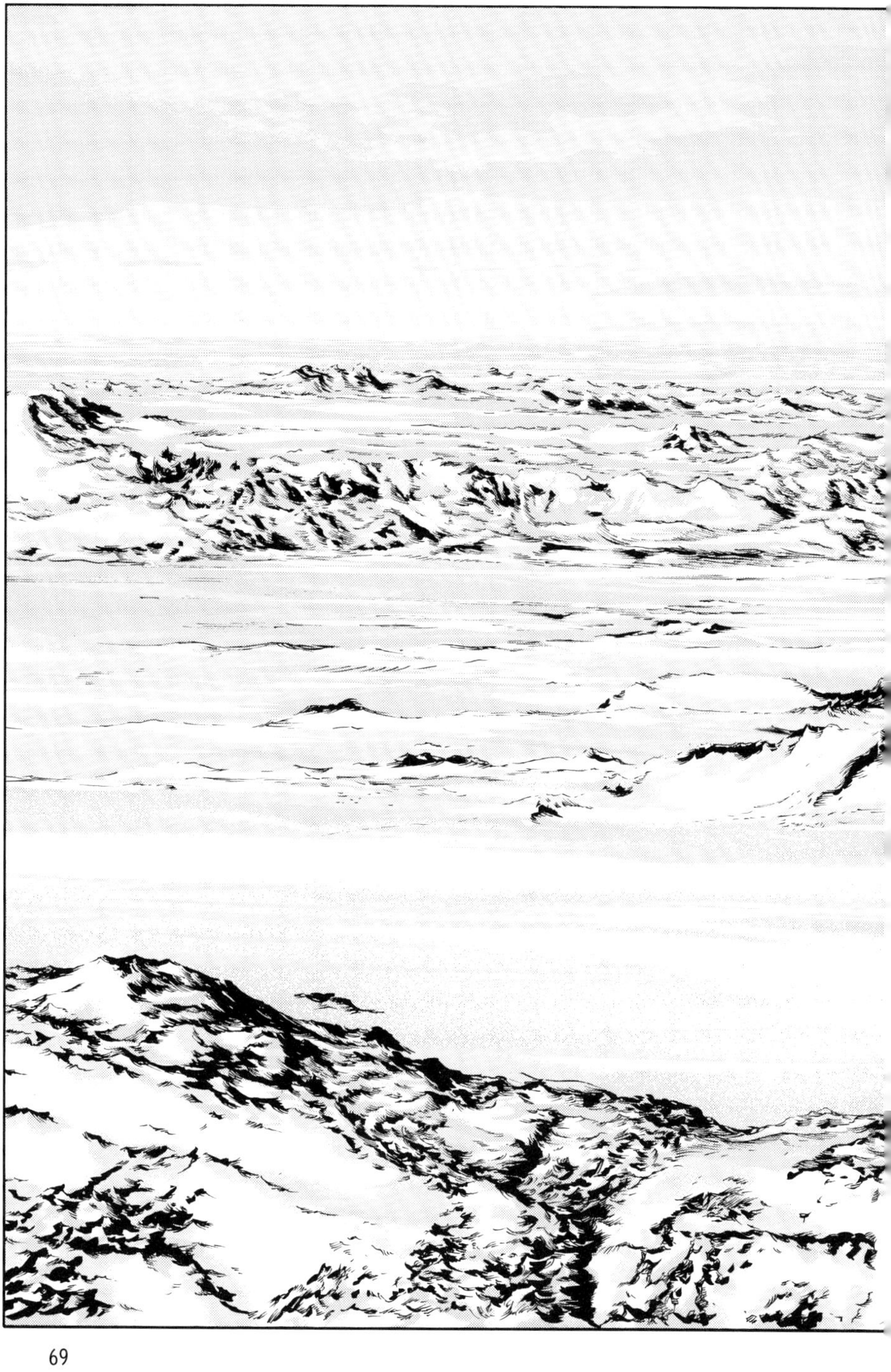

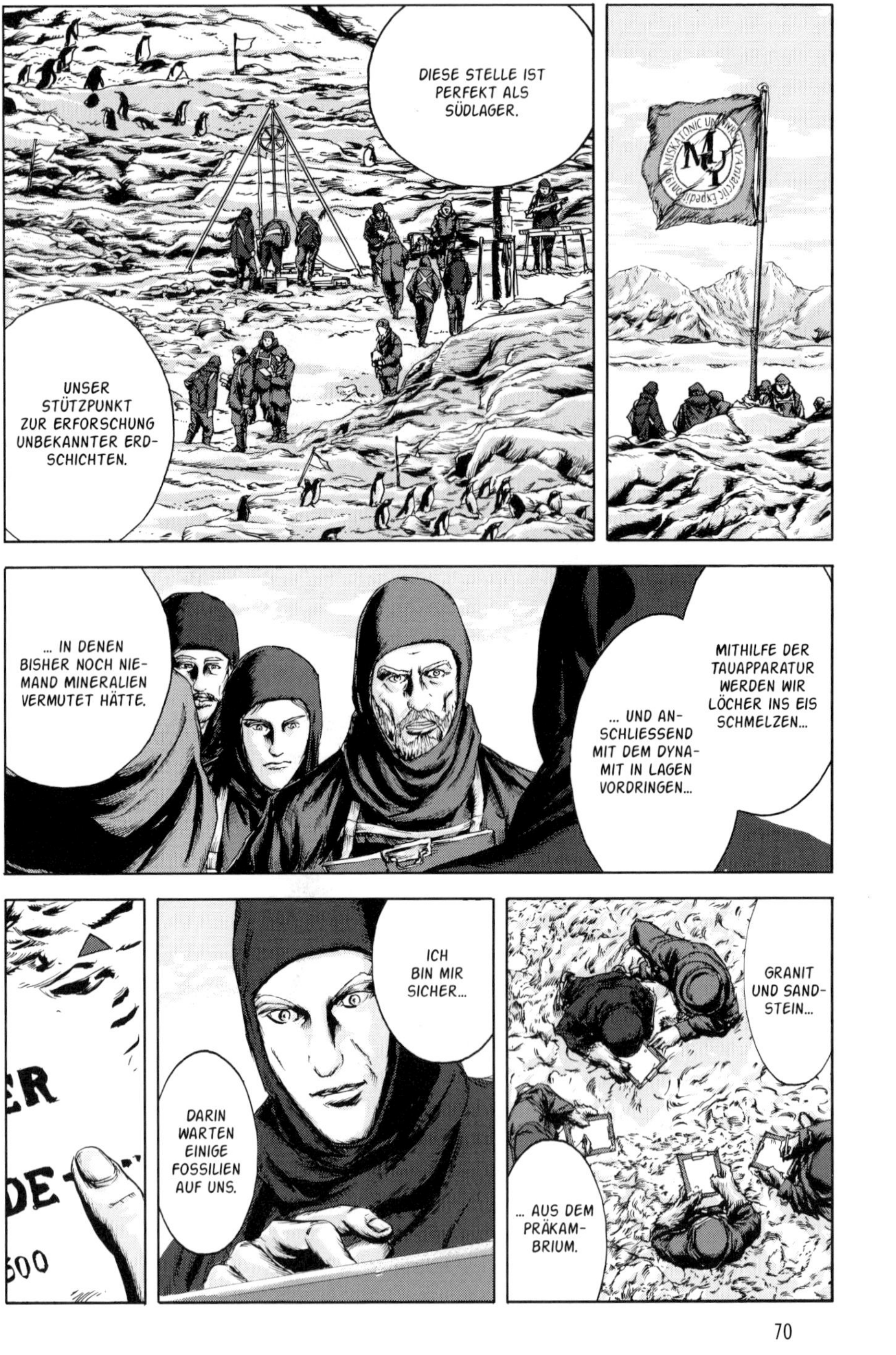
DIESE STELLE IST PERFEKT ALS SÜDLAGER.
UNSER STÜTZPUNKT ZUR ERFORSCHUNG UNBEKANNTER ERDSCHICHTEN.
... IN DENEN BISHER NOCH NIEMAND MINERALIEN VERMUTET HÄTTE.
MITHILFE DER TAUAPPARATUR WERDEN WIR LÖCHER INS EIS SCHMELZEN...
... UND ANSCHLIESSEND MIT DEM DYNAMIT IN LAGEN VORDRINGEN...
ICH BIN MIR SICHER...
DARIN WARTEN EINIGE FOSSILIEN AUF UNS.
GRANIT UND SANDSTEIN...
... AUS DEM PRÄKAMBRIUM.

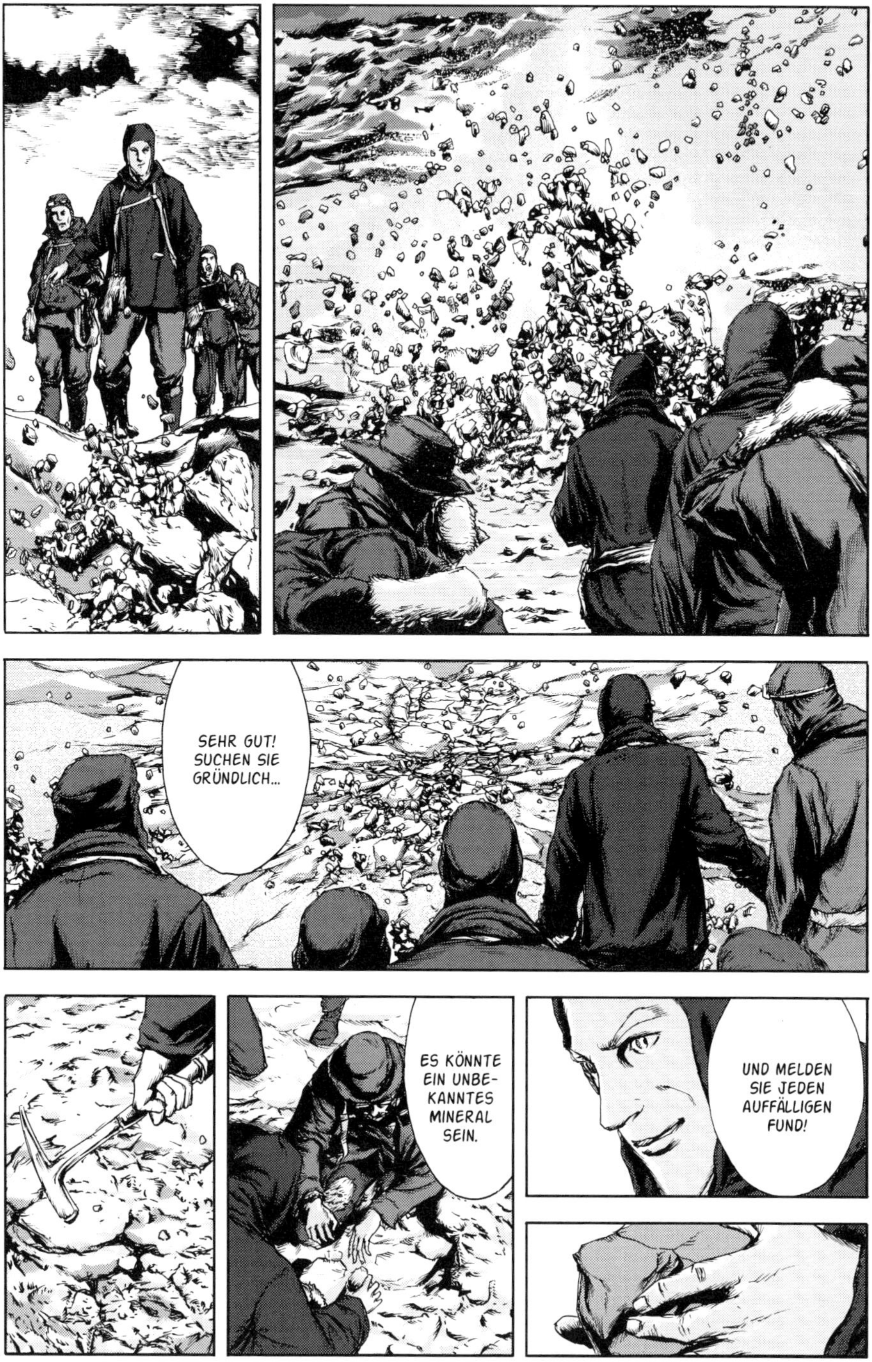
SEHR GUT! SUCHEN SIE GRÜNDLICH...
ES KÖNNTE EIN UNBE-KANNTES MINERAL SEIN.
UND MELDEN SIE JEDEN AUFFÄLLIGEN FUND!

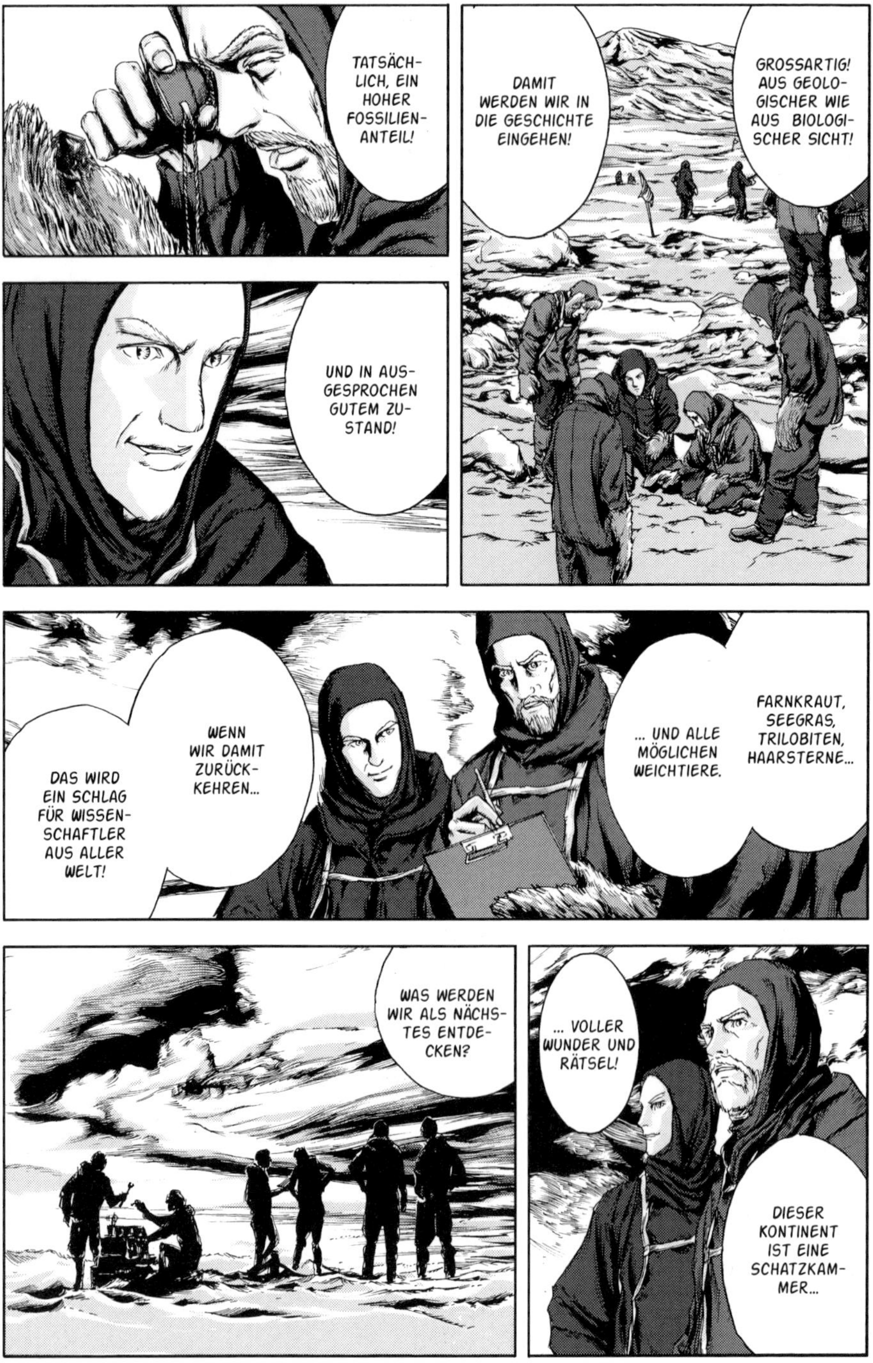
TATSÄCHLICH, EIN HOHER FOSSILIENANTEIL!
UND IN AUSGESPROCHEN GUTEM ZUSTAND!
DAMIT WERDEN WIR IN DIE GESCHICHTE EINGEHEN!
GROSSARTIG! AUS GEOLOGISCHER WIE AUS BIOLOGISCHER SICHT!
DAS WIRD EIN SCHLAG FÜR WISSENSCHAFTLER AUS ALLER WELT!
WENN WIR DAMIT ZURÜCKKEHREN...
FARNKRAUT, SEEGRAS, TRILOBITEN, HAARSTERNE...
... UND ALLE MÖGLICHEN WEICHTIERE.
WAS WERDEN WIR ALS NÄCHSTES ENTDECKEN?
DIESER KONTINENT IST EINE SCHATZKAMMER...
... VOLLER WUNDER UND RÄTSEL!

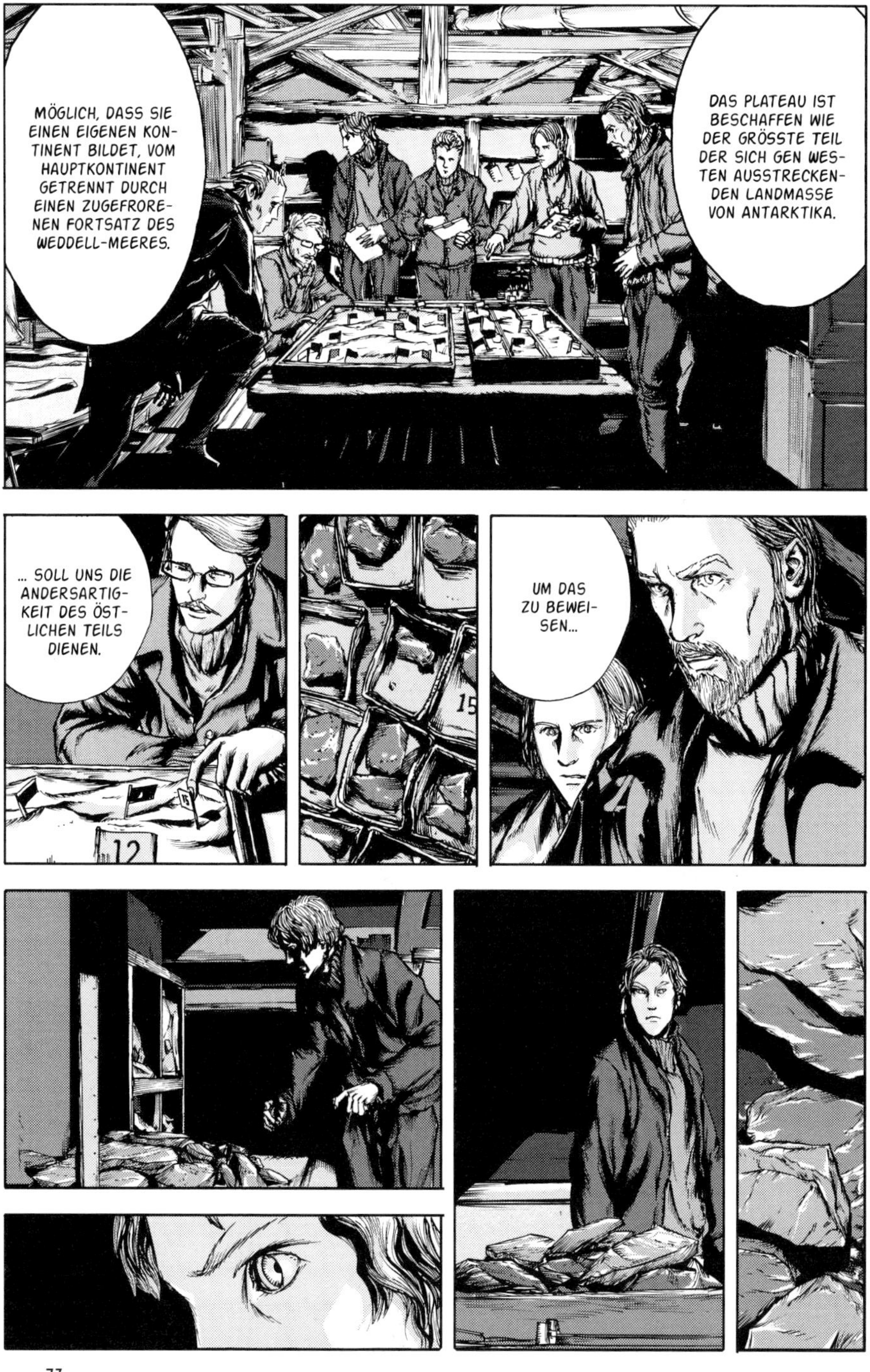
MÖGLICH, DASS SIE EINEN EIGENEN KONTINENT BILDET, VOM HAUPTKONTINENT GETRENNT DURCH EINEN ZUGEFRORENEN FORTSATZ DES WEDDELL-MEERES.
DAS PLATEAU IST BESCHAFFEN WIE DER GRÖSSTE TEIL DER SICH GEN WESTEN AUSSTRECKENDEN LANDMASSE VON ANTARKTIKA.
... SOLL UNS DIE ANDERSARTIGKEIT DES ÖSTLICHEN TEILS DIENEN.
15
12
UM DAS ZU BEWEISEN...
15

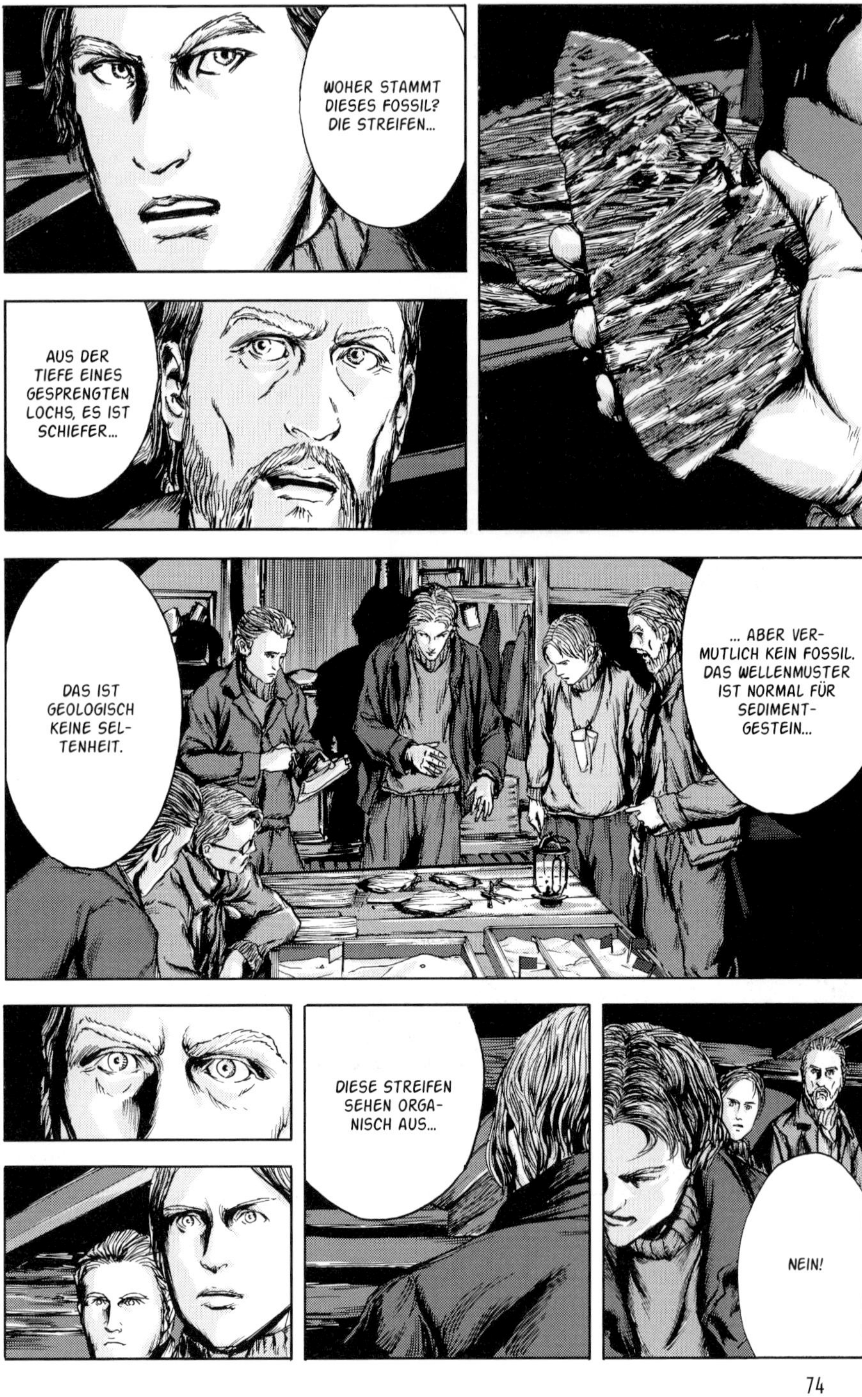
WOHER STAMMT DIESES FOSSIL? DIE STREIFEN...
AUS DER TIEFE EINES GESPRENGTEN LOCHS, ES IST SCHIEFER...
... ABER VERMUTLICH KEIN FOSSIL. DAS WELLENMUSTER IST NORMAL FÜR SEDIMENTGESTEIN...
DAS IST GEOLOGISCH KEINE SELTENHEIT.
DIESE STREIFEN SEHEN ORGANISCH AUS...
NEIN!

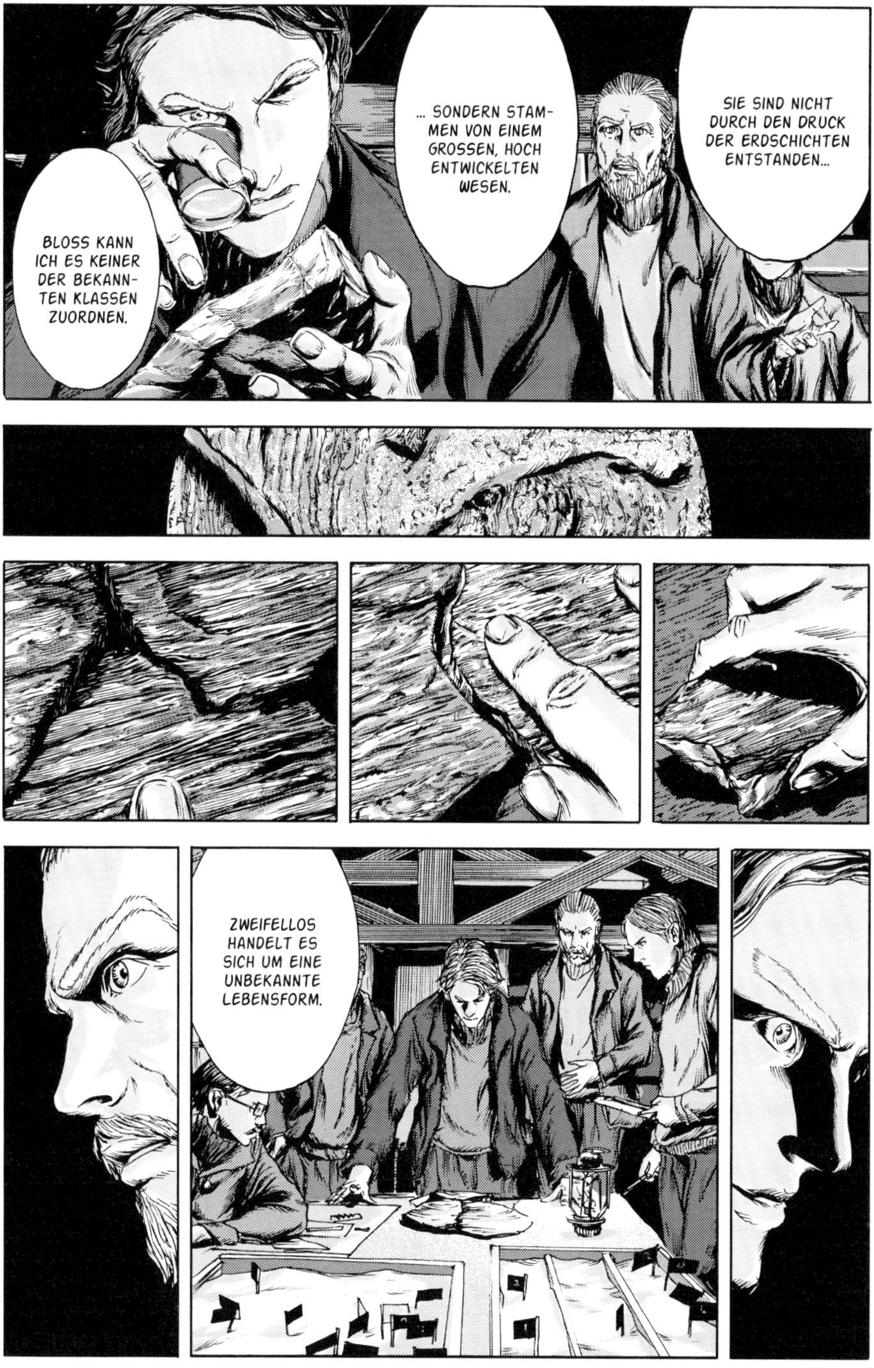
SIE SIND NICHT DURCH DEN DRUCK DER ERDSCHICHTEN ENTSTANDEN...
... SONDERN STAMMEN VON EINEM GROSSEN, HOCH ENTWICKELTEN WESEN.
BLOSS KANN ICH ES KEINER DER BEKANNTEN KLASSEN ZUORDNEN.
ZWEIFELLOS HANDELT ES SICH UM EINE UNBEKANNTE LEBENSFORM.

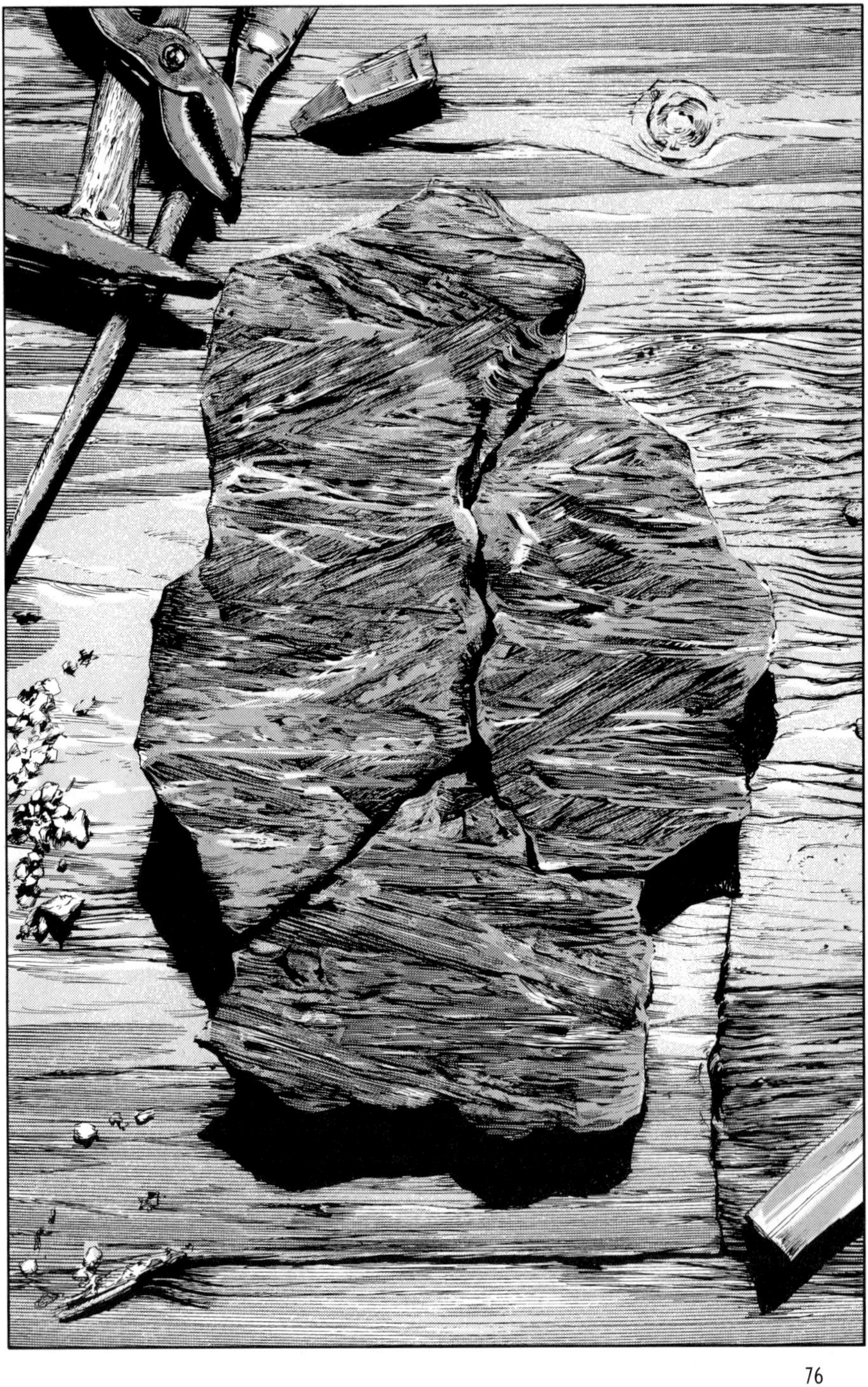

3 FATA MORGANA

A Vivid Mirage

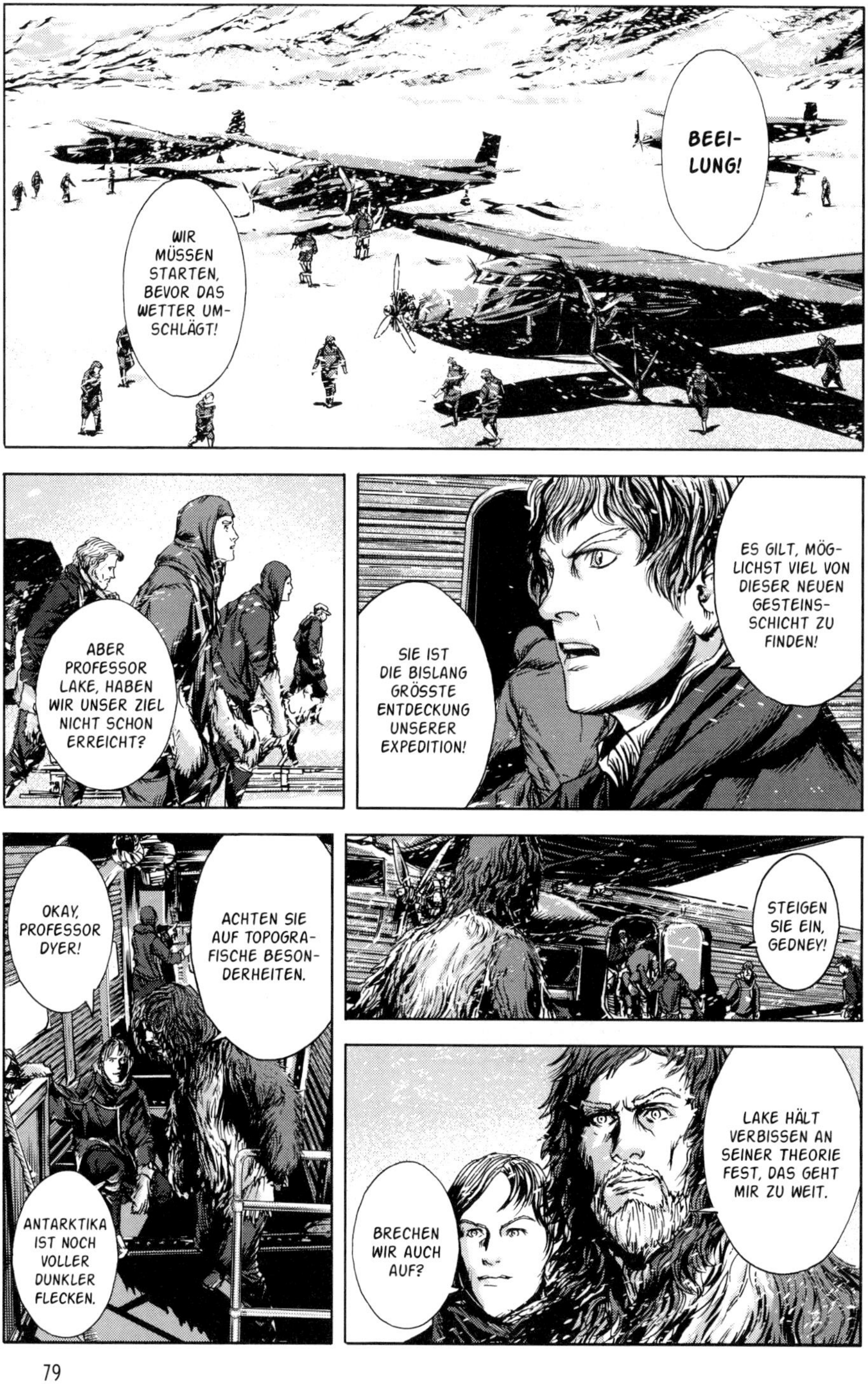
BEEI-
LUNG!
WIR MÜSSEN STARTEN, BEVOR DAS WETTER UMSCHLÄGT!
ABER PROFESSOR LAKE, HABEN WIR UNSER ZIEL NICHT SCHON ERREICHT?
ES GILT, MÖGLICHST VIEL VON DIESER NEUEN GESTEINSSCHICHT ZU FINDEN!
SIE IST DIE BISLANG GRÖSSTE ENTDECKUNG UNSERER EXPEDITION!
ACHTEN SIE AUF TOPOGRAFISCHE BESONDERHEITEN.
OKAY, PROFESSOR DYER!
ANTARKTIKA IST NOCH VOLLER DUNKLER FLECKEN.
STEIGEN SIE EIN, GEDNEY!
LAKE HÄLT VERBISSEN AN SEINER THEORIE FEST, DAS GEHT MIR ZU WEIT.
BRECHEN WIR AUCH AUF?

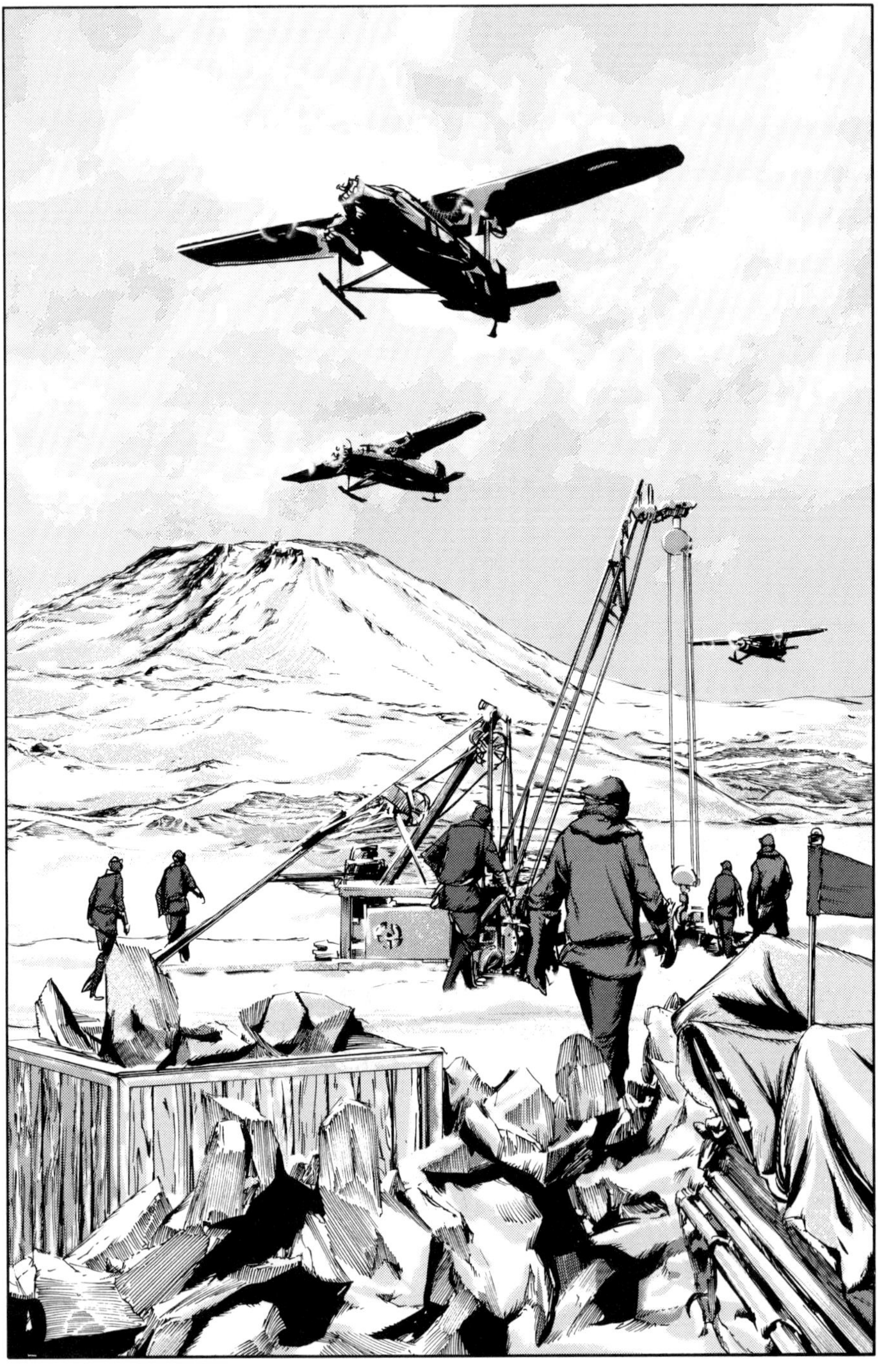

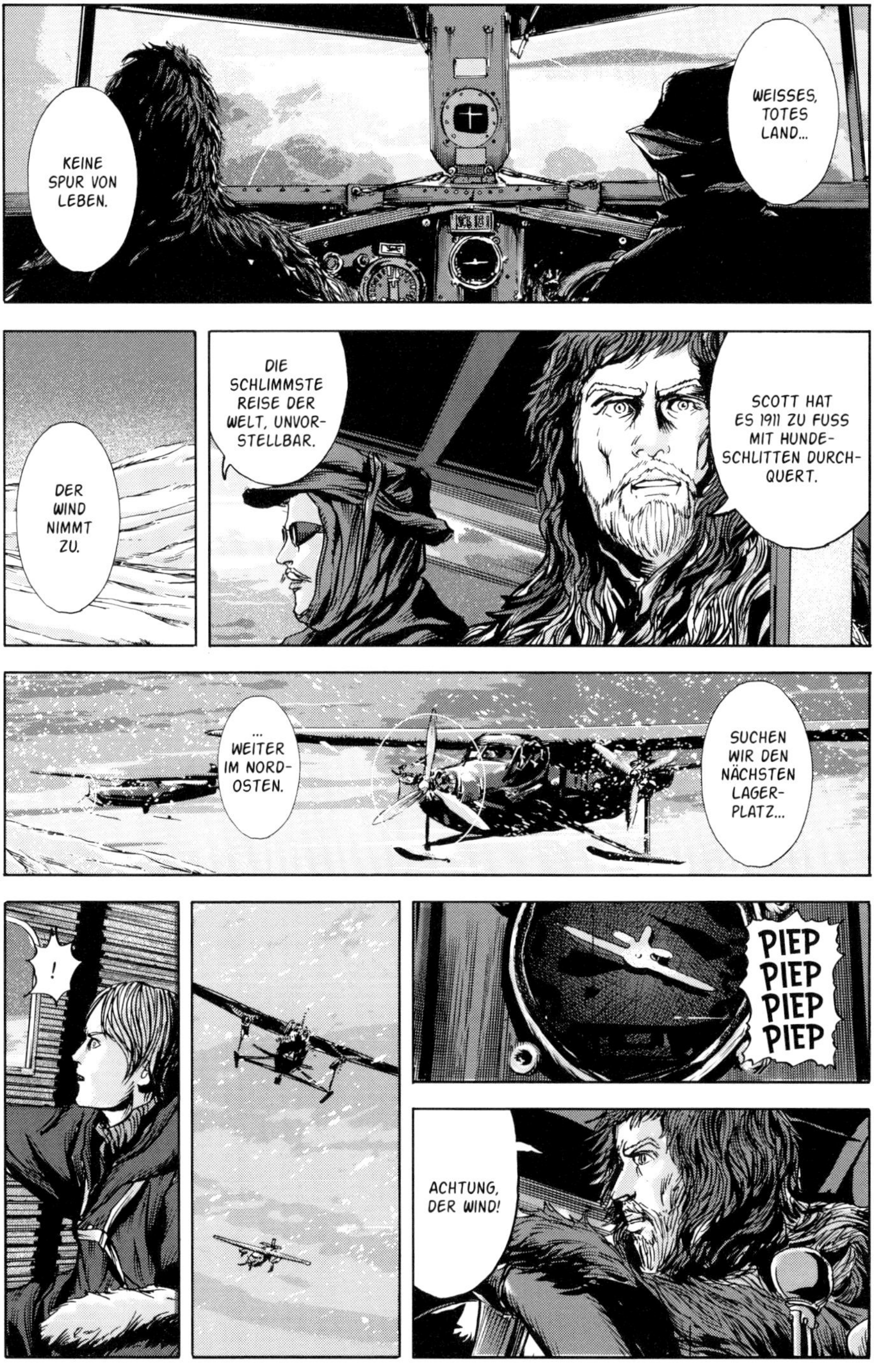
KEINE SPUR VON LEBEN.
WEISSES, TOTES LAND...
DER WIND NIMMT ZU.
DIE SCHLIMMSTE REISE DER WELT, UNVORSTELLBAR.
SCOTT HAT ES 1911 ZU FUSS MIT HUNDESCHLITTEN DURCHQUERT.
... WEITER IM NORDOSTEN.
SUCHEN WIR DEN NÄCHSTEN LAGERPLATZ...
!
PIEP PIEP PIEP PIEP
ACHTUNG, DER WIND!

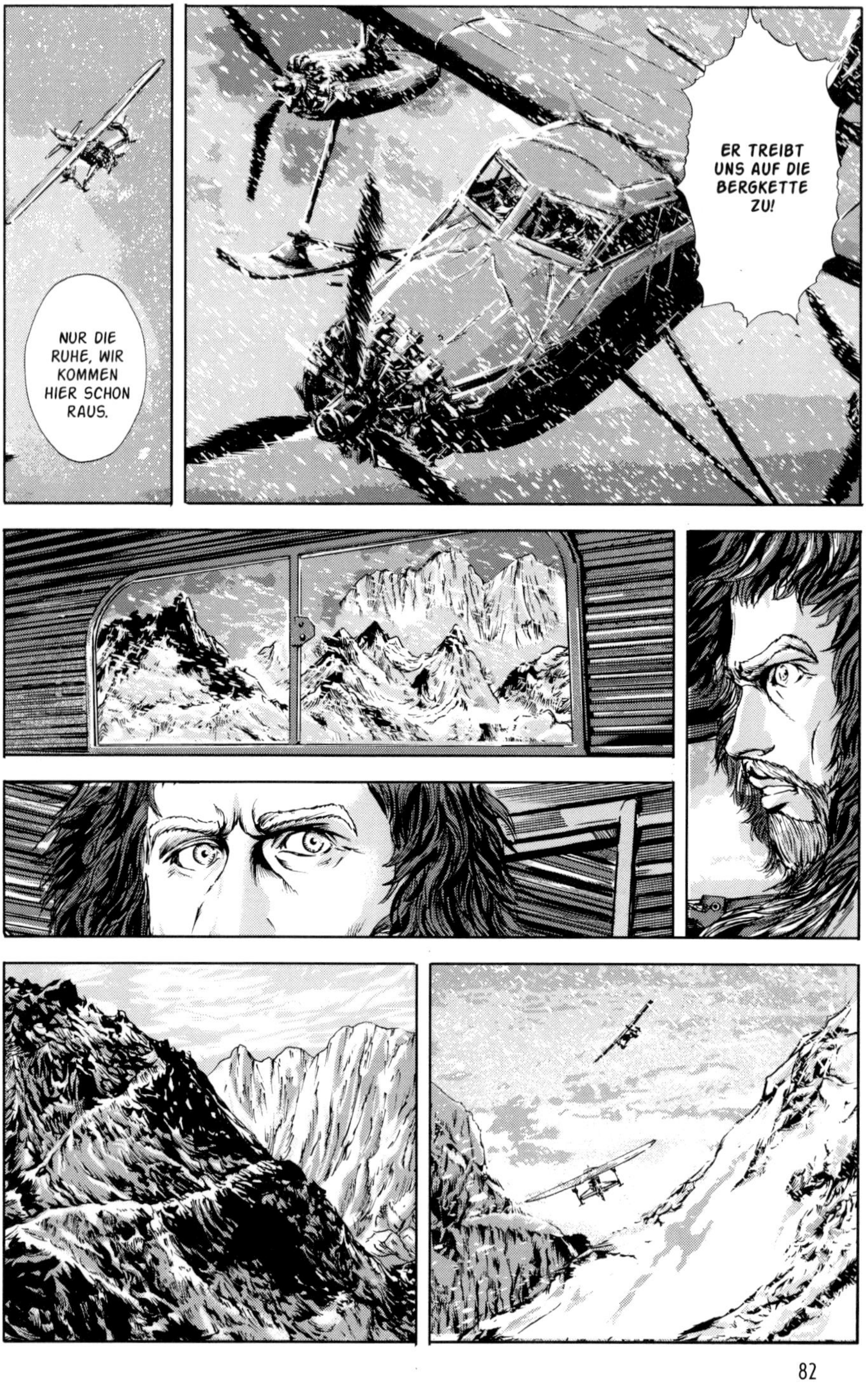
ER TREIBT UNS AUF DIE BERGKETTE ZU!
NUR DIE RUHE, WIR KOMMEN HIER SCHON RAUS.

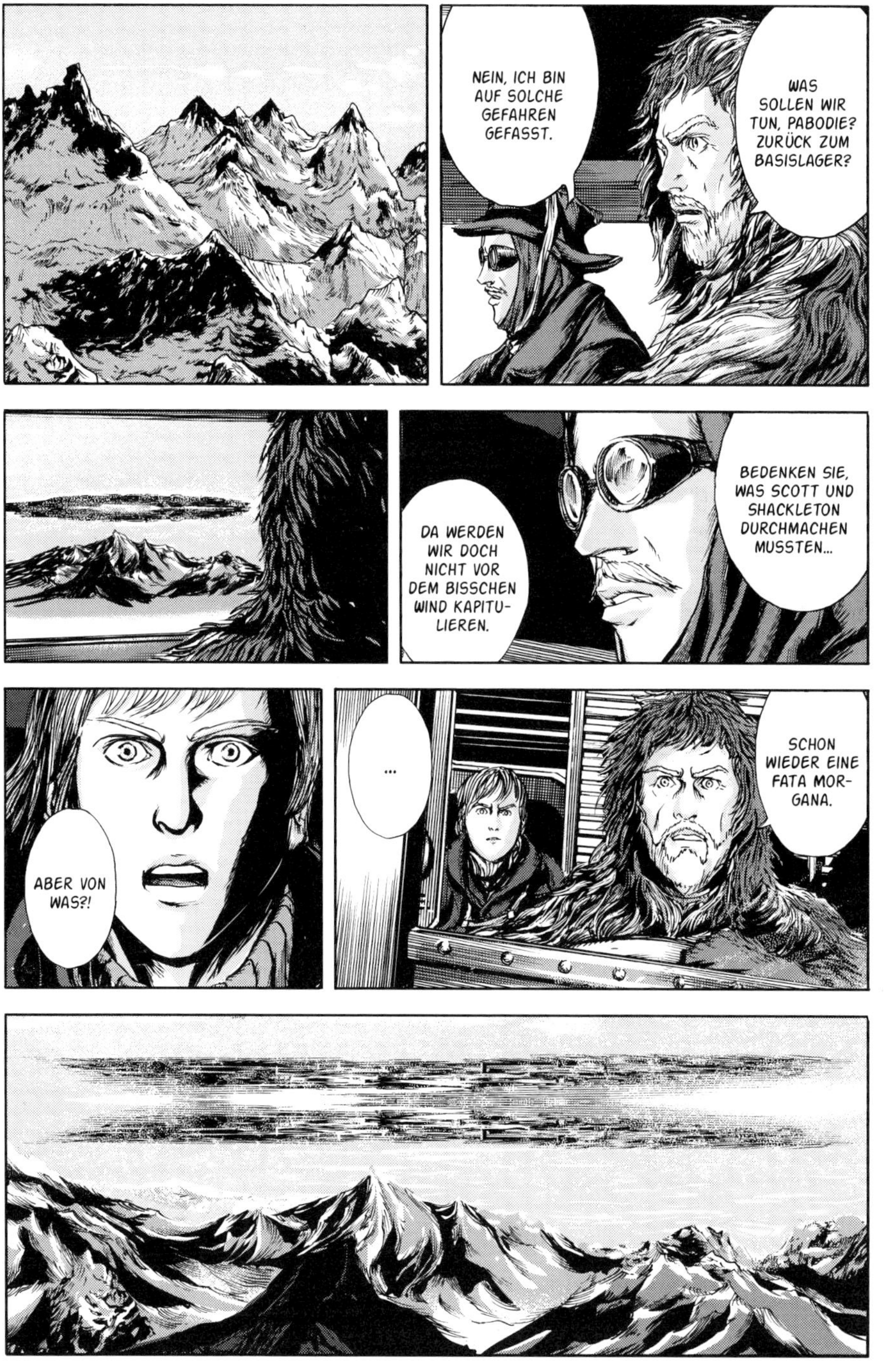
WAS SOLLEN WIR TUN, PABODIE? ZURÜCK ZUM BASISLAGER?
NEIN, ICH BIN AUF SOLCHE GEFAHREN GEFASST.
BEDENKEN SIE, WAS SCOTT UND SHACKLETON DURCHMACHEN MUSSTEN...
DA WERDEN WIR DOCH NICHT VOR DEM BISSCHEN WIND KAPITU-LIEREN.
SCHON WIEDER EINE FATA MOR-GANA.
...
ABER VON WAS?!

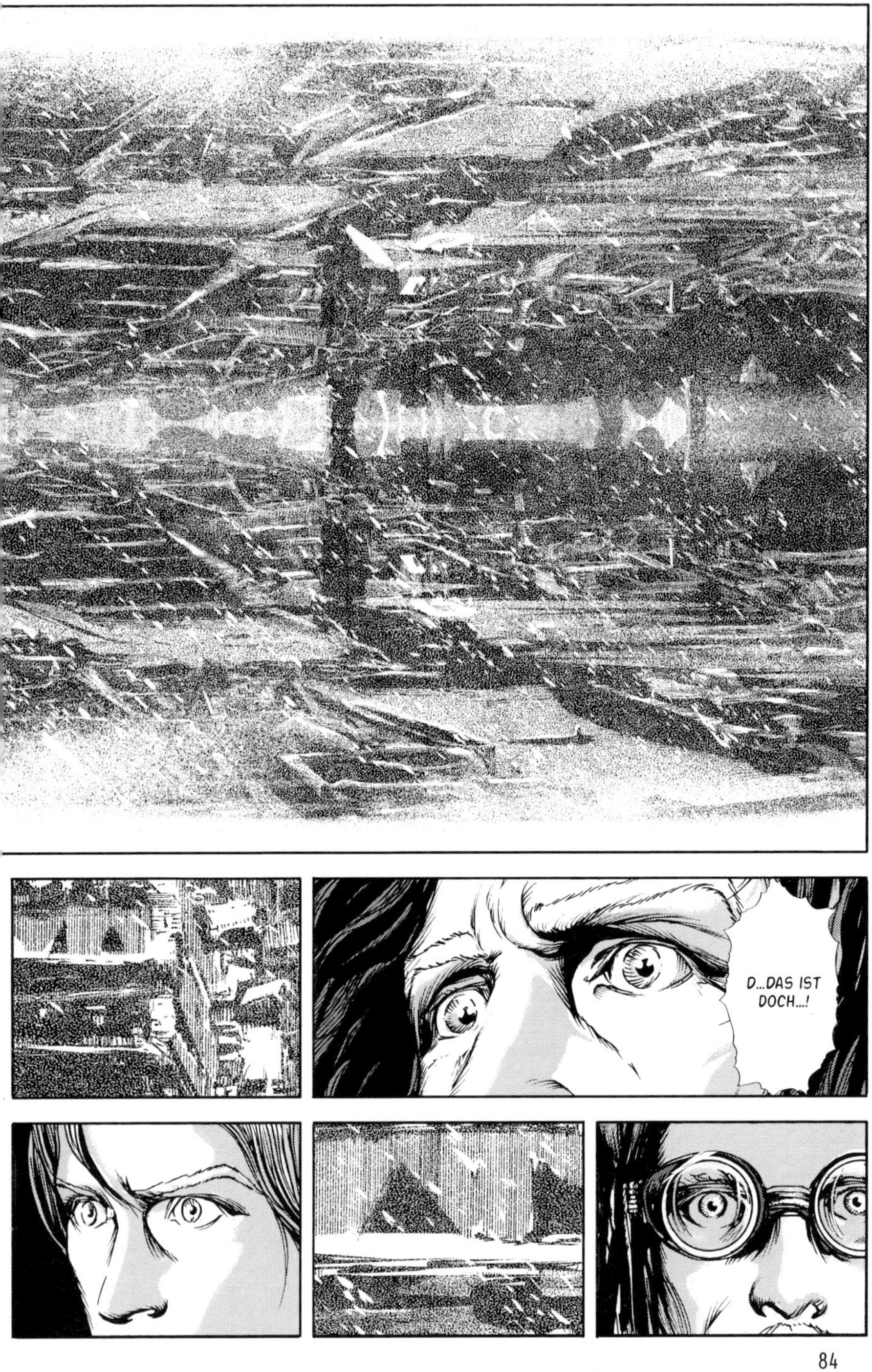
D...DAS IST
DOCH...!

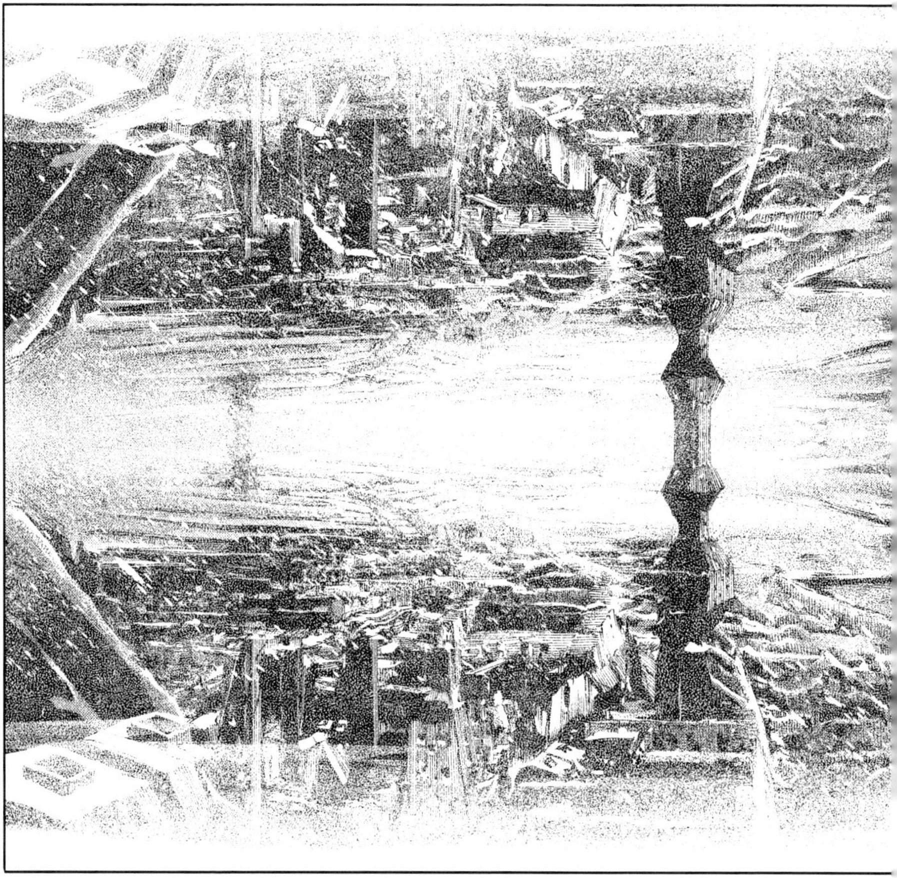

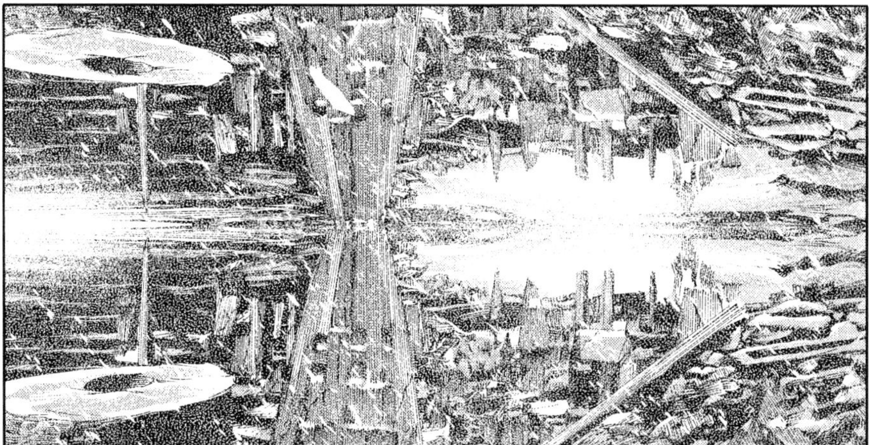

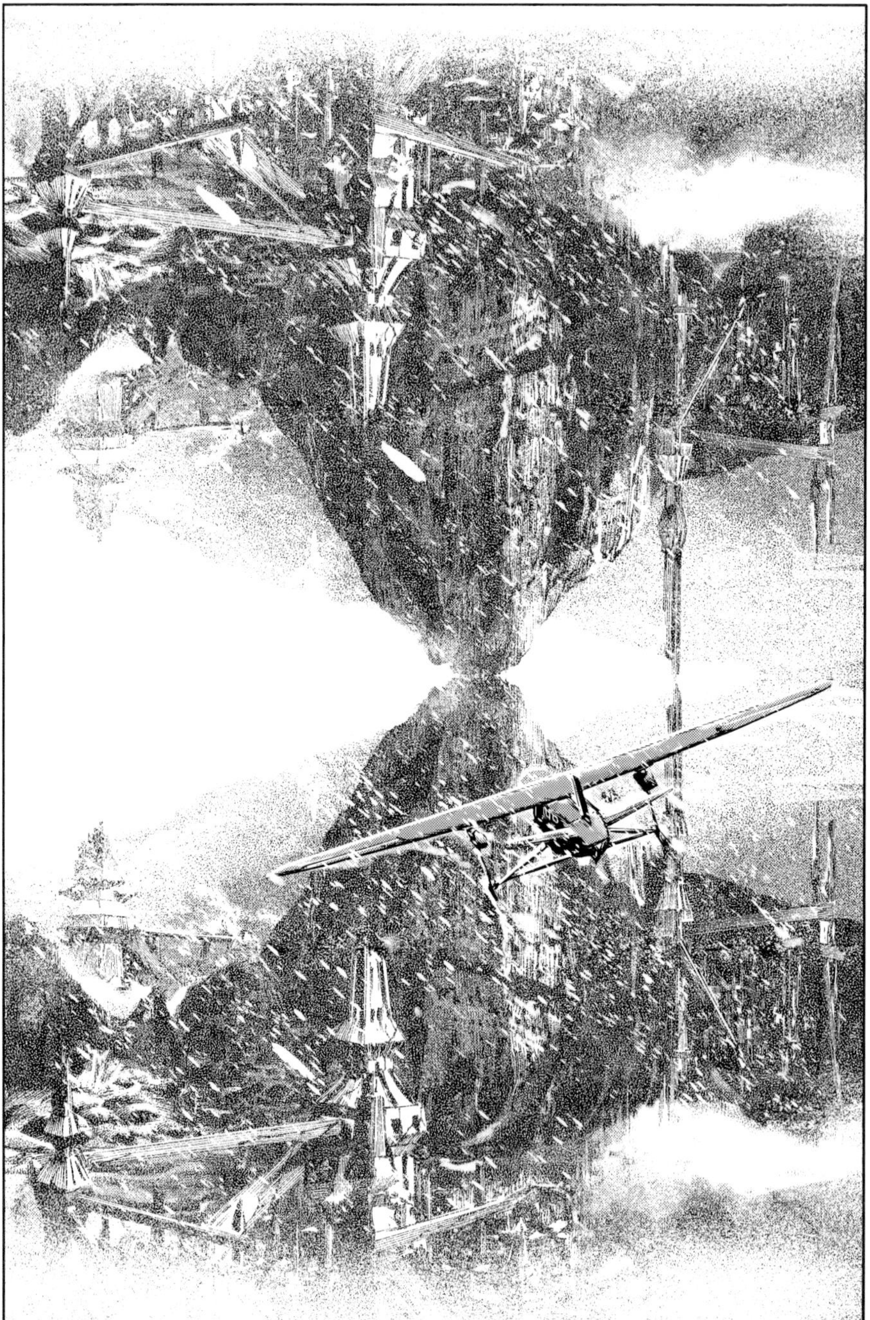

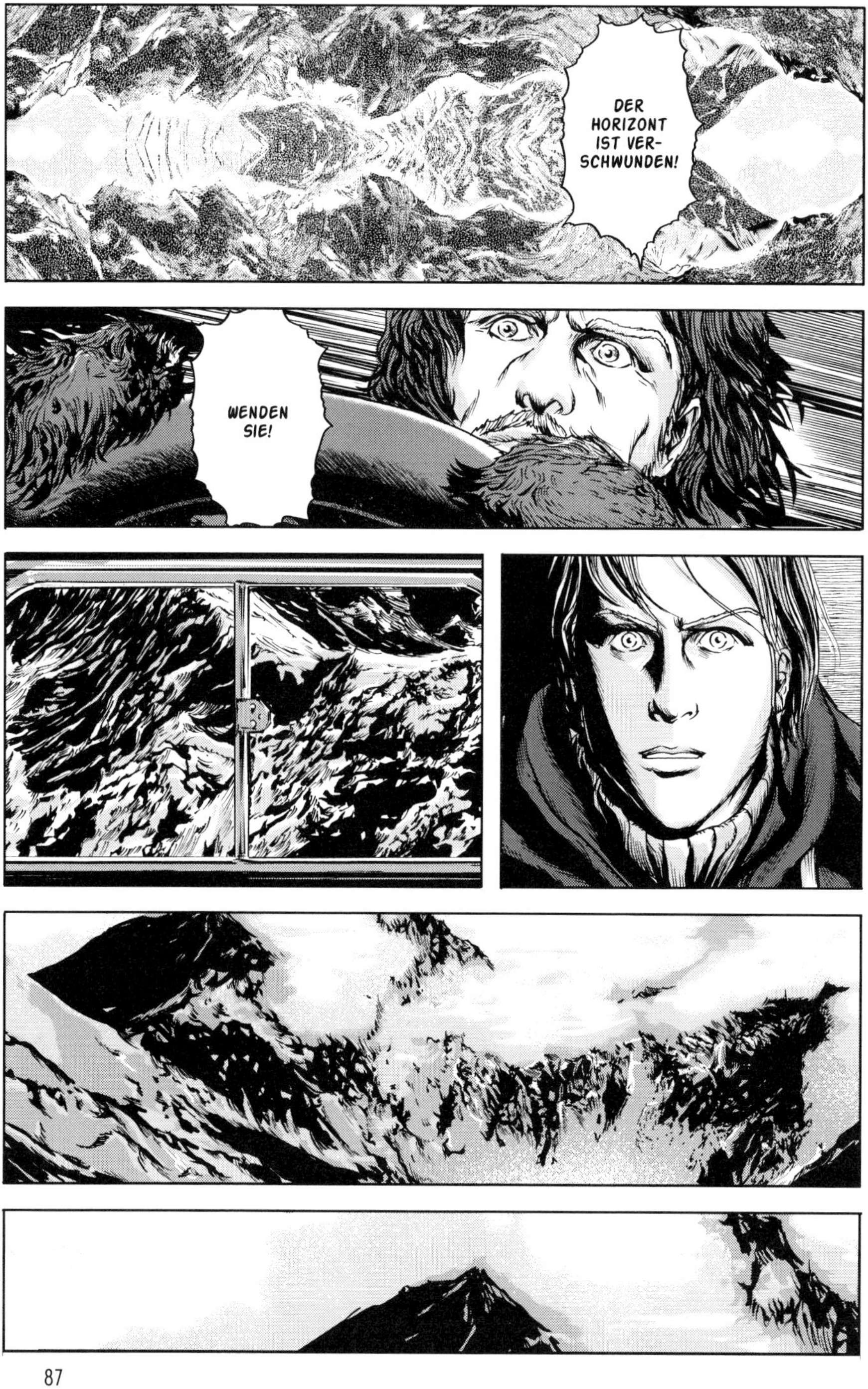
DER HORIZONT IST VER-SCHWUNDEN!
WENDEN SIE!

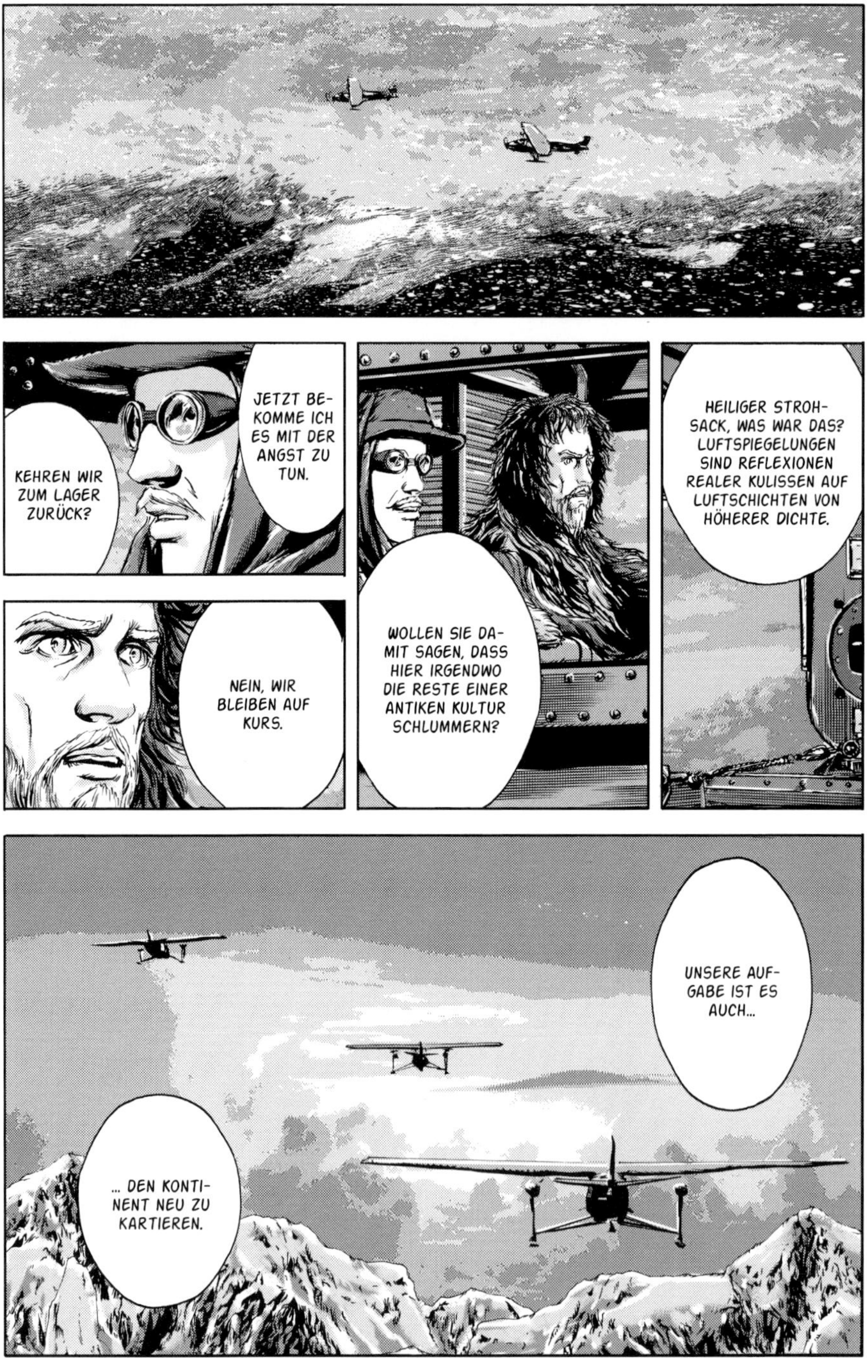
KEHREN WIR ZUM LAGER ZURÜCK?
JETZT BE-KOMME ICH ES MIT DER ANGST ZU TUN.
WOLLEN SIE DA-MIT SAGEN, DASS HIER IRGENDWO DIE RESTE EINER ANTIKEN KULTUR SCHLUMMERN?
HEILIGER STROH-SACK, WAS WAR DAS? LUFTSPIEGELUNGEN SIND REFLEXIONEN REALER KULISSEN AUF LUFTSCHICHTEN VON HÖHERER DICHTE.
NEIN, WIR BLEIBEN AUF KURS.
UNSERE AUF-GABE IST ES AUCH...
... DEN KONTI-NENT NEU ZU KARTIEREN.

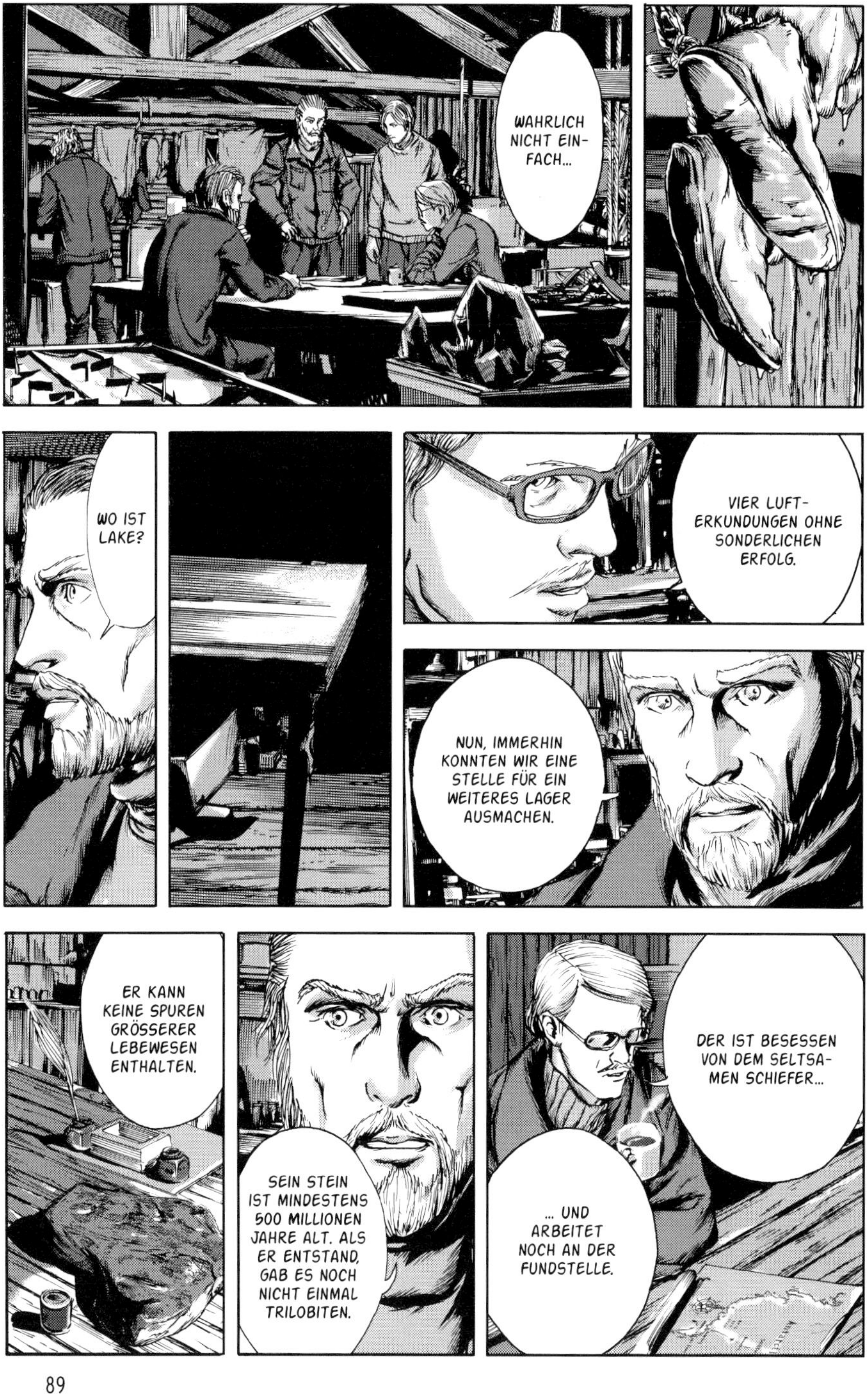
WAHRLICH NICHT EIN-FACH...
WO IST LAKE?
VIER LUFT-ERKUNDUNGEN OHNE SONDERLICHEN ERFOLG.
NUN, IMMERHIN KONNTEN WIR EINE STELLE FÜR EIN WEITERES LAGER AUSMACHEN.
ER KANN KEINE SPUREN GRÖSSERER LEBEWESEN ENTHALTEN.
SEIN STEIN IST MINDESTENS 500 MILLIONEN JAHRE ALT. ALS ER ENTSTAND, GAB ES NOCH NICHT EINMAL TRILOBITEN.
DER IST BESESSEN VON DEM SELTSA-MEN SCHIEFER...
... UND ARBEITET NOCH AN DER FUNDSTELLE.

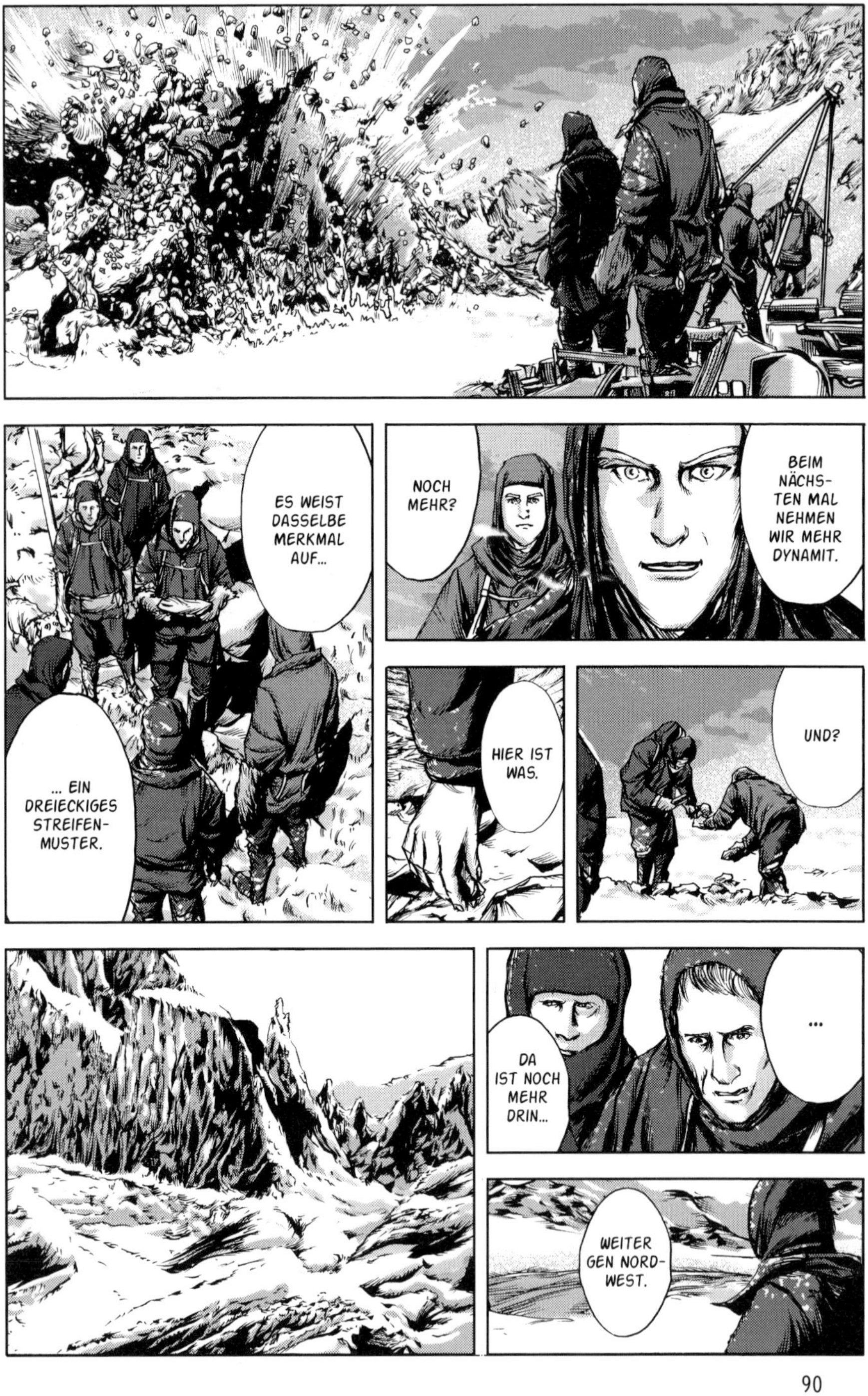
BEIM NÄCHSTEN MAL NEHMEN WIR MEHR DYNAMIT.
NOCH MEHR?
ES WEIST DASSELBE MERKMAL AUF...
... EIN DREIECKIGES STREIFENMUSTER.
UND?
HIER IST WAS.
...
DA IST NOCH MEHR DRIN...
WEITER GEN NORDWEST.

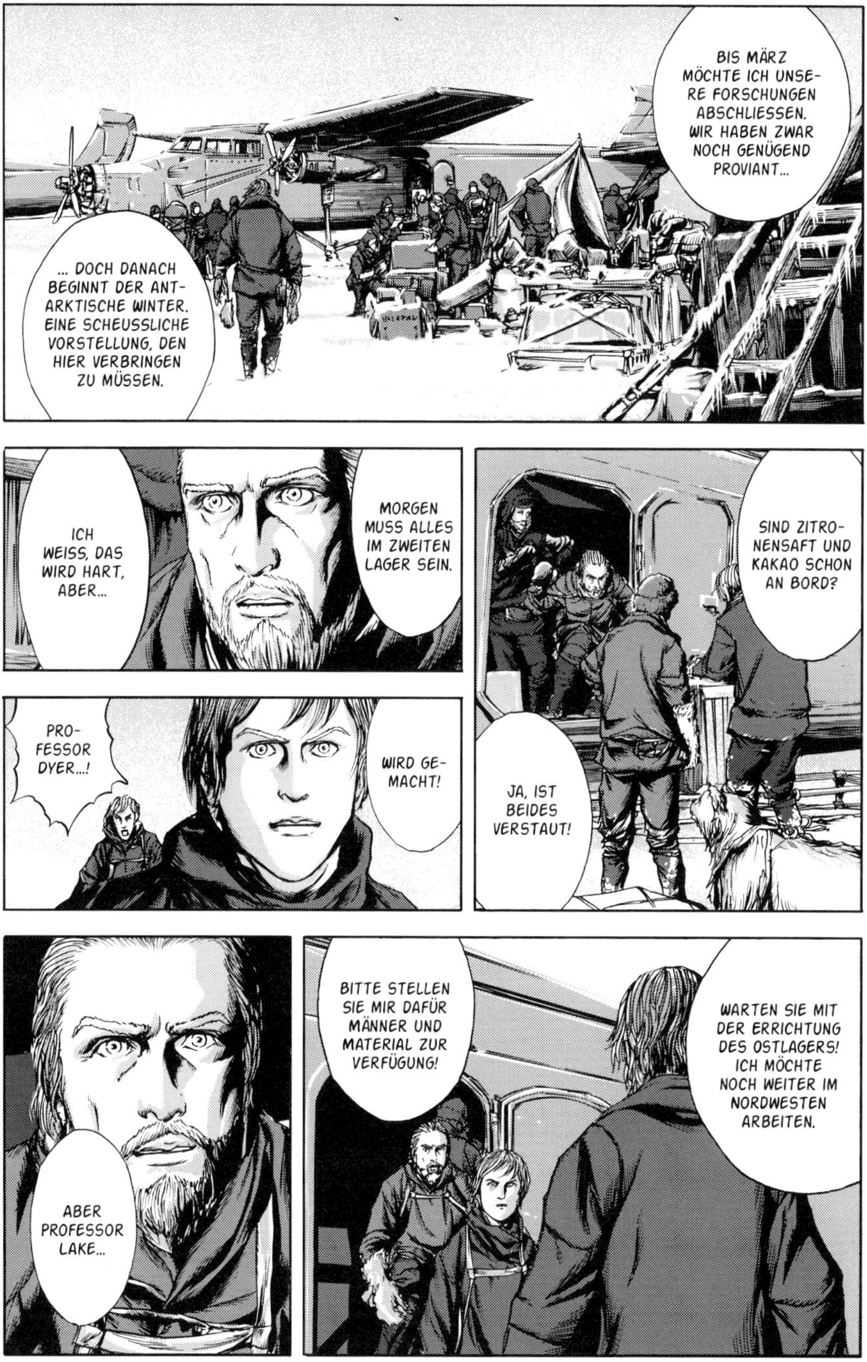
BIS MÄRZ MÖCHTE ICH UNSERE FORSCHUNGEN ABSCHLIESSEN. WIR HABEN ZWAR NOCH GENÜGEND PROVIANT...
... DOCH DANACH BEGINNT DER ANTARKTISCHE WINTER. EINE SCHEUSSLICHE VORSTELLUNG, DEN HIER VERBRINGEN ZU MÜSSEN.
MORGEN MUSS ALLES IM ZWEITEN LAGER SEIN.
ICH WEISS, DAS WIRD HART, ABER...
WIRD GEMACHT!
PROFESSOR DYER...!
SIND ZITRONENSAFT UND KAKAO SCHON AN BORD?
JA, IST BEIDES VERSTAUT!
WARTEN SIE MIT DER ERRICHTUNG DES OSTLAGERS! ICH MÖCHTE NOCH WEITER IM NORDWESTEN ARBEITEN.
BITTE STELLEN SIE MIR DAFÜR MÄNNER UND MATERIAL ZUR VERFÜGUNG!
ABER PROFESSOR LAKE...

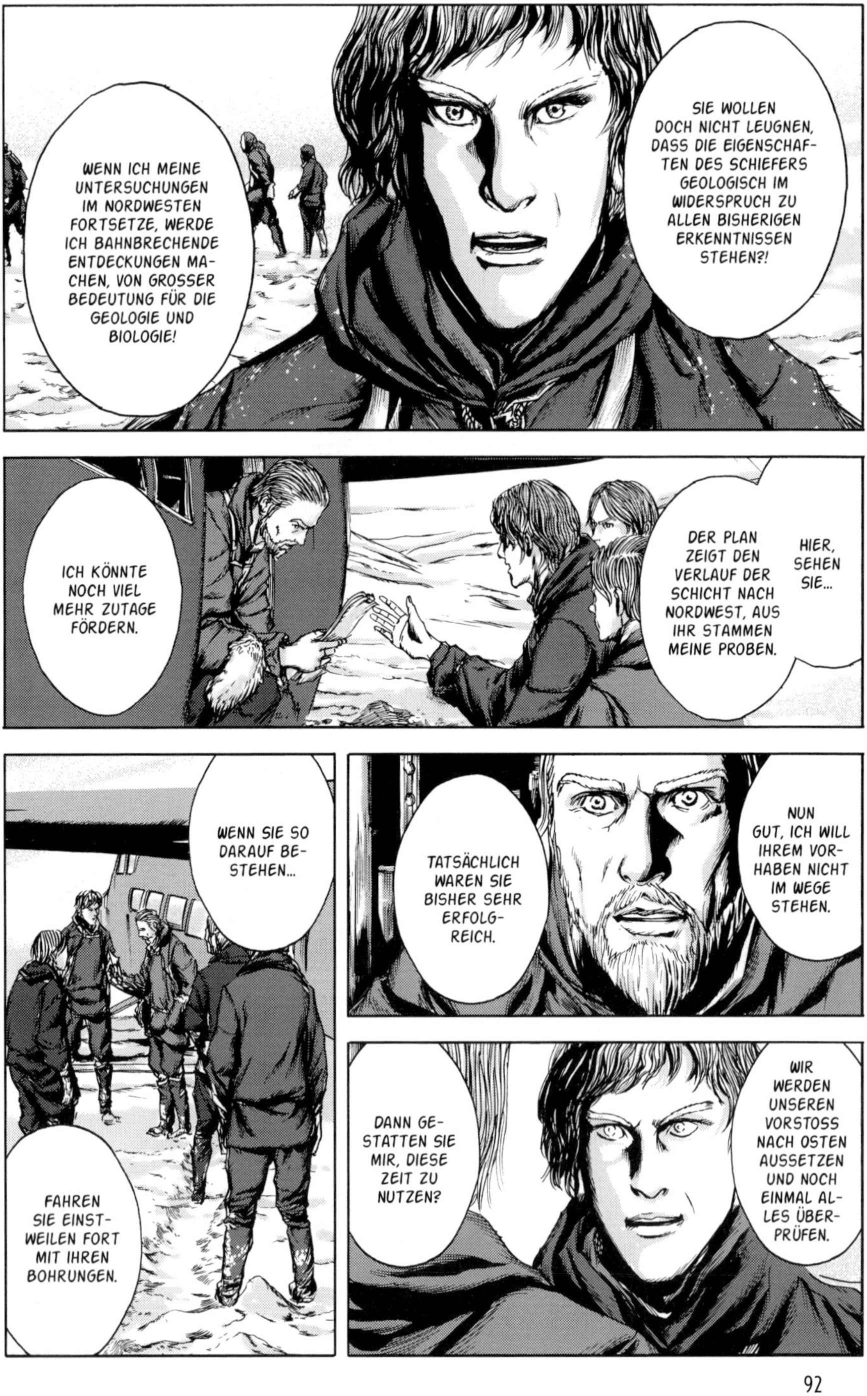
SIE WOLLEN DOCH NICHT LEUGNEN, DASS DIE EIGENSCHAFTEN DES SCHIEFERS GEOLOGISCH IM WIDERSPRUCH ZU ALLEN BISHERIGEN ERKENNTNISSEN STEHEN?!
WENN ICH MEINE UNTERSUCHUNGEN IM NORDWESTEN FORTSETZE, WERDE ICH BAHNBRECHENDE ENTDECKUNGEN MACHEN, VON GROSSER BEDEUTUNG FÜR DIE GEOLOGIE UND BIOLOGIE!
HIER, SEHEN SIE...
DER PLAN ZEIGT DEN VERLAUF DER SCHICHT NACH NORDWEST, AUS IHR STAMMEN MEINE PROBEN.
ICH KÖNNTE NOCH VIEL MEHR ZUTAGE FÖRDERN.
NUN GUT, ICH WILL IHREM VORHABEN NICHT IM WEGE STEHEN.
TATSÄCHLICH WAREN SIE BISHER SEHR ERFOLGREICH.
WENN SIE SO DARAUF BESTEHEN...
FAHREN SIE EINSTWEILEN FORT MIT IHREN BOHRUNGEN.
WIR WERDEN UNSEREN VORSTOSS NACH OSTEN AUSSETZEN UND NOCH EINMAL ALLES ÜBERPRÜFEN.
DANN GESTATTEN SIE MIR, DIESE ZEIT ZU NUTZEN?

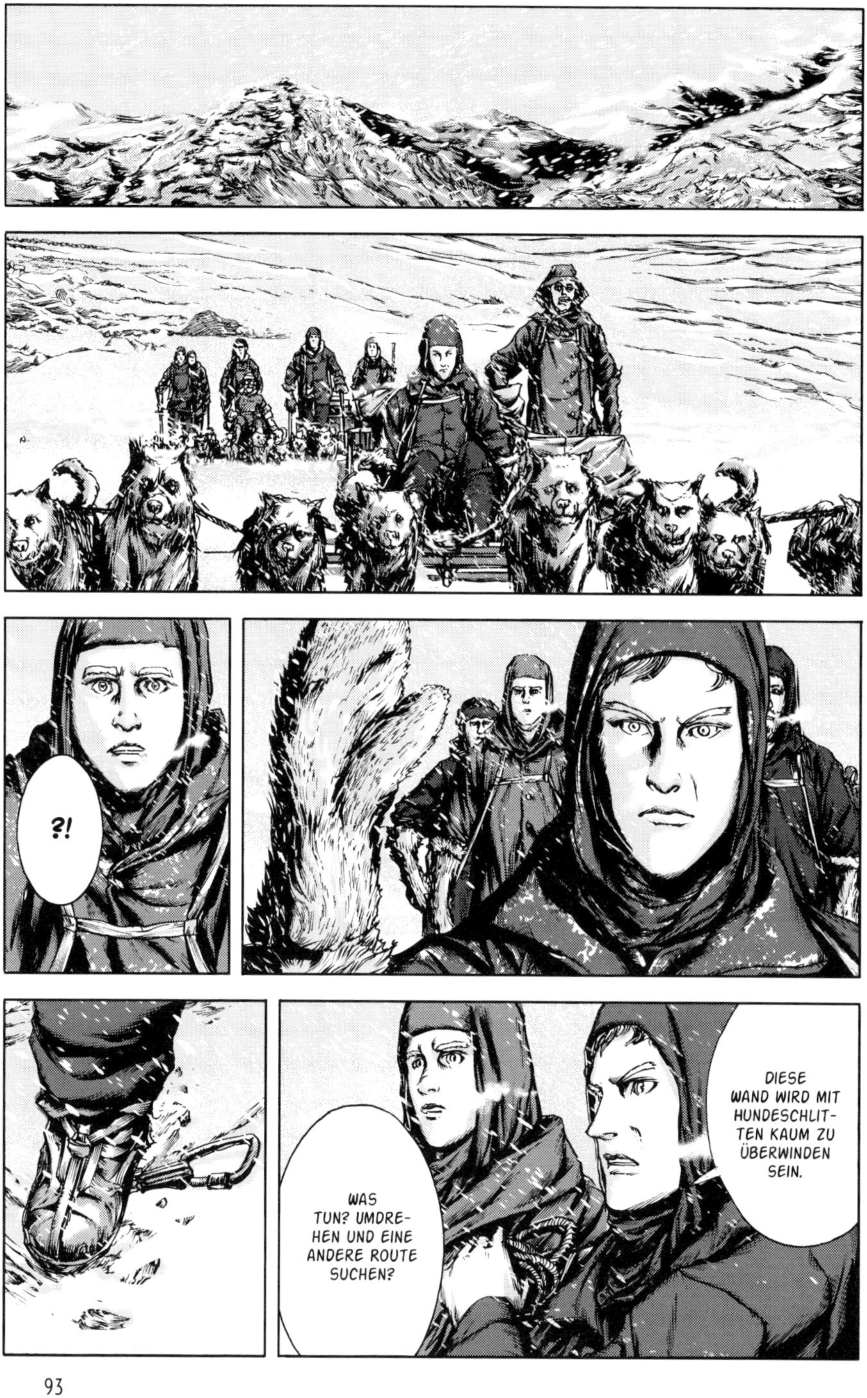
?!
DIESE WAND WIRD MIT HUNDESCHLITTEN KAUM ZU ÜBERWINDEN SEIN.
WAS TUN? UMDREHEN UND EINE ANDERE ROUTE SUCHEN?

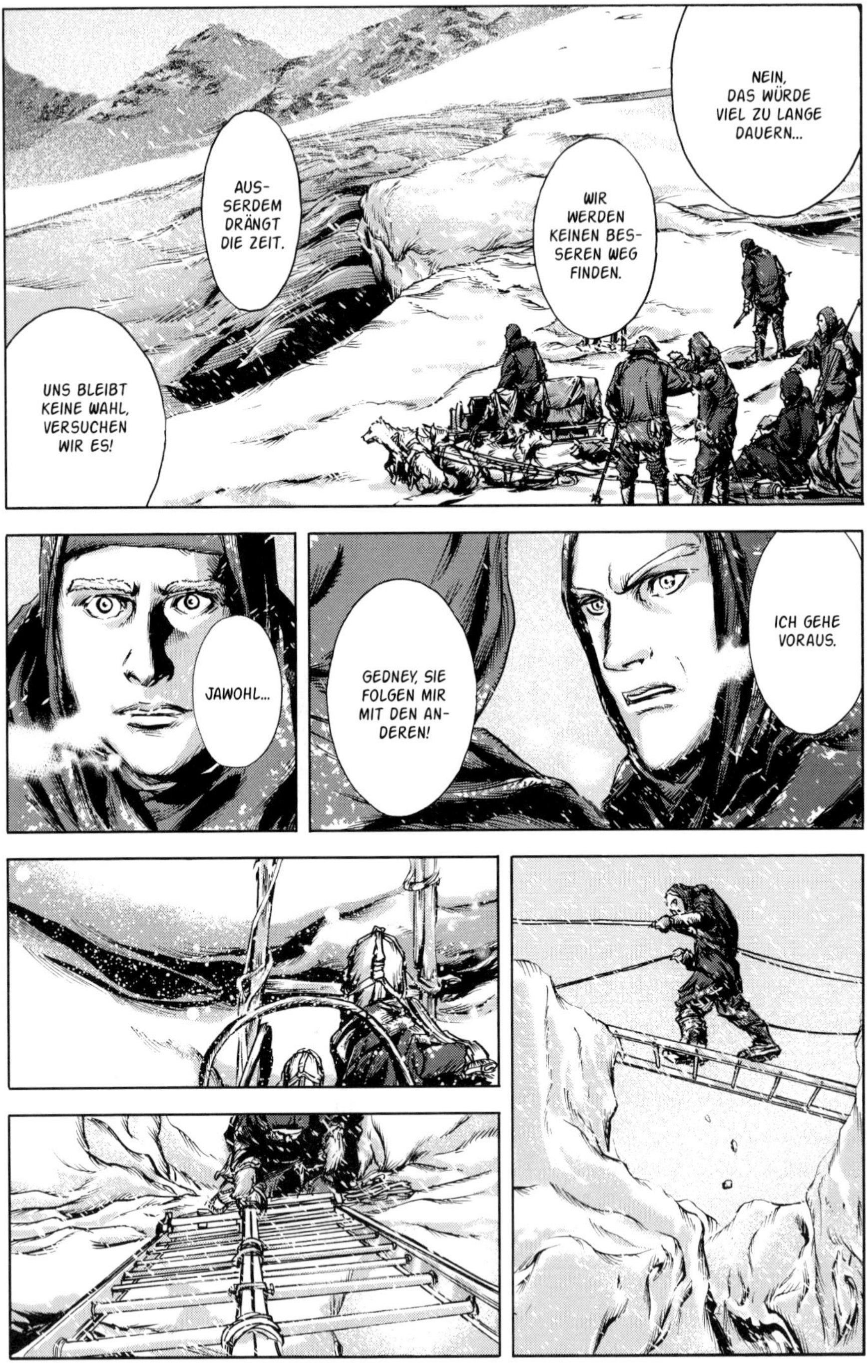
NEIN, DAS WÜRDE VIEL ZU LANGE DAUERN...
WIR WERDEN KEINEN BES-SEREN WEG FINDEN.
AUS-SERDEM DRÄNGT DIE ZEIT.
UNS BLEIBT KEINE WAHL, VERSUCHEN WIR ES!
ICH GEHE VORAUS.
GEDNEY, SIE FOLGEN MIR MIT DEN AN-DEREN!
JAWOHL...

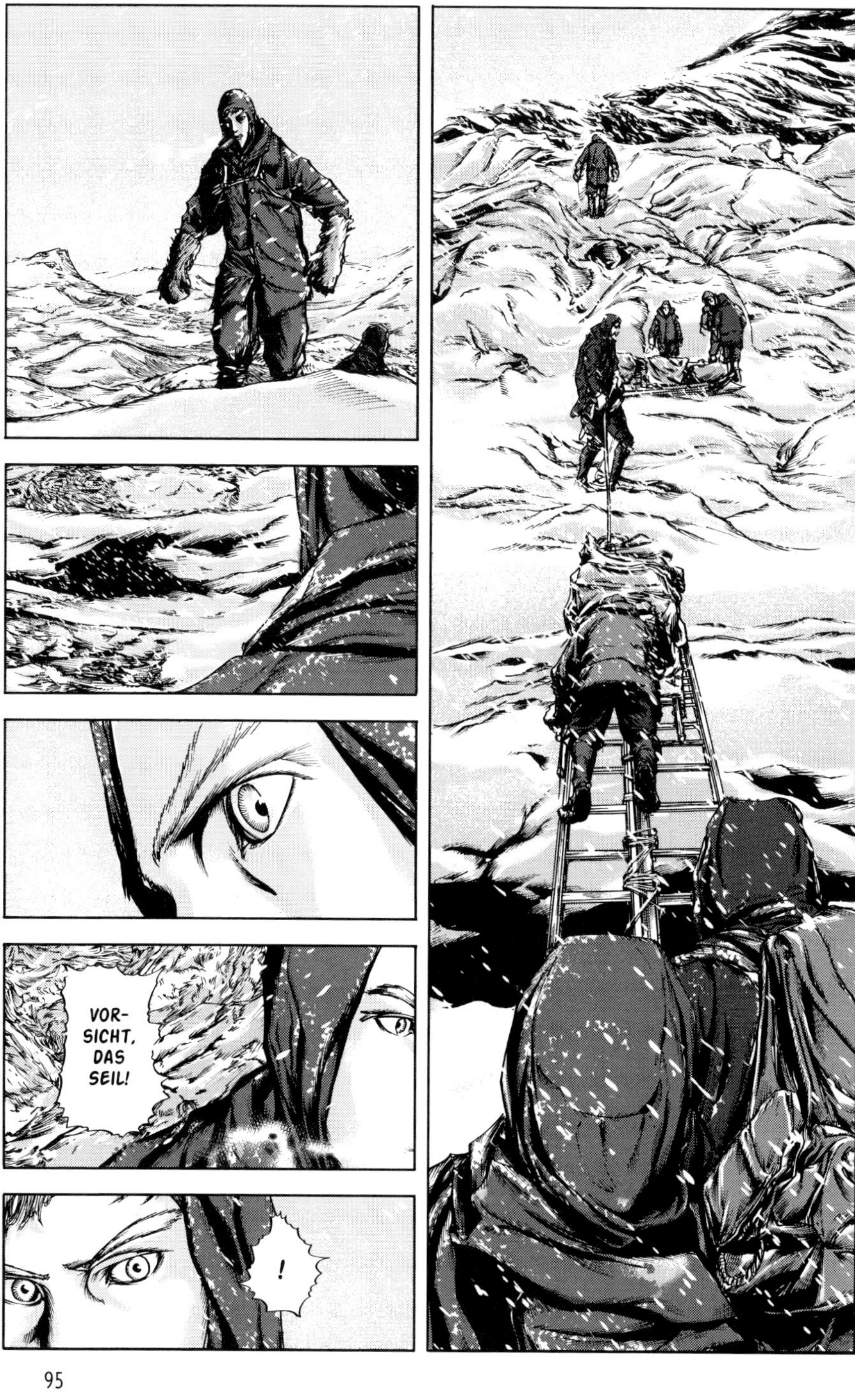
VOR-
SICHT,
DAS
SEIL!
!

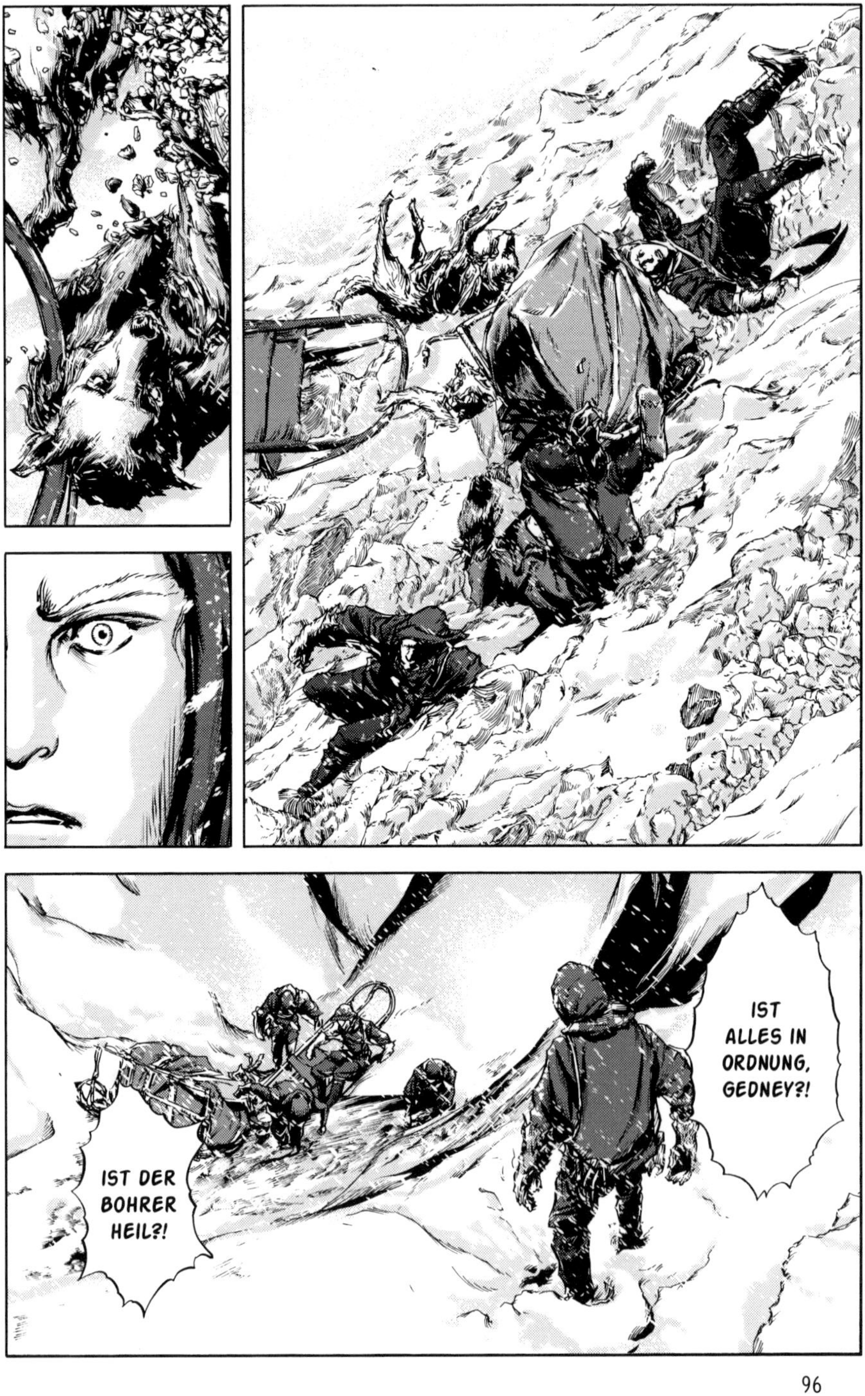
IST ALLES IN ORDNUNG, GEDNEY?!
IST DER BOHRER HEIL?!

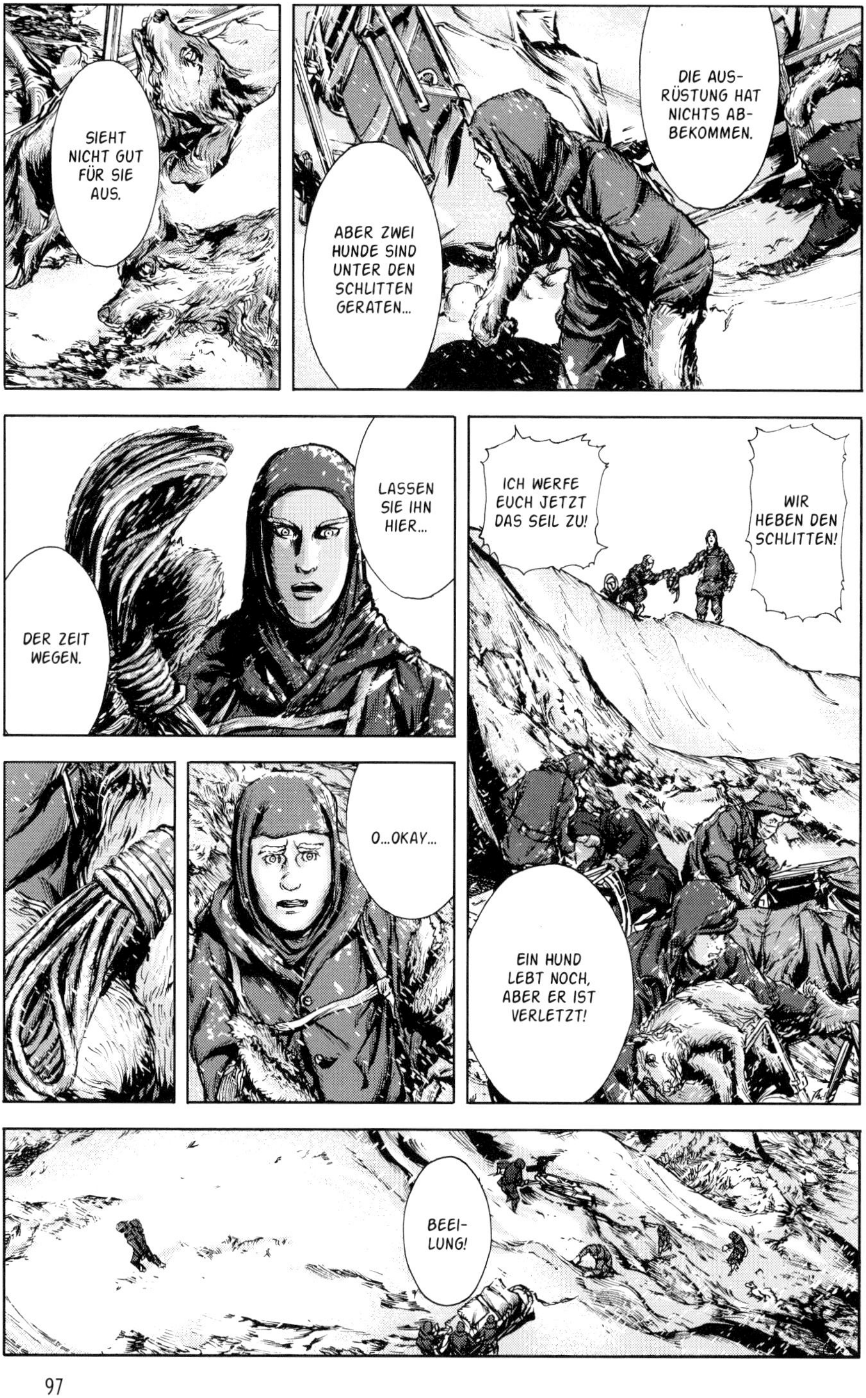
SIEHT NICHT GUT FÜR SIE AUS.
DIE AUS-RÜSTUNG HAT NICHTS AB-BEKOMMEN.
ABER ZWEI HUNDE SIND UNTER DEN SCHLITTEN GERATEN...
LASSEN SIE IHN HIER...
DER ZEIT WEGEN.
ICH WERFE EUCH JETZT DAS SEIL ZU!
WIR HEBEN DEN SCHLITTEN!
O...OKAY...
EIN HUND LEBT NOCH, ABER ER IST VERLETZT!
BEEI-LUNG!

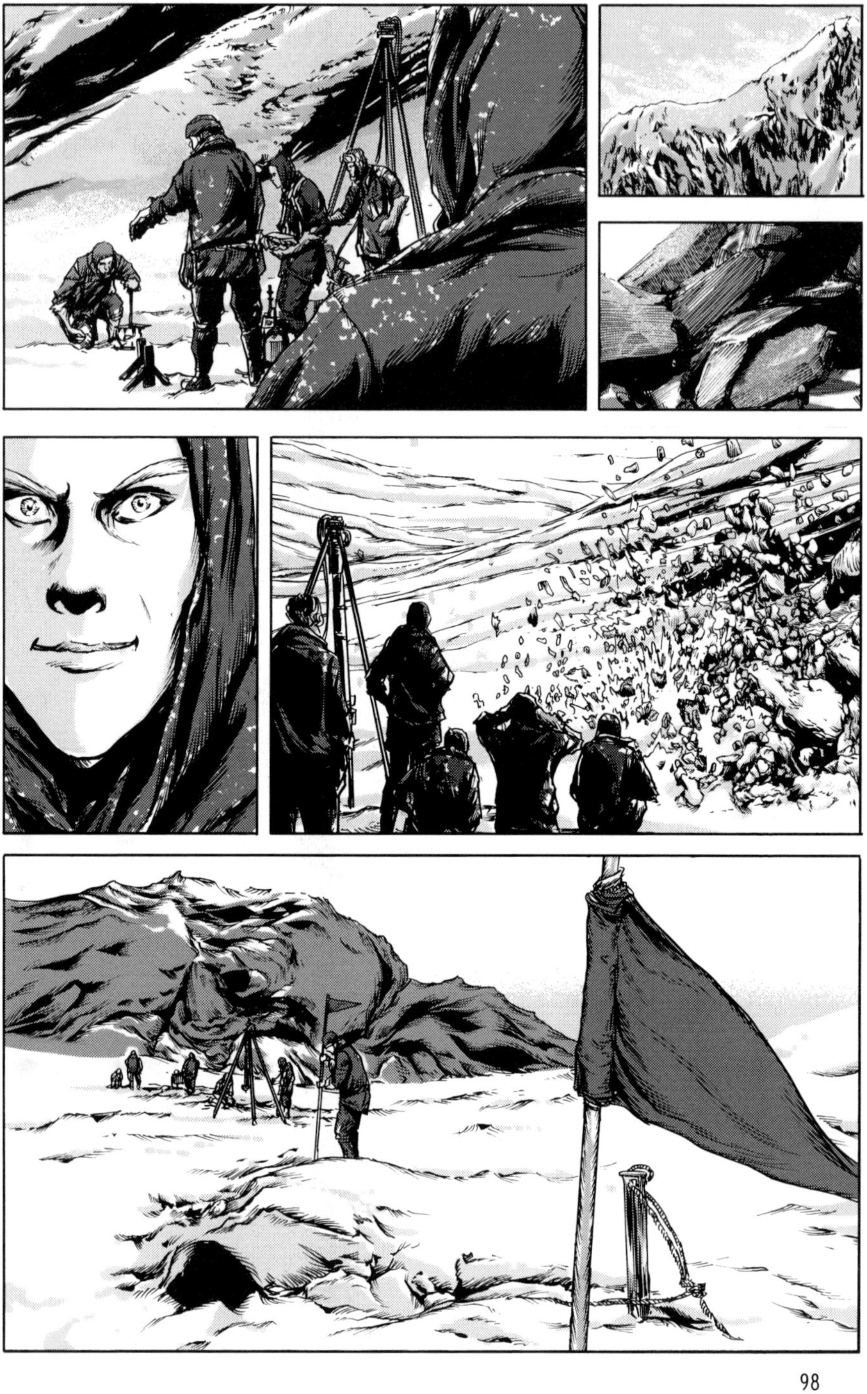

4 GIGANTISCHE BERGE

The Gigantic Mountains

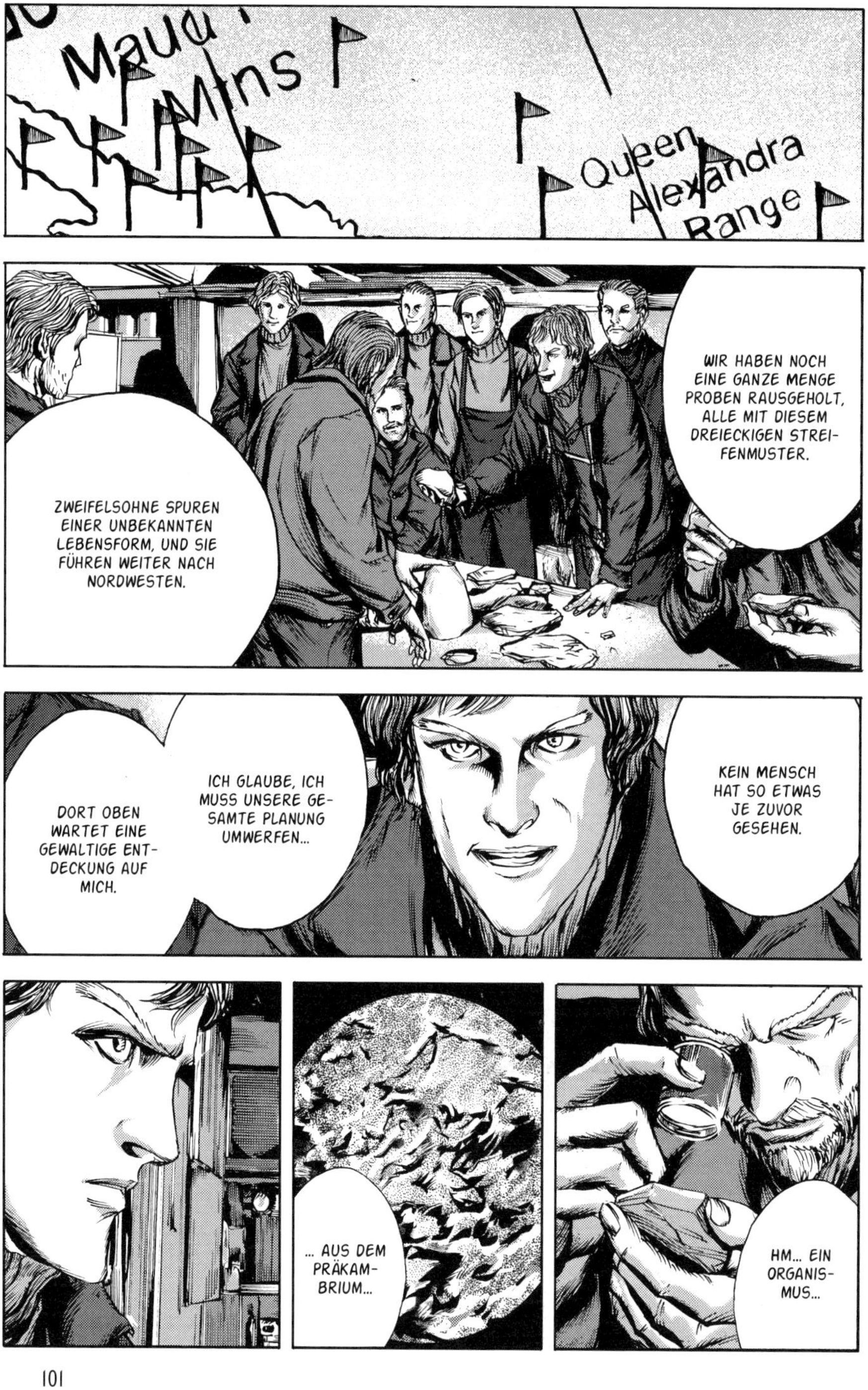
Queen Alexandra Range
WIR HABEN NOCH EINE GANZE MENGE PROBEN RAUSGEHOLT, ALLE MIT DIESEM DREIECKIGEN STREIFENMUSTER.
ZWEIFELSOHNE SPUREN EINER UNBEKANNTEN LEBENSFORM, UND SIE FÜHREN WEITER NACH NORDWESTEN.
KEIN MENSCH HAT SO ETWAS JE ZUVOR GESEHEN.
ICH GLAUBE, ICH MUSS UNSERE GESAMTE PLANUNG UMWERFEN...
DORT OBEN WARTET EINE GEWALTIGE ENTDECKUNG AUF MICH.
HM... EIN ORGANISMUS...
... AUS DEM PRÄKAMBRIUM...

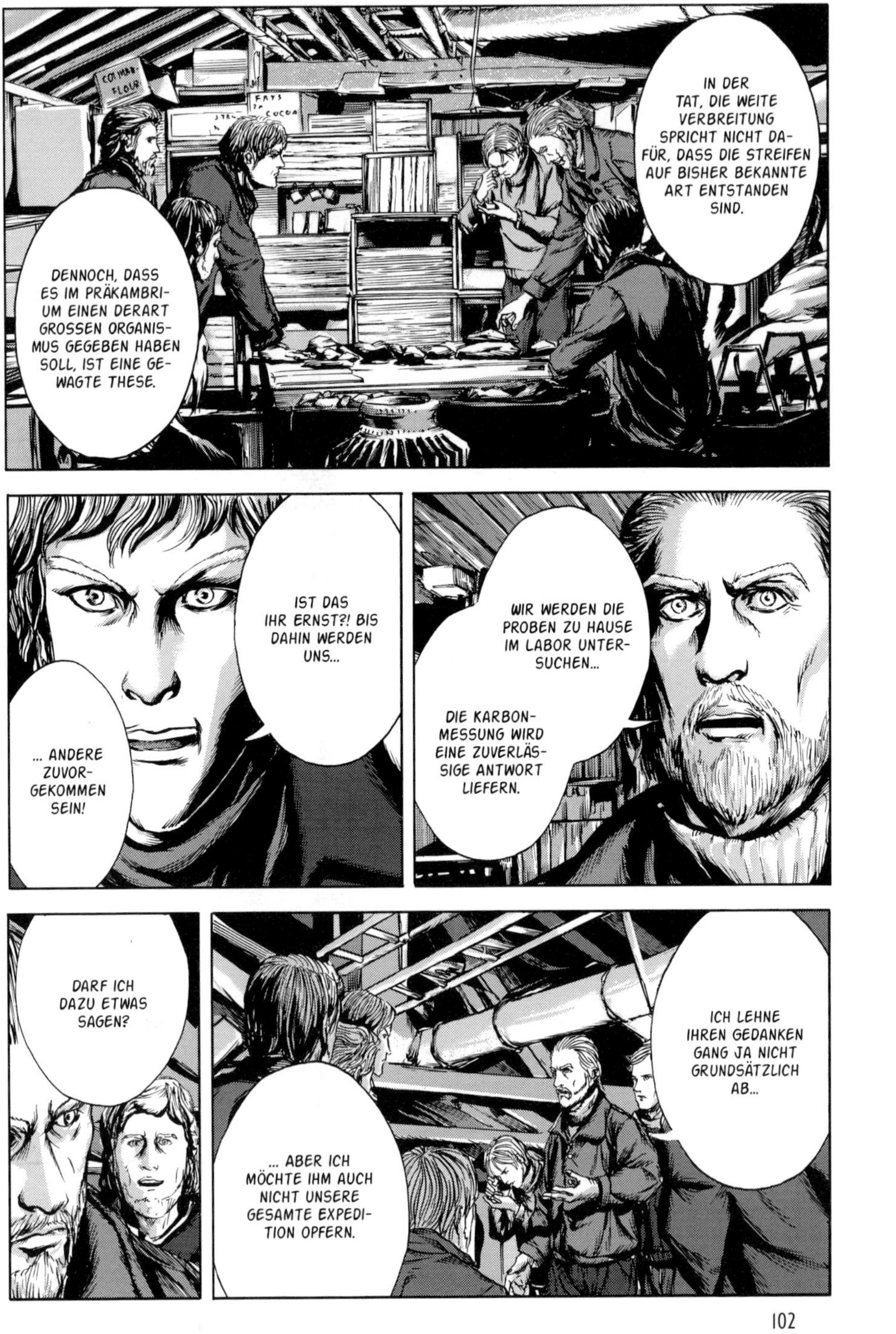
IN DER TAT, DIE WEITE VERBREITUNG SPRICHT NICHT DAFÜR, DASS DIE STREIFEN AUF BISHER BEKANNTE ART ENTSTANDEN SIND.
DENNOCH, DASS ES IM PRÄKAMBRIUM EINEN DERART GROSSEN ORGANISMUS GEGEBEN HABEN SOLL, IST EINE GEWAGTE THESE.
WIR WERDEN DIE PROBEN ZU HAUSE IM LABOR UNTERSUCHEN...
DIE KARBONMESSUNG WIRD EINE ZUVERLÄSSIGE ANTWORT LIEFERN.
IST DAS IHR ERNST?! BIS DAHIN WERDEN UNS...
... ANDERE ZUVORGEKOMMEN SEIN!
ICH LEHNE IHREN GEDANKENGANG JA NICHT GRUNDSÄTZLICH AB...
... ABER ICH MÖCHTE IHM AUCH NICHT UNSERE GESAMTE EXPEDITION OPFERN.
DARF ICH DAZU ETWAS SAGEN?

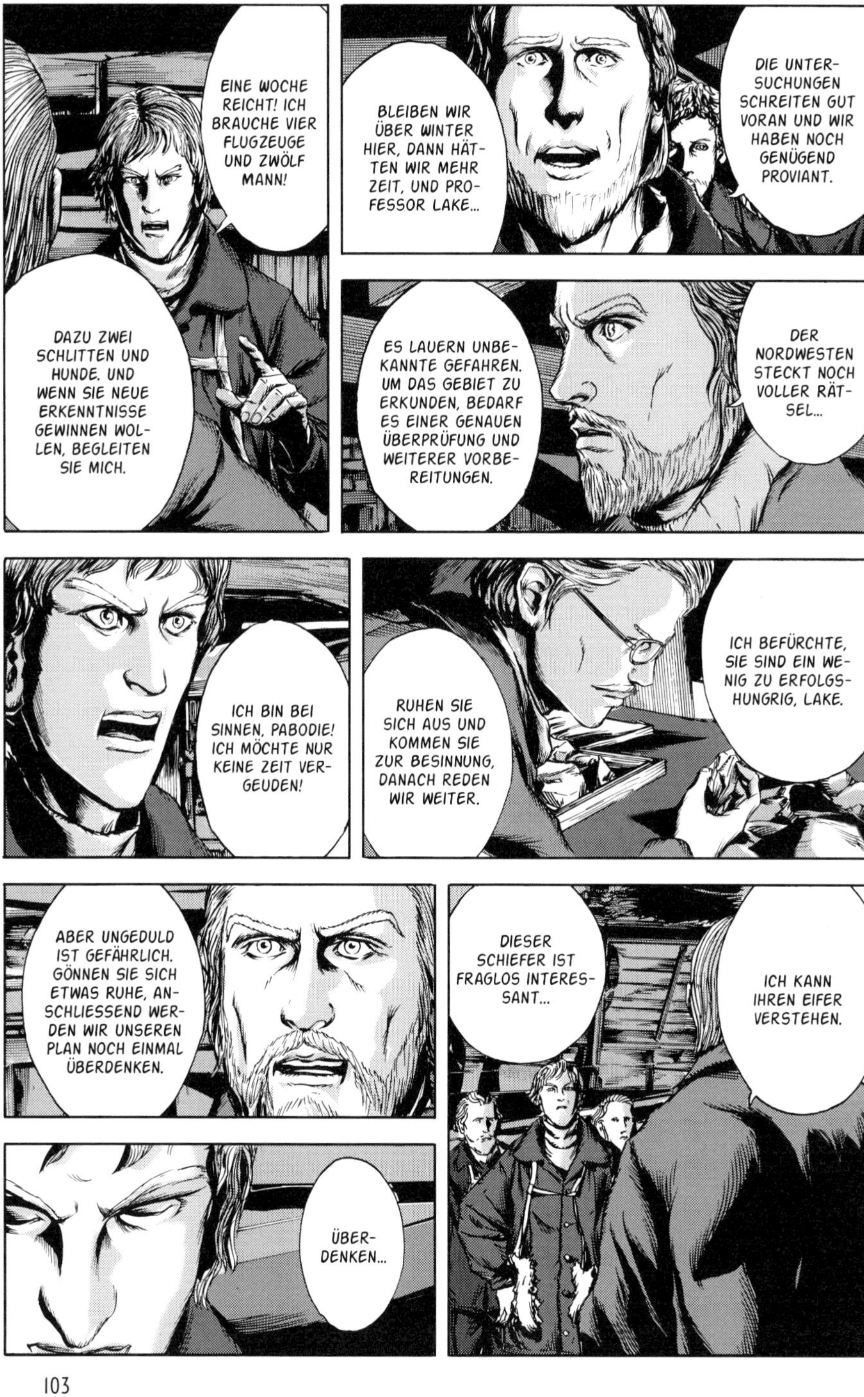
EINE WOCHE REICHT! ICH BRAUCHE VIER FLUGZEUGE UND ZWÖLF MANN!
DAZU ZWEI SCHLITTEN UND HUNDE. UND WENN SIE NEUE ERKENNTNISSE GEWINNEN WOLLEN, BEGLEITEN SIE MICH.
BLEIBEN WIR ÜBER WINTER HIER, DANN HÄTTEN WIR MEHR ZEIT, UND PROFESSOR LAKE...
DIE UNTERSUCHUNGEN SCHREITEN GUT VORAN UND WIR HABEN NOCH GENÜGEND PROVIANT.
ES LAUERN UNBEKANNTE GEFAHREN. UM DAS GEBIET ZU ERKUNDEN, BEDARF ES EINER GENAUEN ÜBERPRÜFUNG UND WEITERER VORBEREITUNGEN.
DER NORDWESTEN STECKT NOCH VOLLER RÄTSEL...
ICH BIN BEI SINNEN, PABODIE! ICH MÖCHTE NUR KEINE ZEIT VERGEUDEN!
RUHEN SIE SICH AUS UND KOMMEN SIE ZUR BESINNUNG, DANACH REDEN WIR WEITER.
ICH BEFÜRCHTE, SIE SIND EIN WENIG ZU ERFOLGSHUNGRIG, LAKE.
ABER UNGEDULD IST GEFÄHRLICH. GÖNNEN SIE SICH ETWAS RUHE, ANSCHLIESSEND WERDEN WIR UNSEREN PLAN NOCH EINMAL ÜBERDENKEN.
ÜBERDENKEN...
DIESER SCHIEFER IST FRAGLOS INTERESSANT...
ICH KANN IHREN EIFER VERSTEHEN.

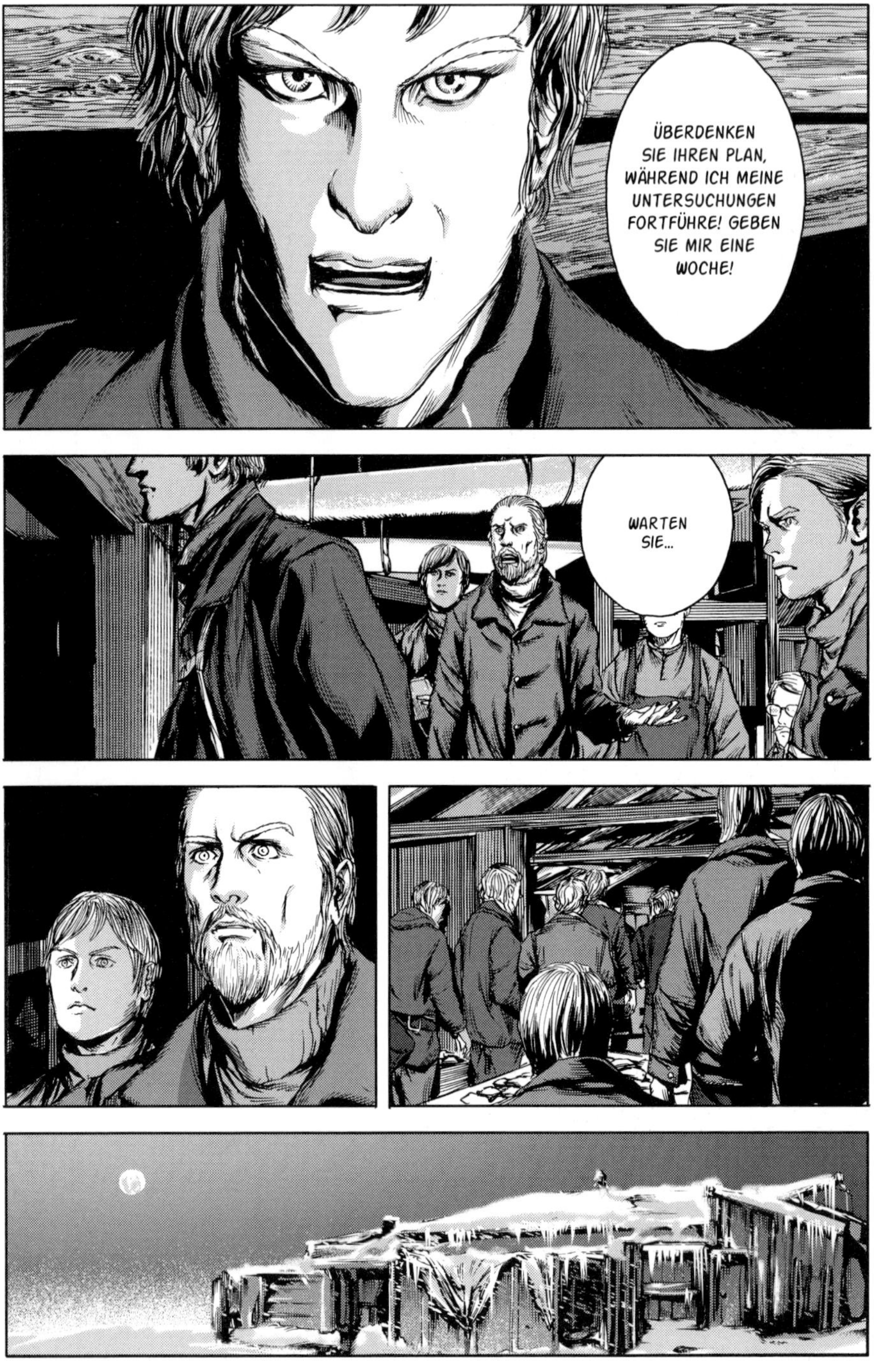
ÜBERDENKEN SIE IHREN PLAN, WÄHREND ICH MEINE UNTERSUCHUNGEN FORTFÜHRE! GEBEN SIE MIR EINE WOCHE!
WARTEN SIE...

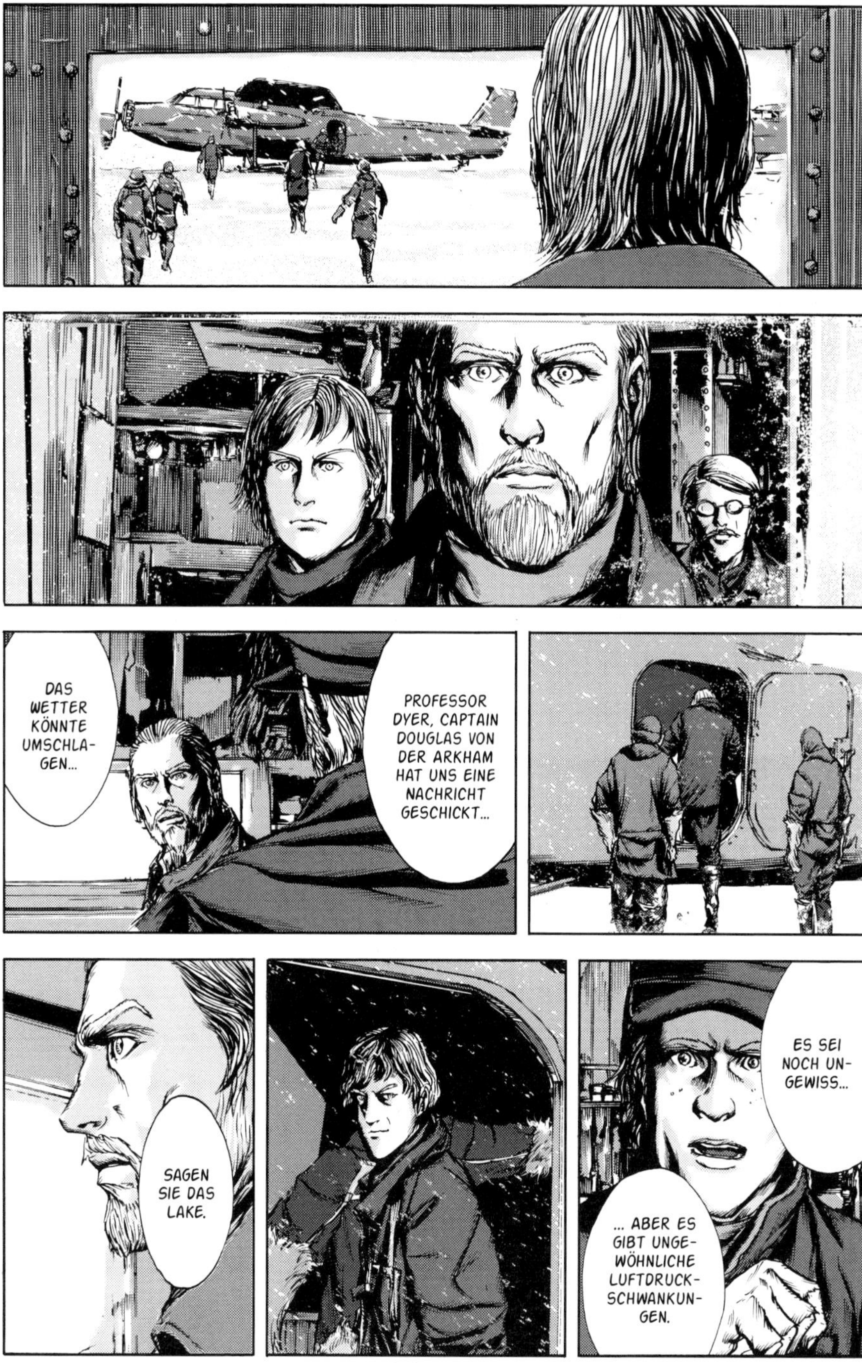
DAS WETTER KÖNNTE UMSCHLAGEN...
PROFESSOR DYER, CAPTAIN DOUGLAS VON DER ARKHAM HAT UNS EINE NACHRICHT GESCHICKT...
SAGEN SIE DAS LAKE.
ES SEI NOCH UNGEWISS...
... ABER ES GIBT UNGEWÖHNLICHE LUFTDRUCKSCHWANKUNGEN.

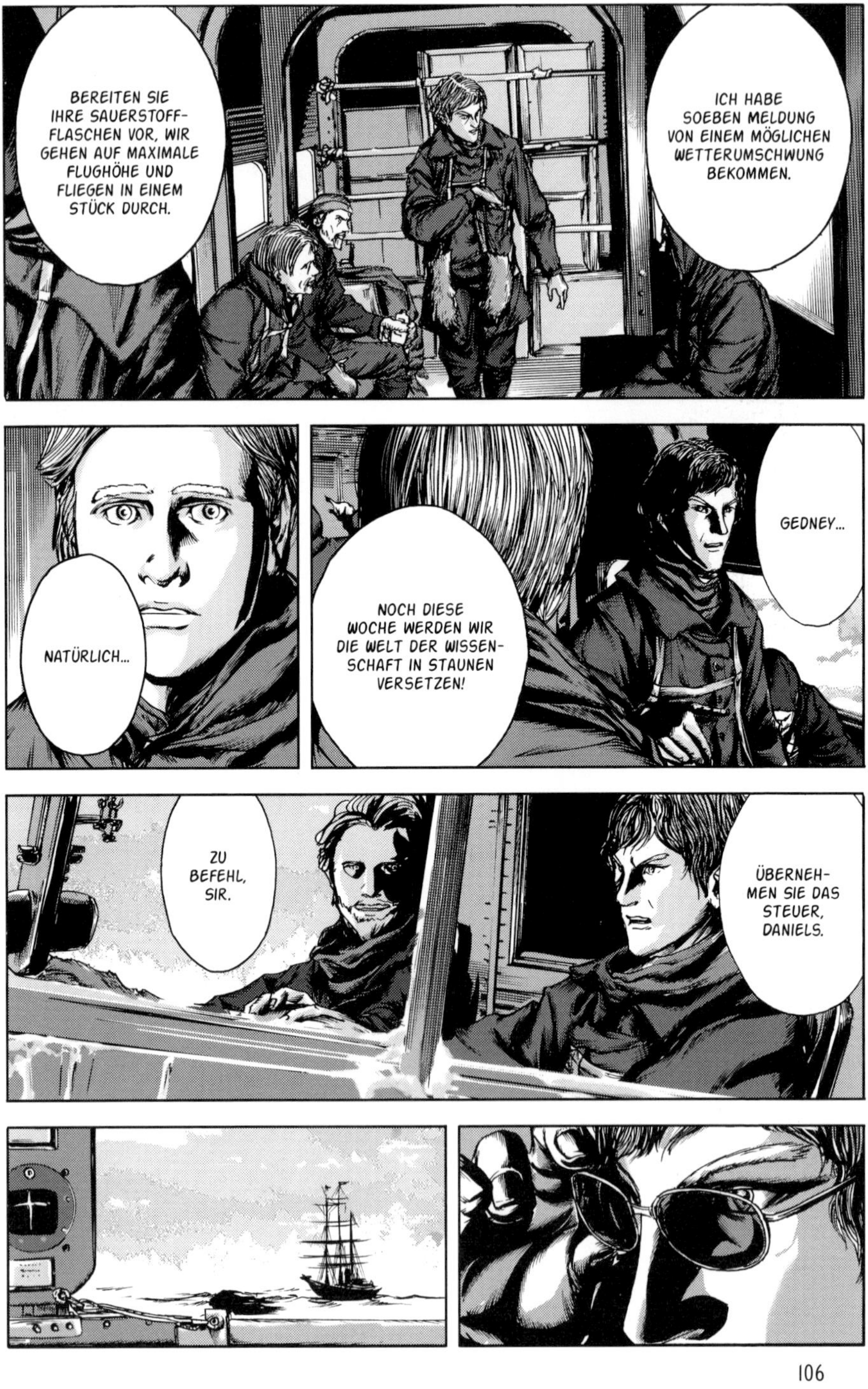
BEREITEN SIE IHRE SAUERSTOFF-FLASCHEN VOR, WIR GEHEN AUF MAXIMALE FLUGHÖHE UND FLIEGEN IN EINEM STÜCK DURCH.
ICH HABE SOEBEN MELDUNG VON EINEM MÖGLICHEN WETTERUMSCHWUNG BEKOMMEN.
NATÜRLICH...
GEDNEY...
NOCH DIESE WOCHE WERDEN WIR DIE WELT DER WISSEN-SCHAFT IN STAUNEN VERSETZEN!
ÜBERNEH-MEN SIE DAS STEUER, DANIELS.
ZU BEFEHL, SIR.

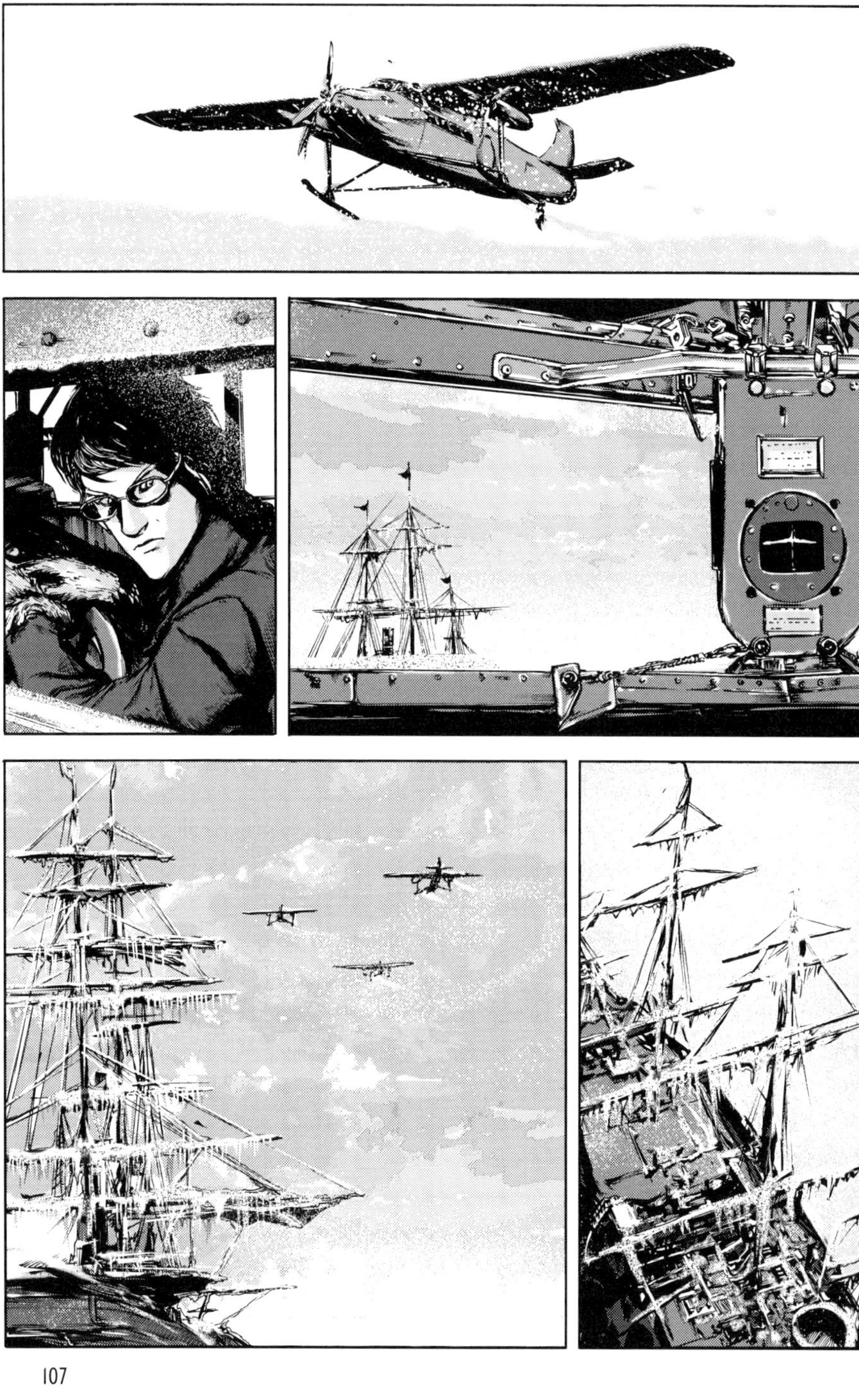

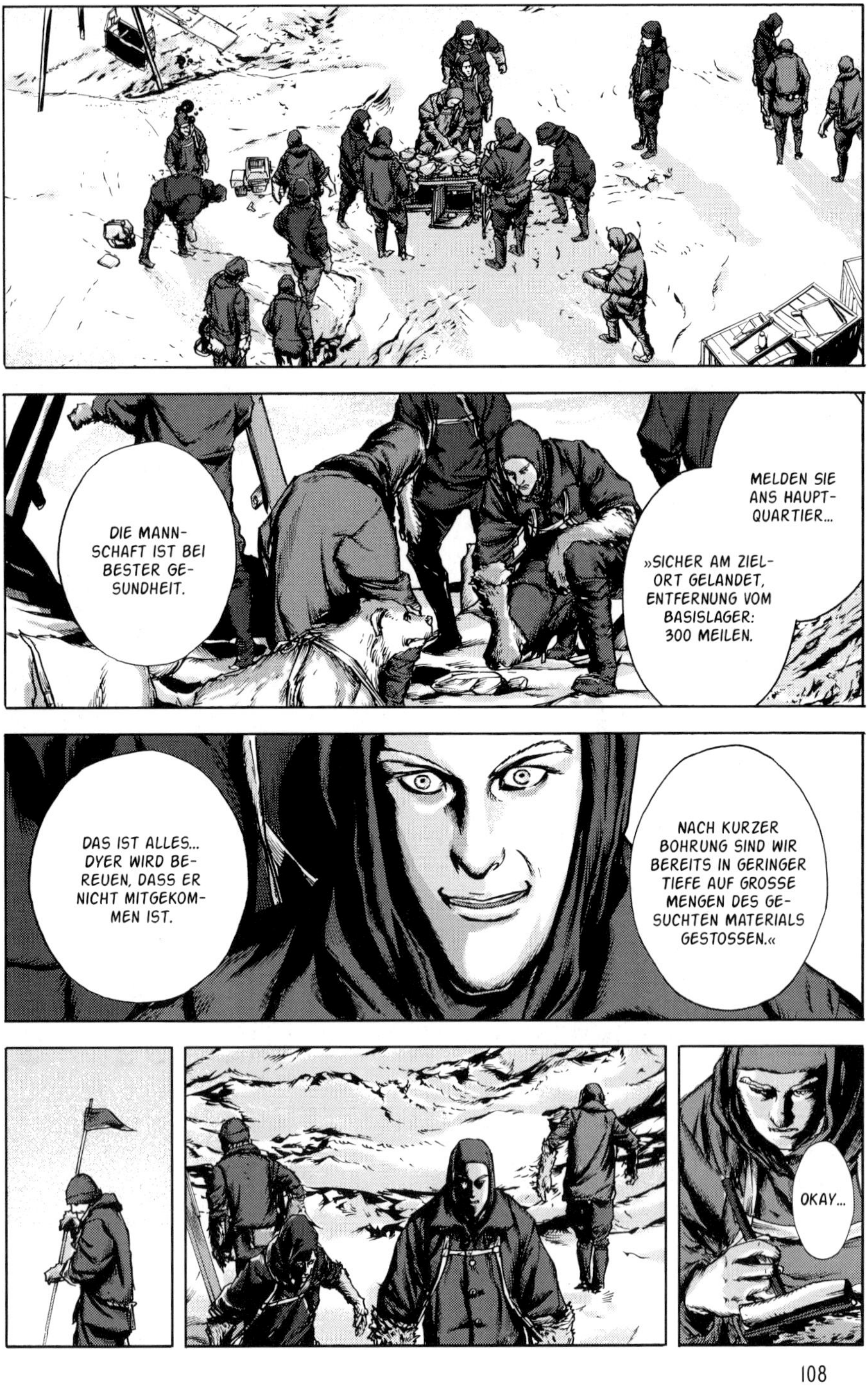
MELDEN SIE ANS HAUPT-QUARTIER...
»SICHER AM ZIEL-ORT GELANDET, ENTFERNUNG VOM BASISLAGER: 300 MEILEN.
DIE MANN-SCHAFT IST BEI BESTER GE-SUNDHEIT.
NACH KURZER BOHRUNG SIND WIR BEREITS IN GERINGER TIEFE AUF GROSSE MENGEN DES GE-SUCHTEN MATERIALS GESTOSSEN.«
DAS IST ALLES... DYER WIRD BE-REUEN, DASS ER NICHT MITGEKOM-MEN IST.
OKAY...

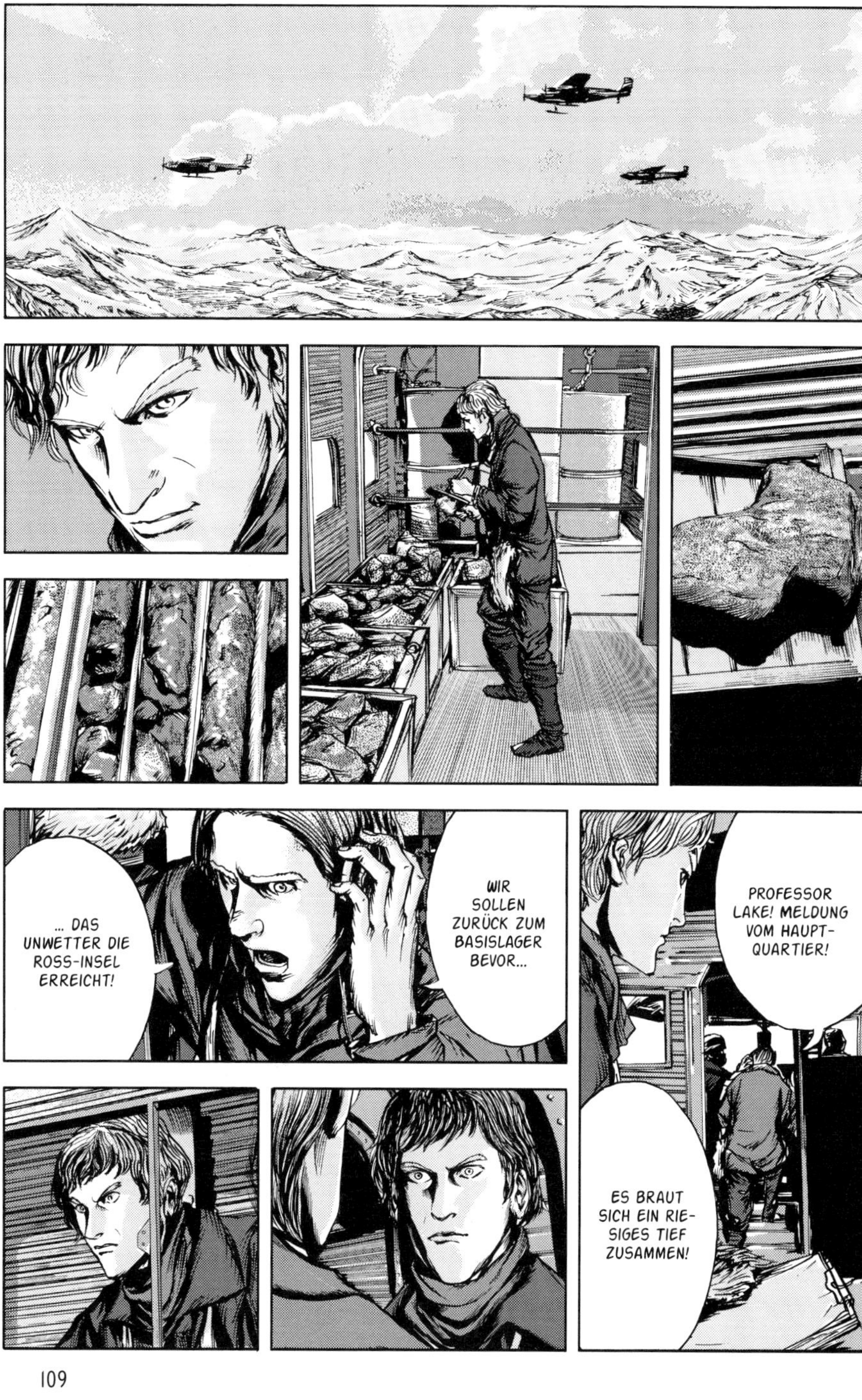
PROFESSOR LAKE! MELDUNG VOM HAUPT-QUARTIER!
ES BRAUT SICH EIN RIE-SIGES TIEF ZUSAMMEN!
WIR SOLLEN ZURÜCK ZUM BASISLAGER BEVOR...
... DAS UNWETTER DIE ROSS-INSEL ERREICHT!

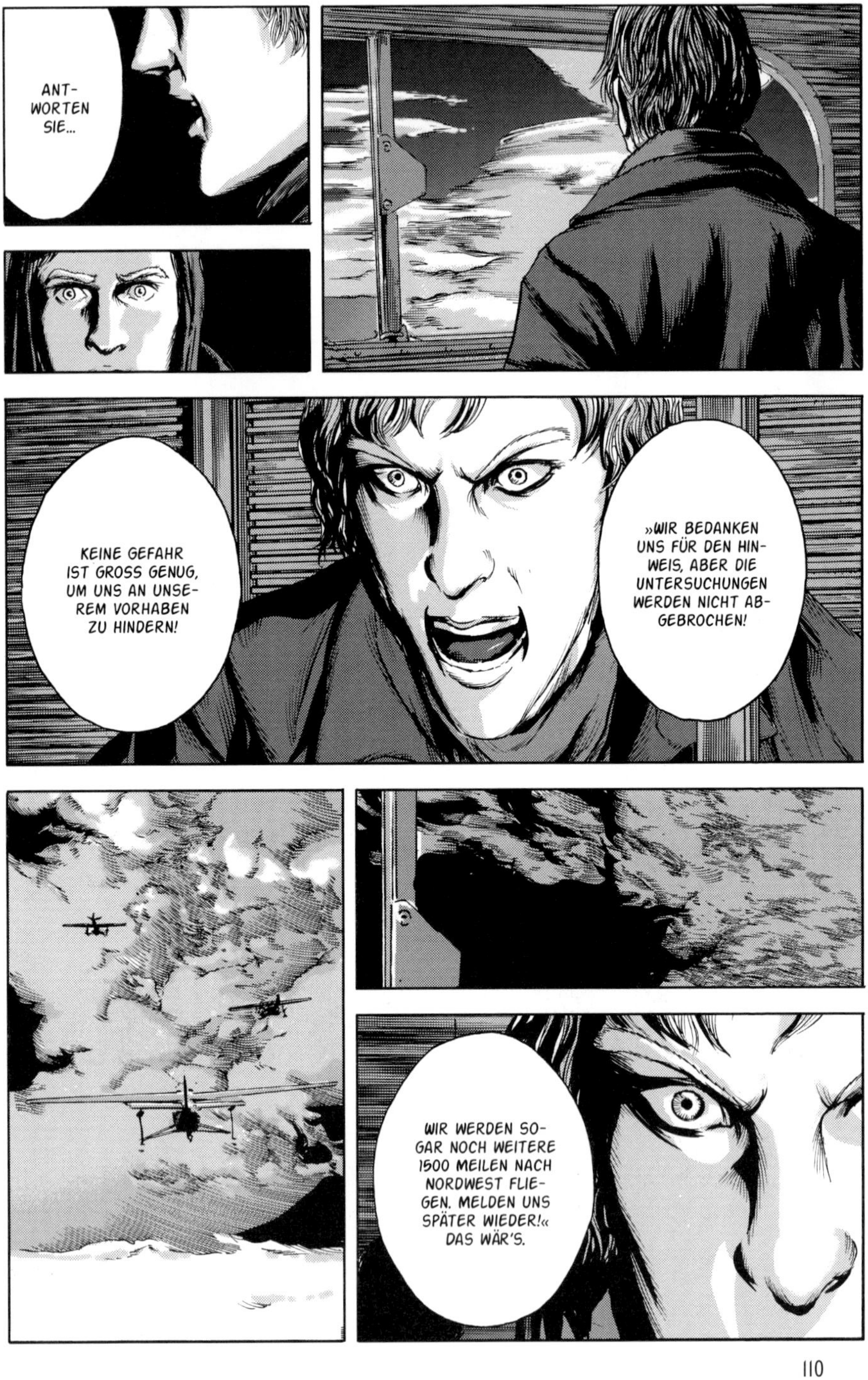
ANT-
WORTEN
SIE...
»WIR BEDANKEN UNS FÜR DEN HINWEIS, ABER DIE UNTERSUCHUNGEN WERDEN NICHT ABGEBROCHEN!
KEINE GEFAHR IST GROSS GENUG, UM UNS AN UNSEREM VORHABEN ZU HINDERN!
WIR WERDEN SOGAR NOCH WEITERE 1500 MEILEN NACH NORDWEST FLIEGEN. MELDEN UNS SPÄTER WIEDER!« DAS WÄR'S.

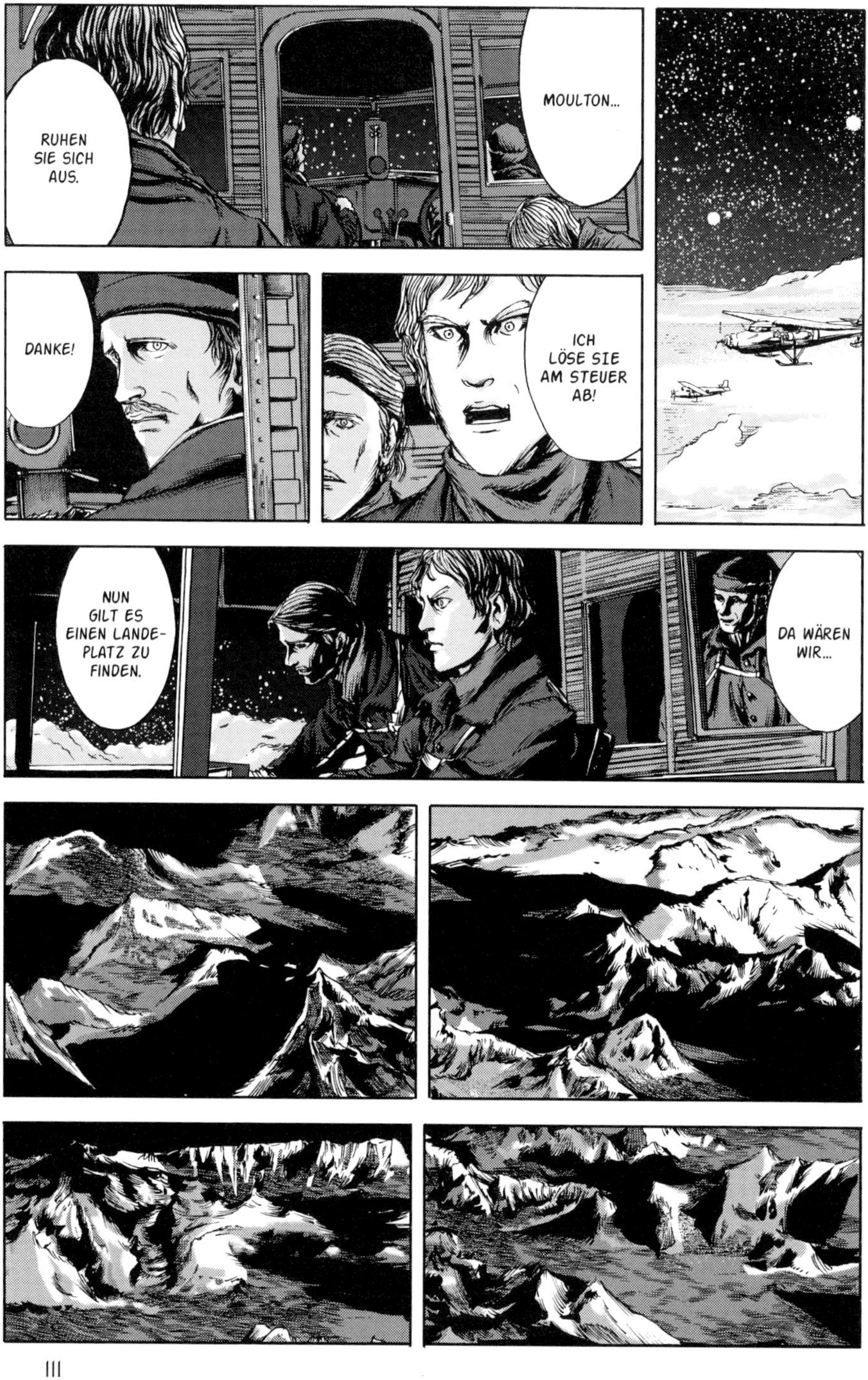
RUHEN SIE SICH AUS.
MOULTON...
DANKE!
ICH LÖSE SIE AM STEUER AB!
NUN GILT ES EINEN LANDE-PLATZ ZU FINDEN.
DA WÄREN WIR...

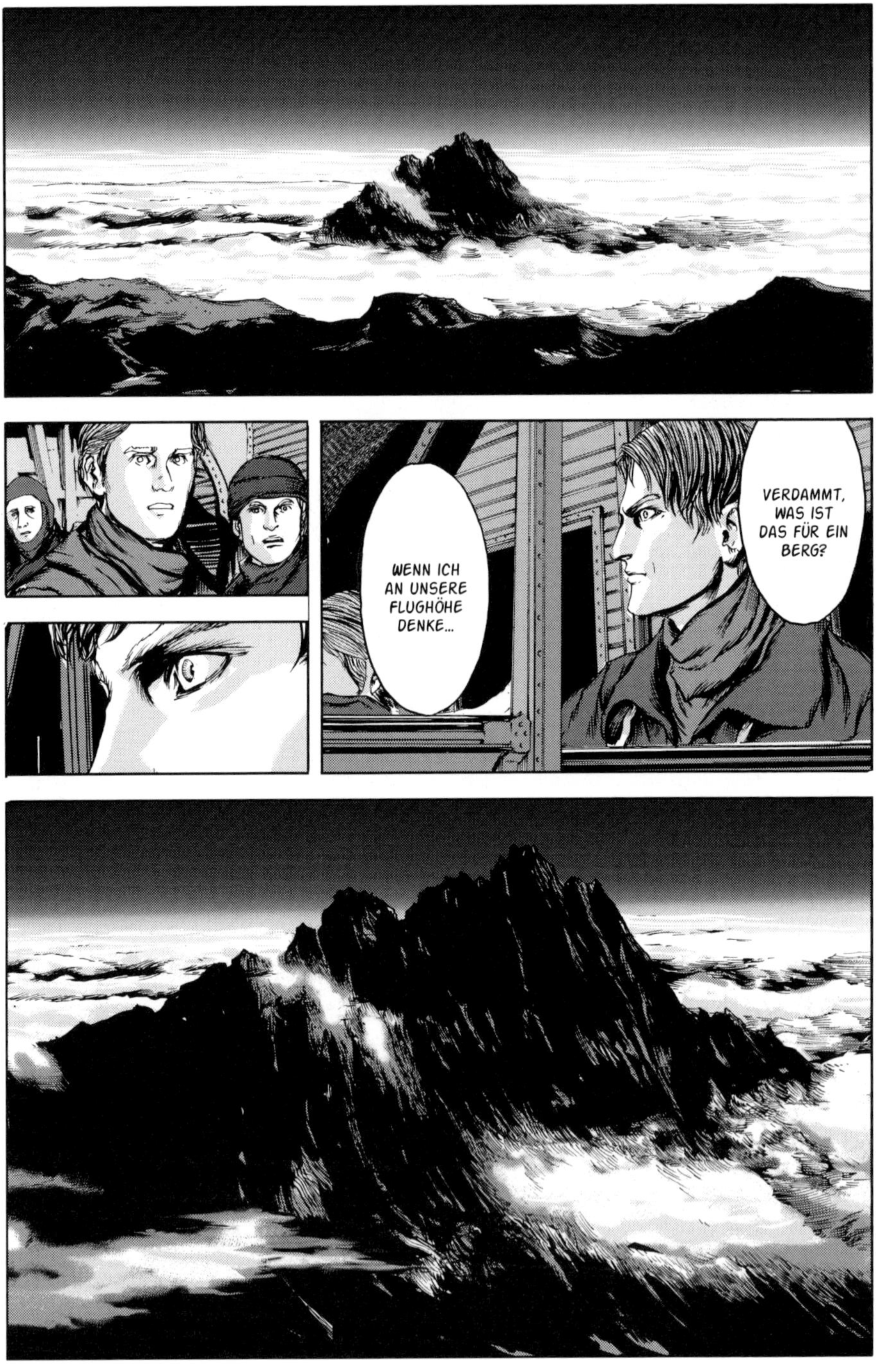
VERDAMMT, WAS IST DAS FÜR EIN BERG?
WENN ICH AN UNSERE FLUGHÖHE DENKE...

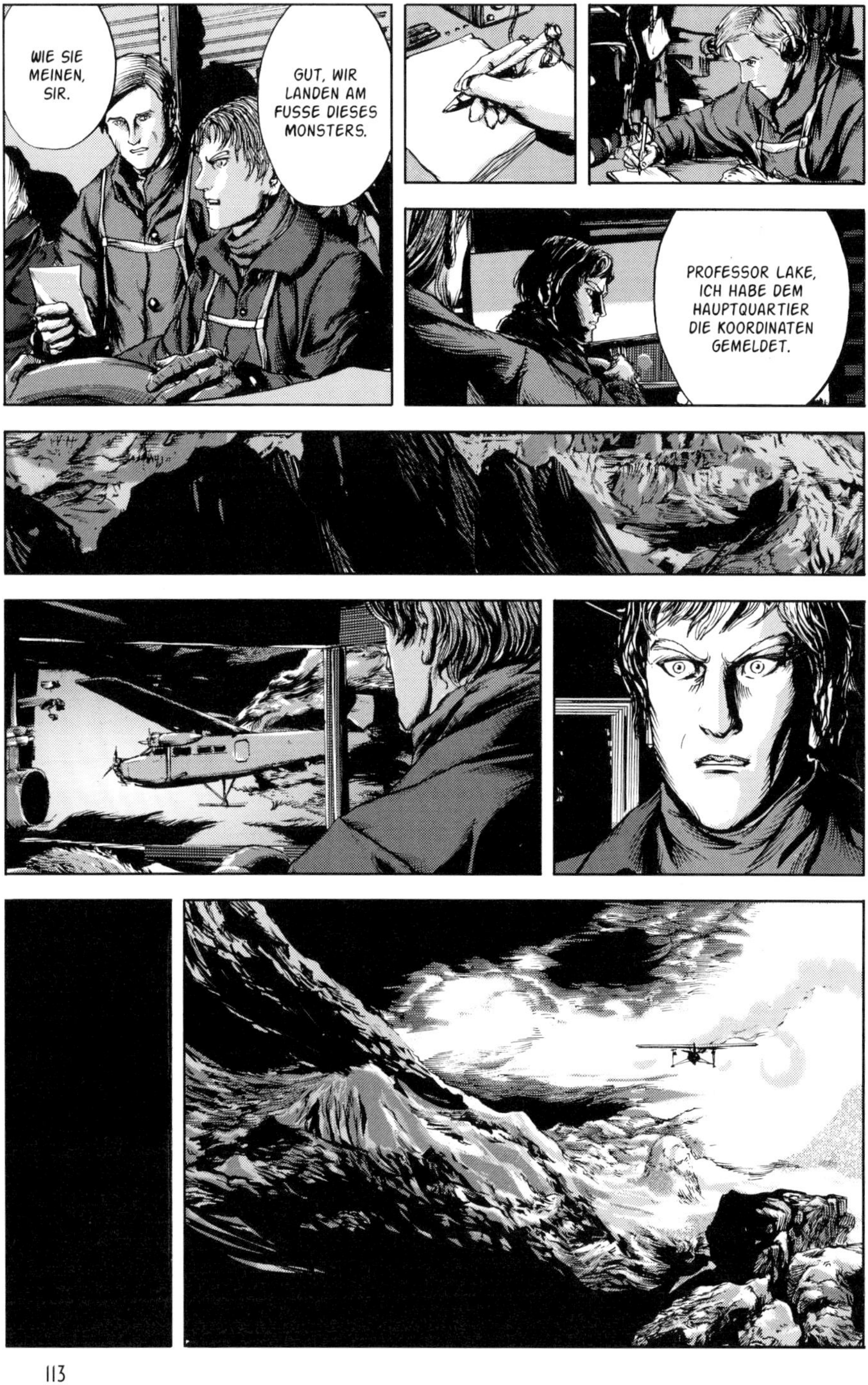
GUT, WIR LANDEN AM FUSSE DIESES MONSTERS.
WIE SIE MEINEN, SIR.
PROFESSOR LAKE, ICH HABE DEM HAUPTQUARTIER DIE KOORDINATEN GEMELDET.

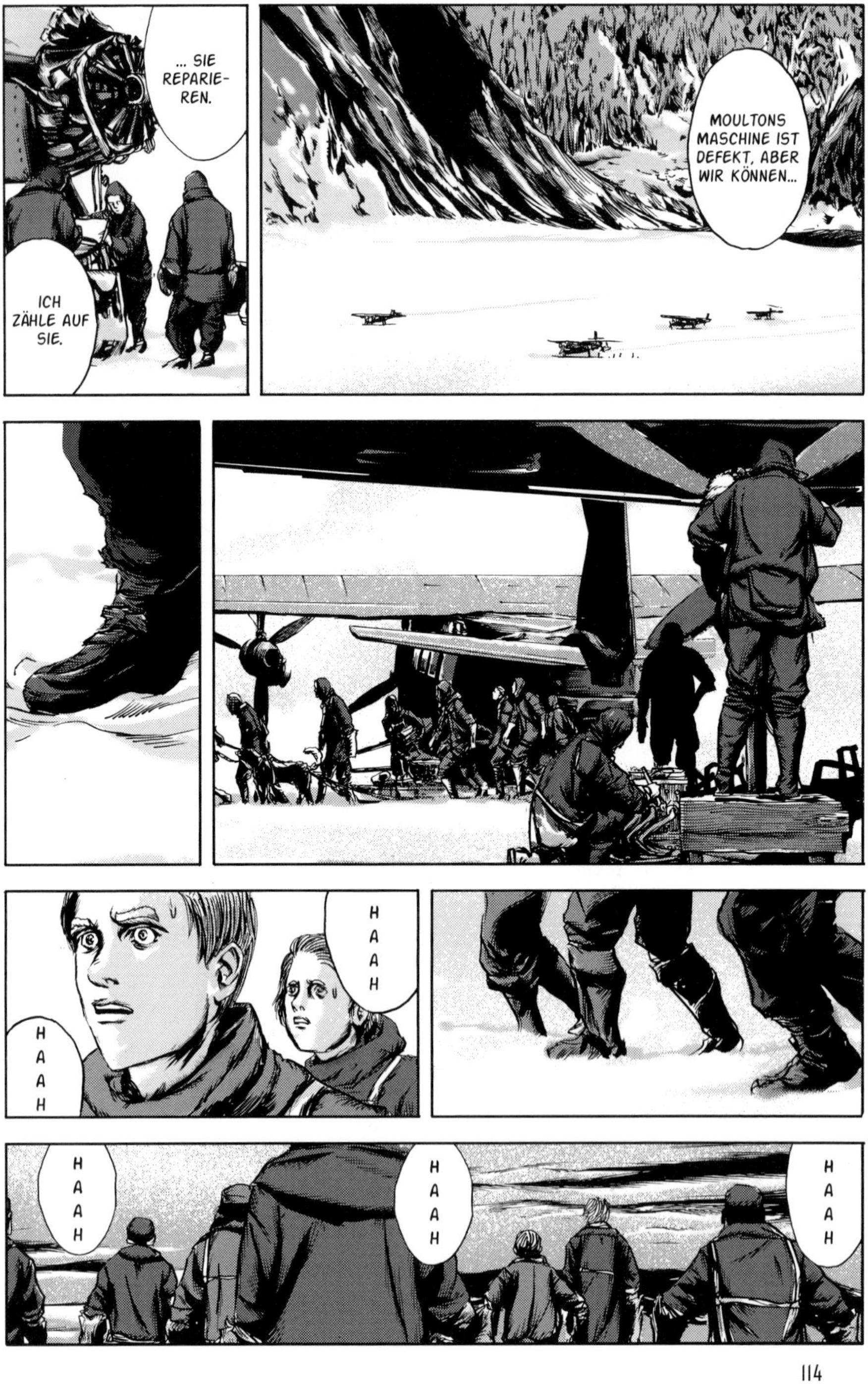
MOULTONS MASCHINE IST DEFEKT, ABER WIR KÖNNEN...
... SIE REPARIEREN.
ICH ZÄHLE AUF SIE.
HAAAH
HAAAH
HAAAH
HAAAH
HAAAH

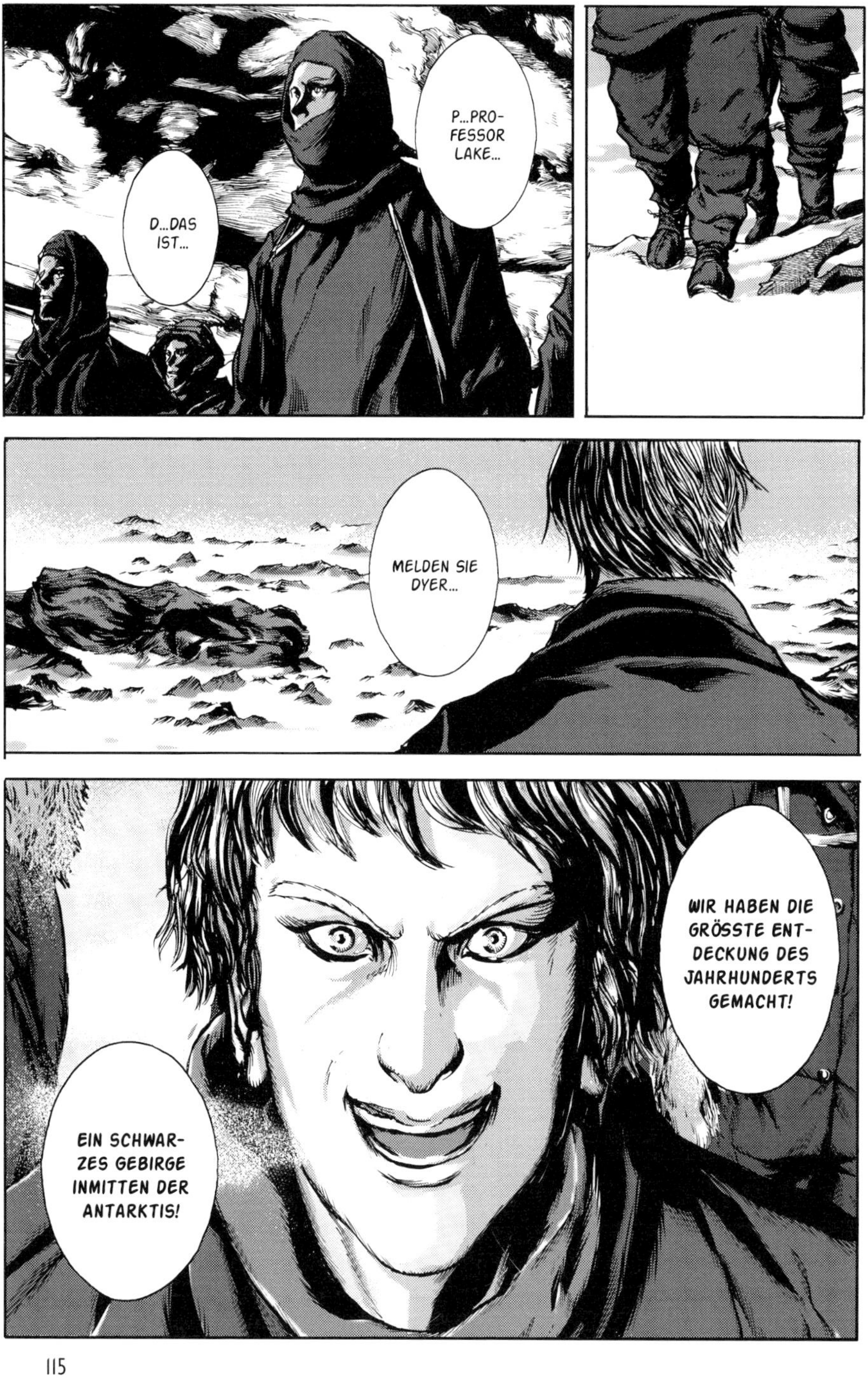
P...PRO-
FESSOR
LAKE...
D...DAS
IST...
MELDEN SIE
DYER...
WIR HABEN DIE
GRÖSSTE ENT-
DECKUNG DES
JAHRHUNDERTS
GEMACHT!
EIN SCHWAR-
ZES GEBIRGE
INMITTEN DER
ANTARKTIS!

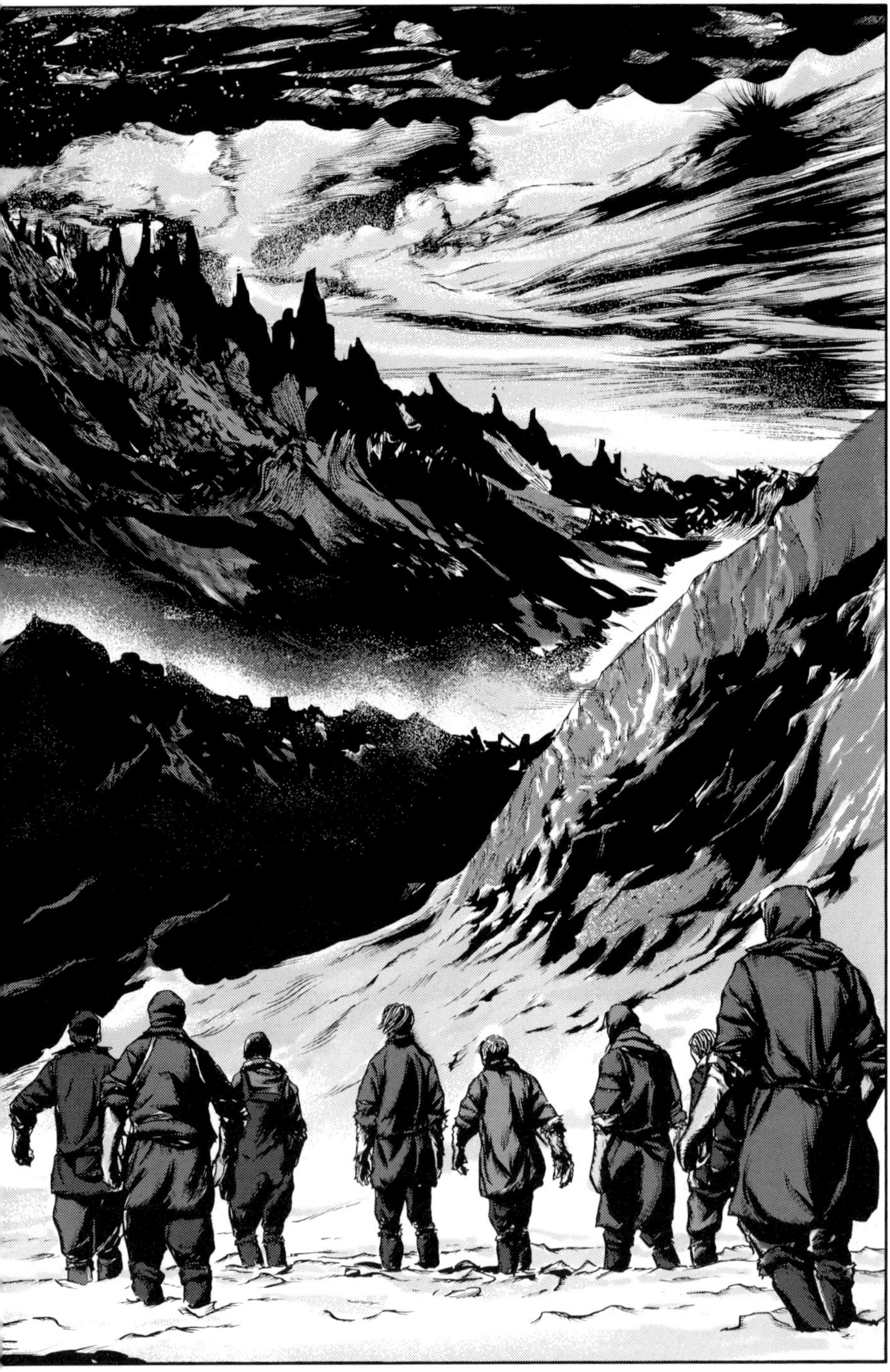

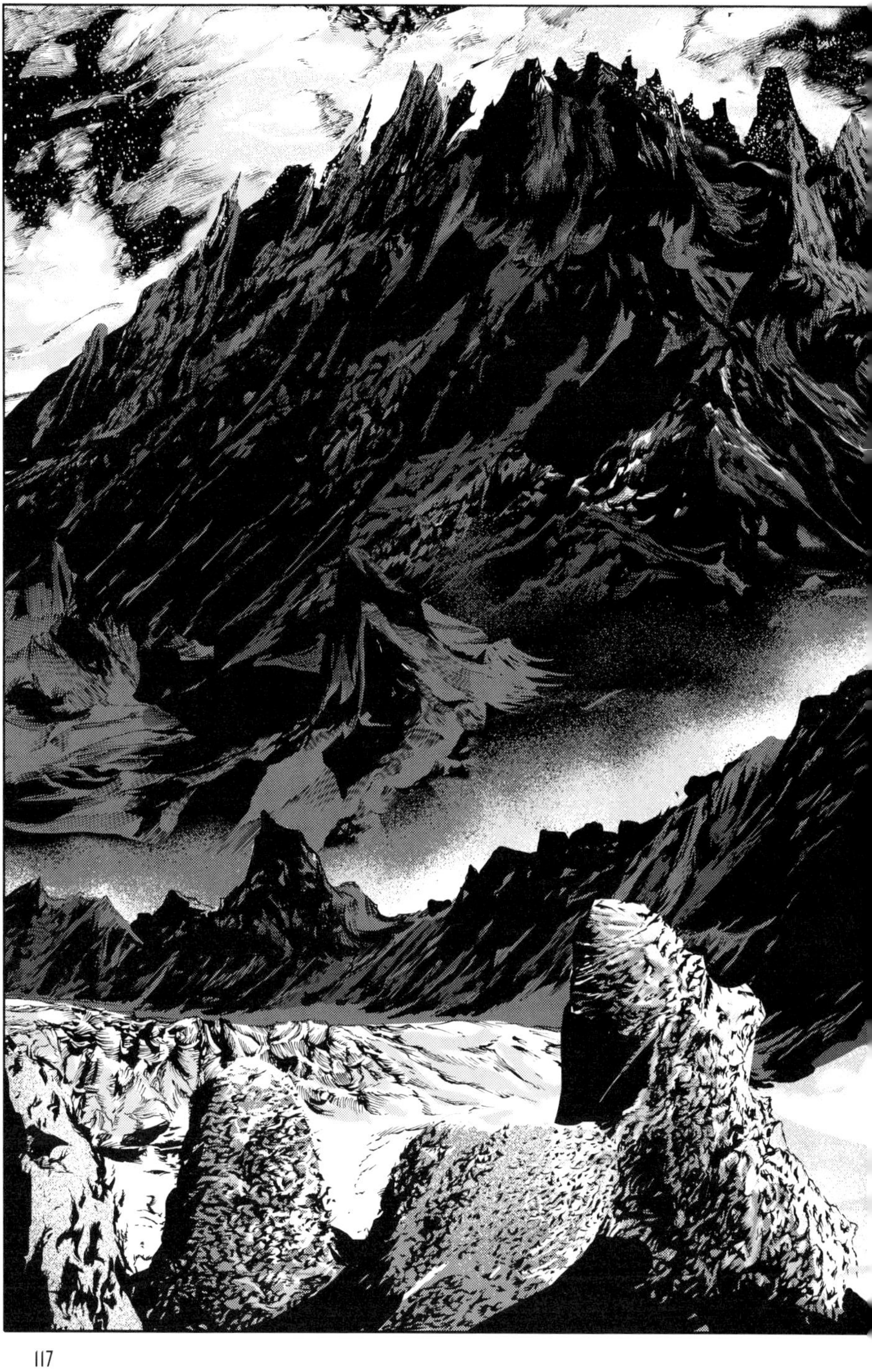

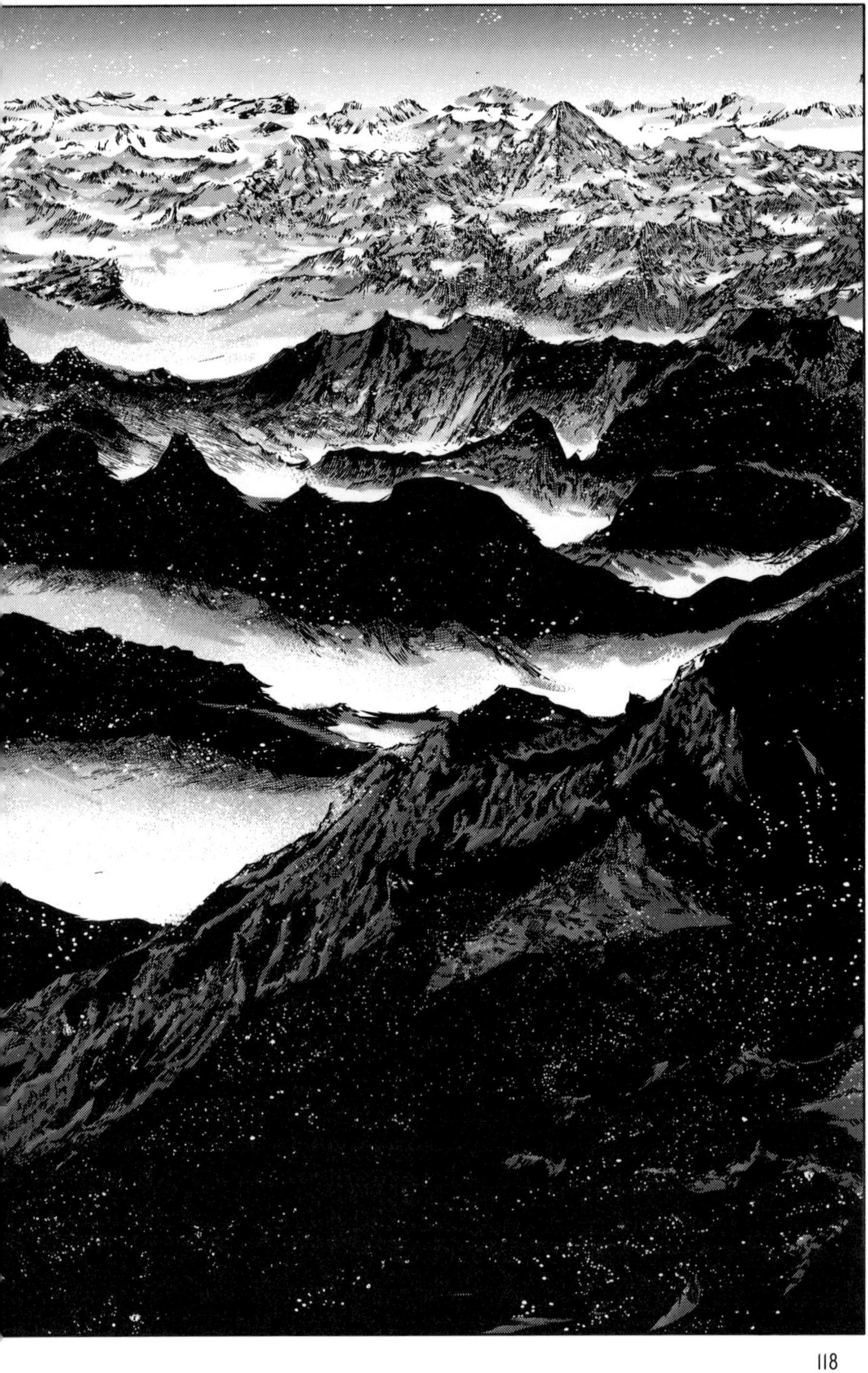

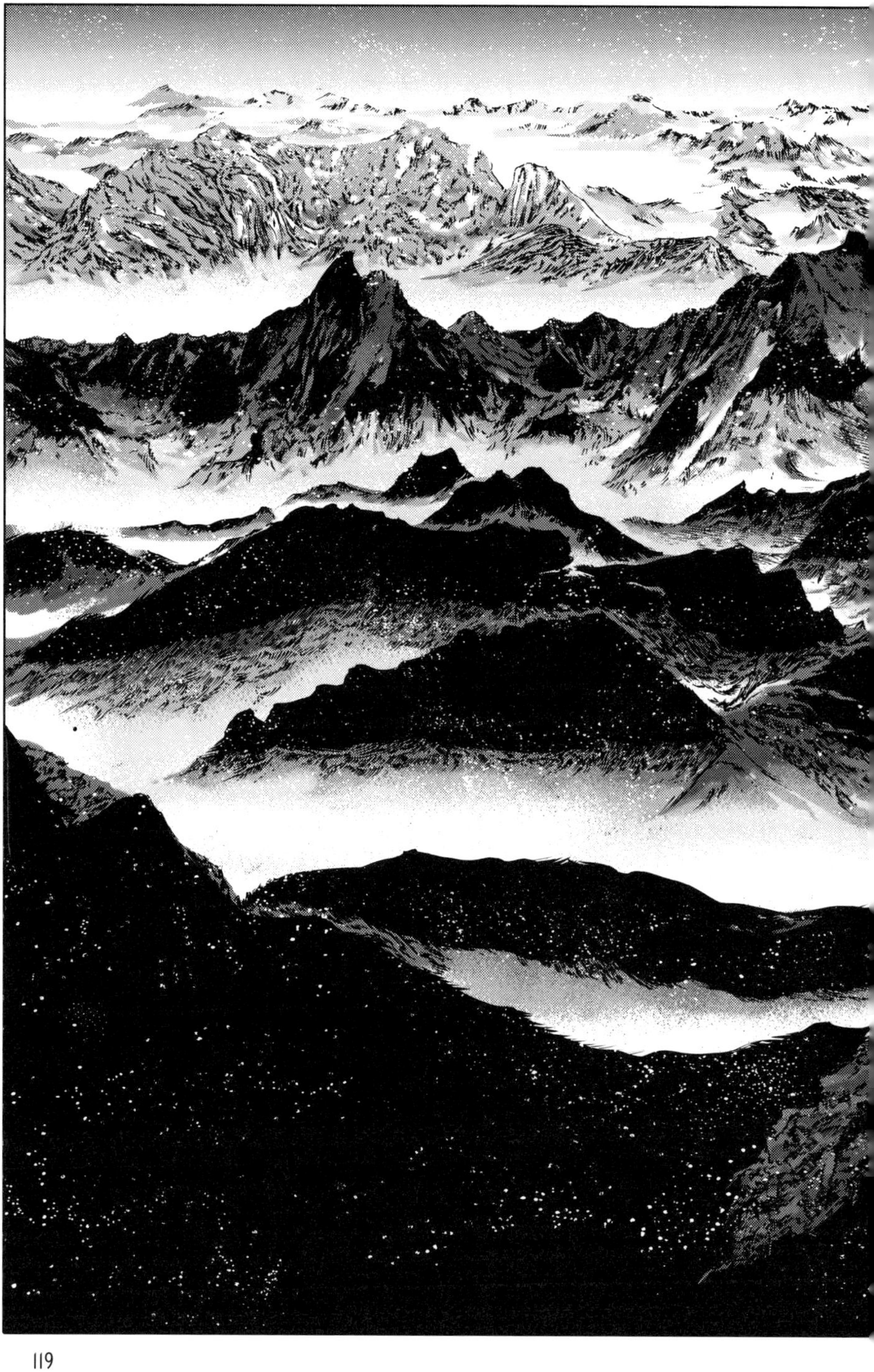

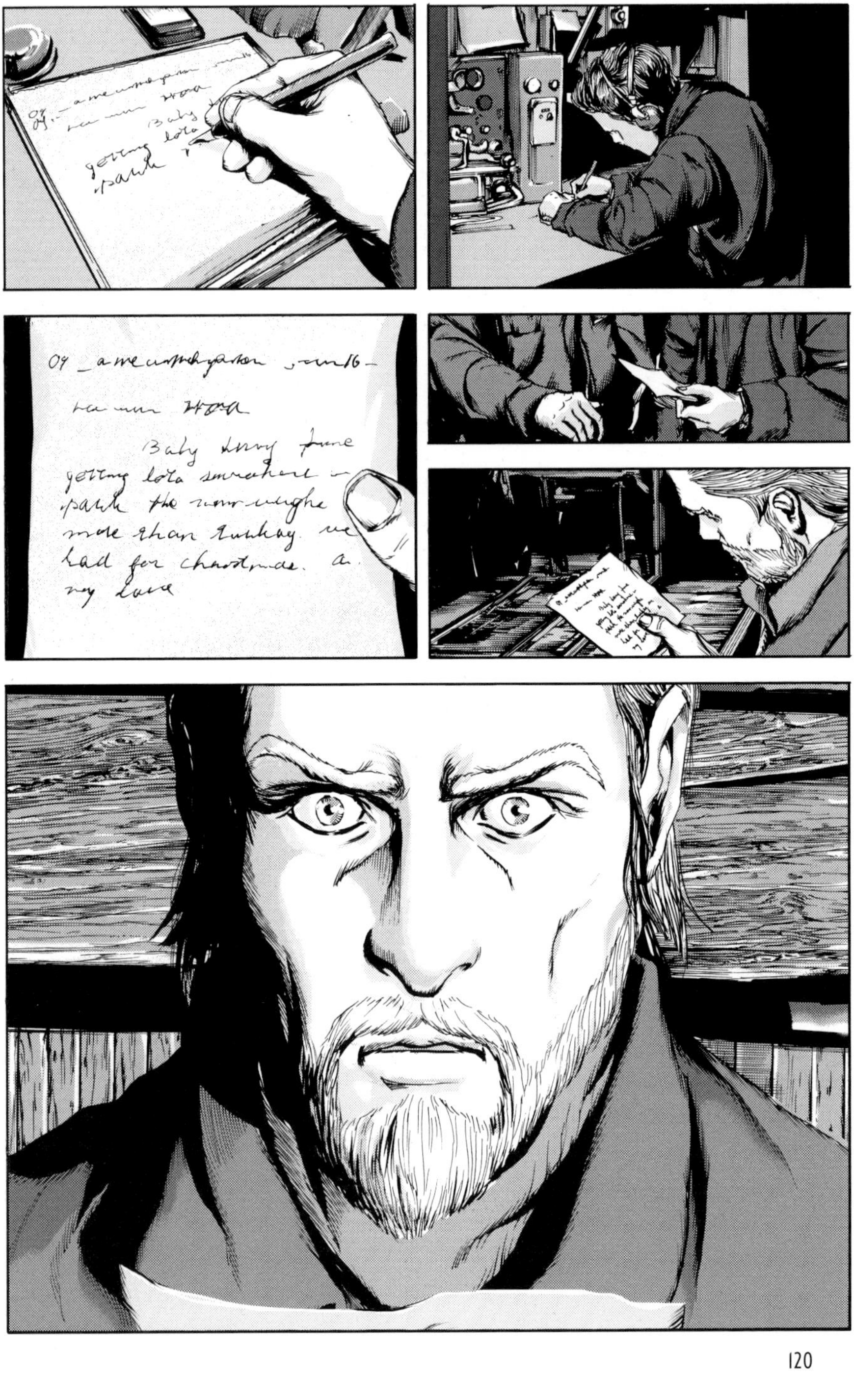

5 DAS SCHWARZE RÄTSEL

The Mystery in Black

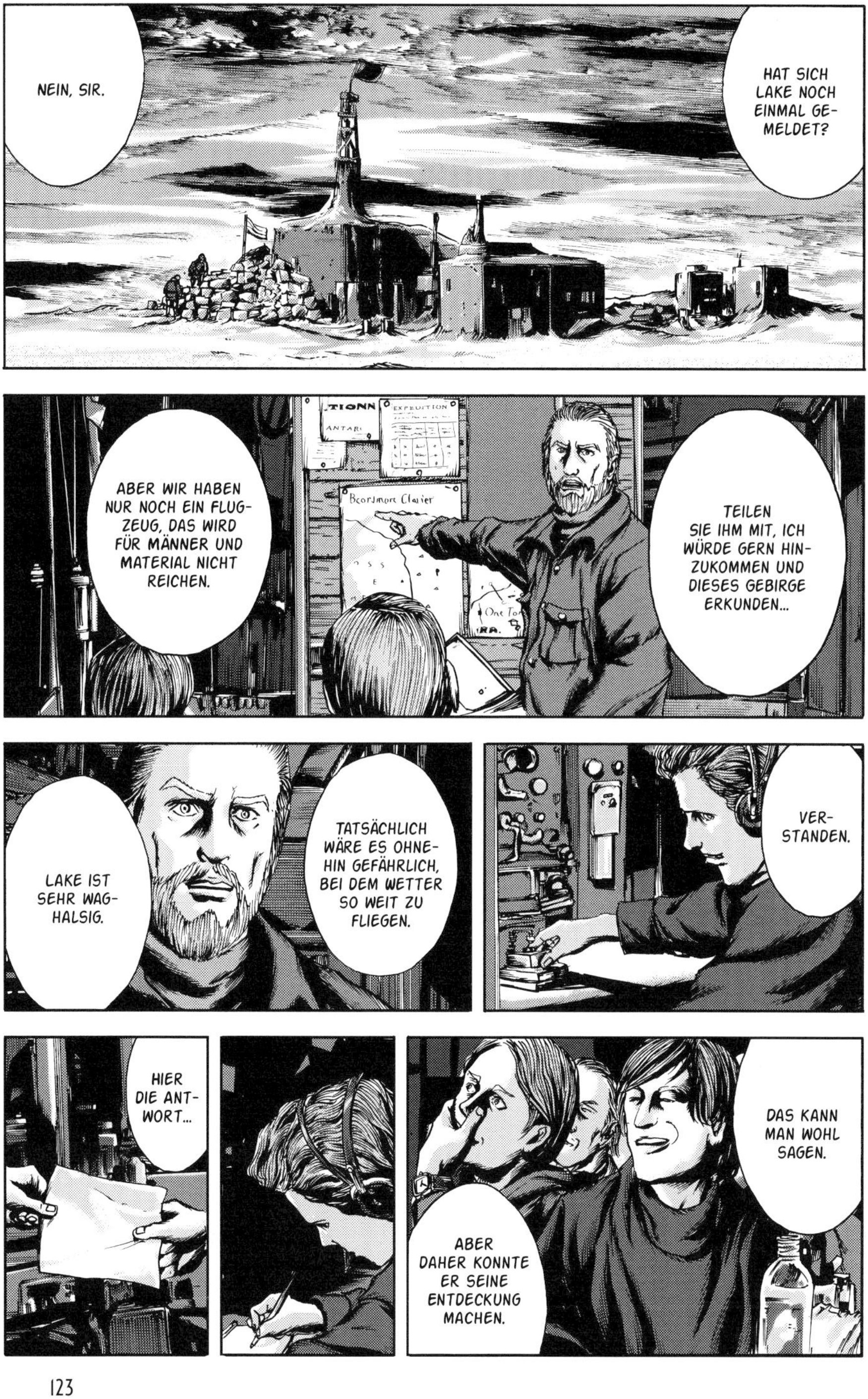

HAT SICH LAKE NOCH EINMAL GEMELDET?
NEIN, SIR.
TEILEN SIE IHM MIT, ICH WÜRDE GERN HINZUKOMMEN UND DIESES GEBIRGE ERKUNDEN...
ABER WIR HABEN NUR NOCH EIN FLUGZEUG, DAS WIRD FÜR MÄNNER UND MATERIAL NICHT REICHEN.
LAKE IST SEHR WAGHALSIG.
TATSÄCHLICH WÄRE ES OHNEHIN GEFÄHRLICH, BEI DEM WETTER SO WEIT ZU FLIEGEN.
VERSTANDEN.
HIER DIE ANTWORT...
DAS KANN MAN WOHL SAGEN.
ABER DAHER KONNTE ER SEINE ENTDECKUNG MACHEN.

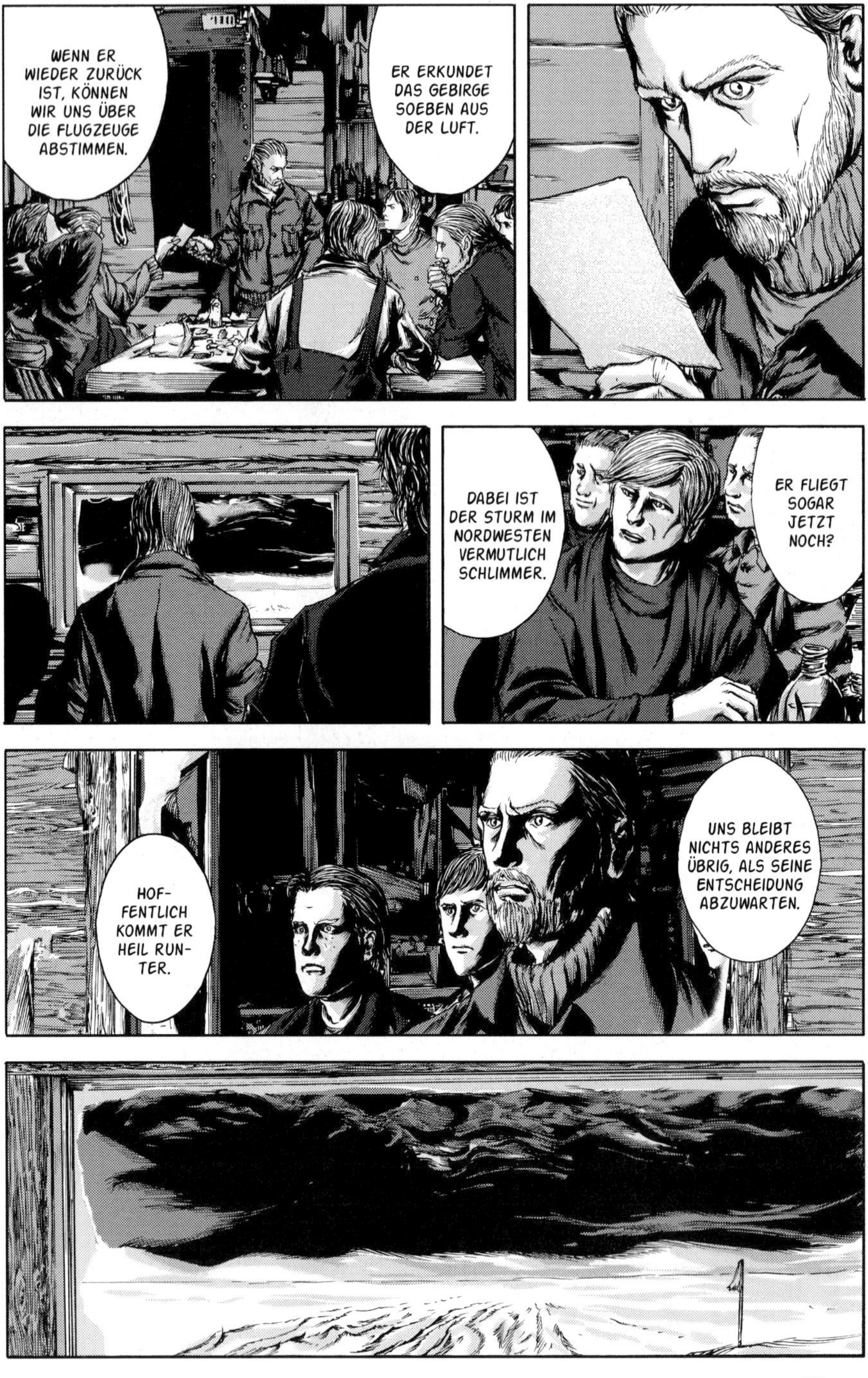

WENN ER WIEDER ZURÜCK IST, KÖNNEN WIR UNS ÜBER DIE FLUGZEUGE ABSTIMMEN.
ER ERKUNDET DAS GEBIRGE SOEBEN AUS DER LUFT.
DABEI IST DER STURM IM NORDWESTEN VERMUTLICH SCHLIMMER.
ER FLIEGT SOGAR JETZT NOCH?
HOF-FENTLICH KOMMT ER HEIL RUN-TER.
UNS BLEIBT NICHTS ANDERES ÜBRIG, ALS SEINE ENTSCHEIDUNG ABZUWARTEN.

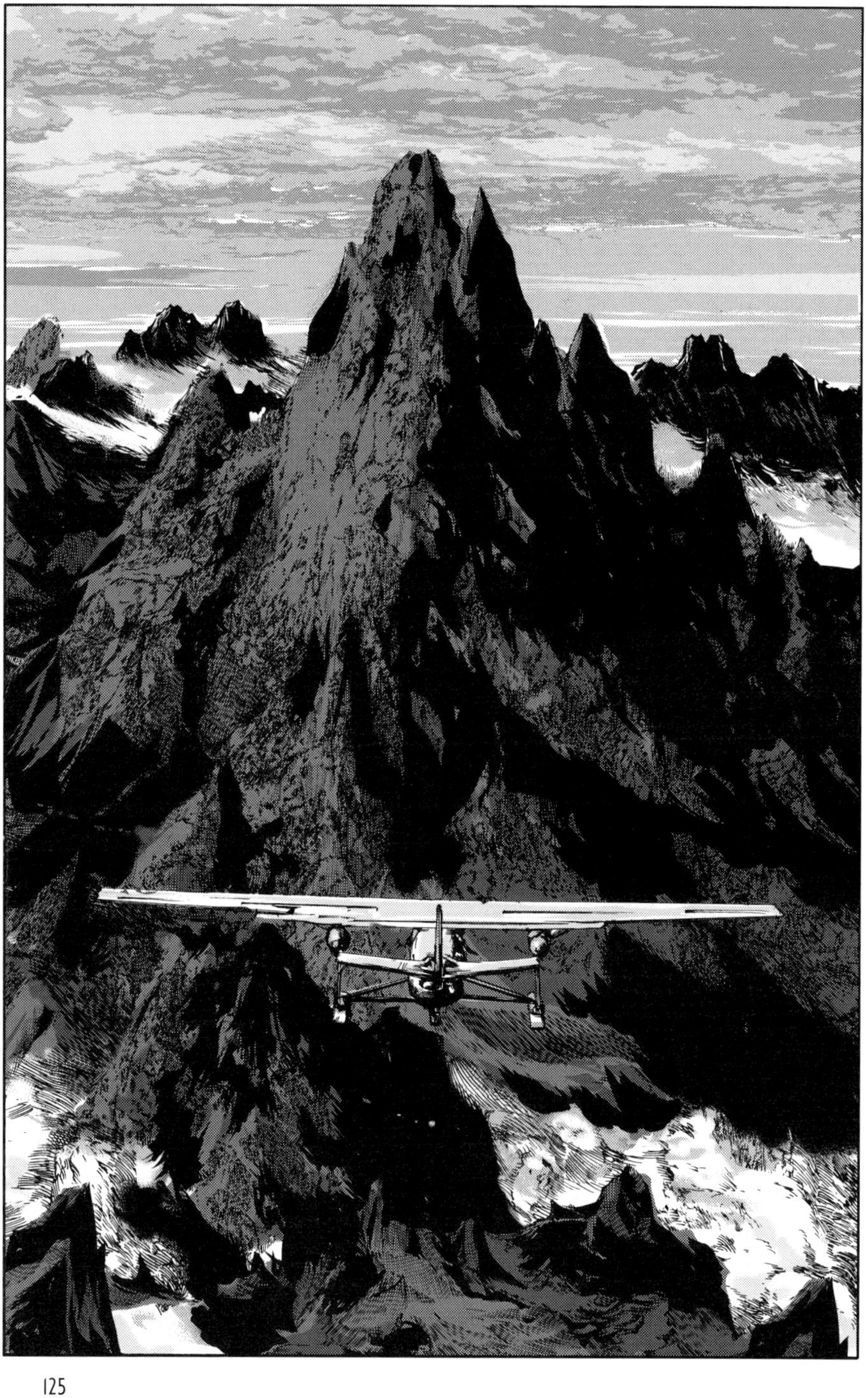

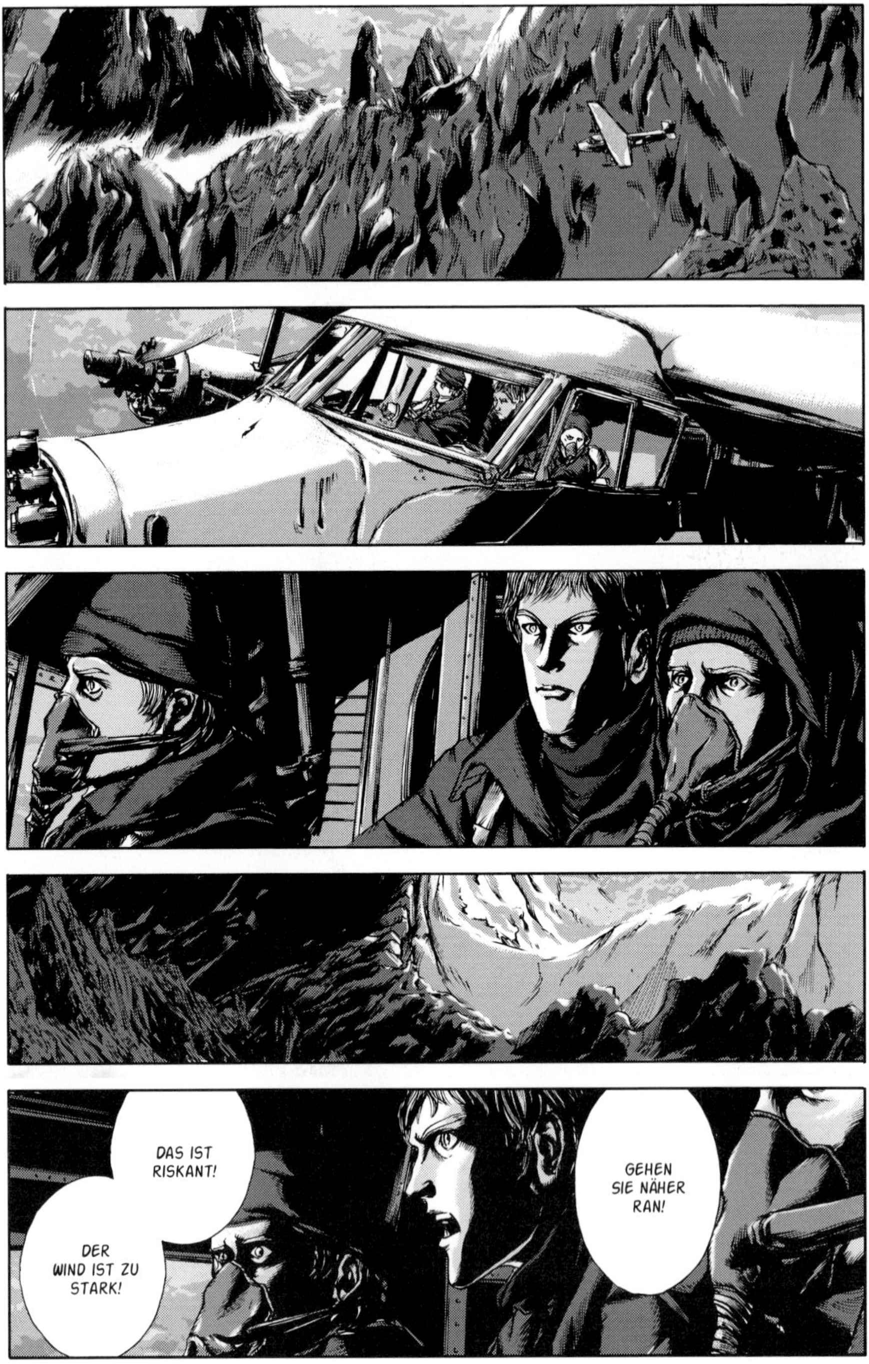
GEHEN SIE NÄHER RAN!
DAS IST RISKANT!
DER WIND IST ZU STARK!

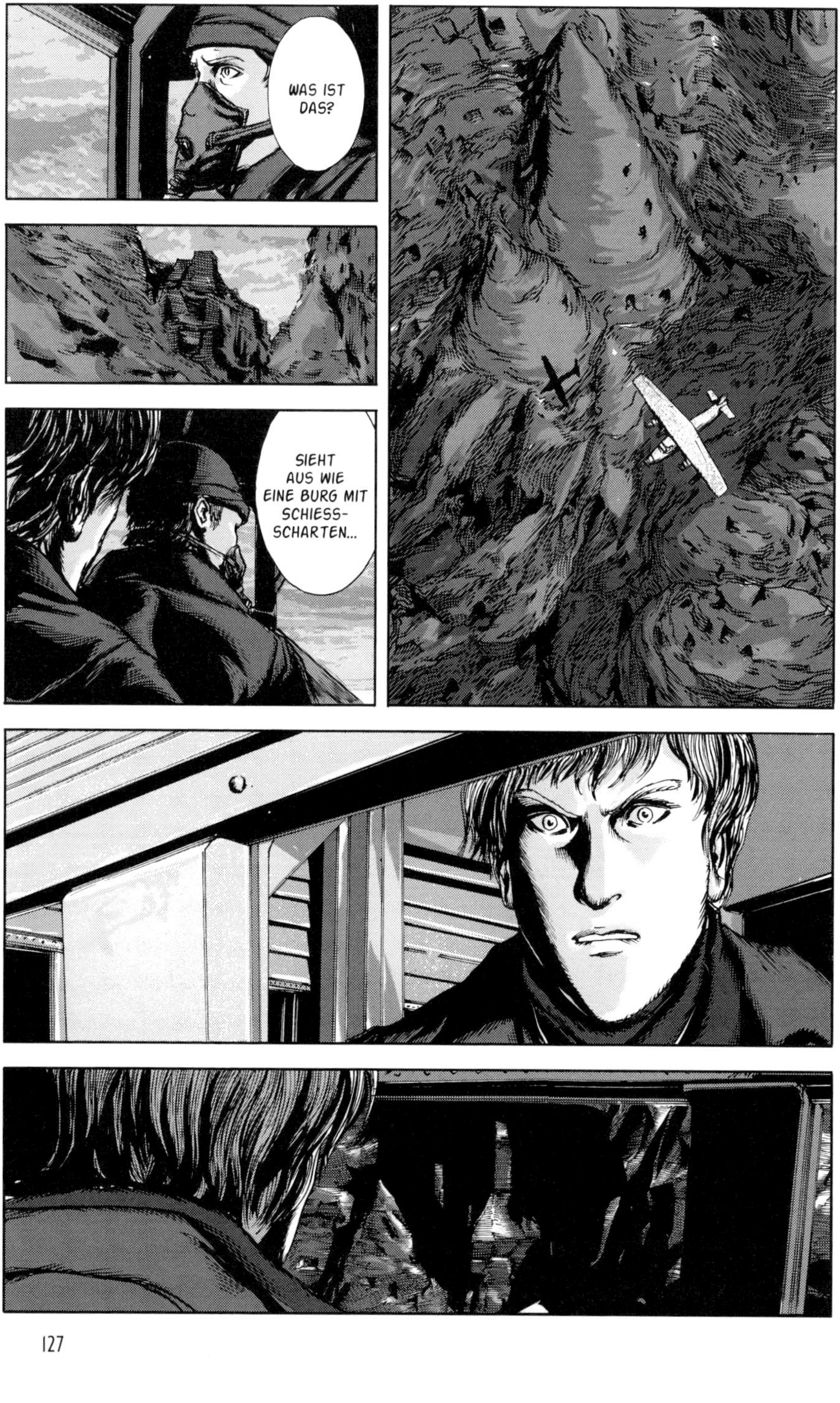
WAS IST DAS?
SIEHT AUS WIE EINE BURG MIT SCHIESS-SCHARTEN...

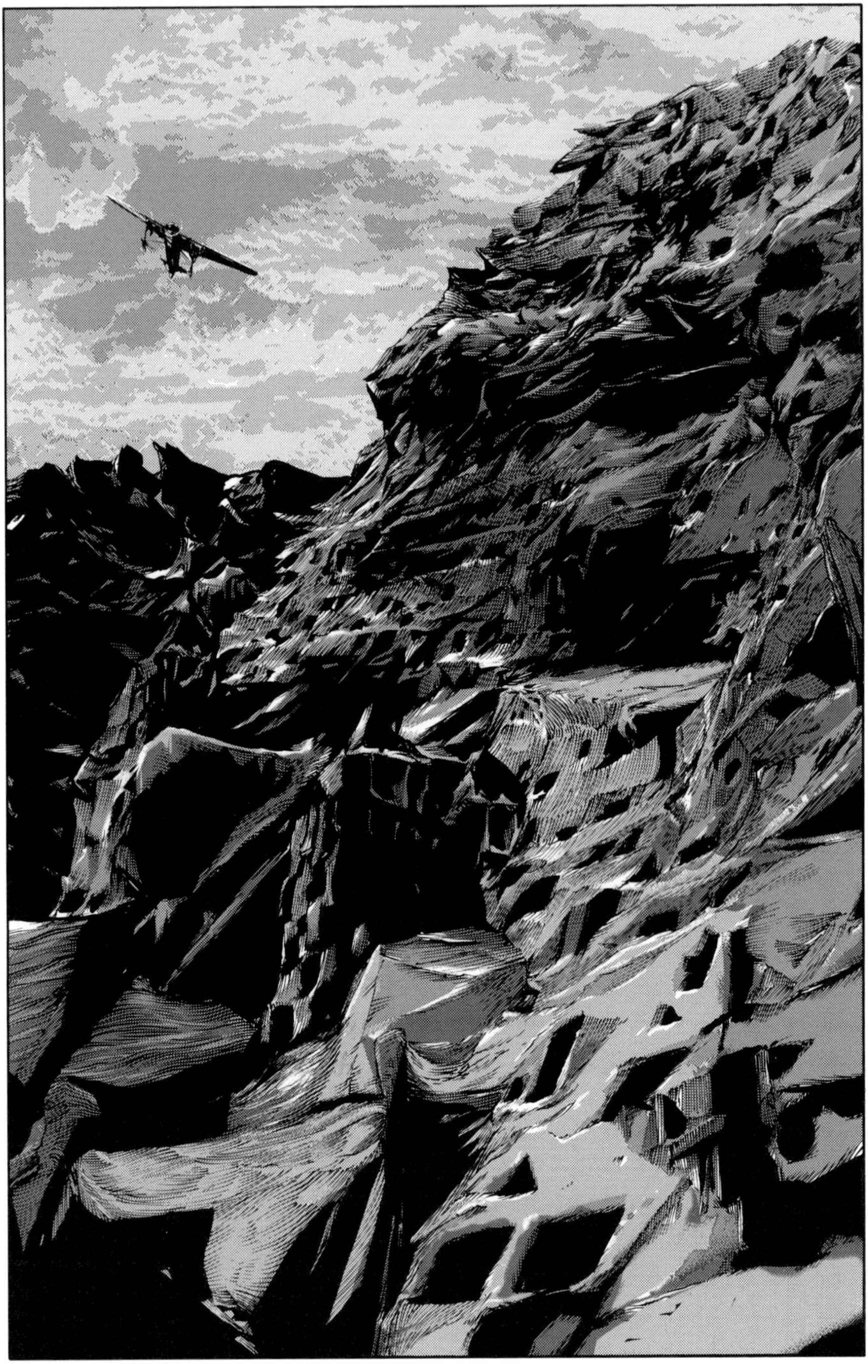

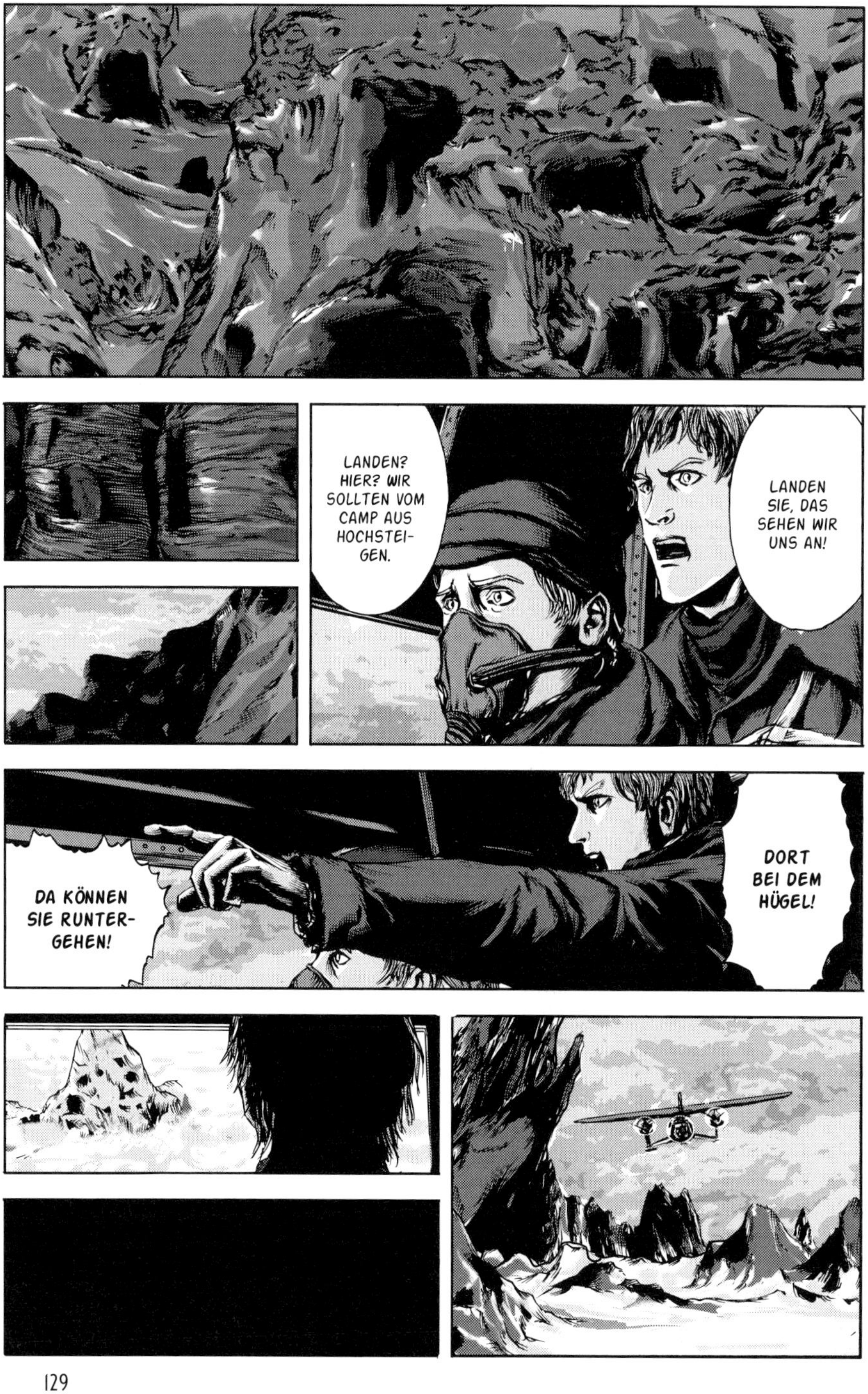
LANDEN? HIER? WIR SOLLTEN VOM CAMP AUS HOCHSTEI-GEN.
LANDEN SIE, DAS SEHEN WIR UNS AN!
DORT BEI DEM HÜGEL!
DA KÖNNEN SIE RUNTER-GEHEN!

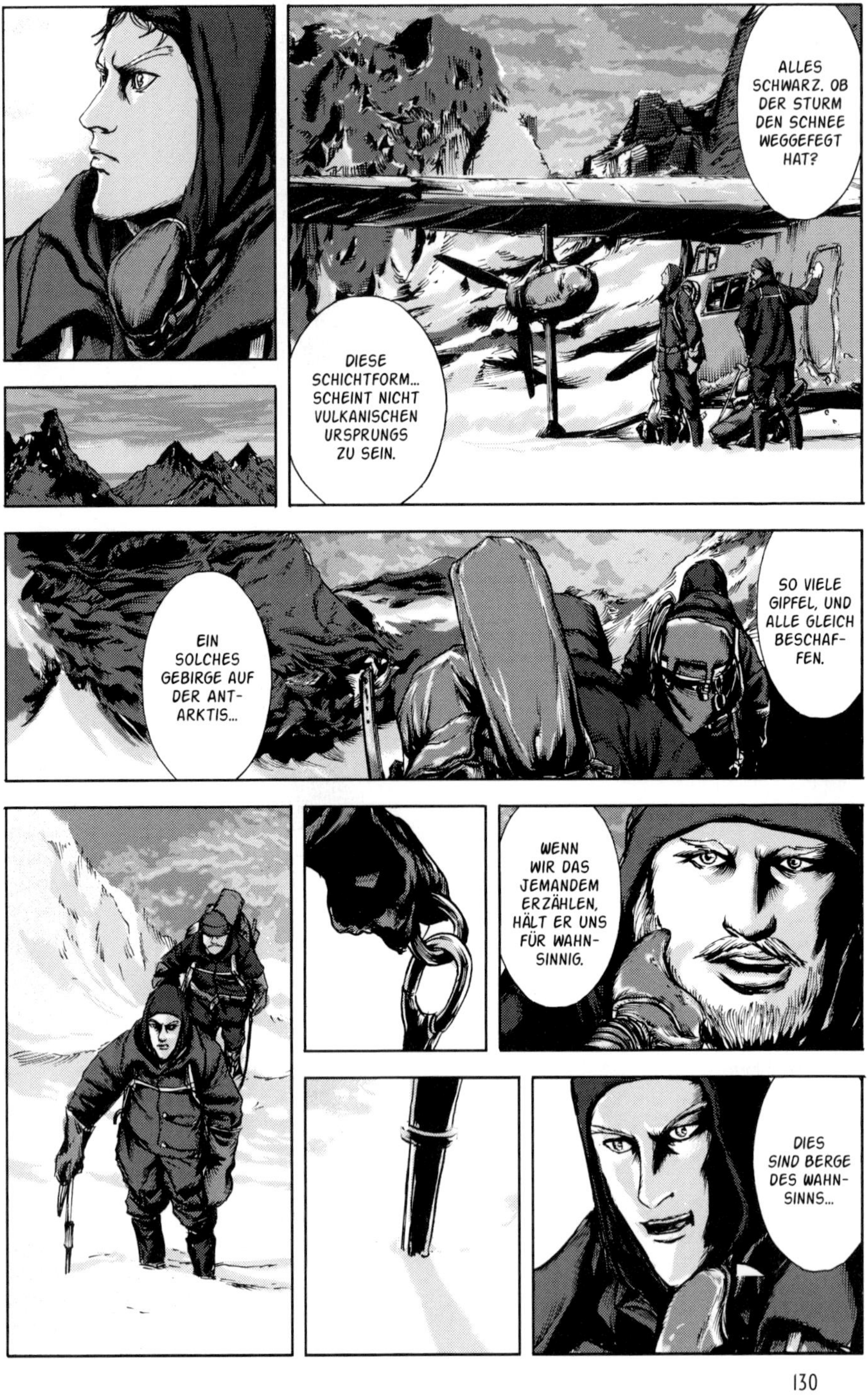
ALLES SCHWARZ. OB DER STURM DEN SCHNEE WEGGEFEGT HAT?
DIESE SCHICHTFORM... SCHEINT NICHT VULKANISCHEN URSPRUNGS ZU SEIN.
SO VIELE GIPFEL, UND ALLE GLEICH BESCHAF-FEN.
EIN SOLCHES GEBIRGE AUF DER ANT-ARKTIS...
WENN WIR DAS JEMANDEM ERZÄHLEN, HÄLT ER UNS FÜR WAHN-SINNIG.
DIES SIND BERGE DES WAHN-SINNS...

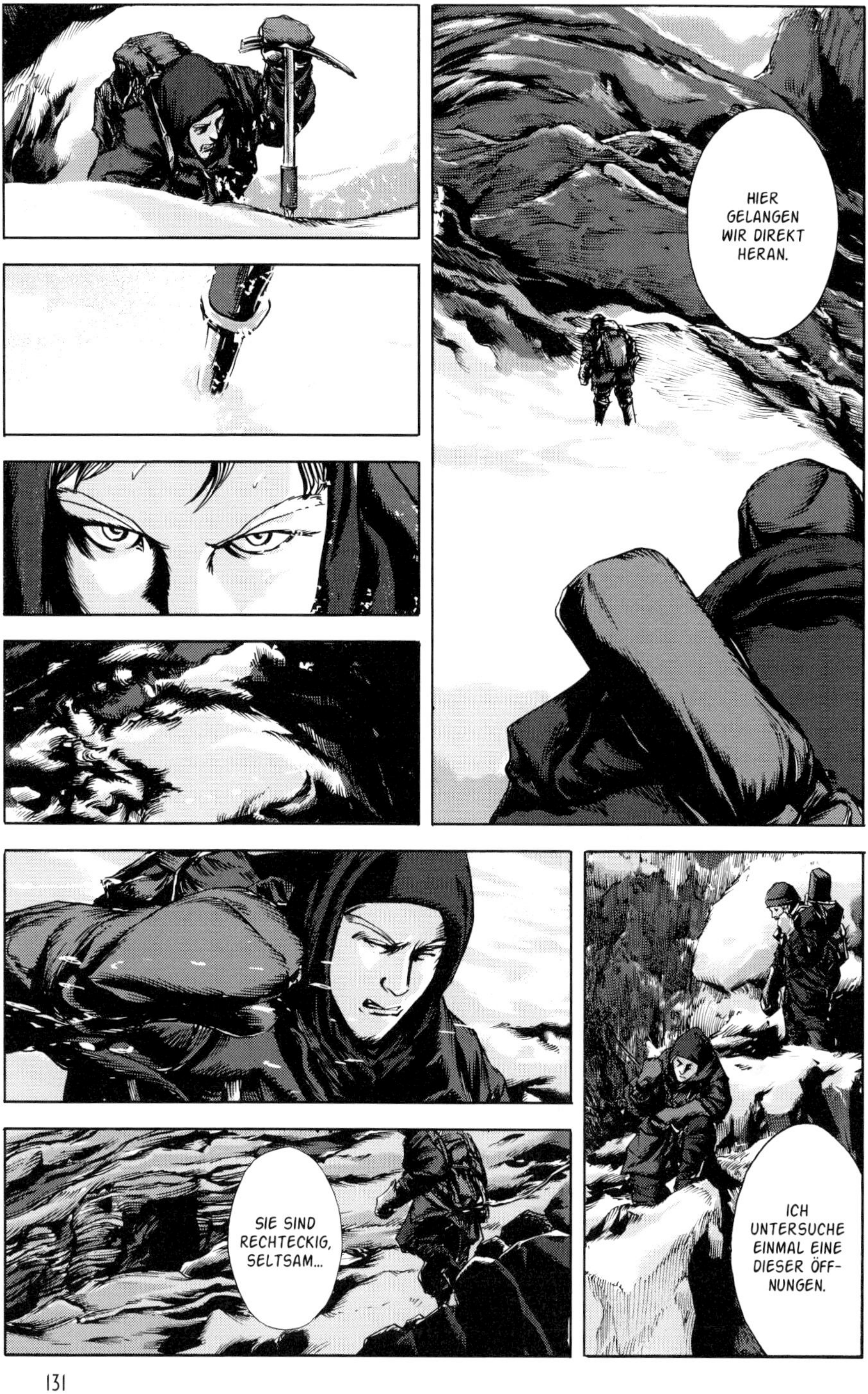
HIER GELANGEN WIR DIREKT HERAN.
SIE SIND RECHTECKIG, SELTSAM...
ICH UNTERSUCHE EINMAL EINE DIESER ÖFF-NUNGEN.

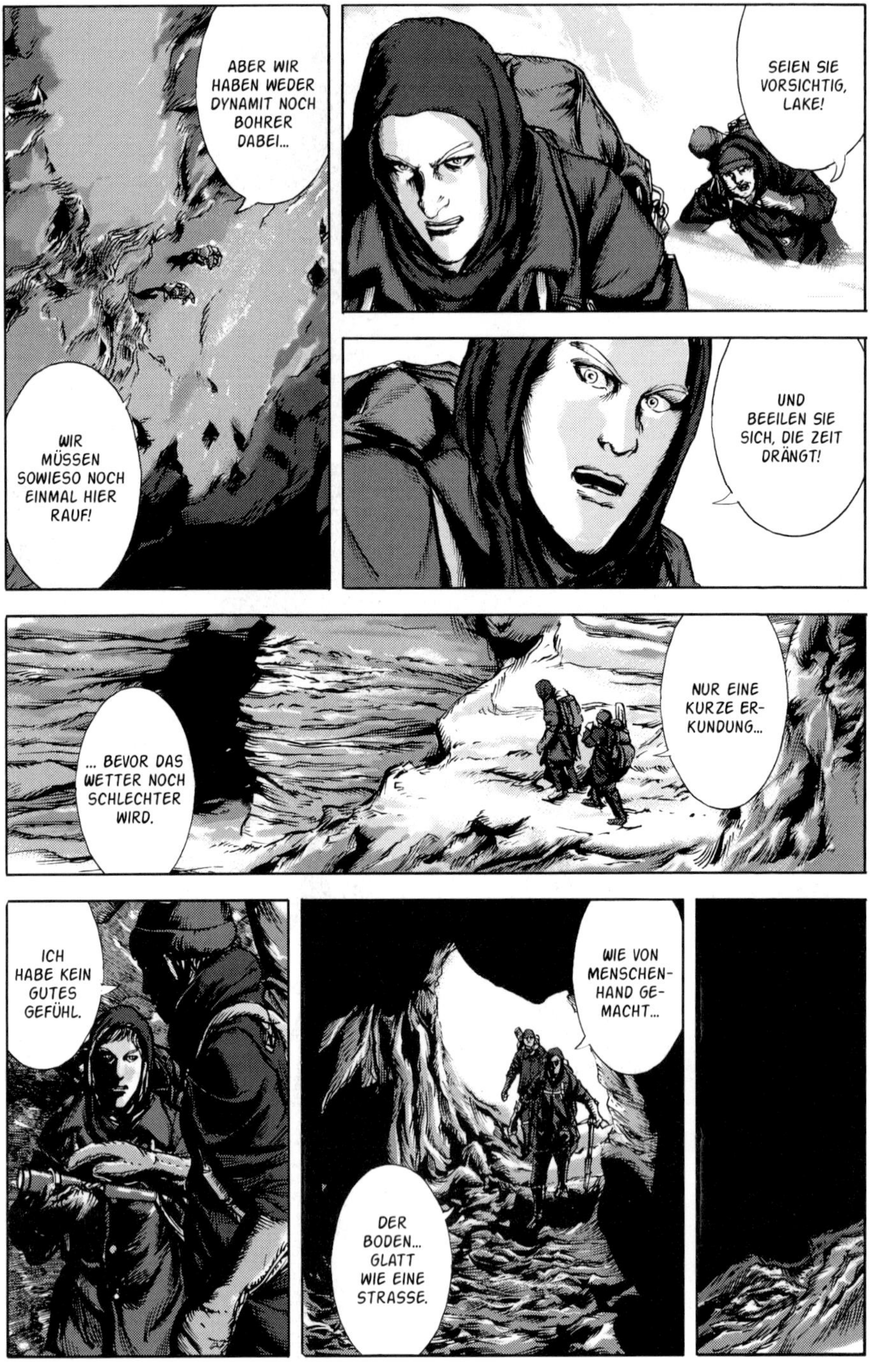
SEIEN SIE VORSICHTIG, LAKE!
ABER WIR HABEN WEDER DYNAMIT NOCH BOHRER DABEI...
UND BEEILEN SIE SICH, DIE ZEIT DRÄNGT!
WIR MÜSSEN SOWIESO NOCH EINMAL HIER RAUF!
NUR EINE KURZE ERKUNDUNG...
... BEVOR DAS WETTER NOCH SCHLECHTER WIRD.
ICH HABE KEIN GUTES GEFÜHL.
WIE VON MENSCHENHAND GEMACHT...
DER BODEN... GLATT WIE EINE STRASSE.

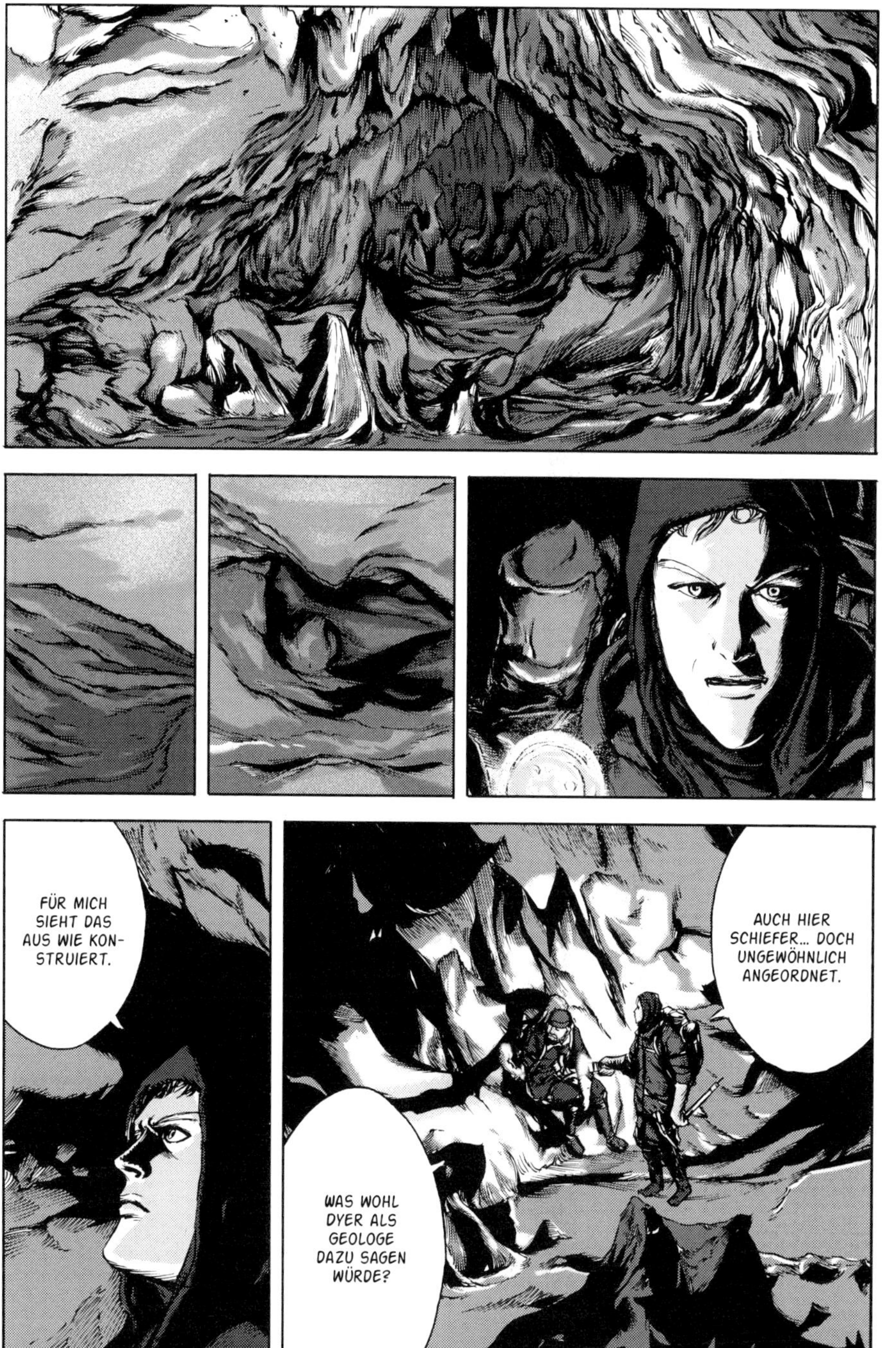
FÜR MICH SIEHT DAS AUS WIE KON-STRUIERT.
AUCH HIER SCHIEFER... DOCH UNGEWÖHNLICH ANGEORDNET.
WAS WOHL DYER ALS GEOLOGE DAZU SAGEN WÜRDE?

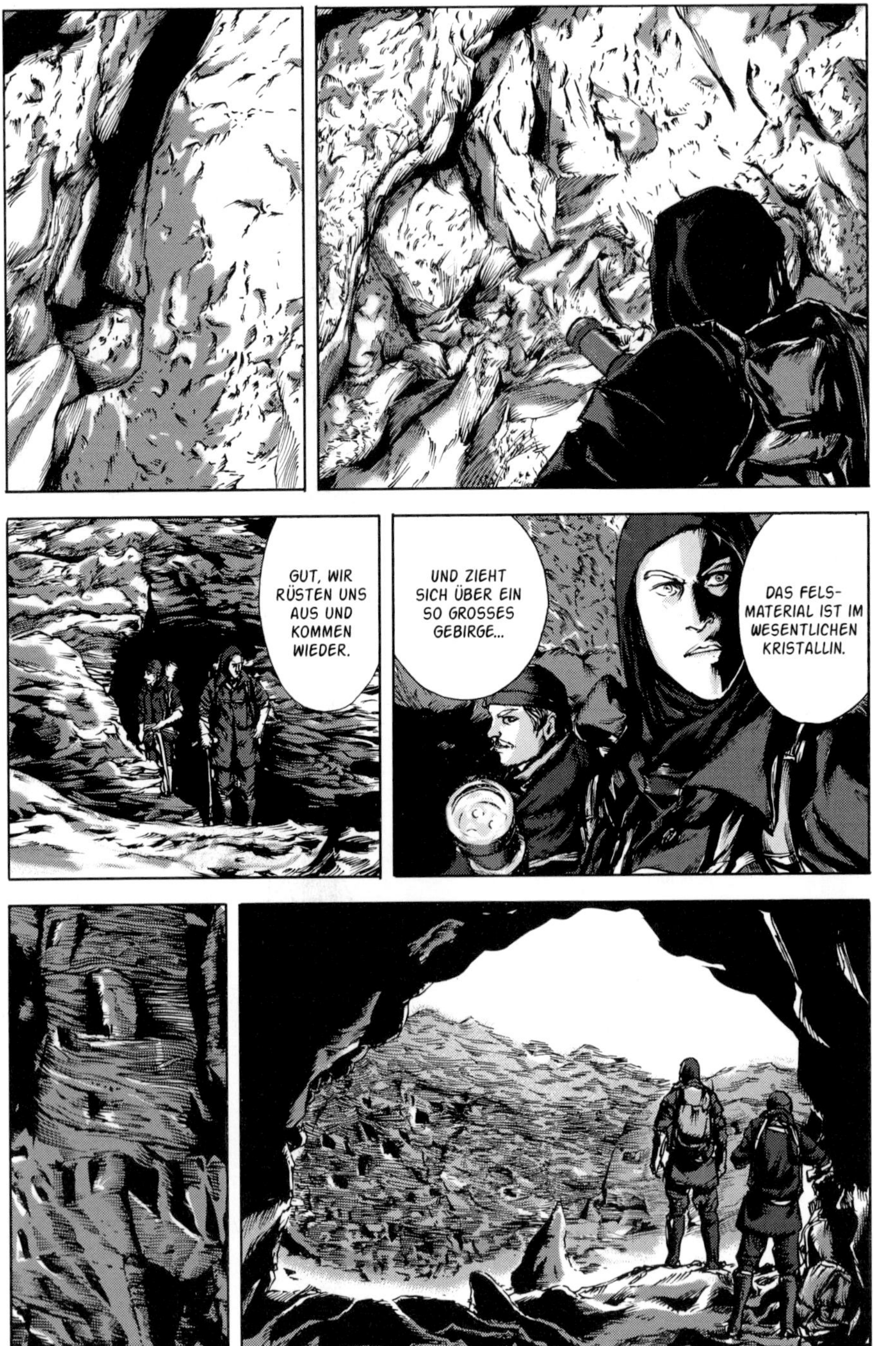
DAS FELS-MATERIAL IST IM WESENTLICHEN KRISTALLIN.
UND ZIEHT SICH ÜBER EIN SO GROSSES GEBIRGE...
GUT, WIR RÜSTEN UNS AUS UND KOMMEN WIEDER.

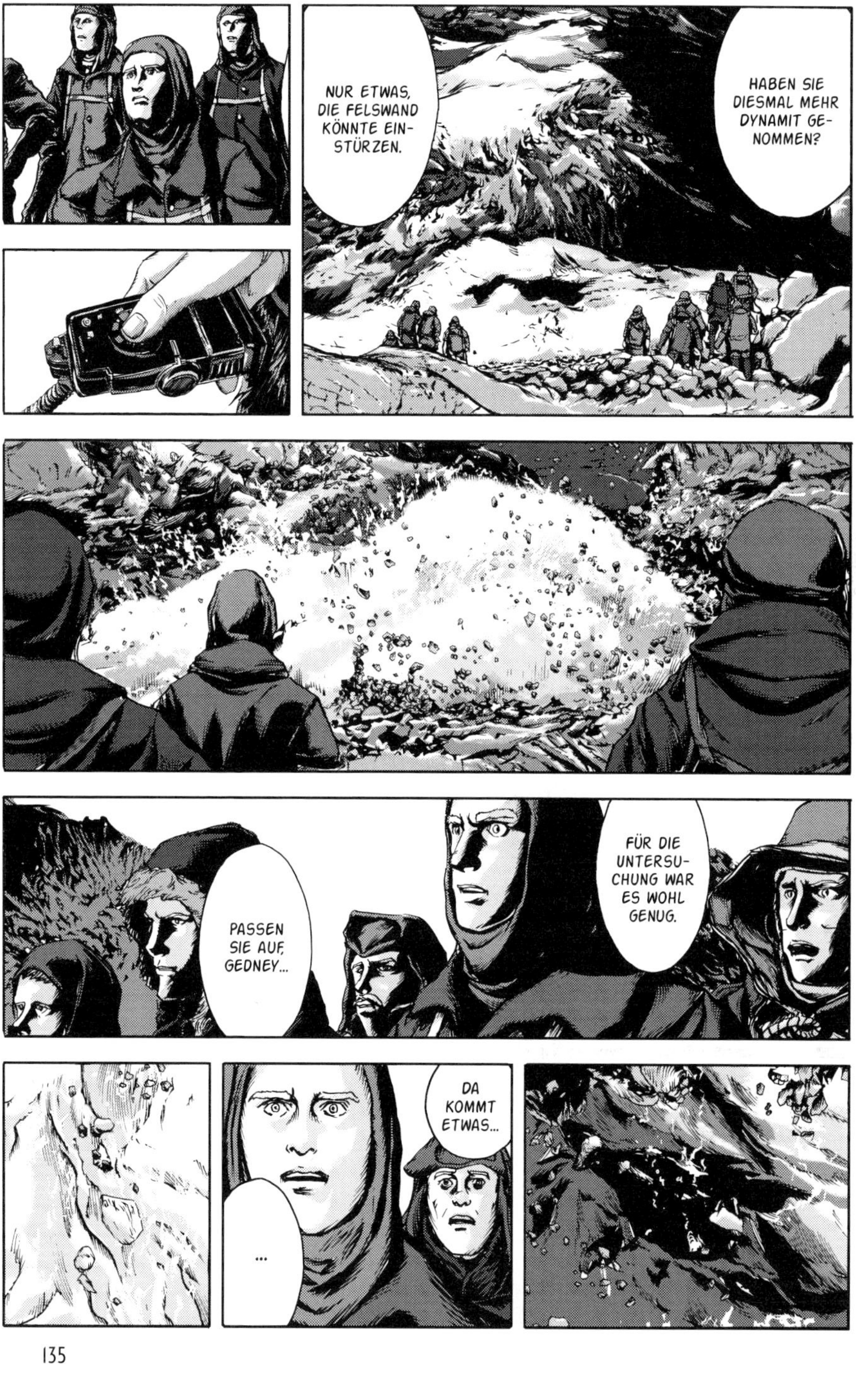
HABEN SIE DIESMAL MEHR DYNAMIT GE-NOMMEN?
NUR ETWAS, DIE FELSWAND KÖNNTE EIN-STÜRZEN.
FÜR DIE UNTERSU-CHUNG WAR ES WOHL GENUG.
PASSEN SIE AUF, GEDNEY...
DA KOMMT ETWAS...
...

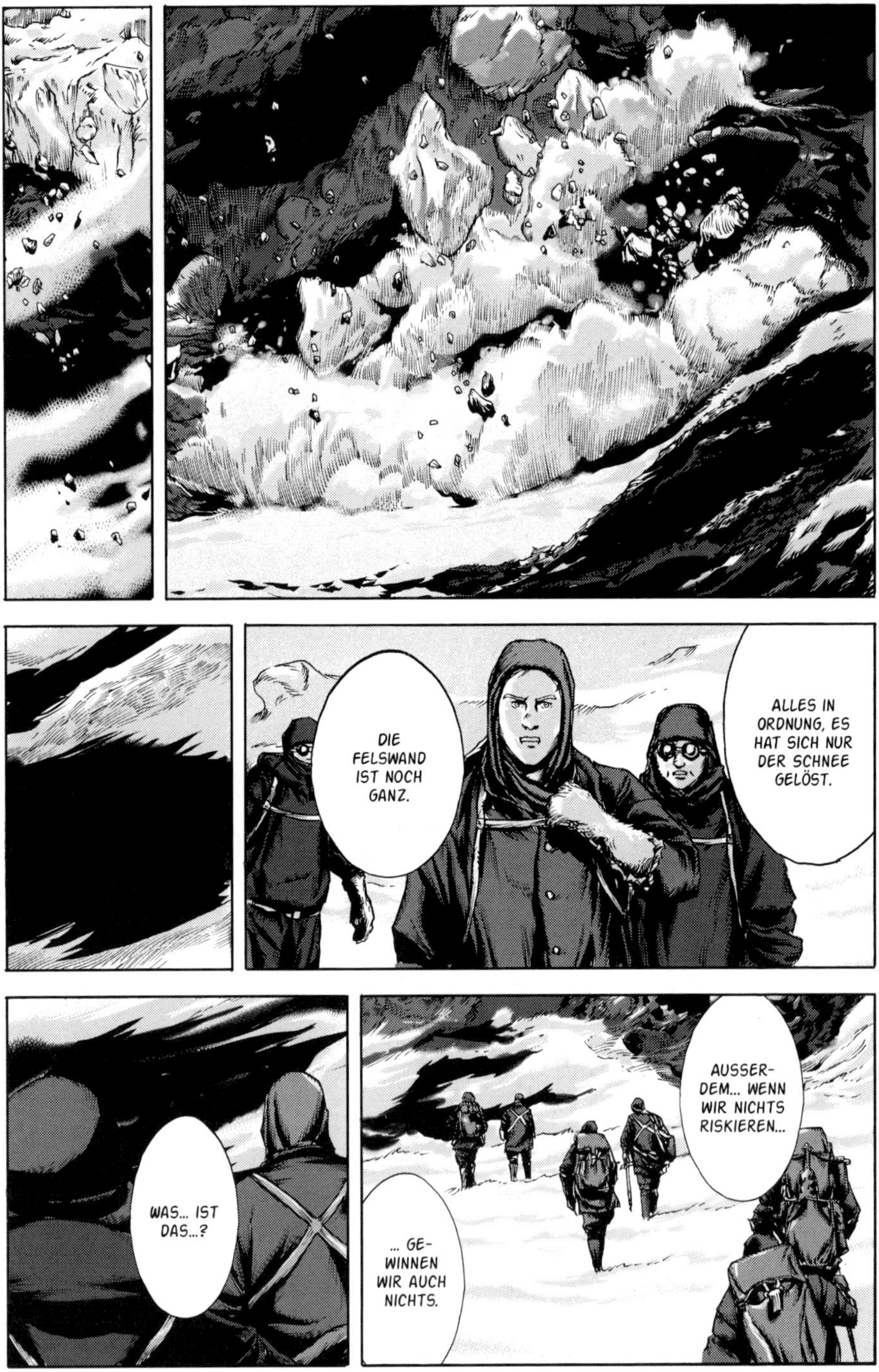
ALLES IN ORDNUNG, ES HAT SICH NUR DER SCHNEE GELÖST.
DIE FELSWAND IST NOCH GANZ.
AUSSER-DEM... WENN WIR NICHTS RISKIEREN...
... GE-WINNEN WIR AUCH NICHTS.
WAS... IST DAS...?

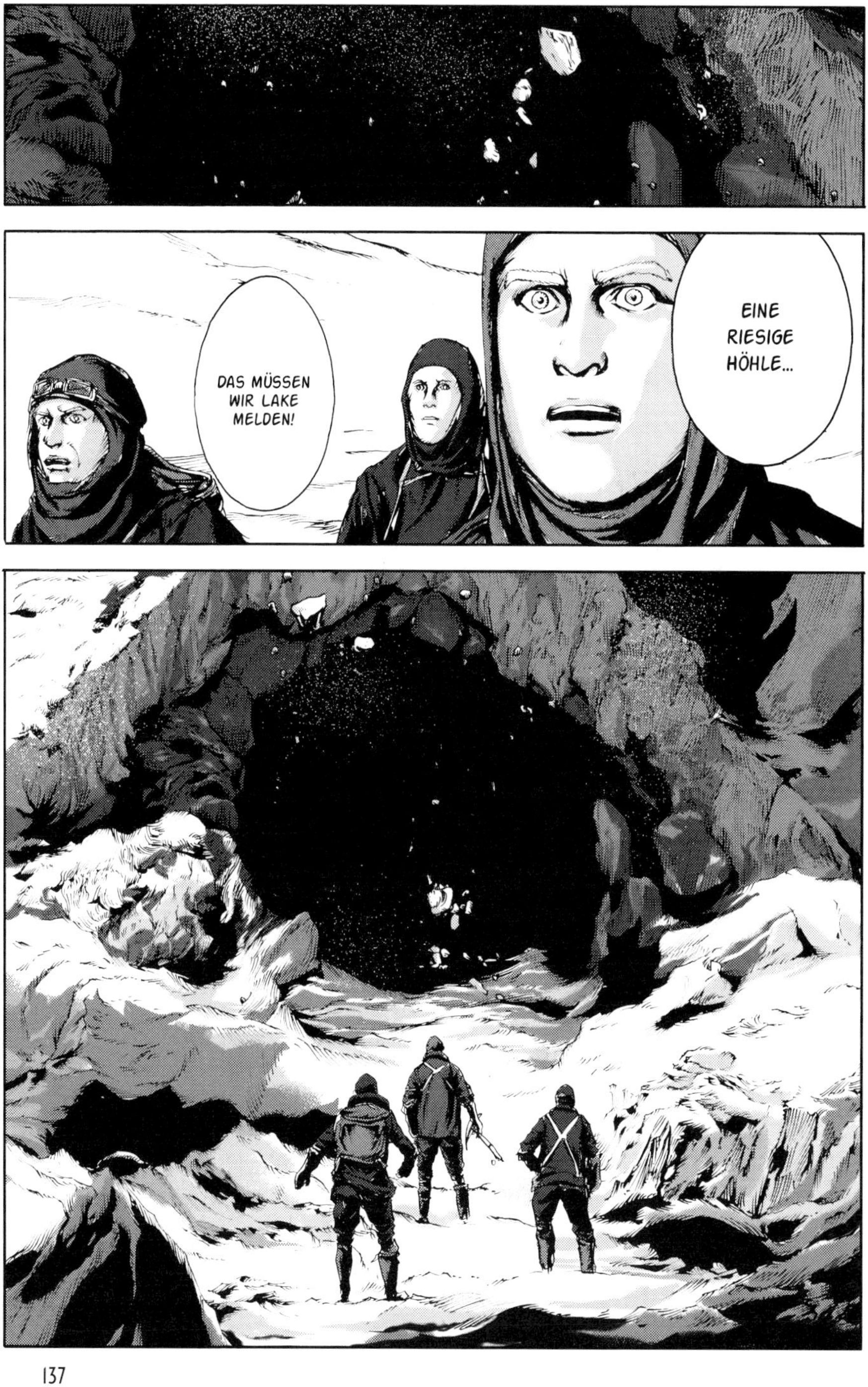
EINE RIESIGE HÖHLE...
DAS MÜSSEN WIR LAKE MELDEN!

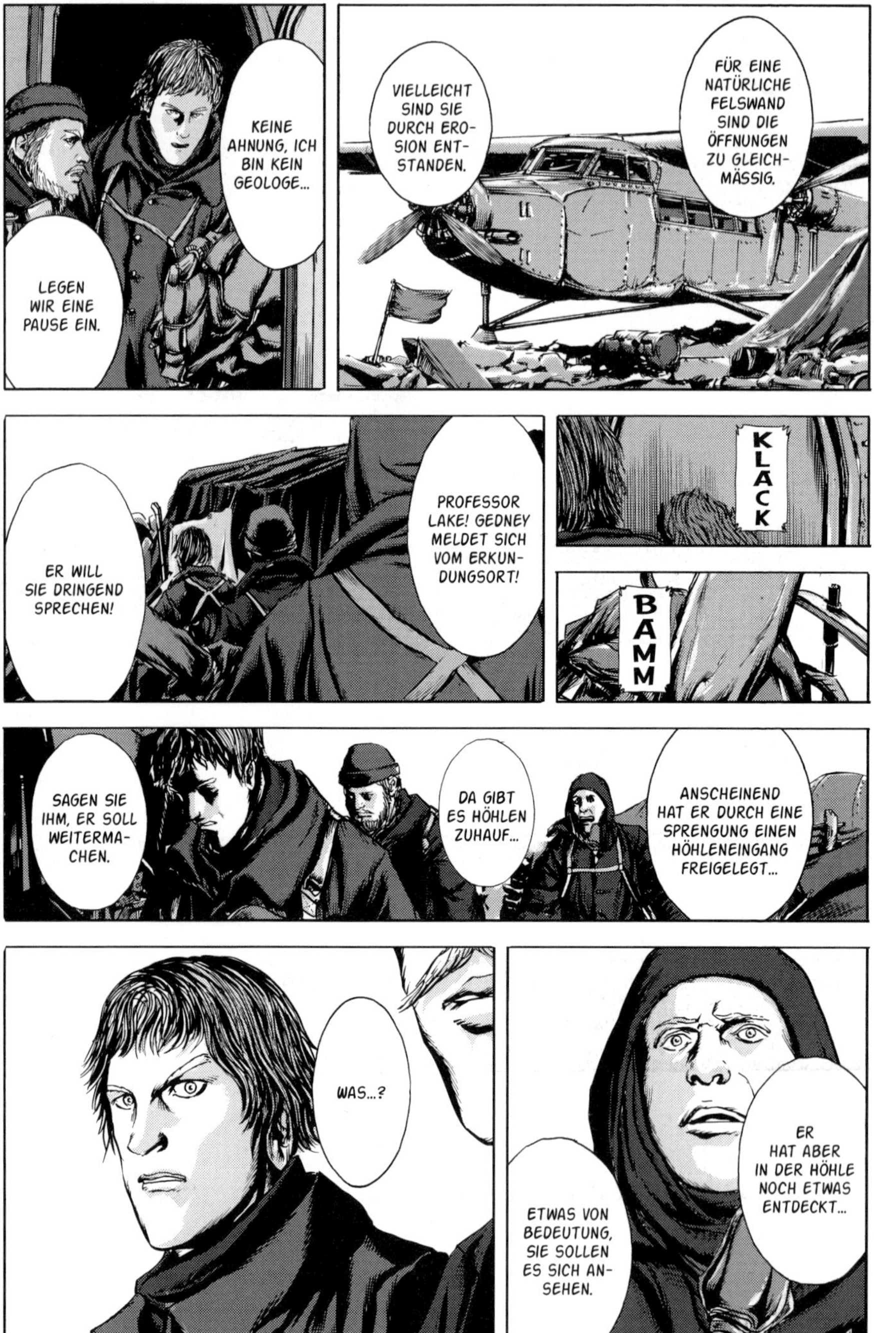
KEINE AHNUNG, ICH BIN KEIN GEOLOGE...
LEGEN WIR EINE PAUSE EIN.
VIELLEICHT SIND SIE DURCH ERO- SION ENT- STANDEN.
FÜR EINE NATÜRLICHE FELSWAND SIND DIE ÖFFNUNGEN ZU GLEICH- MÄSSIG.
PROFESSOR LAKE! GEDNEY MELDET SICH VOM ERKUN- DUNGSORT!
ER WILL SIE DRINGEND SPRECHEN!
KLACK
BAMM
SAGEN SIE IHM, ER SOLL WEITERMA- CHEN.
DA GIBT ES HÖHLEN ZUHAUF...
ANSCHEINEND HAT ER DURCH EINE SPRENGUNG EINEN HÖHLENEINGANG FREIGELEGT...
WAS...?
ER HAT ABER IN DER HÖHLE NOCH ETWAS ENTDECKT...
ETWAS VON BEDEUTUNG, SIE SOLLEN ES SICH AN- SEHEN.

6 UNBEKANNTE DINGE

Elder Things

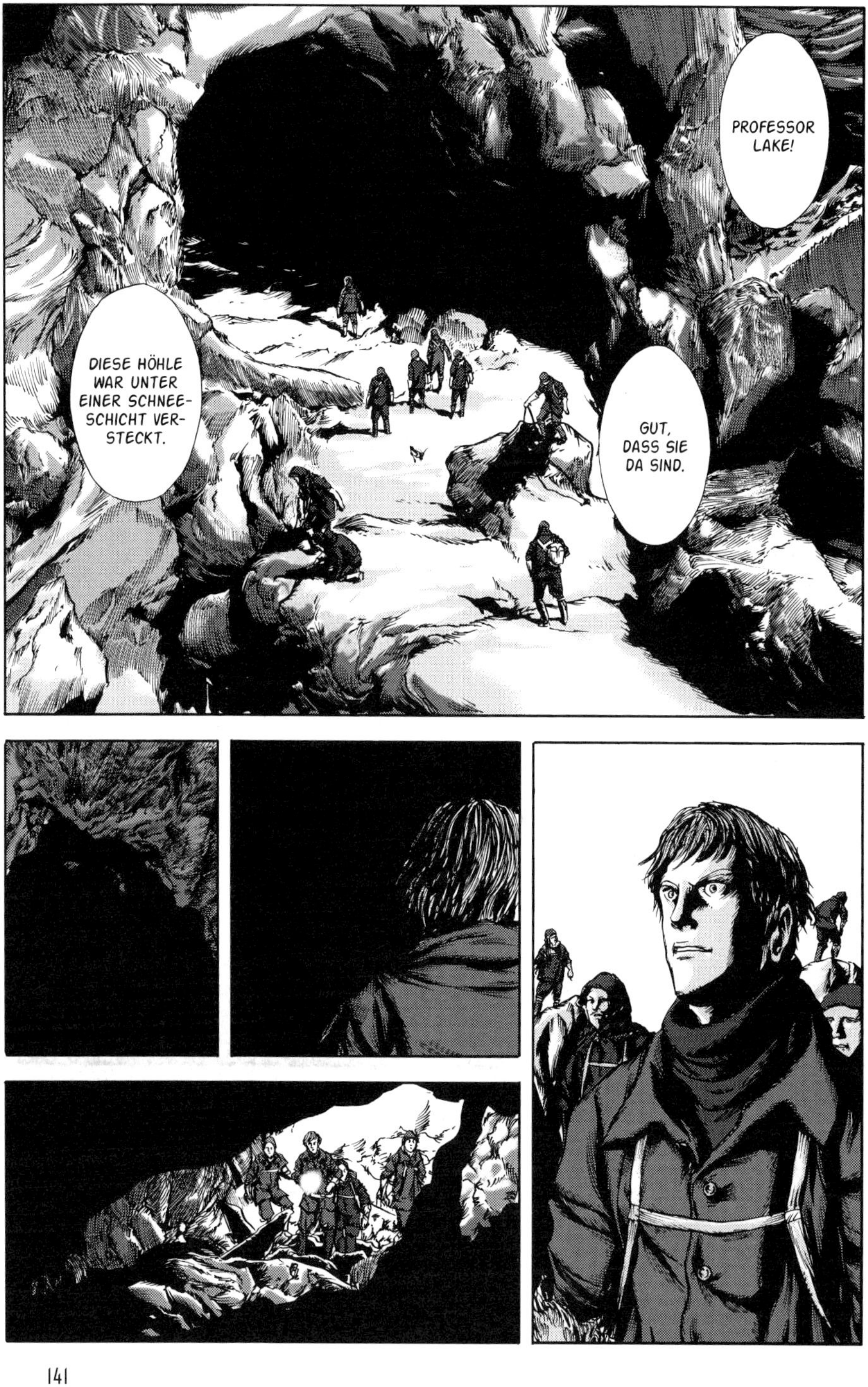
PROFESSOR LAKE!
GUT, DASS SIE DA SIND.
DIESE HÖHLE WAR UNTER EINER SCHNEE-SCHICHT VER-STECKT.

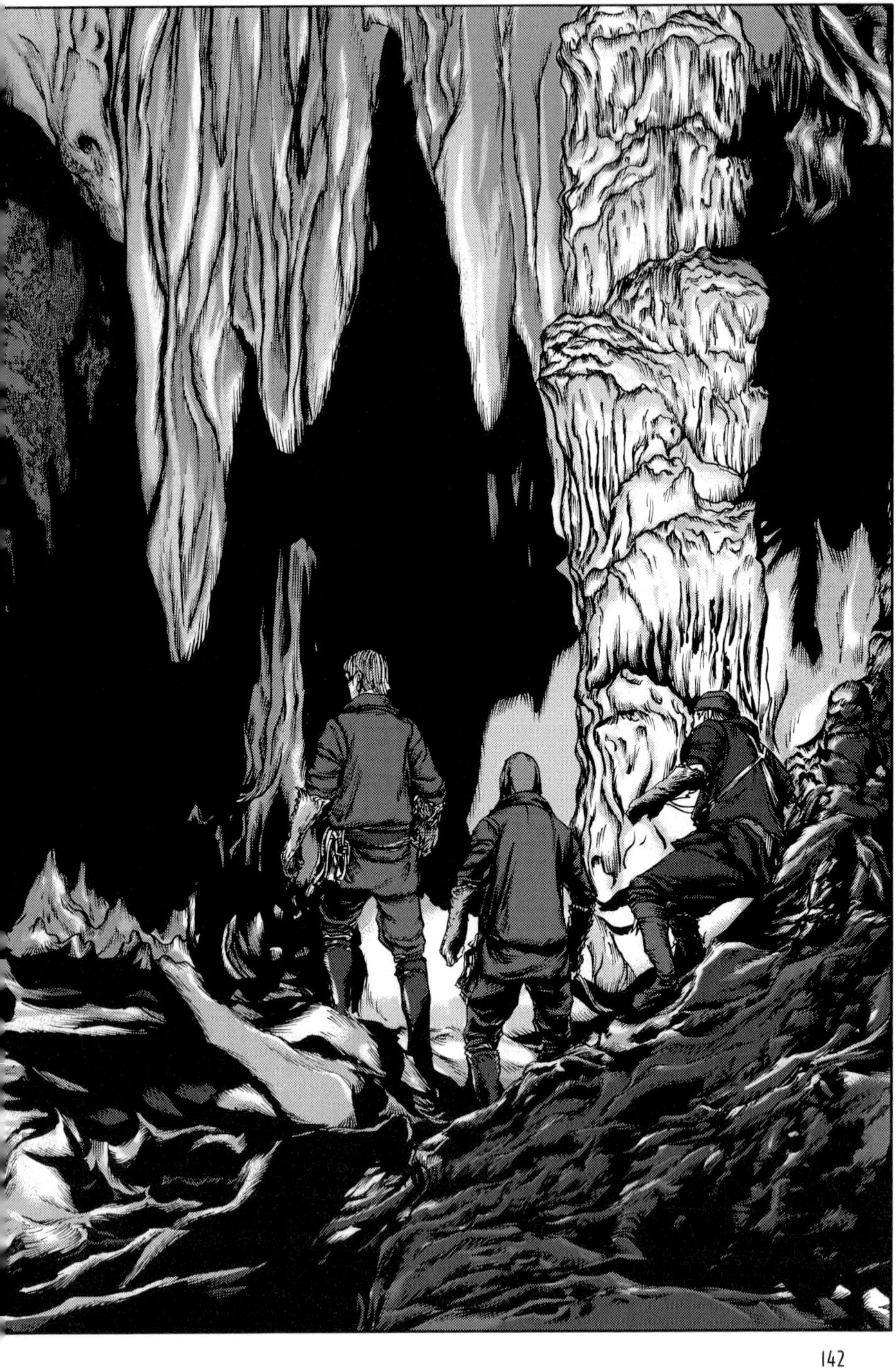

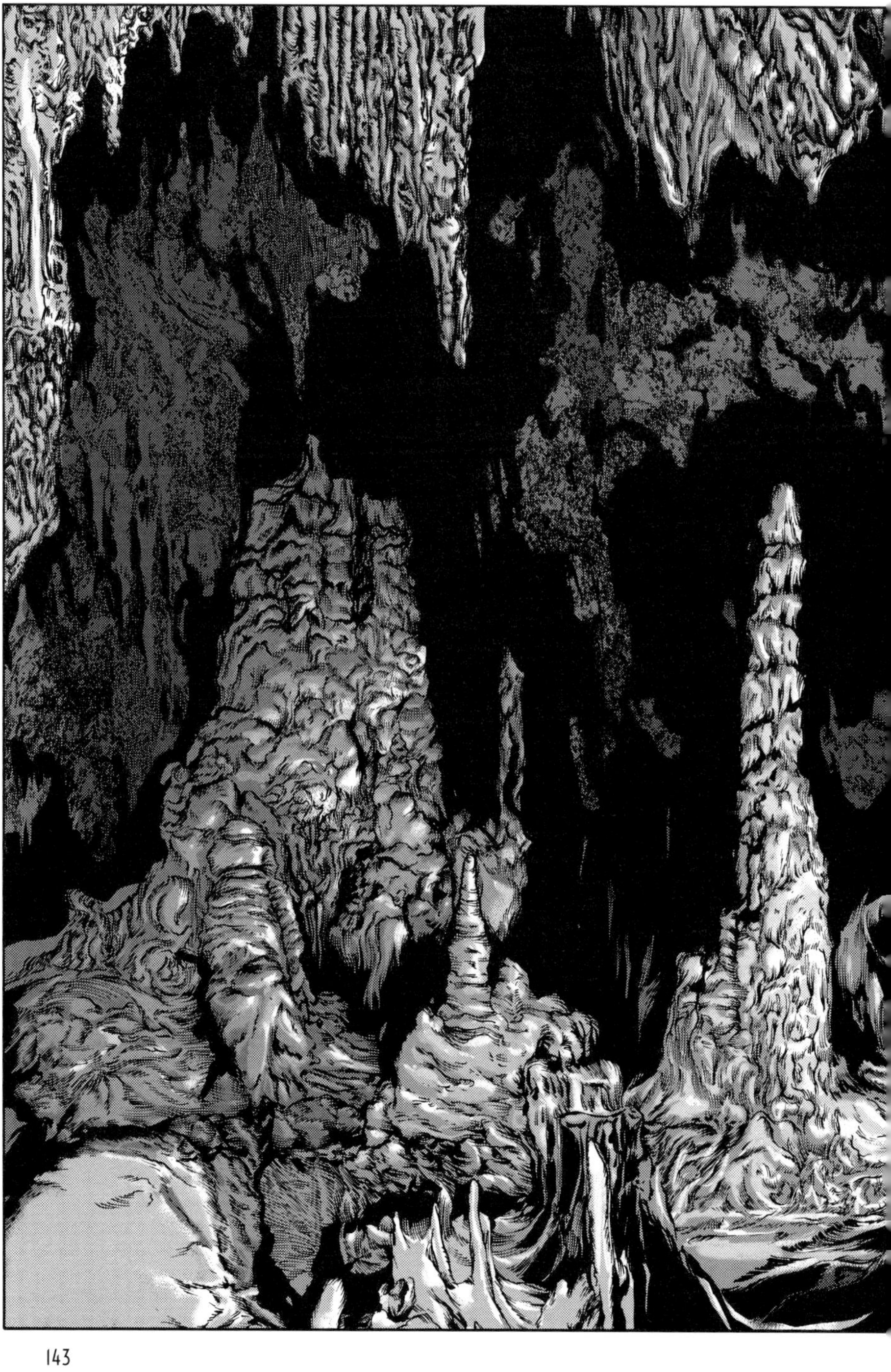

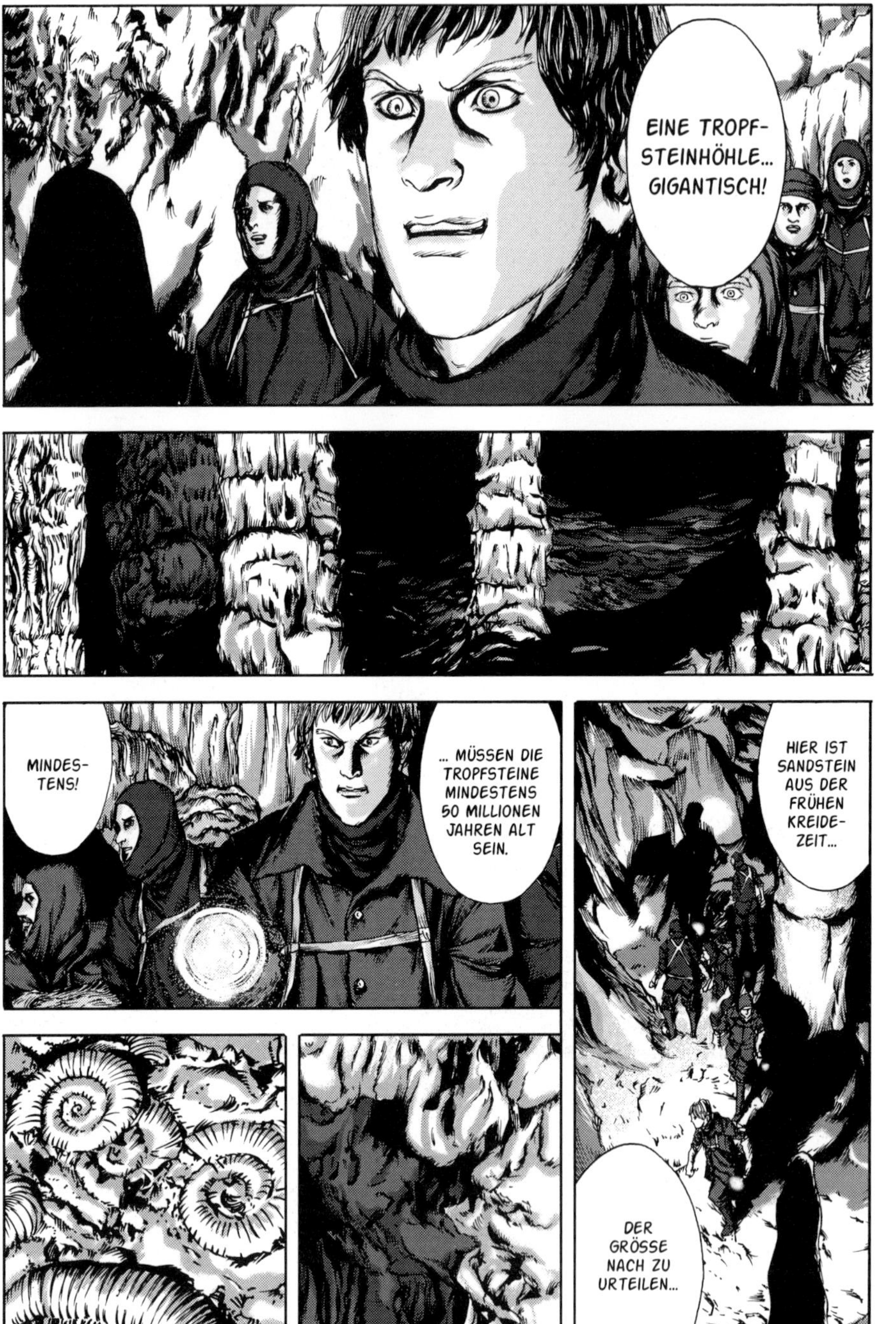
EINE TROPF-
STEINHÖHLE...
GIGANTISCH!
HIER IST SANDSTEIN AUS DER FRÜHEN KREIDE-ZEIT...
DER GRÖSSE NACH ZU URTEILEN...
... MÜSSEN DIE TROPFSTEINE MINDESTENS 50 MILLIONEN JAHREN ALT SEIN.
MINDES-TENS!

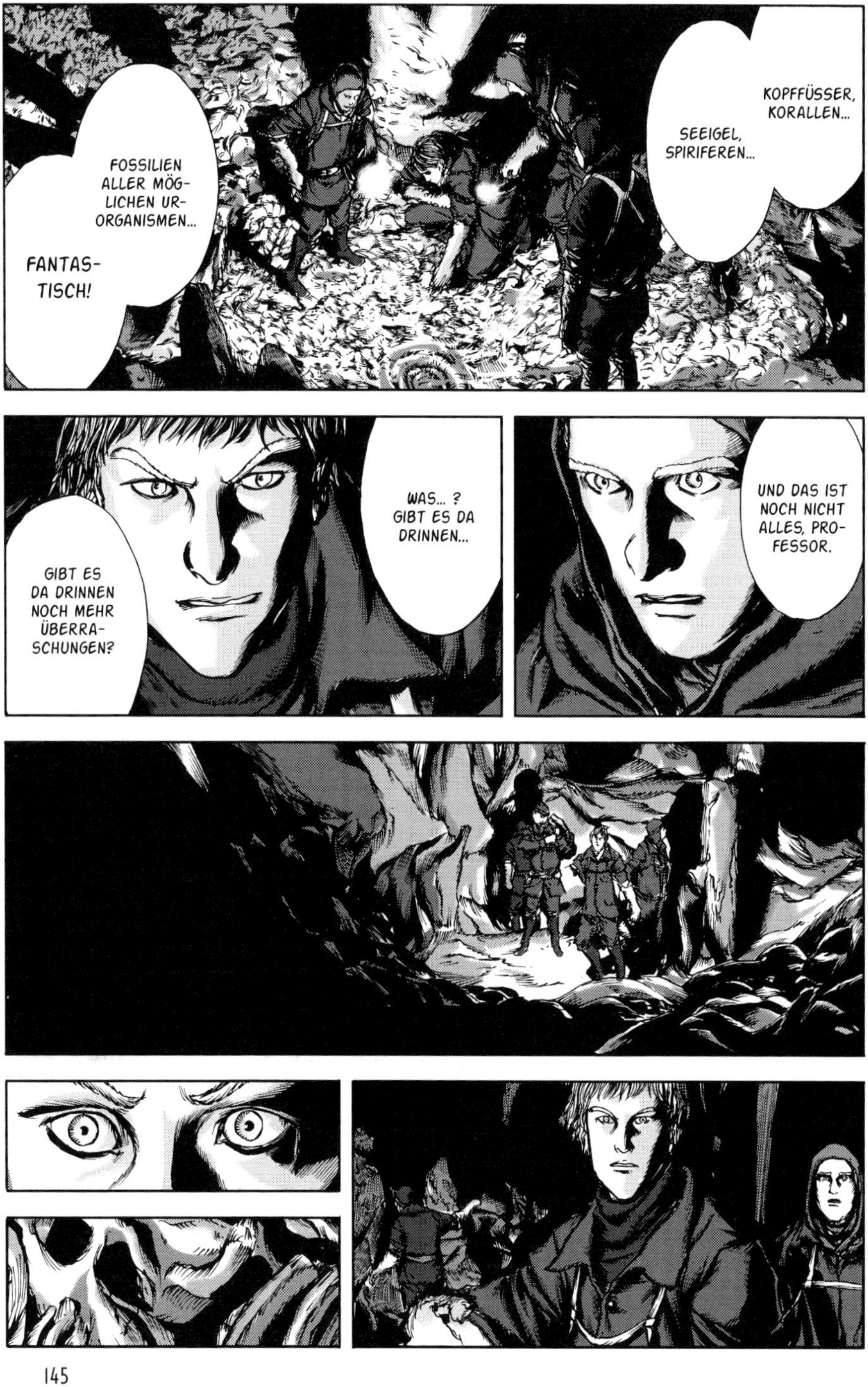
KOPFFÜSSER, KORALLEN...
SEEIGEL, SPIRIFEREN...
FOSSILIEN ALLER MÖGLICHEN URORGANISMEN...
FANTASTISCH!
UND DAS IST NOCH NICHT ALLES, PROFESSOR.
WAS... ? GIBT ES DA DRINNEN...
GIBT ES DA DRINNEN NOCH MEHR ÜBERRASCHUNGEN?

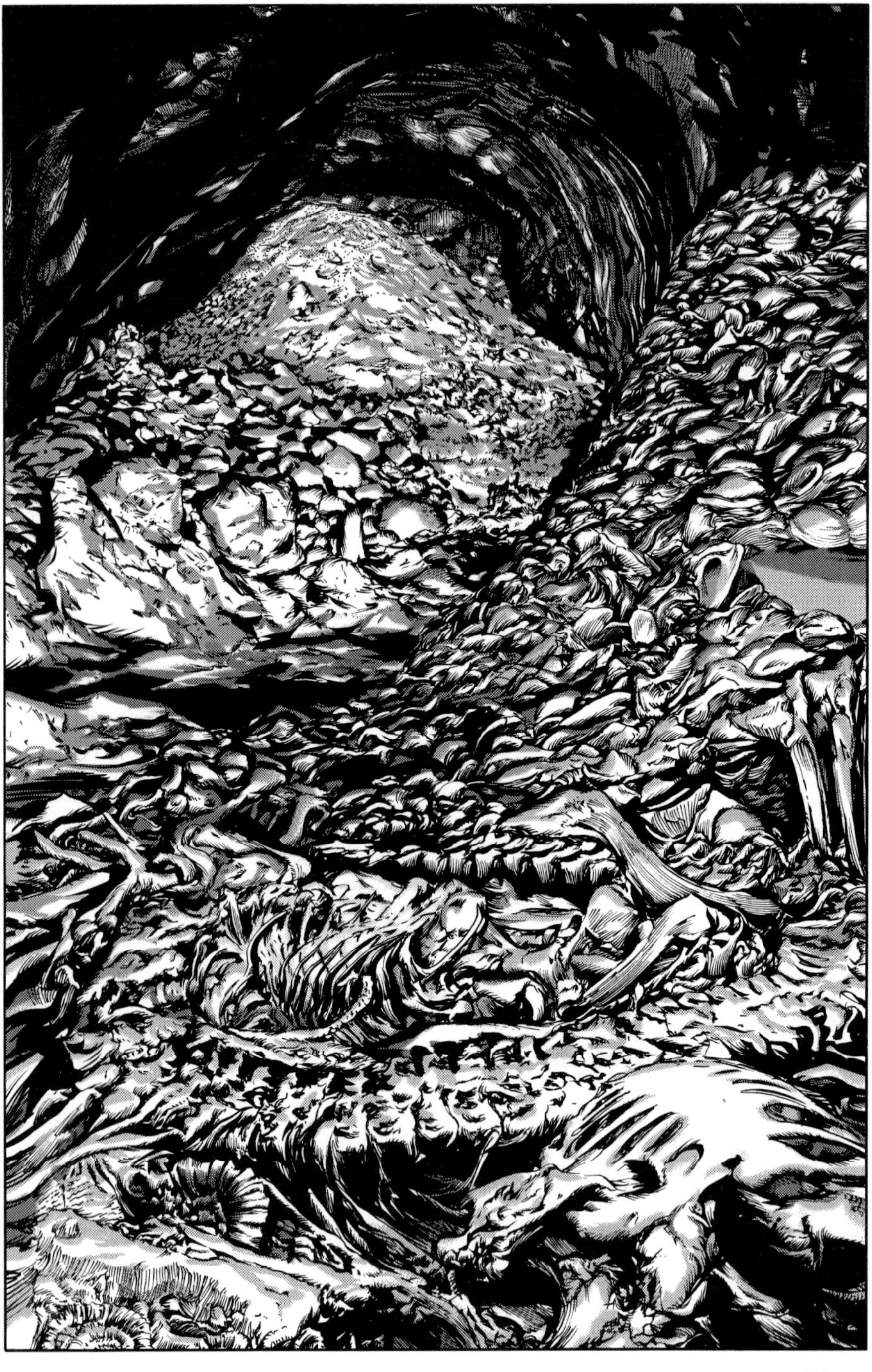

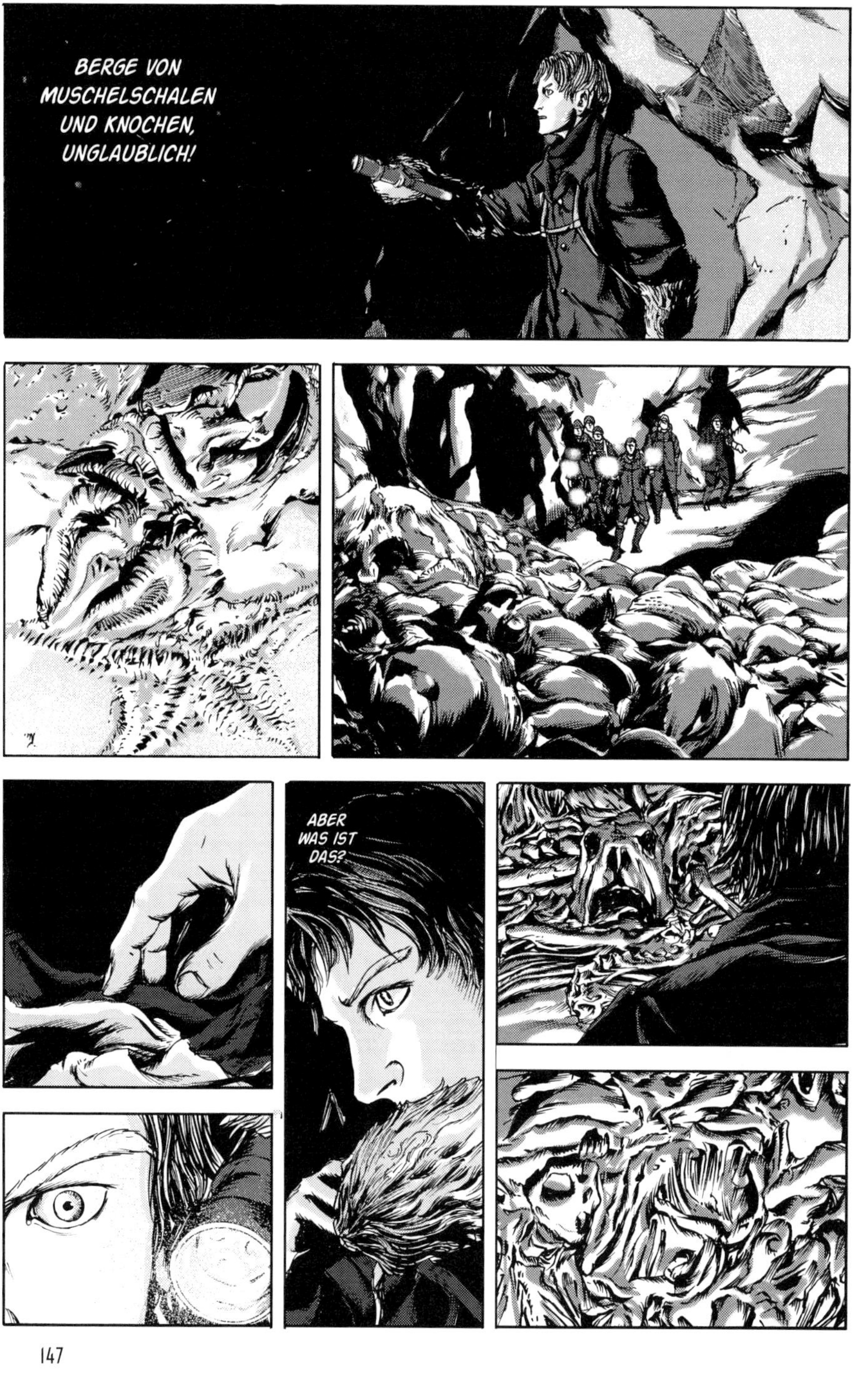
BERGE VON MUSCHELSCHALEN UND KNOCHEN, UNGLAUBLICH!
ABER WAS IST DAS?

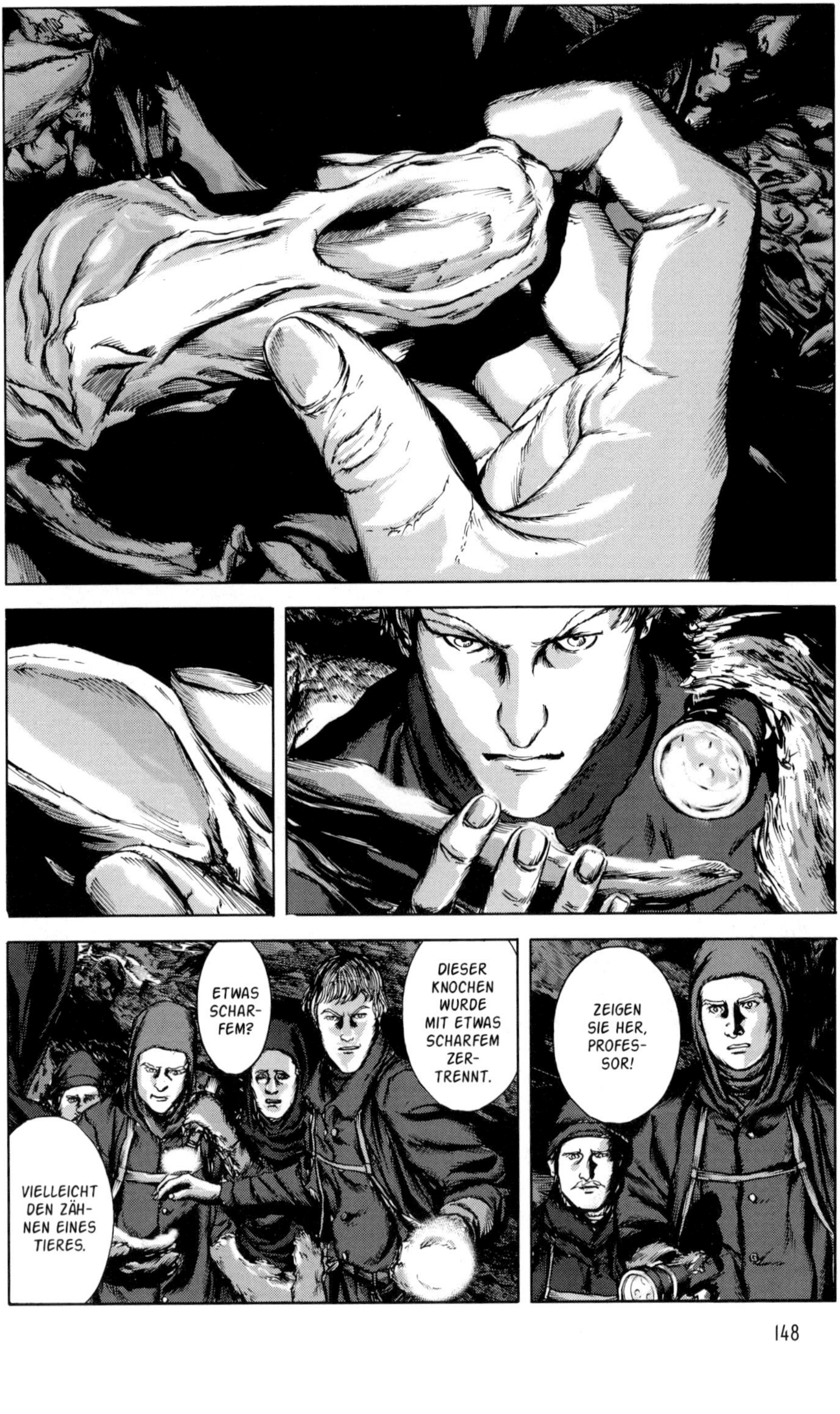
ZEIGEN SIE HER, PROFESSOR!
DIESER KNOCHEN WURDE MIT ETWAS SCHARFEM ZERTRENNT.
ETWAS SCHARFEM?
VIELLEICHT DEN ZÄHNEN EINES TIERES.

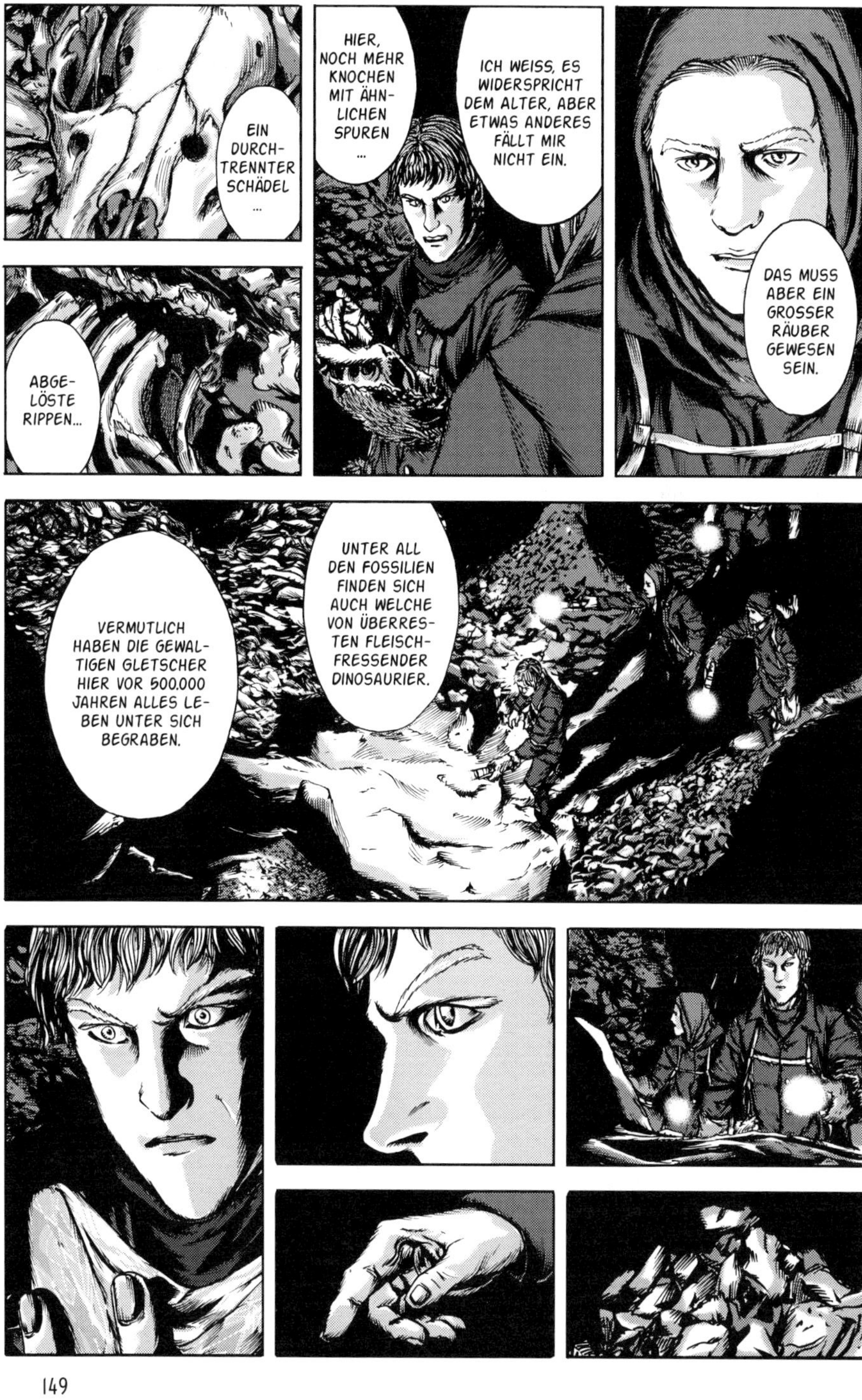
EIN DURCH-TRENNTER SCHÄDEL ...
ABGE-LÖSTE RIPPEN...
HIER, NOCH MEHR KNOCHEN MIT ÄHN-LICHEN SPUREN ...
ICH WEISS, ES WIDERSPRICHT DEM ALTER, ABER ETWAS ANDERES FÄLLT MIR NICHT EIN.
DAS MUSS ABER EIN GROSSER RÄUBER GEWESEN SEIN.
UNTER ALL DEN FOSSILIEN FINDEN SICH AUCH WELCHE VON ÜBERRES-TEN FLEISCH-FRESSENDER DINOSAURIER.
VERMUTLICH HABEN DIE GEWAL-TIGEN GLETSCHER HIER VOR 500.000 JAHREN ALLES LE-BEN UNTER SICH BEGRABEN.

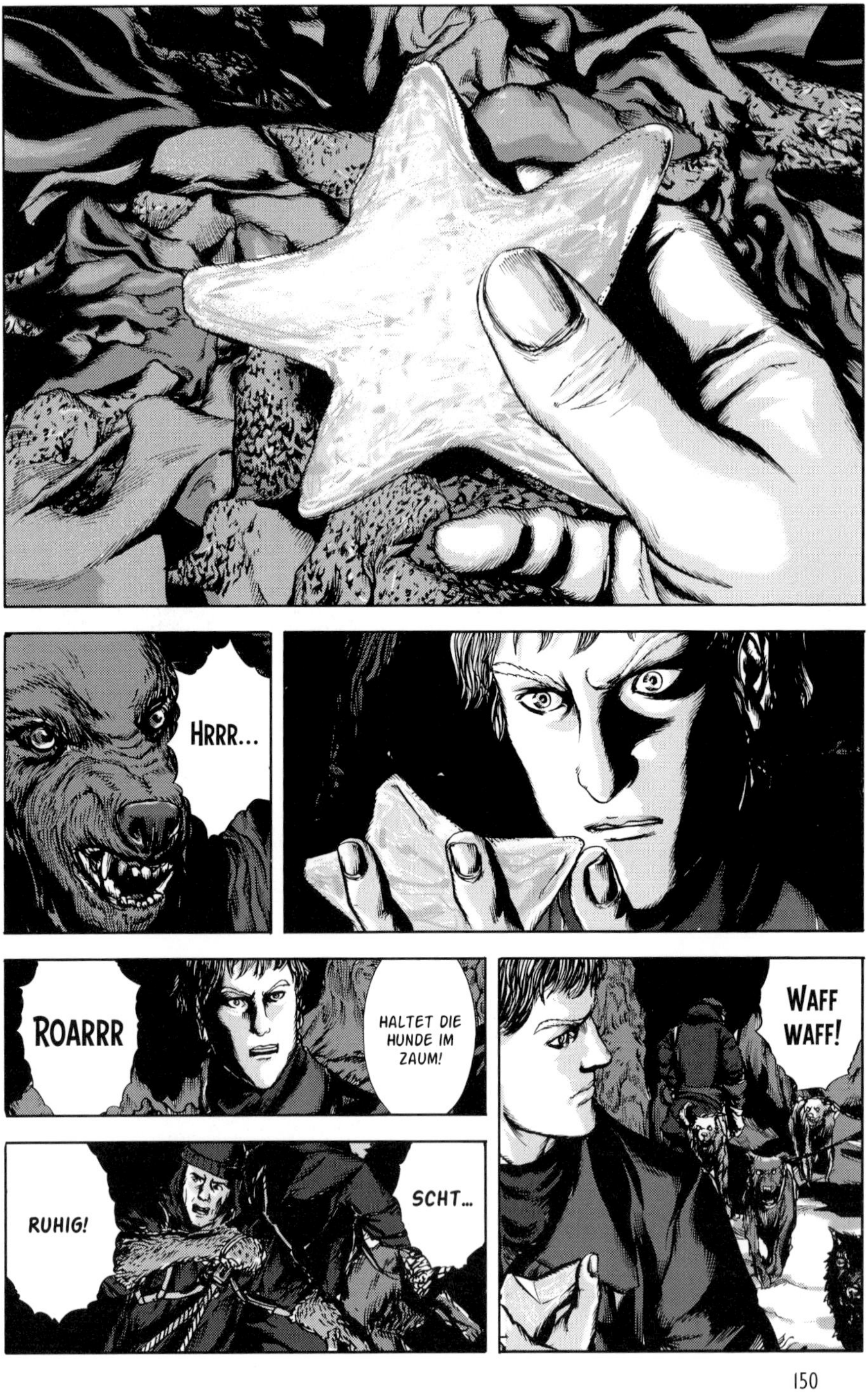
HRRR...
ROARRR
HALTET DIE HUNDE IM ZAUM!
WAFF WAFF!
RUHIG!
SCHT...

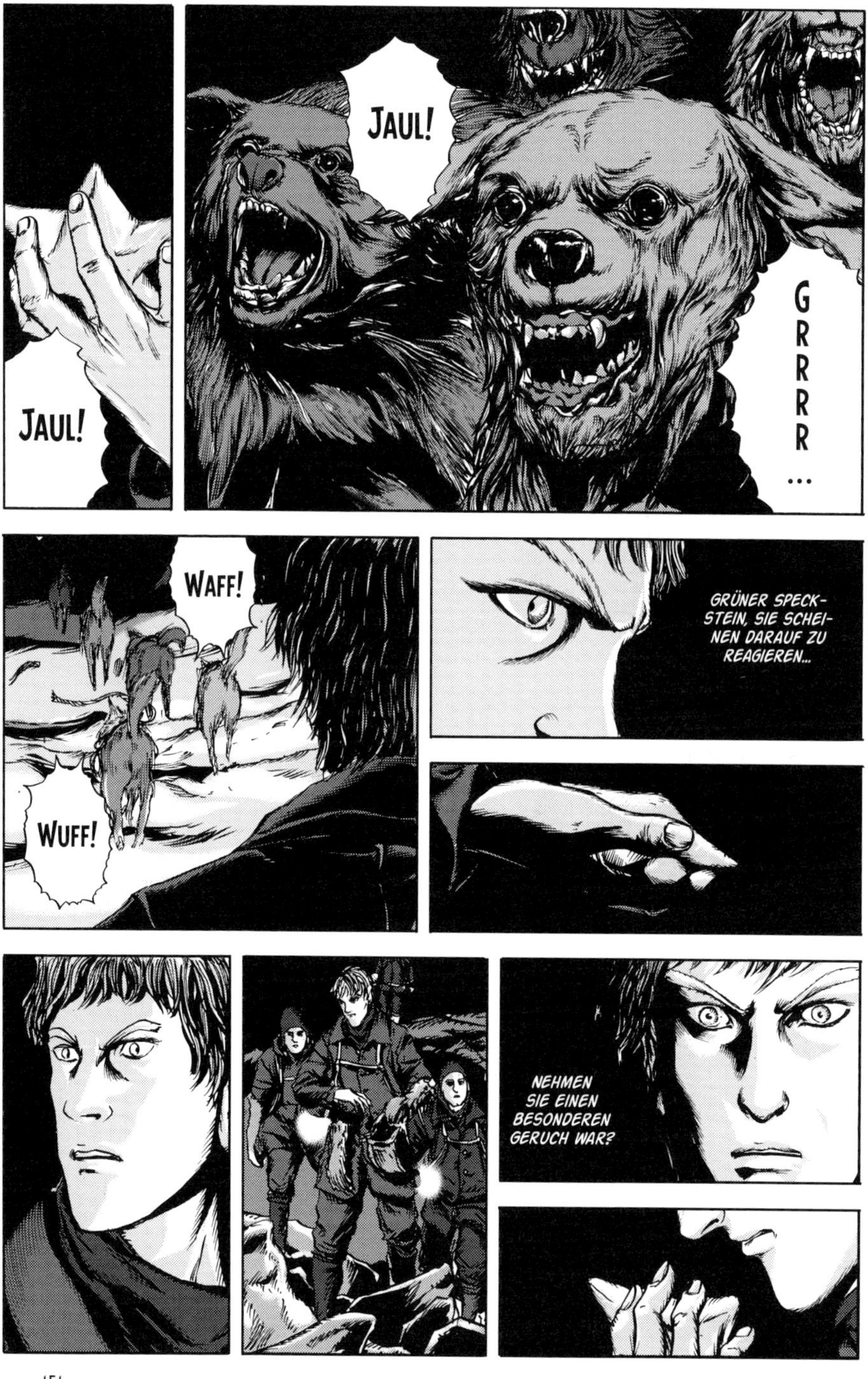
JAUL!
JAUL!
GRRRR...
WAFF!
WUFF!
GRÜNER SPECK-STEIN, SIE SCHEI-NEN DARAUF ZU REAGIEREN...
NEHMEN SIE EINEN BESONDEREN GERUCH WAR?

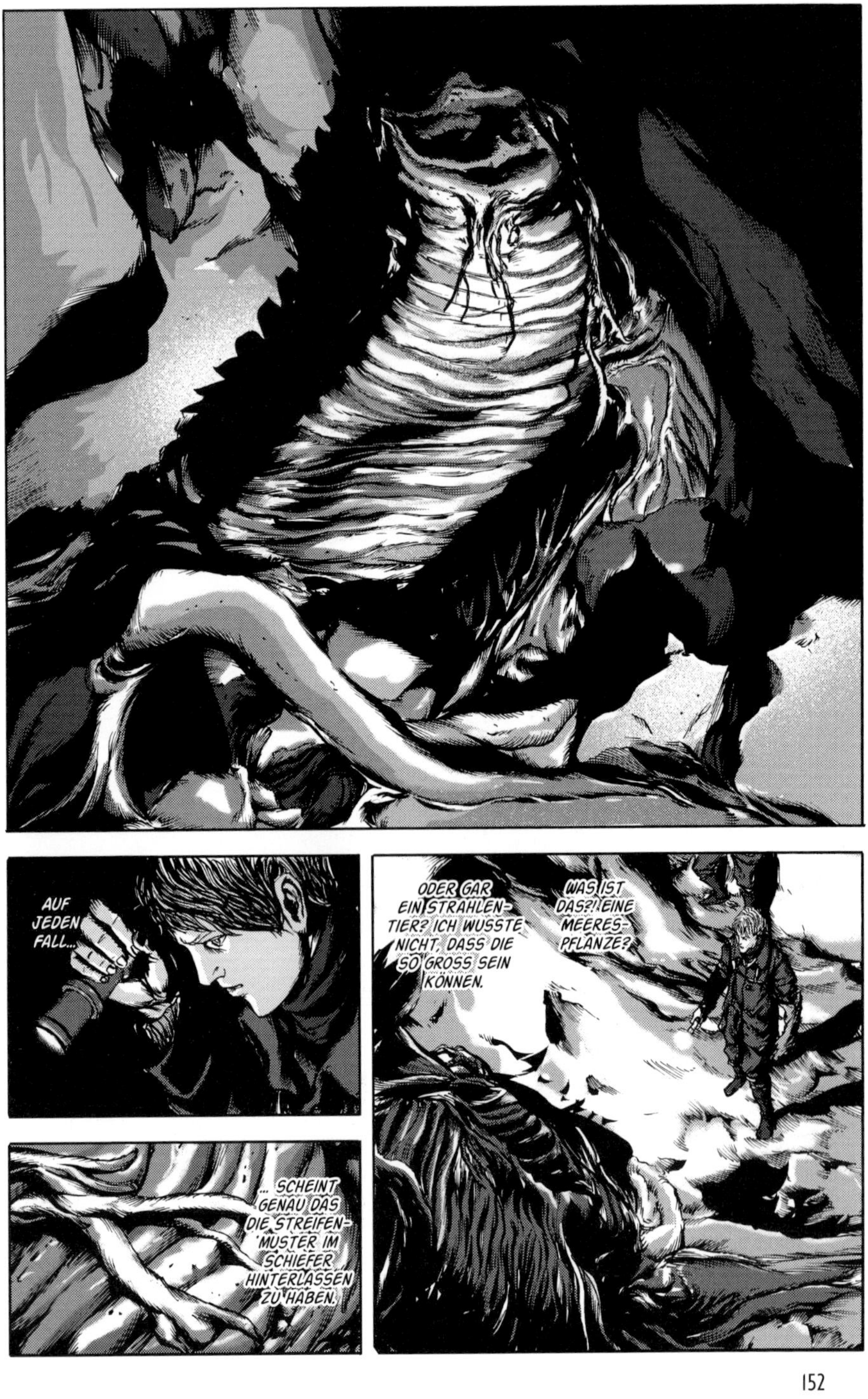
WAS IST DAS?! EINE MEERES-PFLANZE?
ODER GAR EIN STRAHLEN-TIER? ICH WUSSTE NICHT, DASS DIE SO GROSS SEIN KÖNNEN.
AUF JEDEN FALL...
... SCHEINT GENAU DAS DIE STREIFEN-MUSTER IM SCHIEFER HINTERLASSEN ZU HABEN.

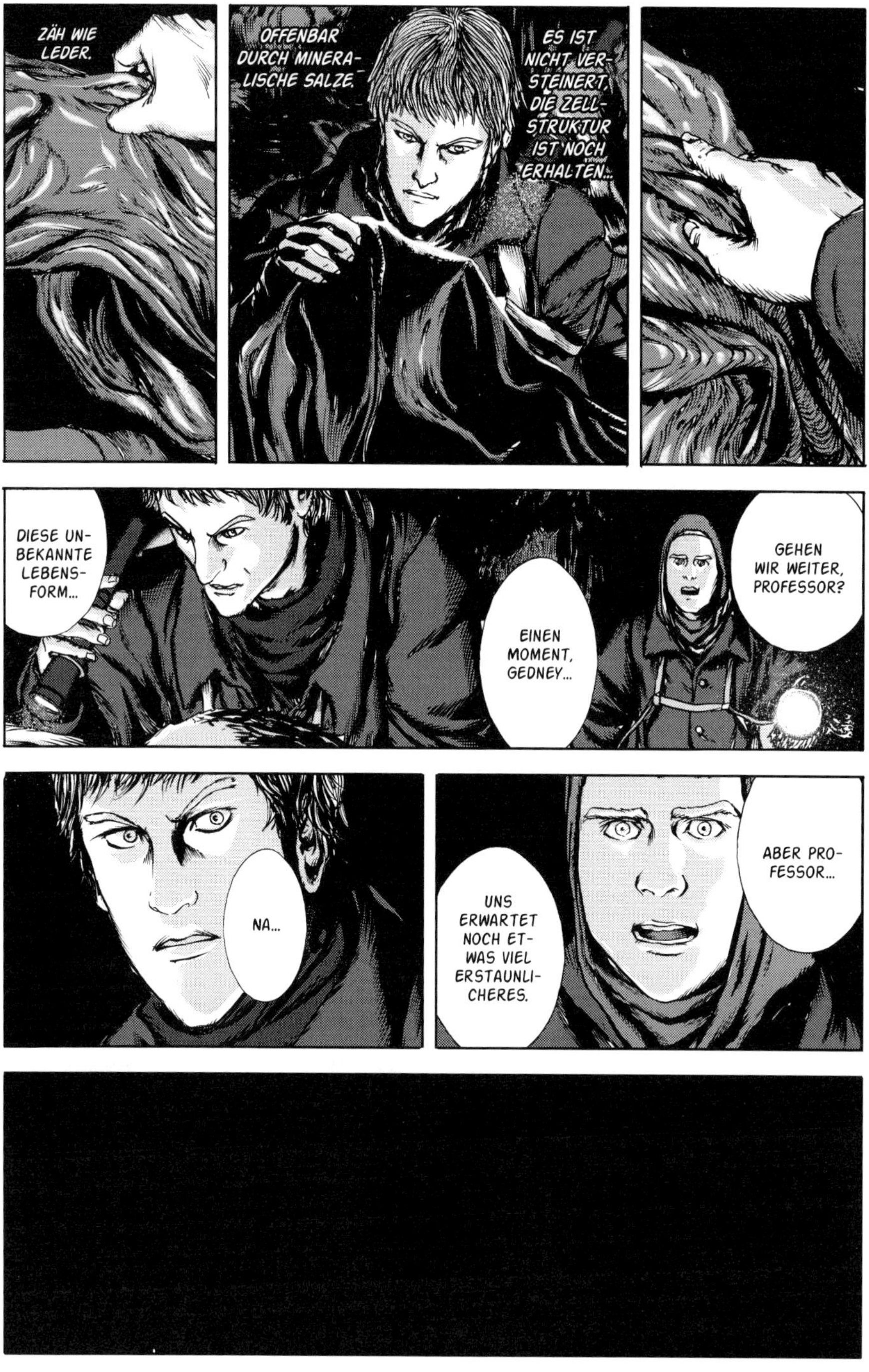
ZÄH WIE LEDER.
OFFENBAR DURCH MINERALISCHE SALZE.
ES IST NICHT VERSTEINERT. DIE ZELLSTRUKTUR IST NOCH ERHALTEN...
DIESE UNBEKANNTE LEBENSFORM...
GEHEN WIR WEITER, PROFESSOR?
EINEN MOMENT, GEDNEY...
NA...
ABER PROFESSOR...
UNS ERWARTET NOCH ETWAS VIEL ERSTAUNLICHERES.

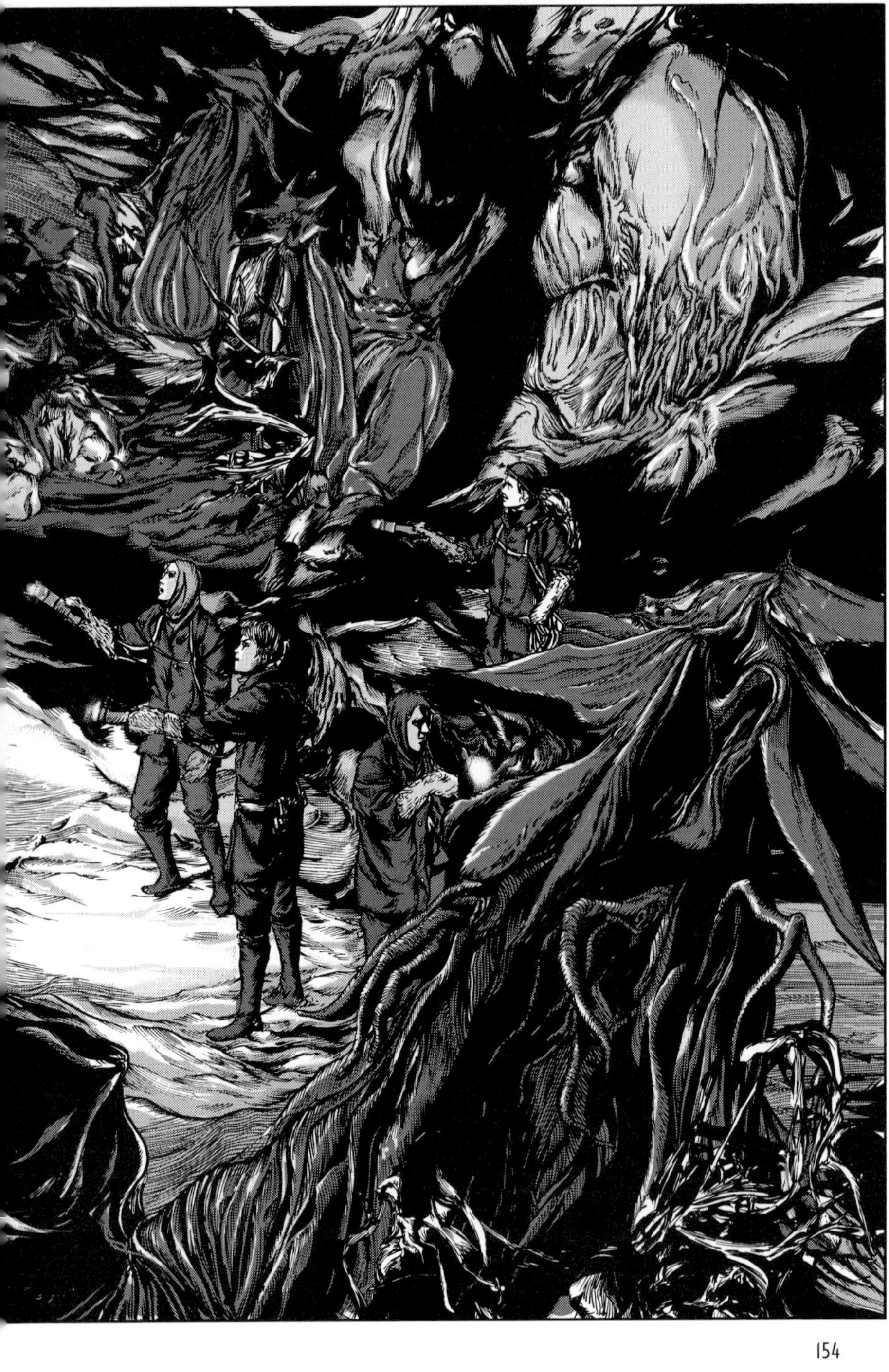

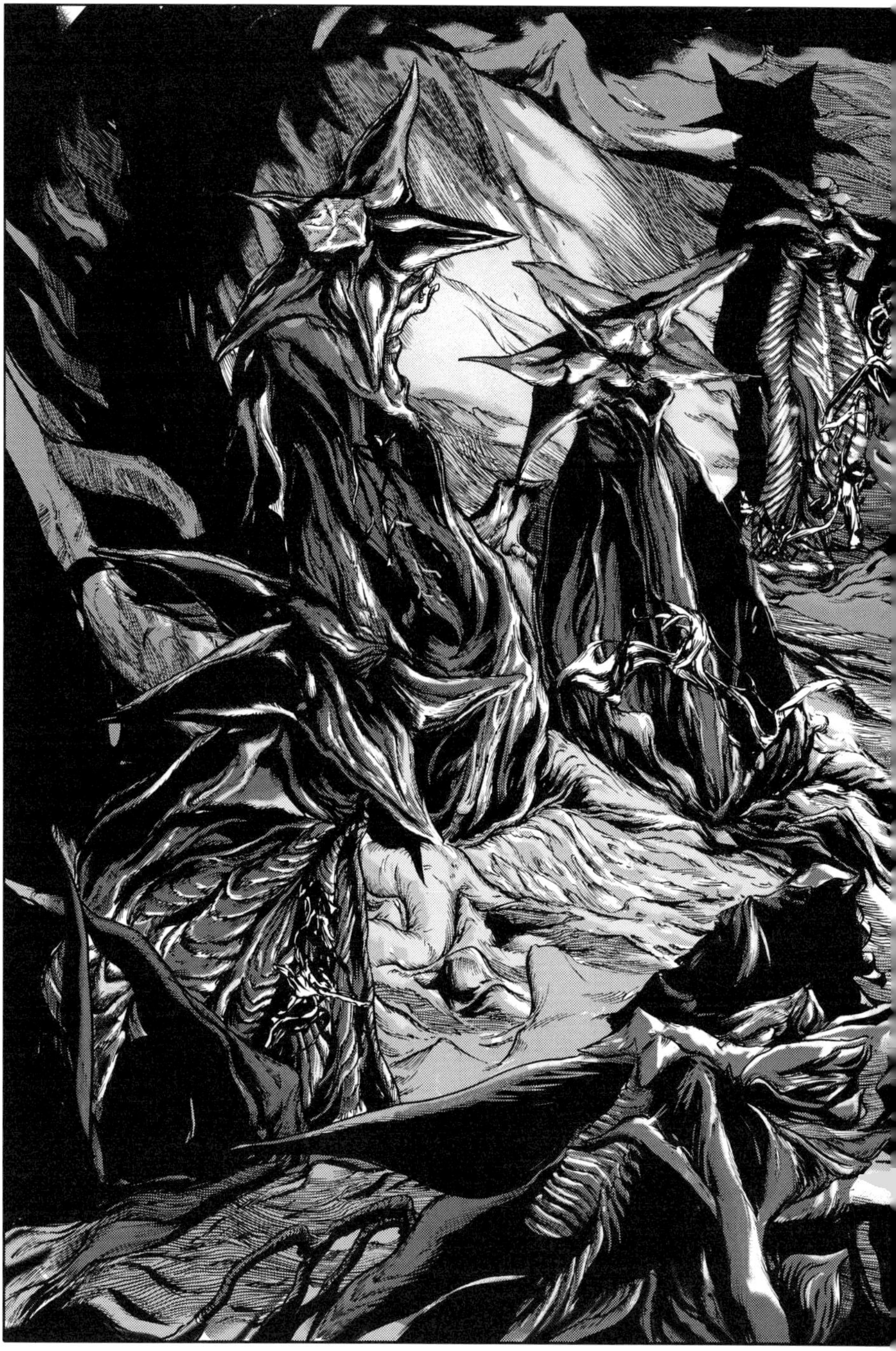

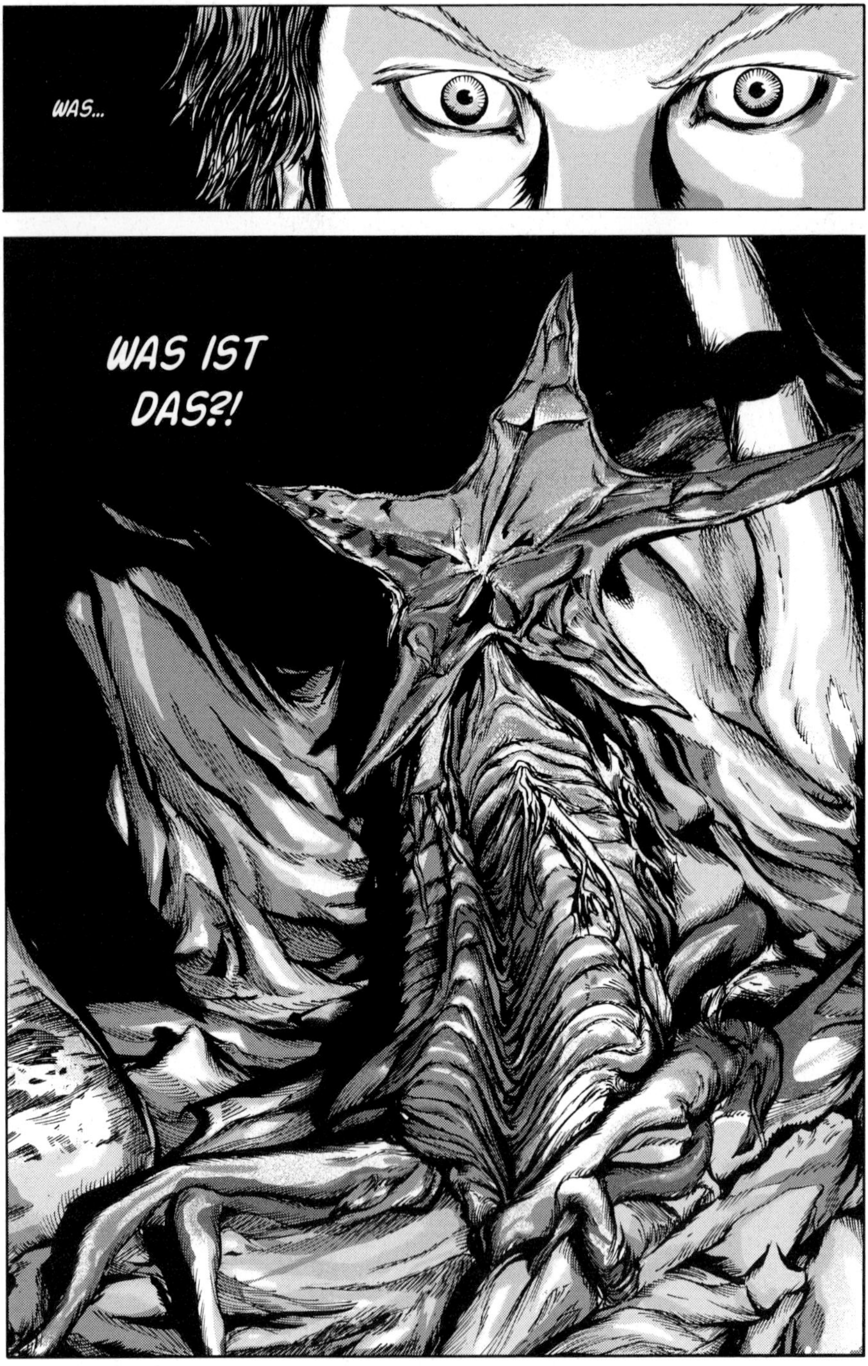
WAS...
WAS IST DAS?!

Nach einer Geschichte
von H. P. Lovecraft

Die Charaktere

Professor Dyer	Geologe, Leiter der Expedition
Professor Pabodie	Wissenschaftler der technischen Fakultät, Erfinder eines neuartigen Ausgrabungsbohrers und stellvertretender Expeditionsleiter
Professor Lake	Biologe, forscht mit eigenem Team im Nordwesten der Antarktis
Professor Atwood	Physiker und Meteorologe
Danforth	Doktorand und Dyers Assistent
Gedney	Doktorand und Lakes Assistent
Douglas	Kapitän der Expeditionsschiffe Arkham und Miskatonic

7 GANZE KÖRPER

Zoological Complete Specimens

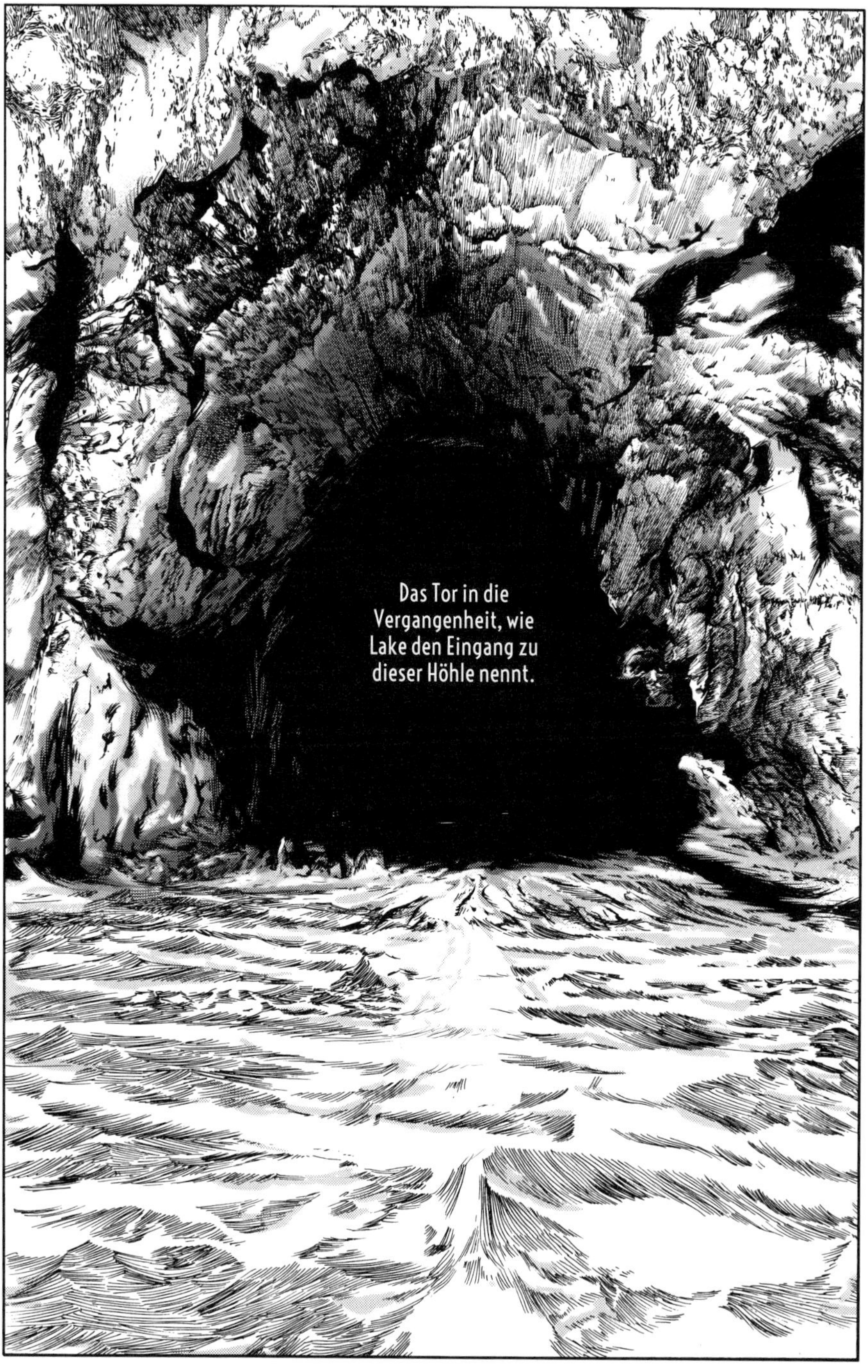
Das Tor in die Vergangenheit, wie Lake den Eingang zu dieser Höhle nennt.

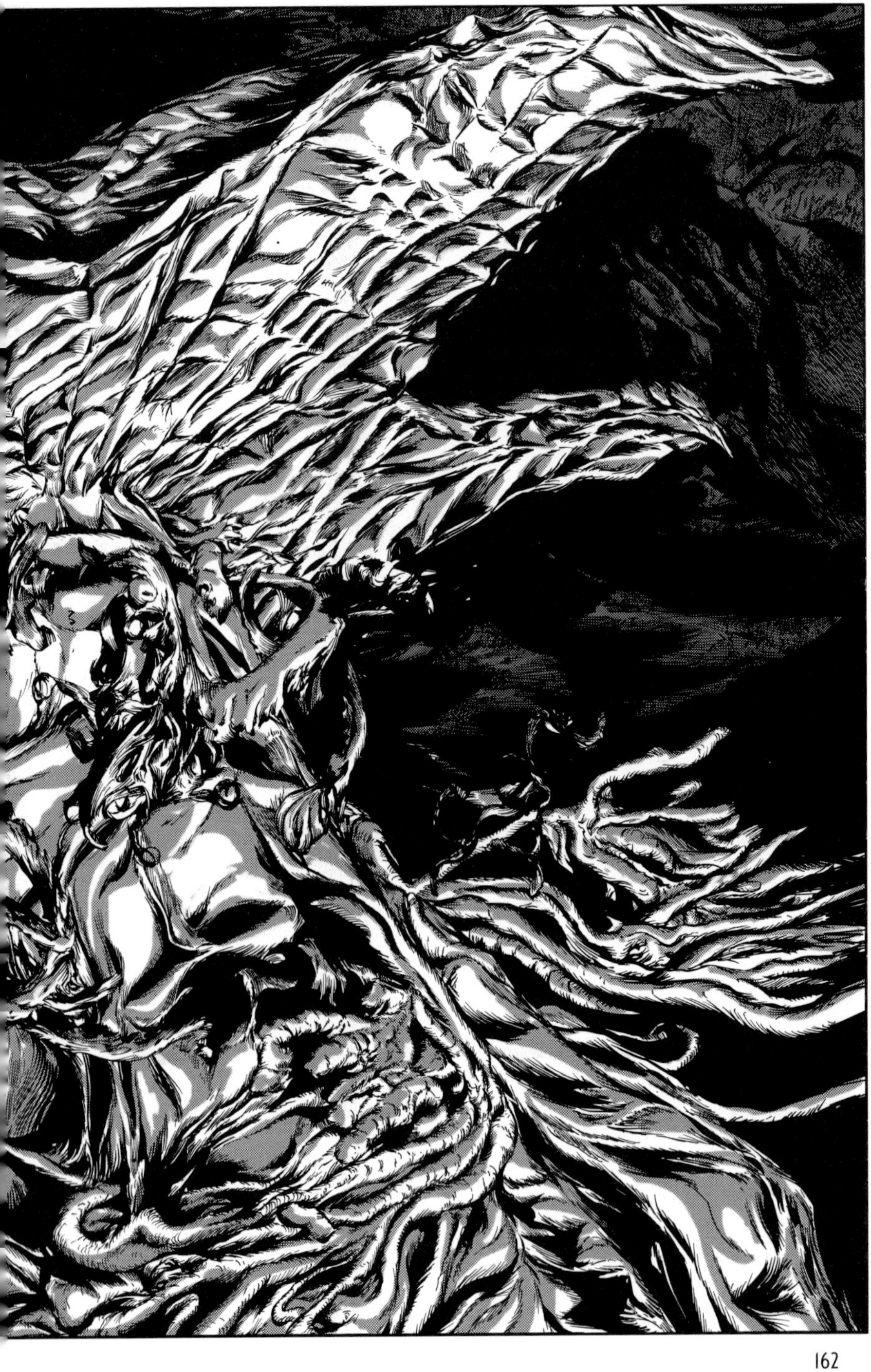

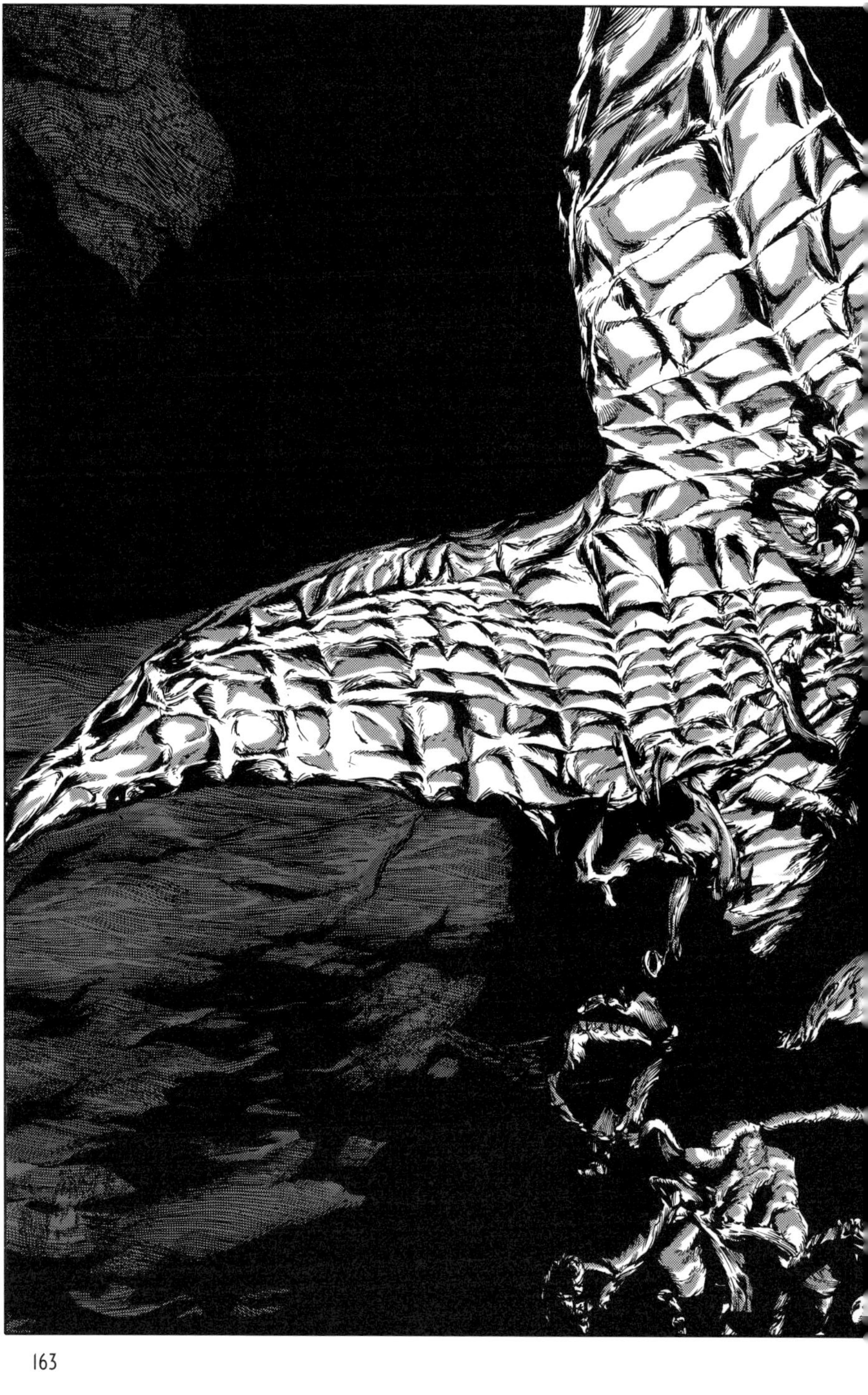

Nämlich denen aus dem Necronomicon, die alles kosmische Leben schufen und denen im Cthulhu-Kult gehuldigt wird.

Hier ruhen vollständig erhaltene Körper unheimlicher Kreaturen. Lake sagt, sie erinnerten ihn an die Ungeheuer eines Mythos.

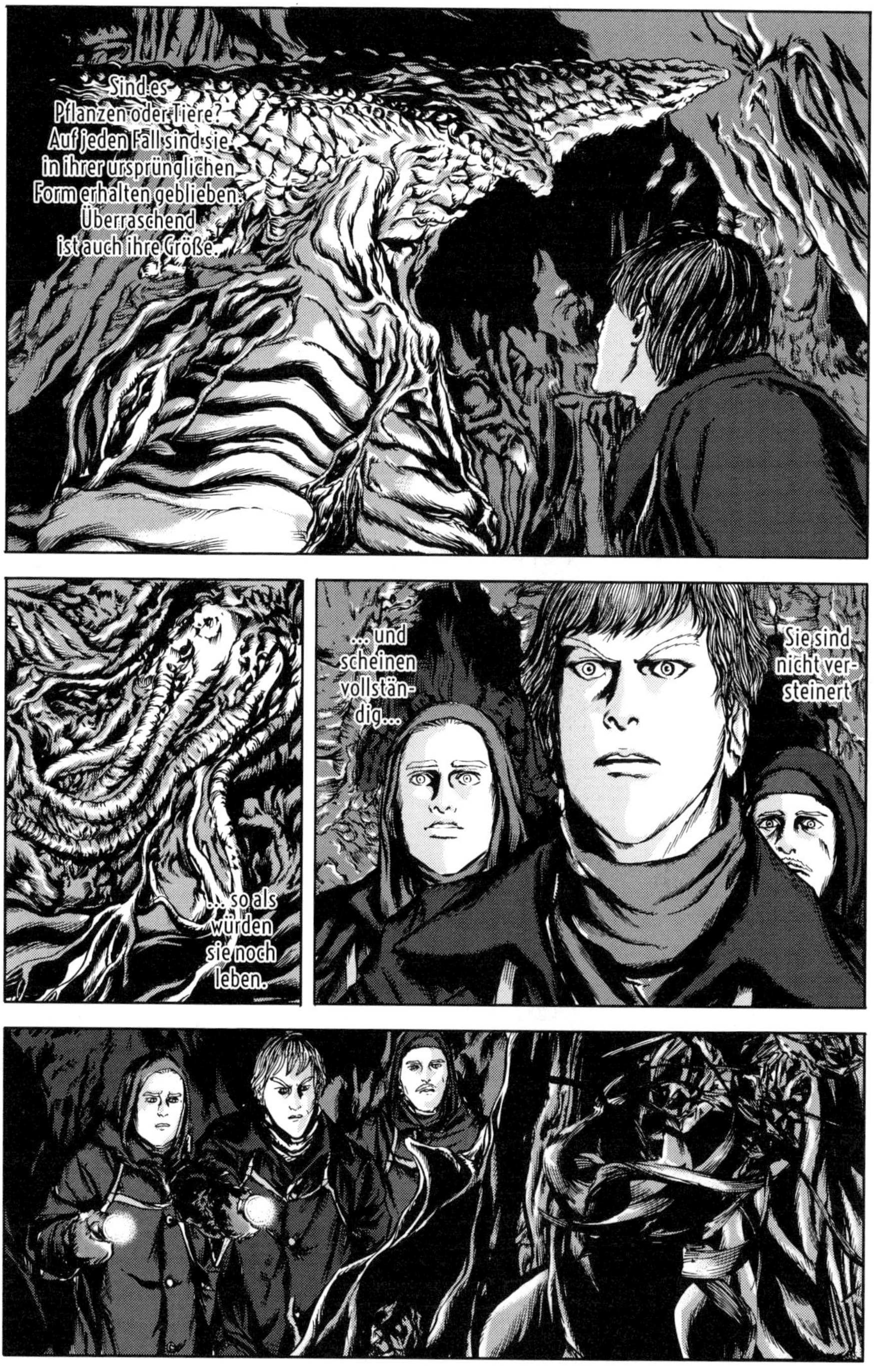
Sind es Pflanzen oder Tiere? Auf jeden Fall sind sie in ihrer ursprünglichen Form erhalten geblieben. Überraschend ist auch ihre Größe.
Sie sind nicht versteinert
... und scheinen vollständig...
... so als würden sie noch leben.

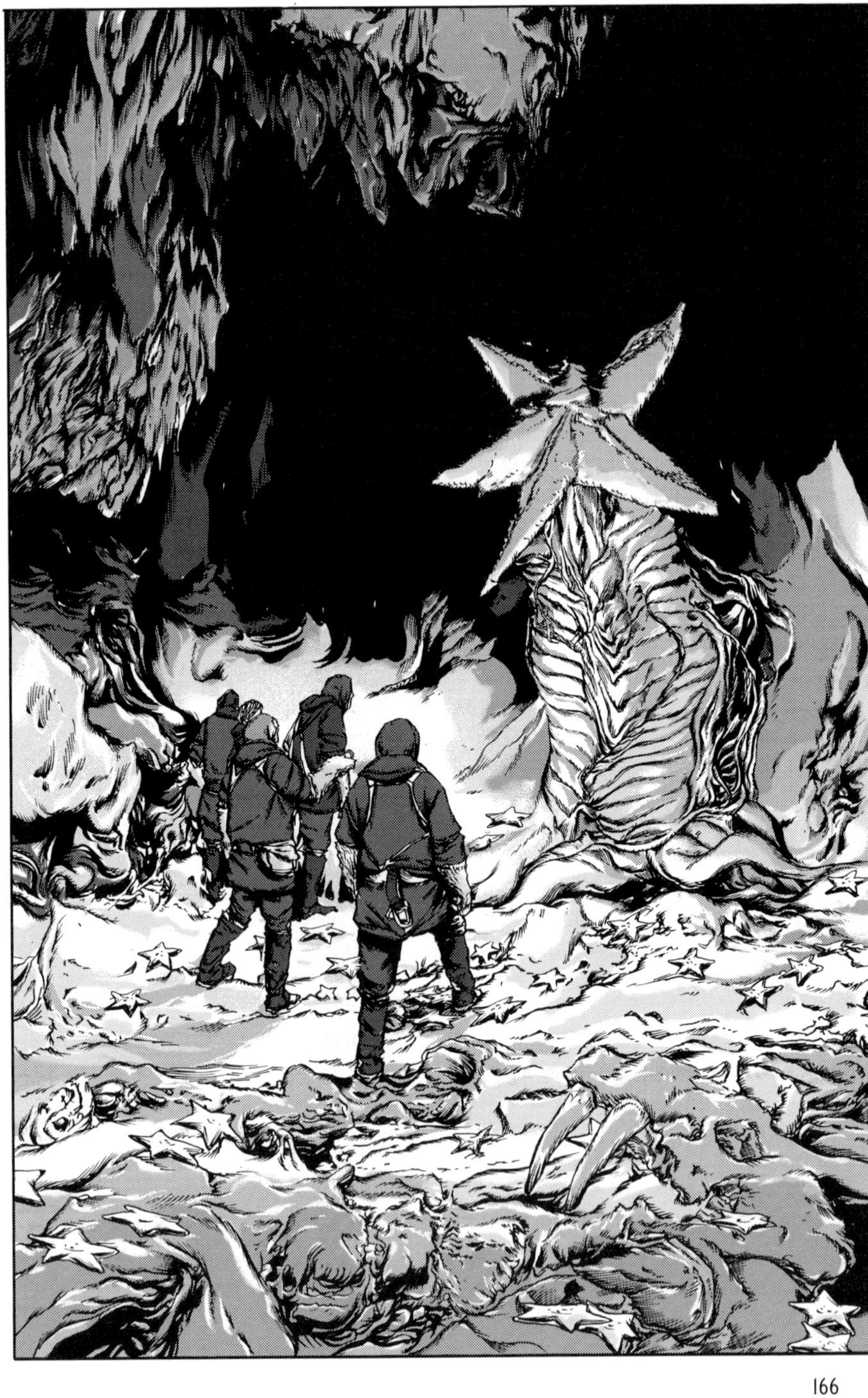

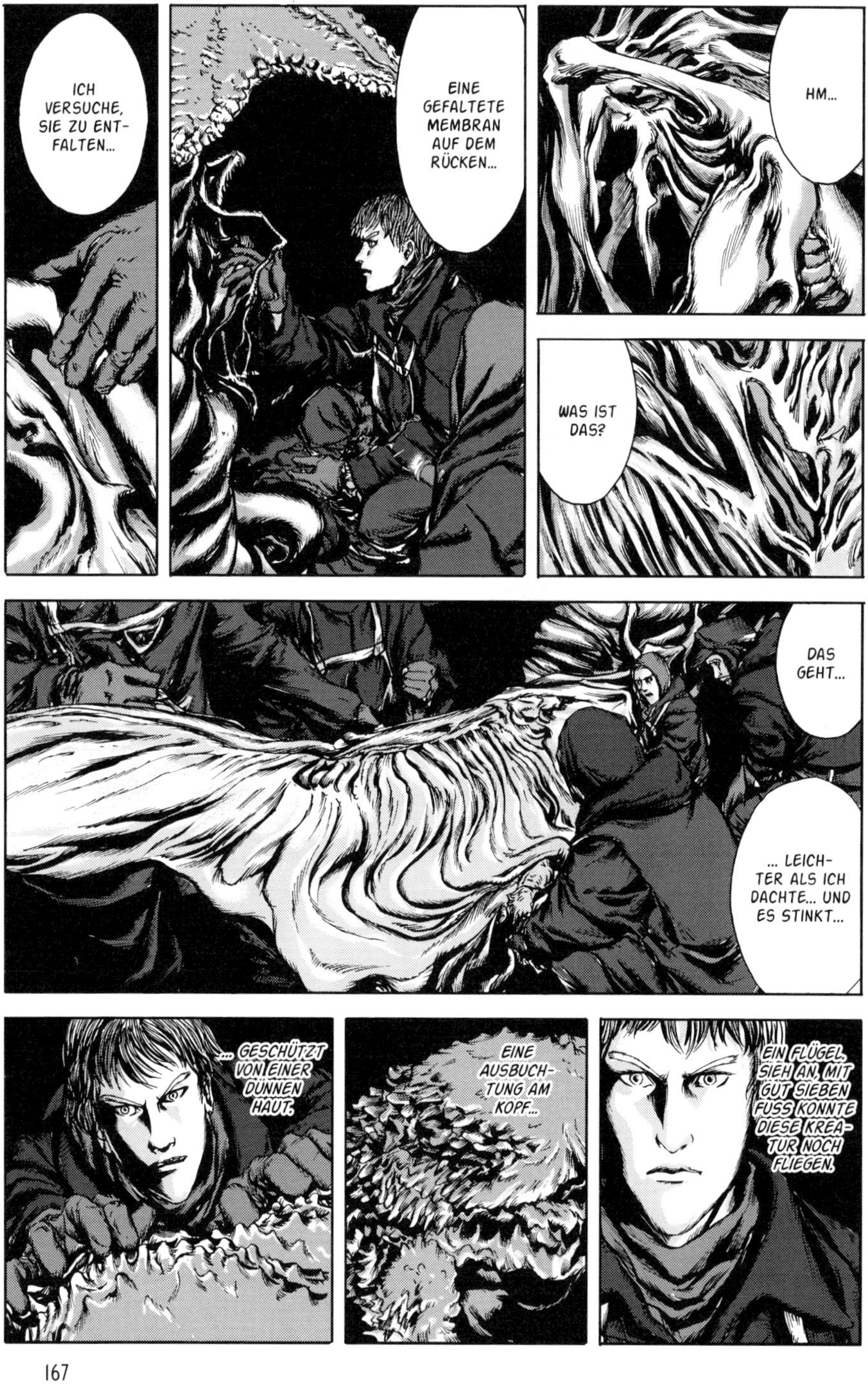
ICH VERSUCHE, SIE ZU ENTFALTEN...
EINE GEFALTETE MEMBRAN AUF DEM RÜCKEN...
HM...
WAS IST DAS?
DAS GEHT...
... LEICHTER ALS ICH DACHTE... UND ES STINKT...
... GESCHÜTZT VON EINER DÜNNEN HAUT.
EINE AUSBUCHTUNG AM KOPF...
EIN FLÜGEL. SIEH AN, MIT GUT SIEBEN FUSS KONNTE DIESE KREATUR NOCH FLIEGEN.

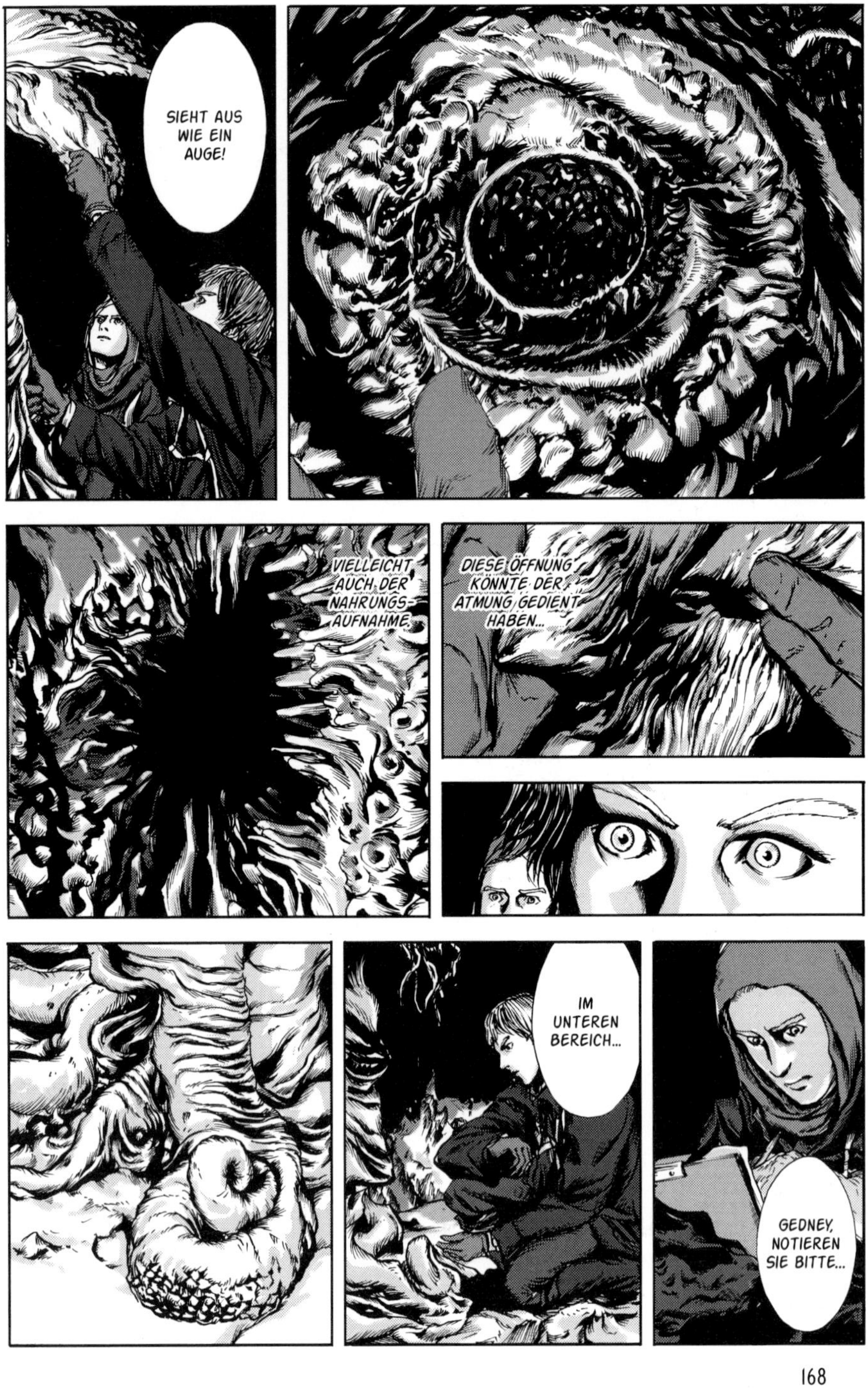
SIEHT AUS WIE EIN AUGE!
DIESE ÖFFNUNG KÖNNTE DER ATMUNG GEDIENT HABEN...
VIELLEICHT AUCH DER NAHRUNGS-AUFNAHME.
IM UNTEREN BEREICH...
GEDNEY, NOTIEREN SIE BITTE...

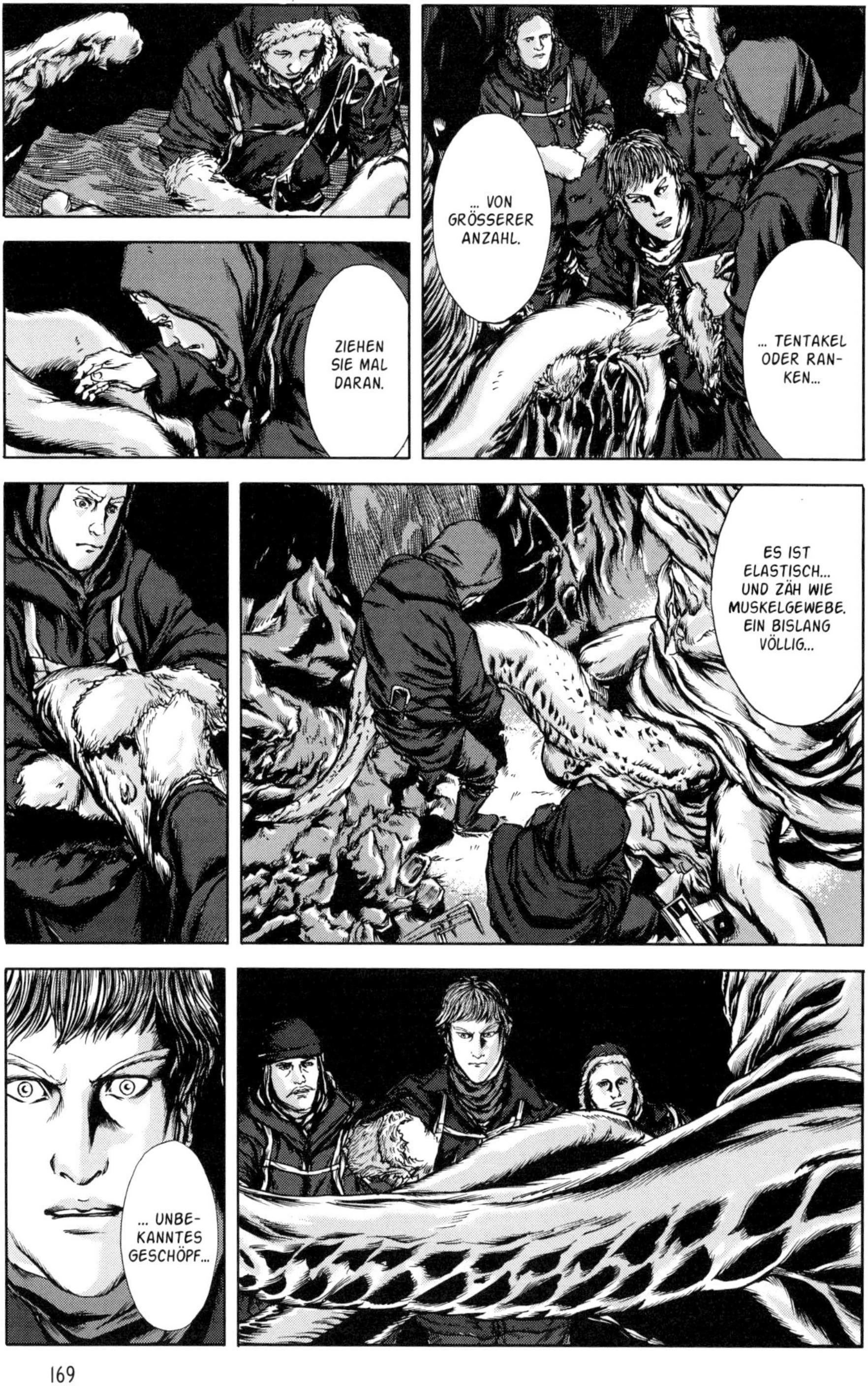
ZIEHEN SIE MAL DARAN.
... VON GRÖSSERER ANZAHL.
... TENTAKEL ODER RANKEN...
ES IST ELASTISCH... UND ZÄH WIE MUSKELGEWEBE. EIN BISLANG VÖLLIG...
... UNBEKANNTES GESCHÖPF...

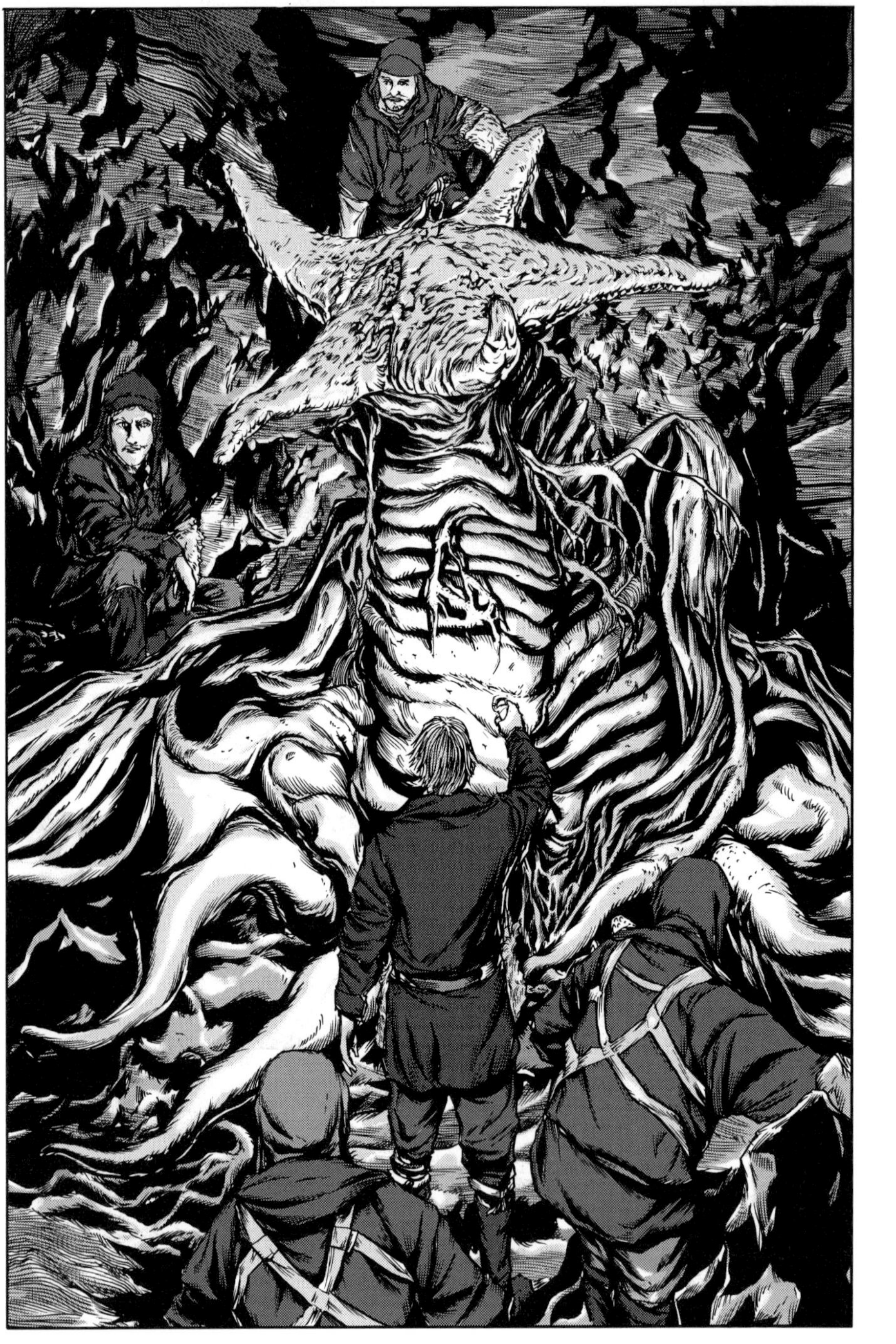

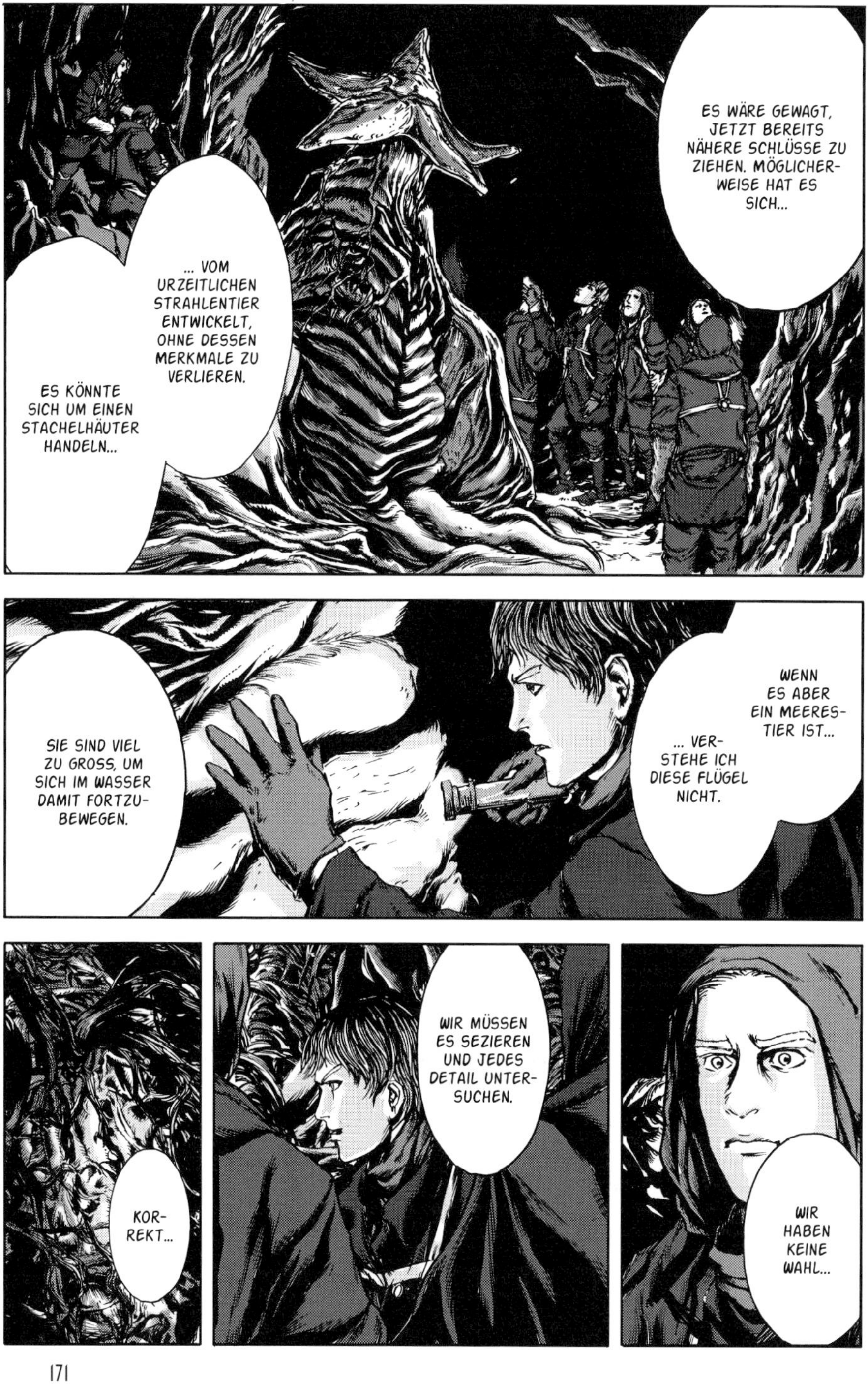

ES WÄRE GEWAGT, JETZT BEREITS NÄHERE SCHLÜSSE ZU ZIEHEN. MÖGLICHER-WEISE HAT ES SICH...
... VOM URZEITLICHEN STRAHLENTIER ENTWICKELT, OHNE DESSEN MERKMALE ZU VERLIEREN.
ES KÖNNTE SICH UM EINEN STACHELHÄUTER HANDELN...
WENN ES ABER EIN MEERES-TIER IST...
... VER-STEHE ICH DIESE FLÜGEL NICHT.
SIE SIND VIEL ZU GROSS, UM SICH IM WASSER DAMIT FORTZU-BEWEGEN.
WIR HABEN KEINE WAHL...
WIR MÜSSEN ES SEZIEREN UND JEDES DETAIL UNTER-SUCHEN.
KOR-REKT...

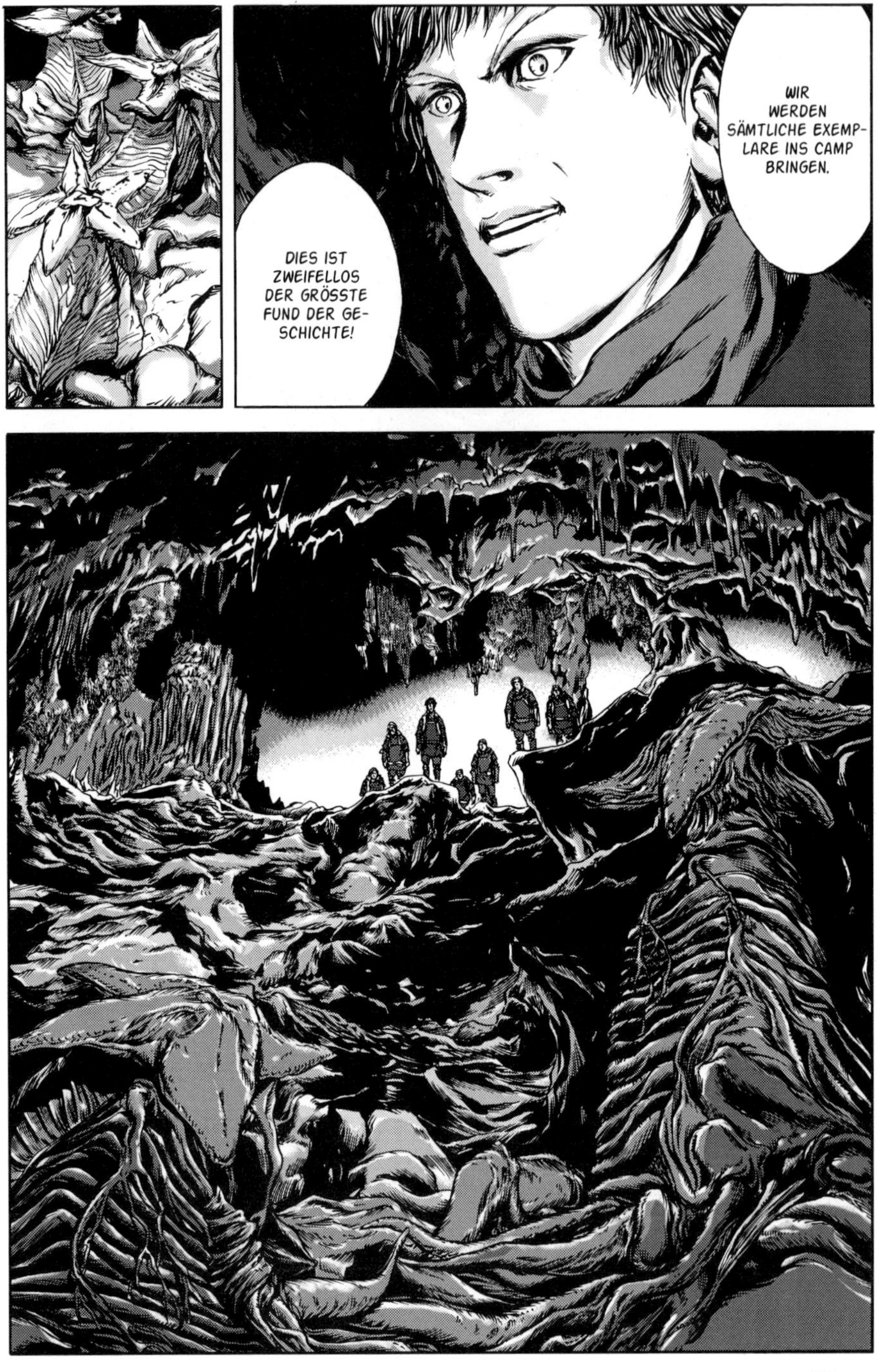
WIR WERDEN SÄMTLICHE EXEMPLARE INS CAMP BRINGEN.
DIES IST ZWEIFELLOS DER GRÖSSTE FUND DER GESCHICHTE!

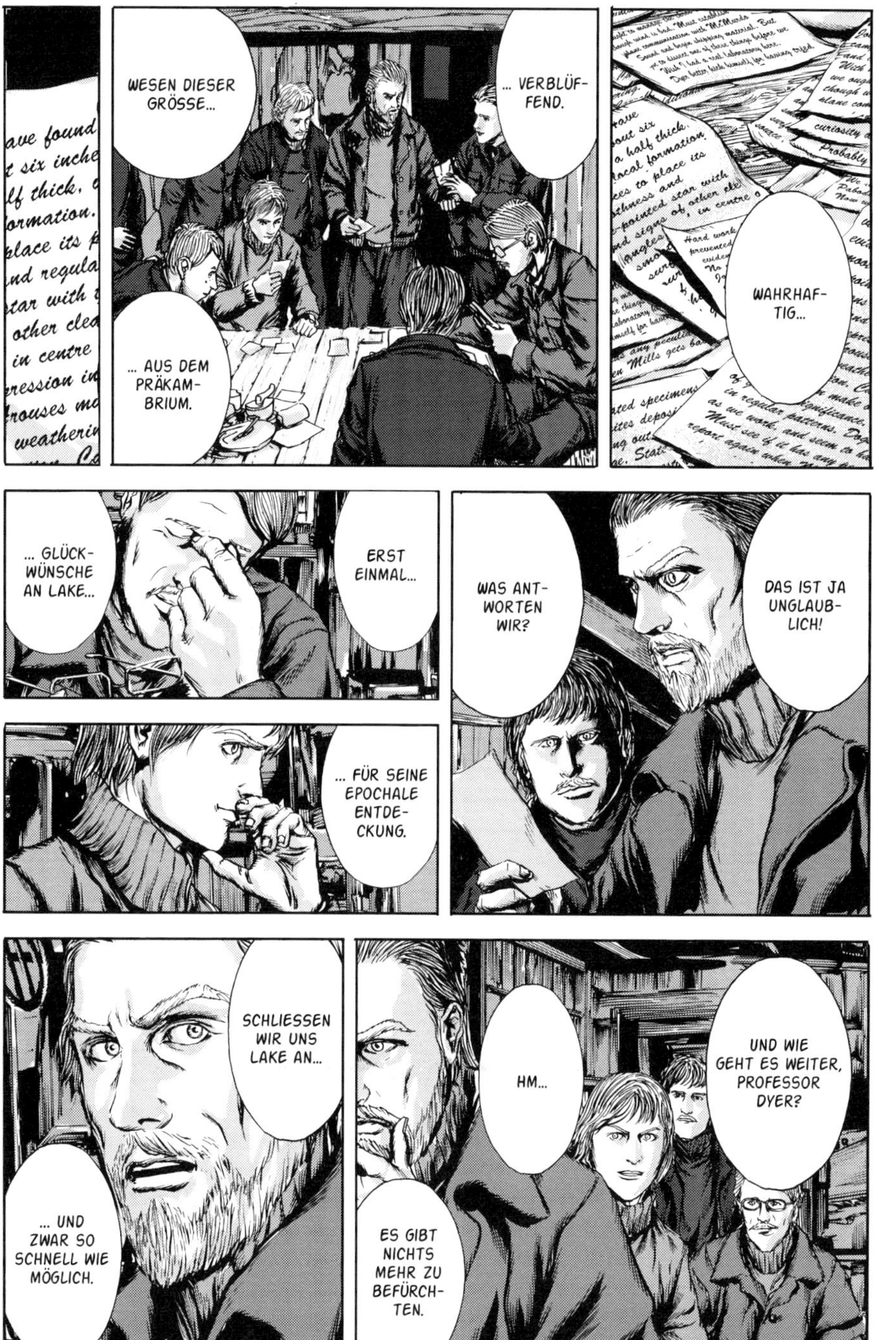
WAHRHAFTIG...
... VERBLÜFFEND.
WESEN DIESER GRÖSSE...
... AUS DEM PRÄKAMBRIUM.
DAS IST JA UNGLAUBLICH!
WAS ANTWORTEN WIR?
ERST EINMAL...
... GLÜCKWÜNSCHE AN LAKE...
... FÜR SEINE EPOCHALE ENTDECKUNG.
UND WIE GEHT ES WEITER, PROFESSOR DYER?
HM...
ES GIBT NICHTS MEHR ZU BEFÜRCHTEN.
SCHLIESSEN WIR UNS LAKE AN...
... UND ZWAR SO SCHNELL WIE MÖGLICH.

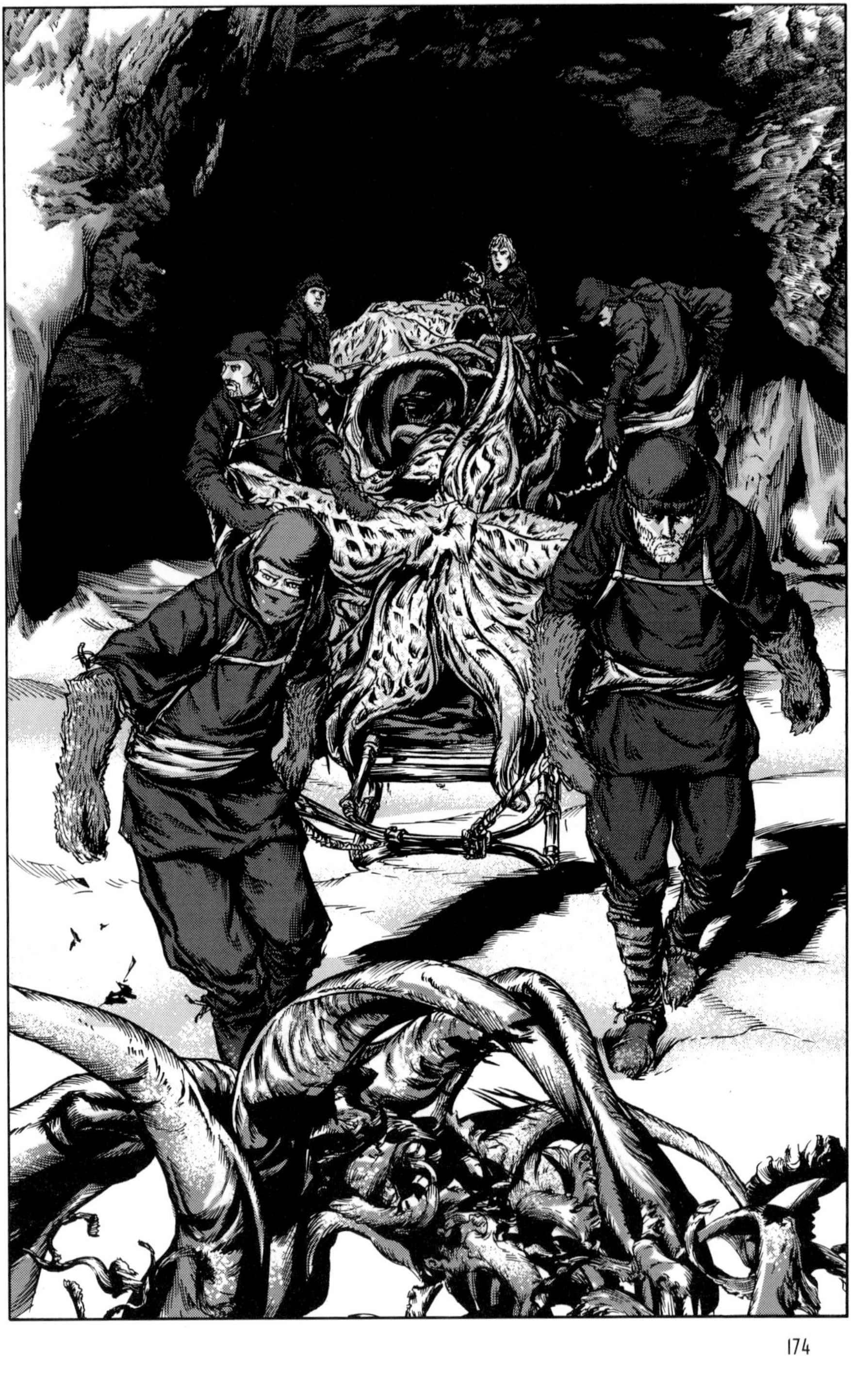

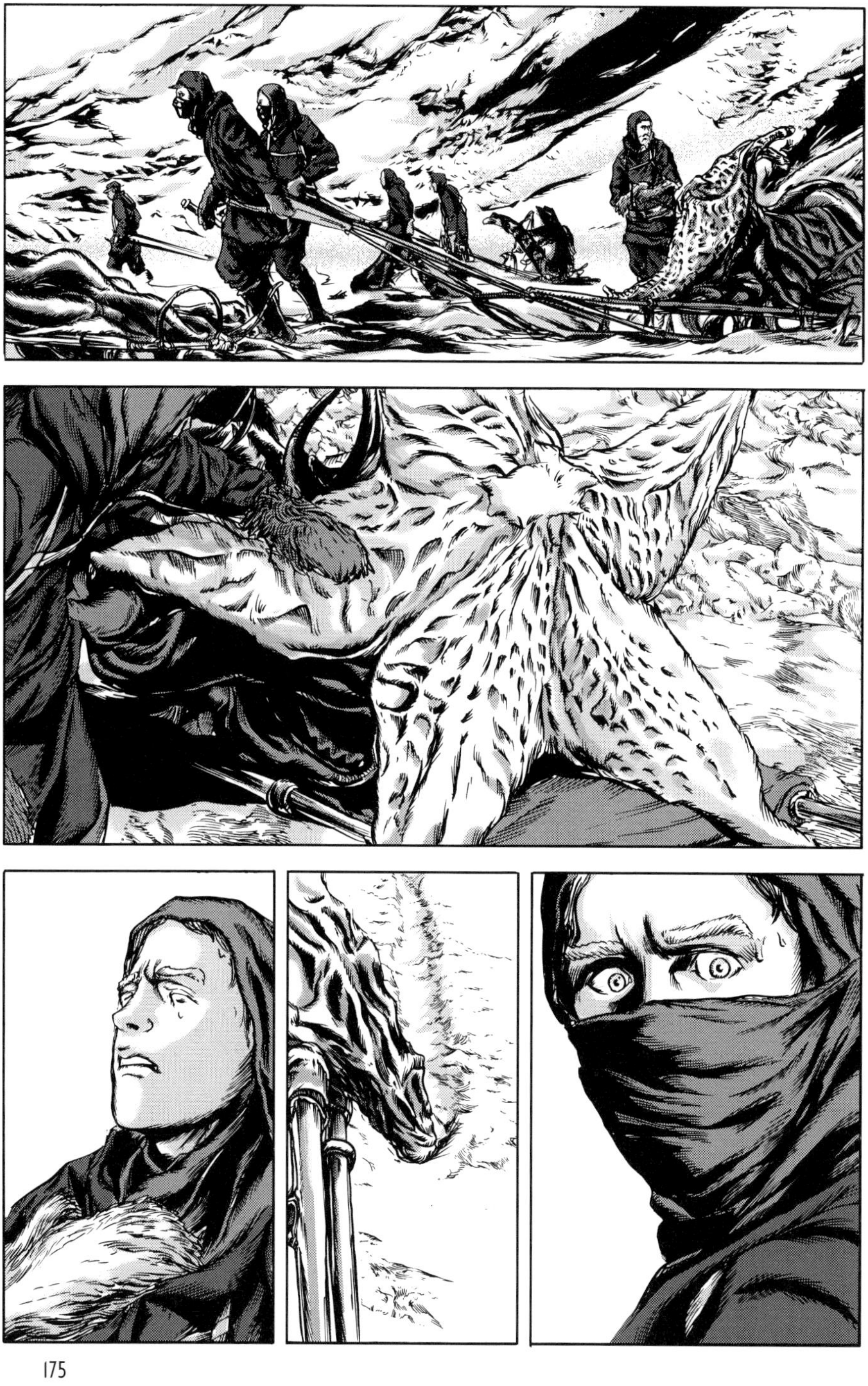

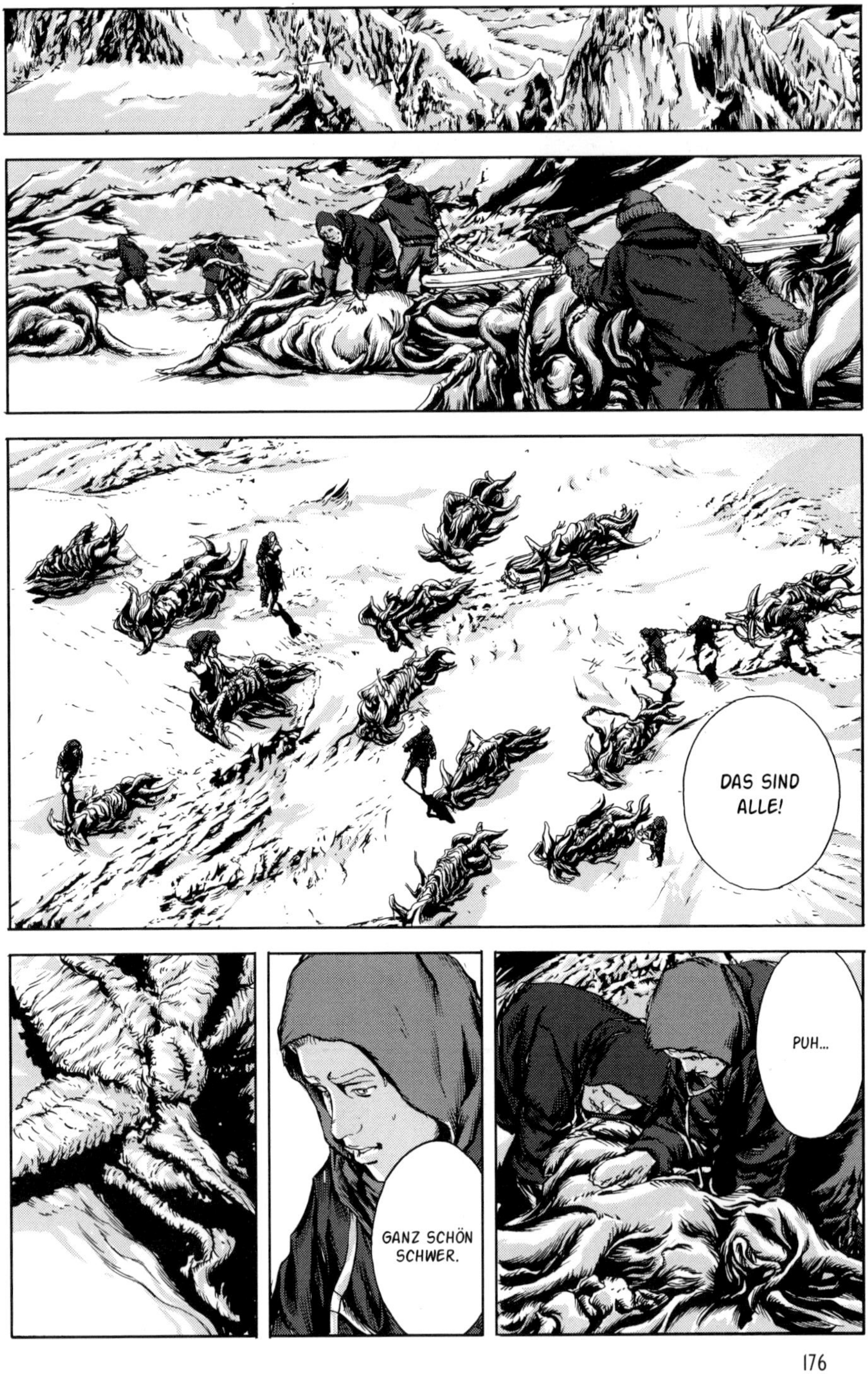
DAS SIND ALLE!
GANZ SCHÖN SCHWER.
PUH...

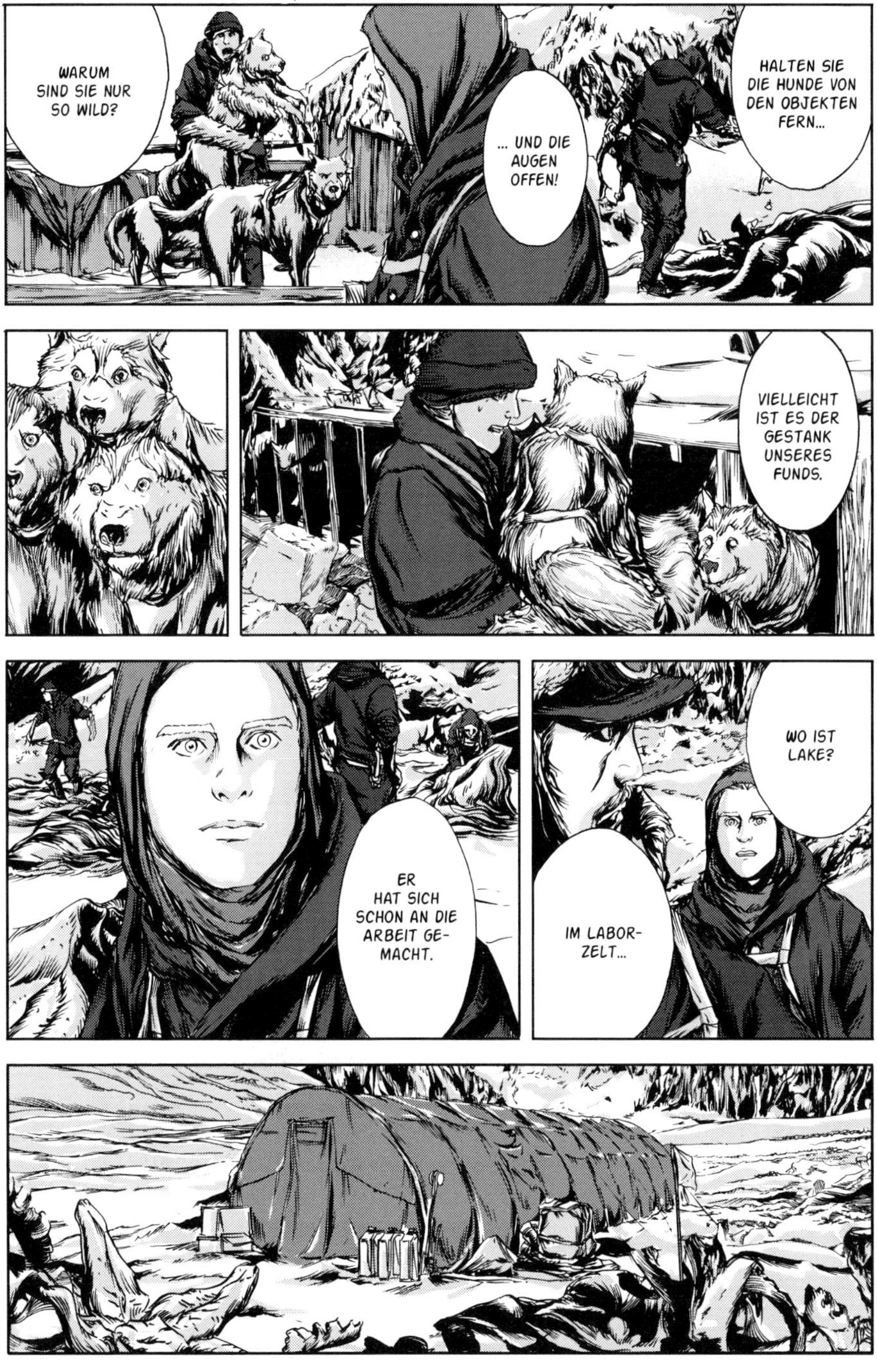
WARUM SIND SIE NUR SO WILD?
HALTEN SIE DIE HUNDE VON DEN OBJEKTEN FERN...
... UND DIE AUGEN OFFEN!
VIELLEICHT IST ES DER GESTANK UNSERES FUNDS.
WO IST LAKE?
ER HAT SICH SCHON AN DIE ARBEIT GE-MACHT.
IM LABOR-ZELT...

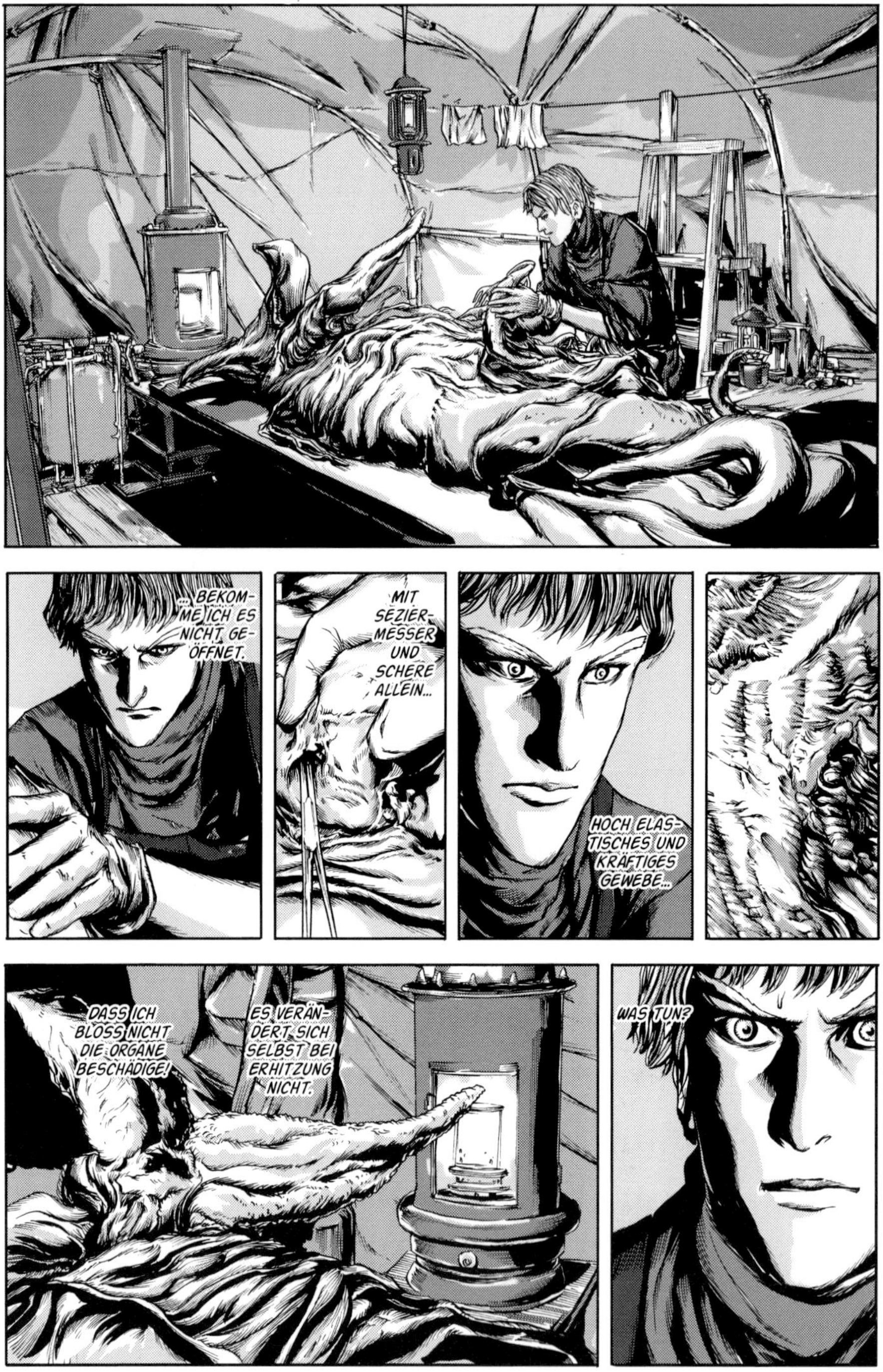
HOCH ELASTISCHES UND KRÄFTIGES GEWEBE...
MIT SEZIERMESSER UND SCHERE ALLEIN...
... BEKOMME ICH ES NICHT GEÖFFNET.
WAS TUN?
ES VERÄNDERT SICH SELBST BEI ERHITZUNG NICHT.
DASS ICH BLOSS NICHT DIE ORGANE BESCHÄDIGE!

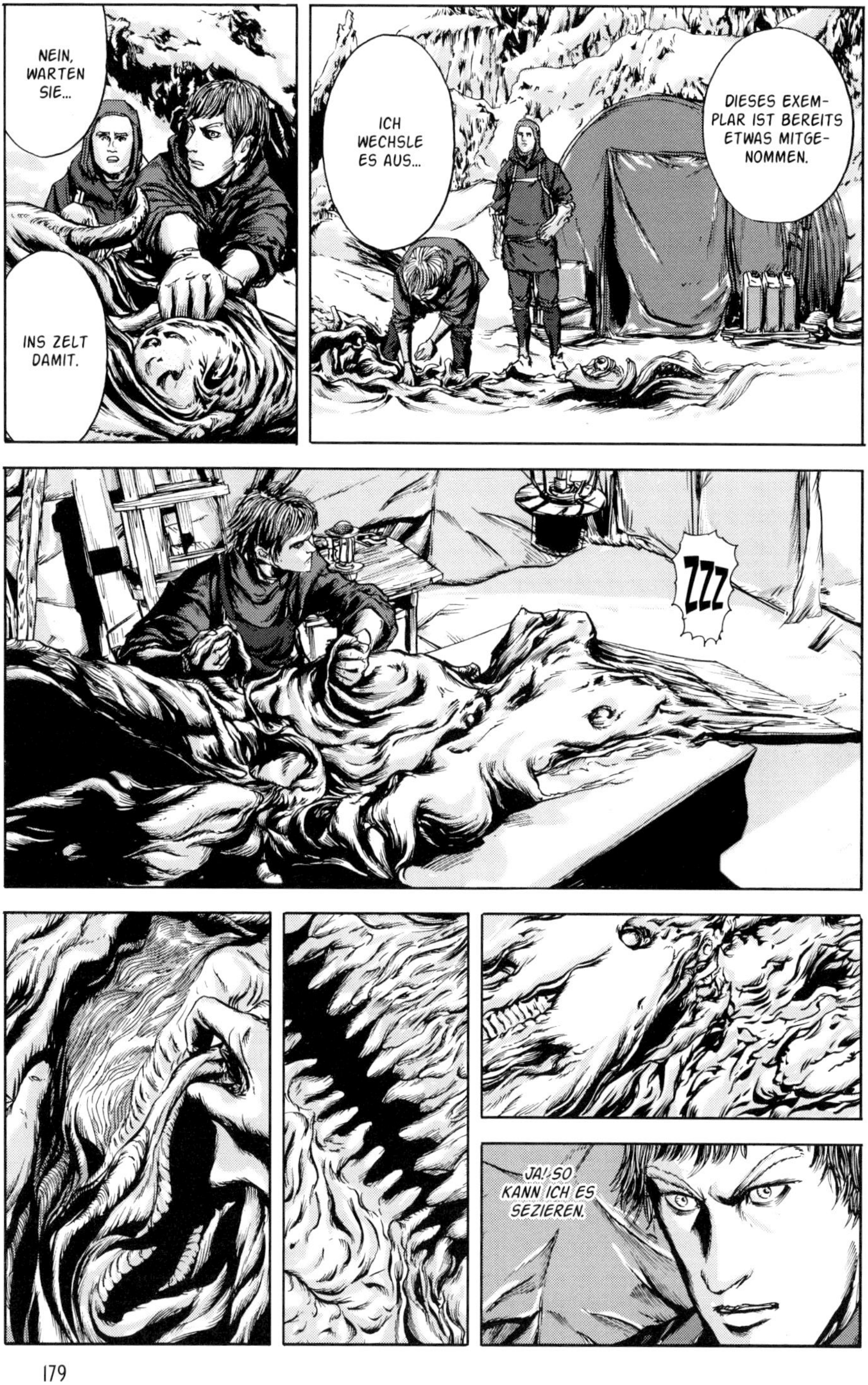
DIESES EXEMPLAR IST BEREITS ETWAS MITGENOMMEN.
ICH WECHSLE ES AUS...
NEIN, WARTEN SIE...
INS ZELT DAMIT.
ZZZ
JA! SO KANN ICH ES SEZIEREN.

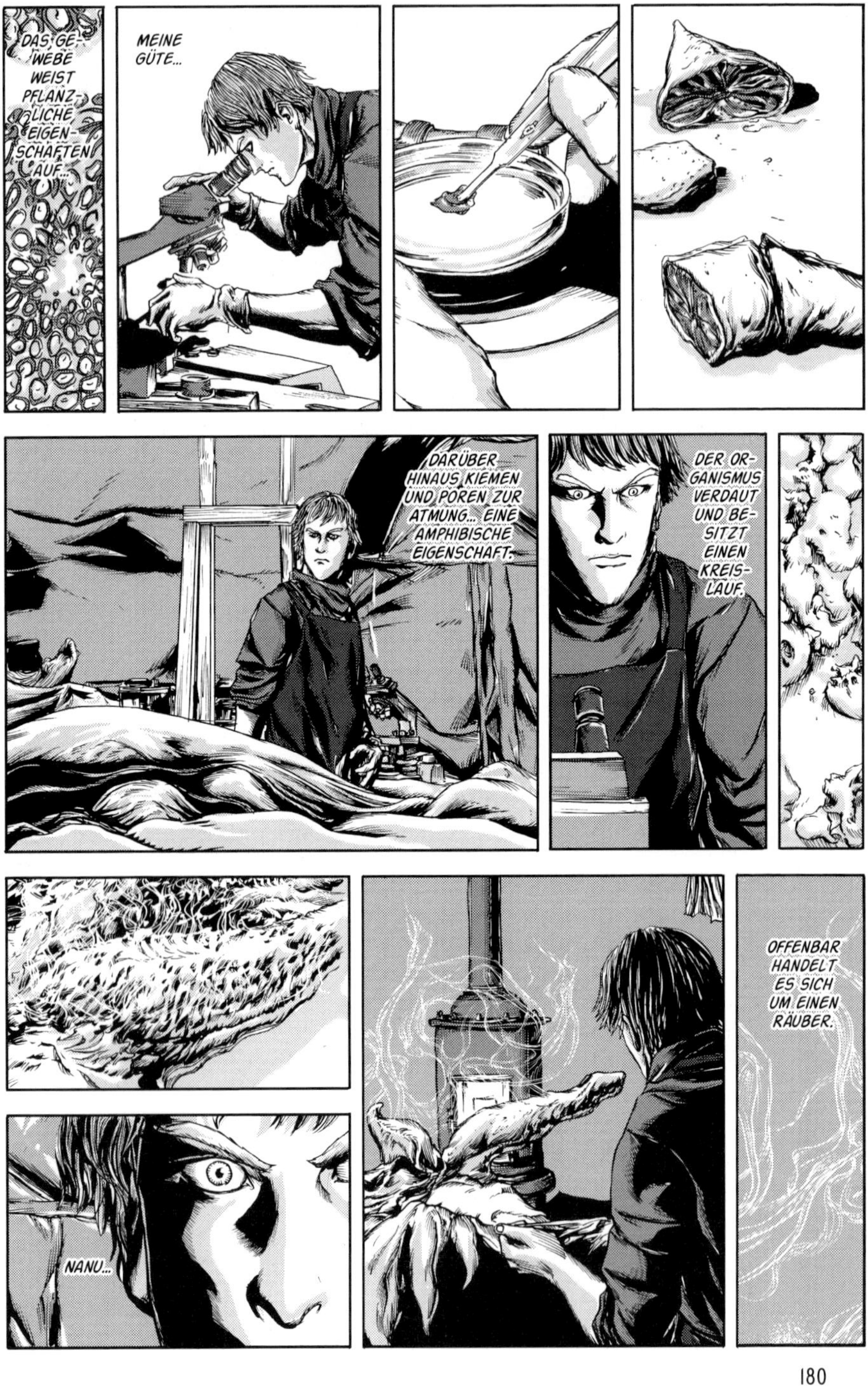
DAS GE-WEBE WEIST PFLANZ-LICHE EIGEN-SCHAFTEN AUF...
MEINE GÜTE...
DARÜBER HINAUS KIEMEN UND POREN ZUR ATMUNG... EINE AMPHIBISCHE EIGENSCHAFT.
DER OR-GANISMUS VERDAUT UND BE-SITZT EINEN KREIS-LAUF.
NANU...
OFFENBAR HANDELT ES SICH UM EINEN RÄUBER.

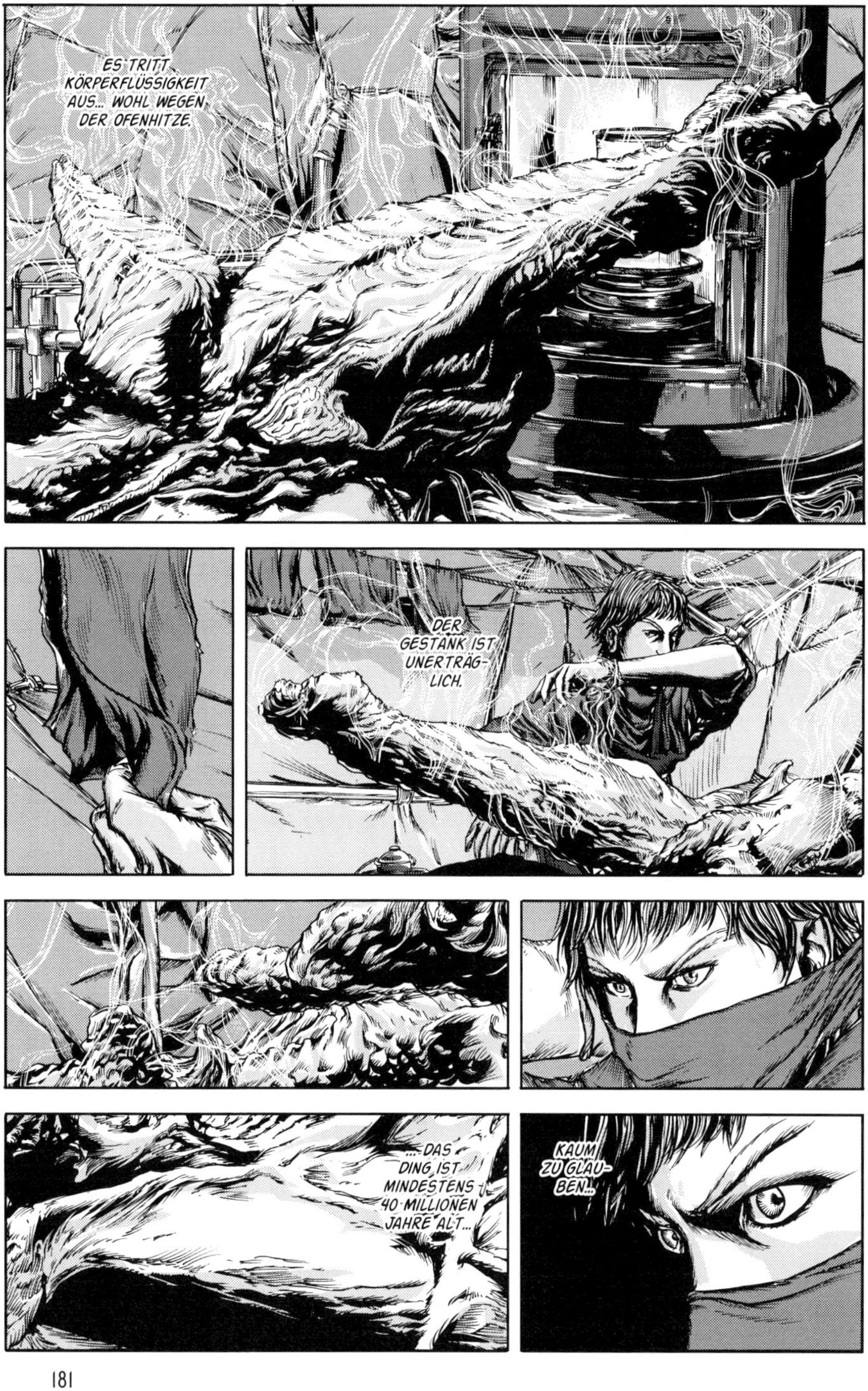
ES TRITT KÖRPERFLÜSSIGKEIT AUS... WOHL WEGEN DER OFENHITZE.
DER GESTANK IST UNERTRÄGLICH.
...DAS DING IST MINDESTENS 40 MILLIONEN JAHRE ALT...
KAUM ZU GLAUBEN...

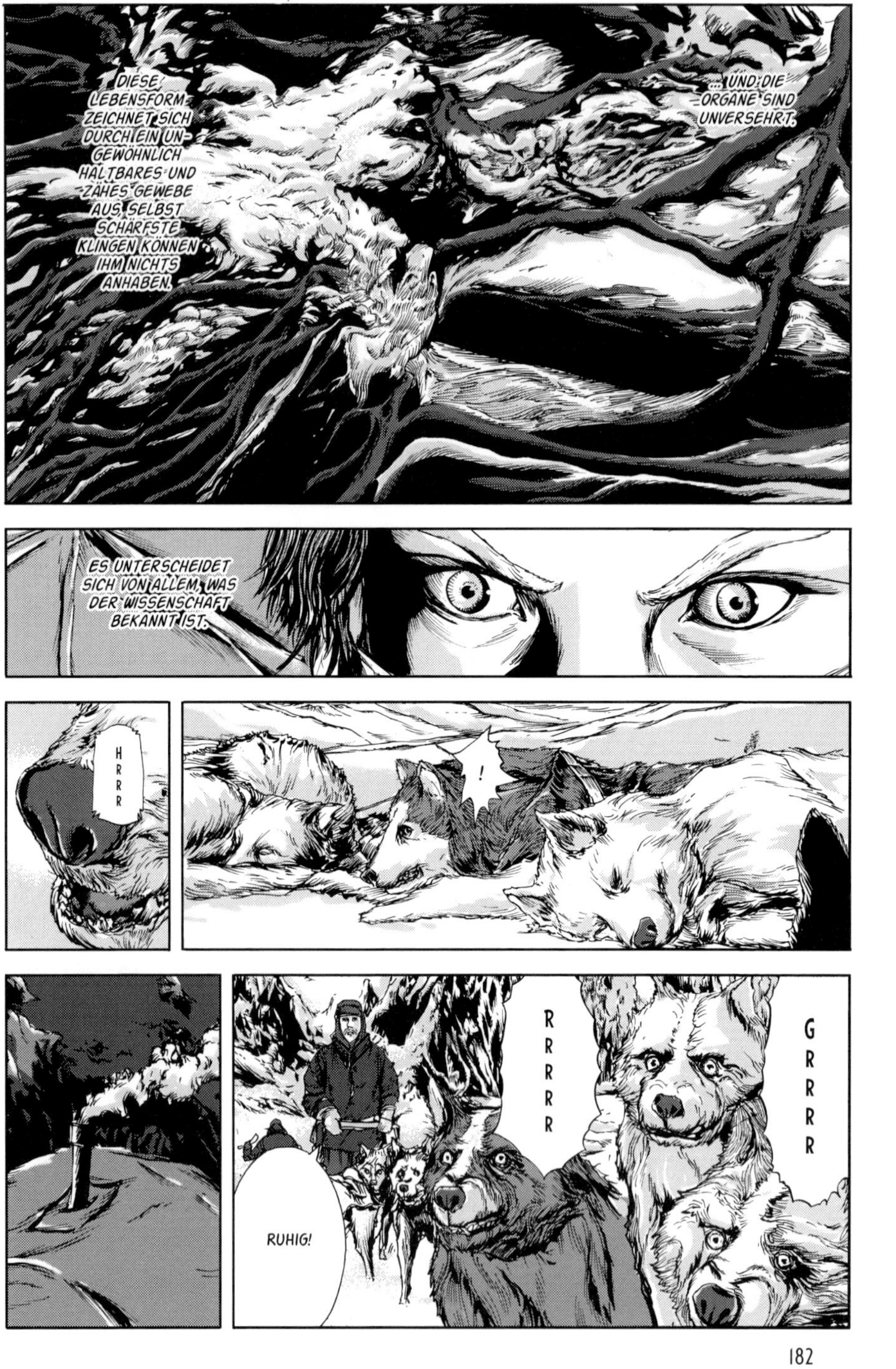
DIESE LEBENSFORM ZEICHNET SICH DURCH EIN UNGEWÖHNLICH HALTBARES UND ZÄHES GEWEBE AUS. SELBST SCHÄRFSTE KLINGEN KÖNNEN IHM NICHTS ANHABEN.
... UND DIE ORGANE SIND UNVERSEHRT.
ES UNTERSCHEIDET SICH VON ALLEM, WAS DER WISSENSCHAFT BEKANNT IST.
HRRR
!
RRRRR
GRRRR
RUHIG!

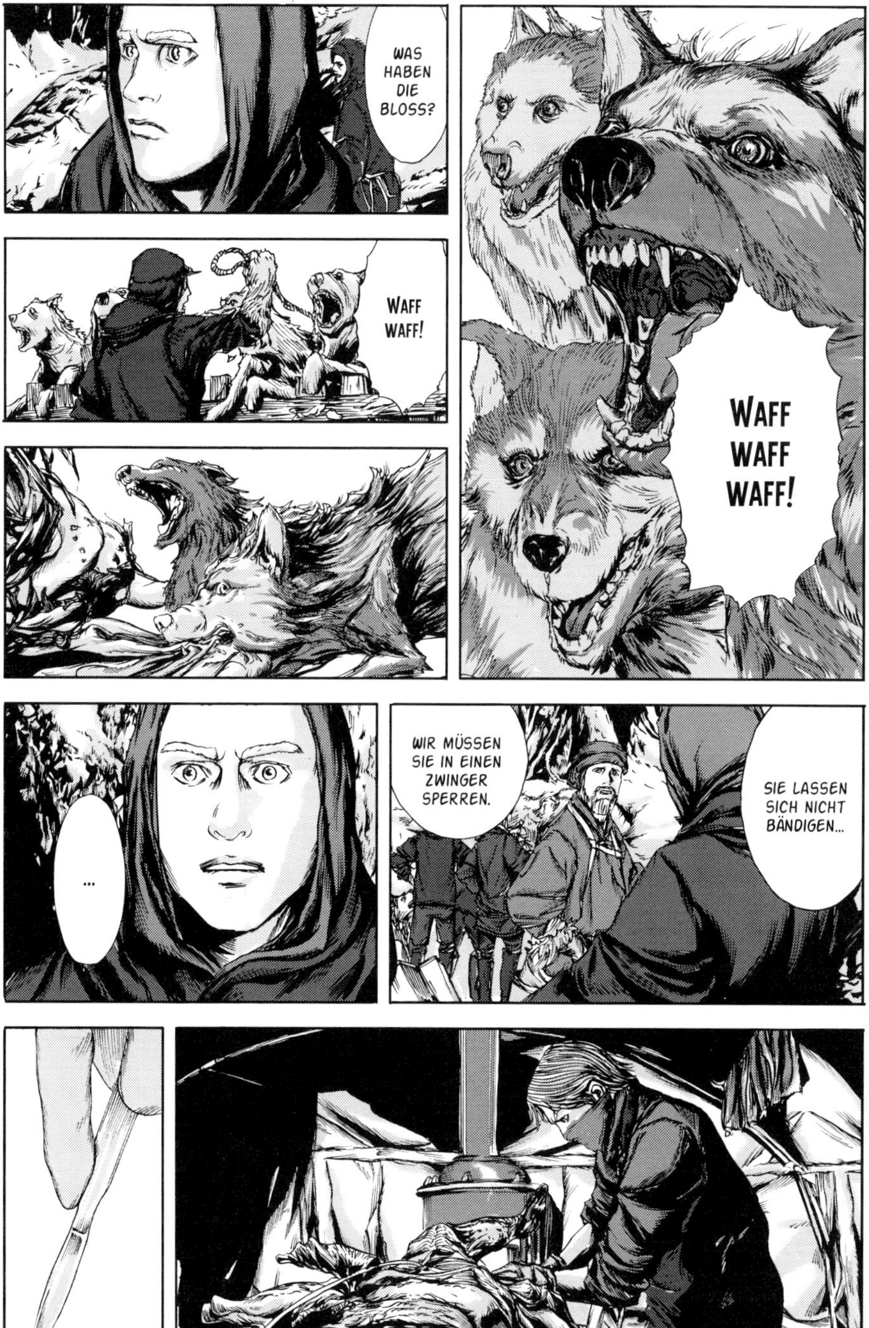

WAS HABEN DIE BLOSS?
WAFF WAFF!
WAFF WAFF WAFF!
...
WIR MÜSSEN SIE IN EINEN ZWINGER SPERREN.
SIE LASSEN SICH NICHT BÄNDIGEN...

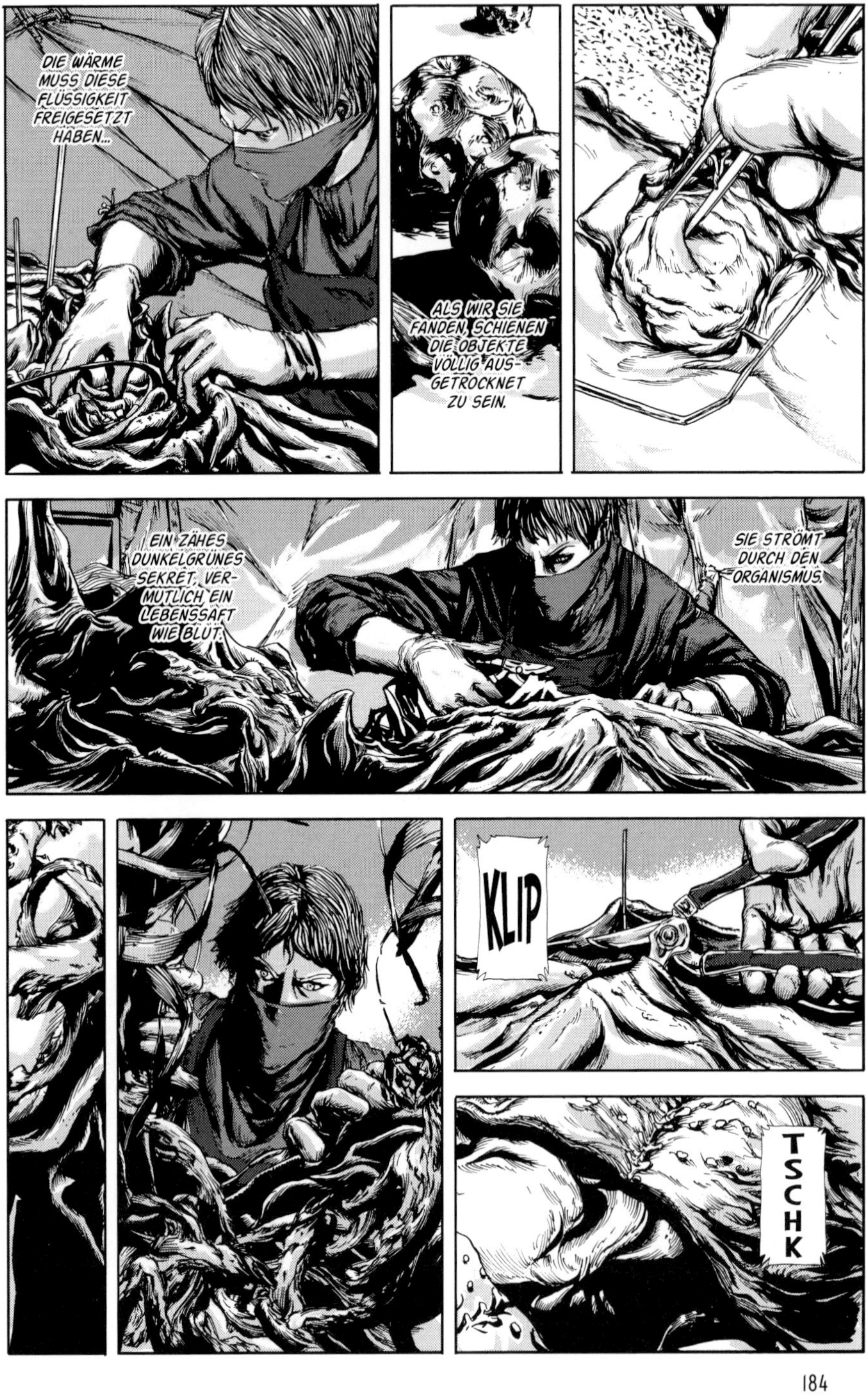
DIE WÄRME MUSS DIESE FLÜSSIGKEIT FREIGESETZT HABEN…
ALS WIR SIE FANDEN, SCHIENEN DIE OBJEKTE VÖLLIG AUS-GETROCKNET ZU SEIN.
EIN ZÄHES DUNKELGRÜNES SEKRET. VER-MUTLICH EIN LEBENSSAFT WIE BLUT.
SIE STRÖMT DURCH DEN ORGANISMUS.
KLIP
TSCHK

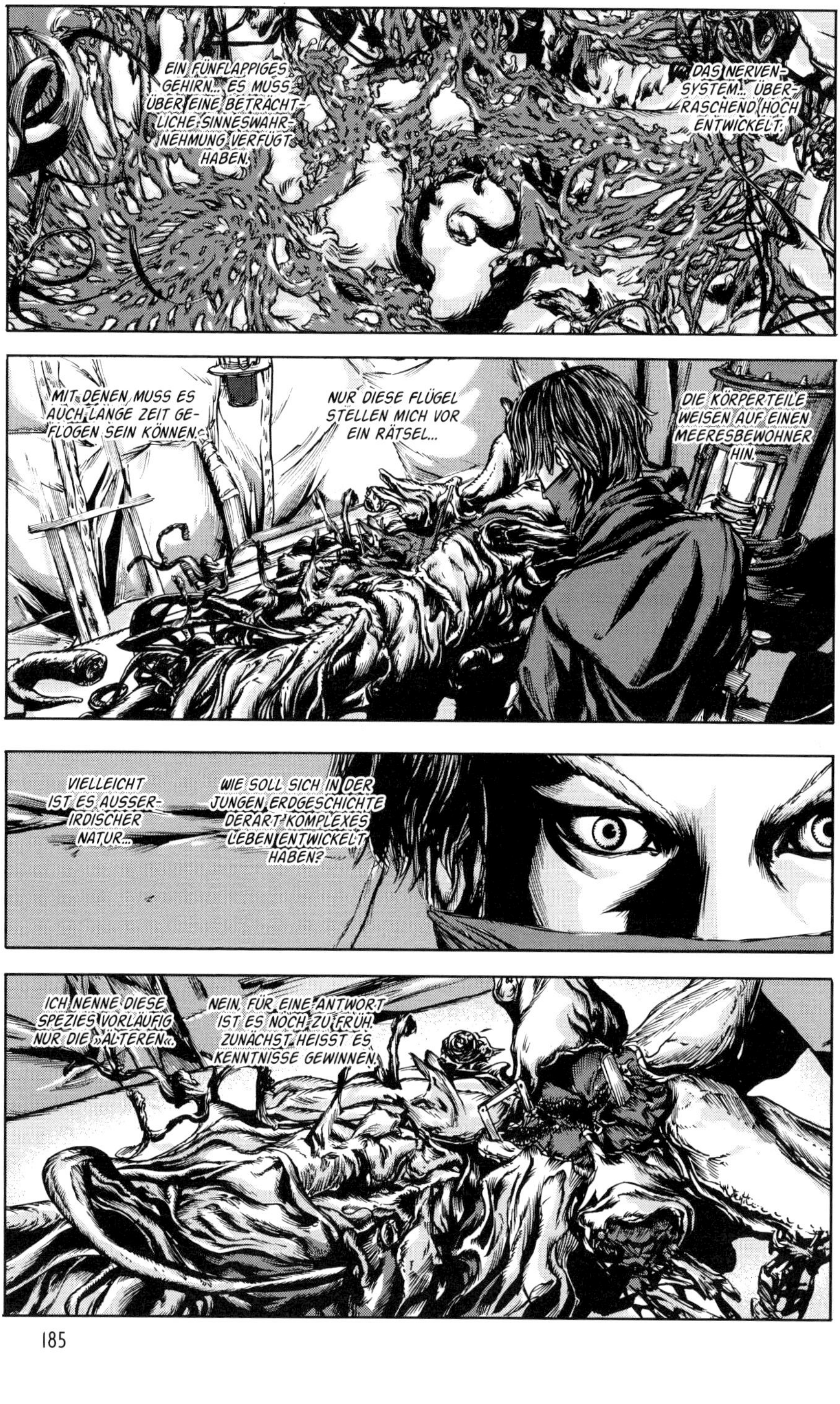
DAS NERVENSYSTEM... ÜBERRASCHEND HOCH ENTWICKELT.
EIN FÜNFLAPPIGES GEHIRN... ES MUSS ÜBER EINE BETRÄCHTLICHE SINNESWAHRNEHMUNG VERFÜGT HABEN.
DIE KÖRPERTEILE WEISEN AUF EINEN MEERESBEWOHNER HIN.
NUR DIESE FLÜGEL STELLEN MICH VOR EIN RÄTSEL...
MIT DENEN MUSS ES AUCH LANGE ZEIT GEFLOGEN SEIN KÖNNEN.
WIE SOLL SICH IN DER JUNGEN ERDGESCHICHTE DERART KOMPLEXES LEBEN ENTWICKELT HABEN?
VIELLEICHT IST ES AUSSERIRDISCHER NATUR...
NEIN, FÜR EINE ANTWORT IST ES NOCH ZU FRÜH. ZUNÄCHST HEISST ES KENNTNISSE GEWINNEN.
ICH NENNE DIESE SPEZIES VORLÄUFIG NUR DIE »ÄLTEREN«.

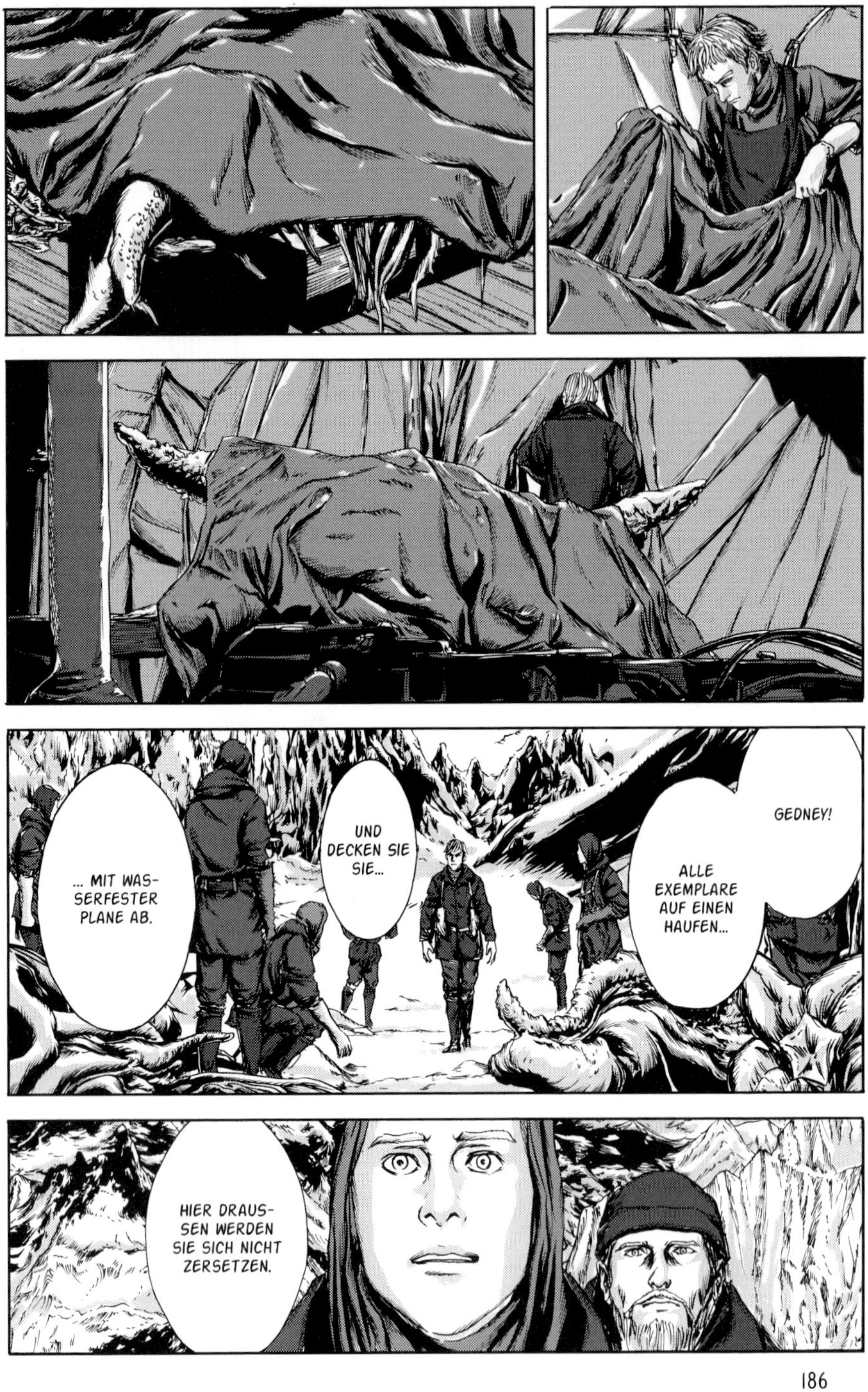
GEDNEY!
ALLE EXEMPLARE AUF EINEN HAUFEN...
UND DECKEN SIE SIE...
... MIT WAS-SERFESTER PLANE AB.
HIER DRAUS-SEN WERDEN SIE SICH NICHT ZERSETZEN.

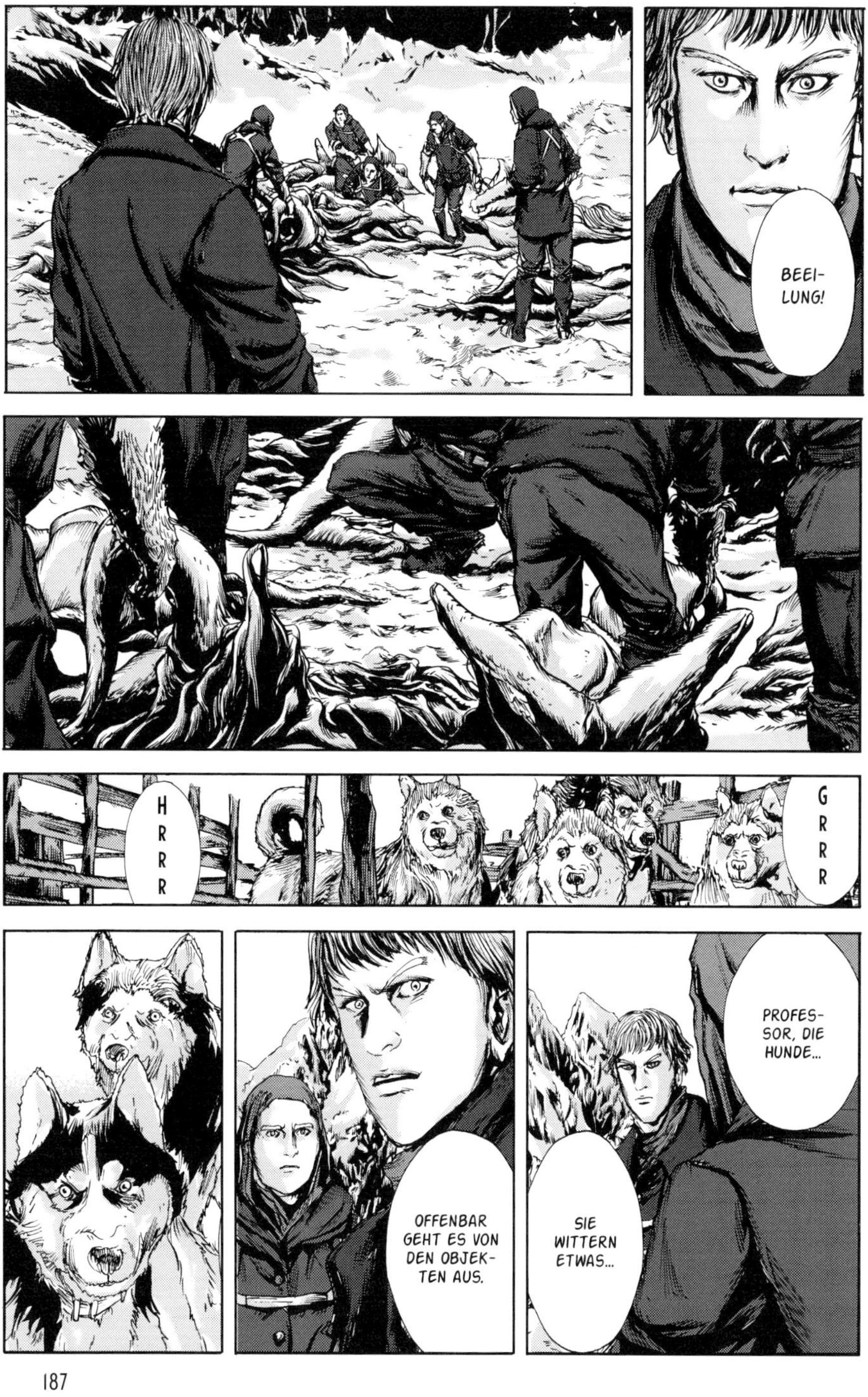

BEEI-
LUNG!
HRRR
GRRR
PROFES-
SOR, DIE
HUNDE...
SIE
WITTERN
ETWAS...
OFFENBAR
GEHT ES VON
DEN OBJEK-
TEN AUS.

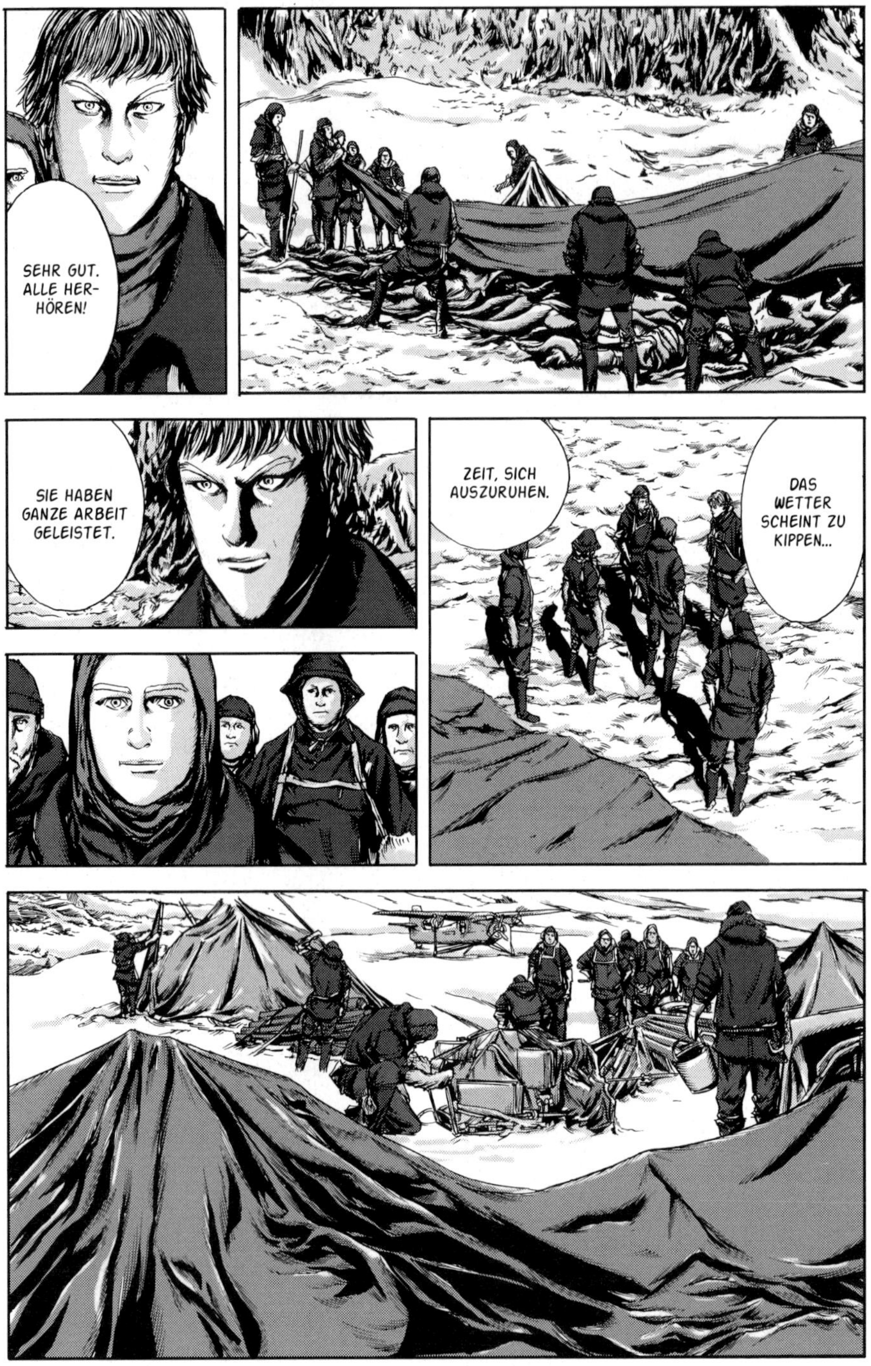
SEHR GUT. ALLE HER-HÖREN!
SIE HABEN GANZE ARBEIT GELEISTET.
DAS WETTER SCHEINT ZU KIPPEN...
ZEIT, SICH AUSZURUHEN.

8 EINE NOTSITUATION

The Very Emergency

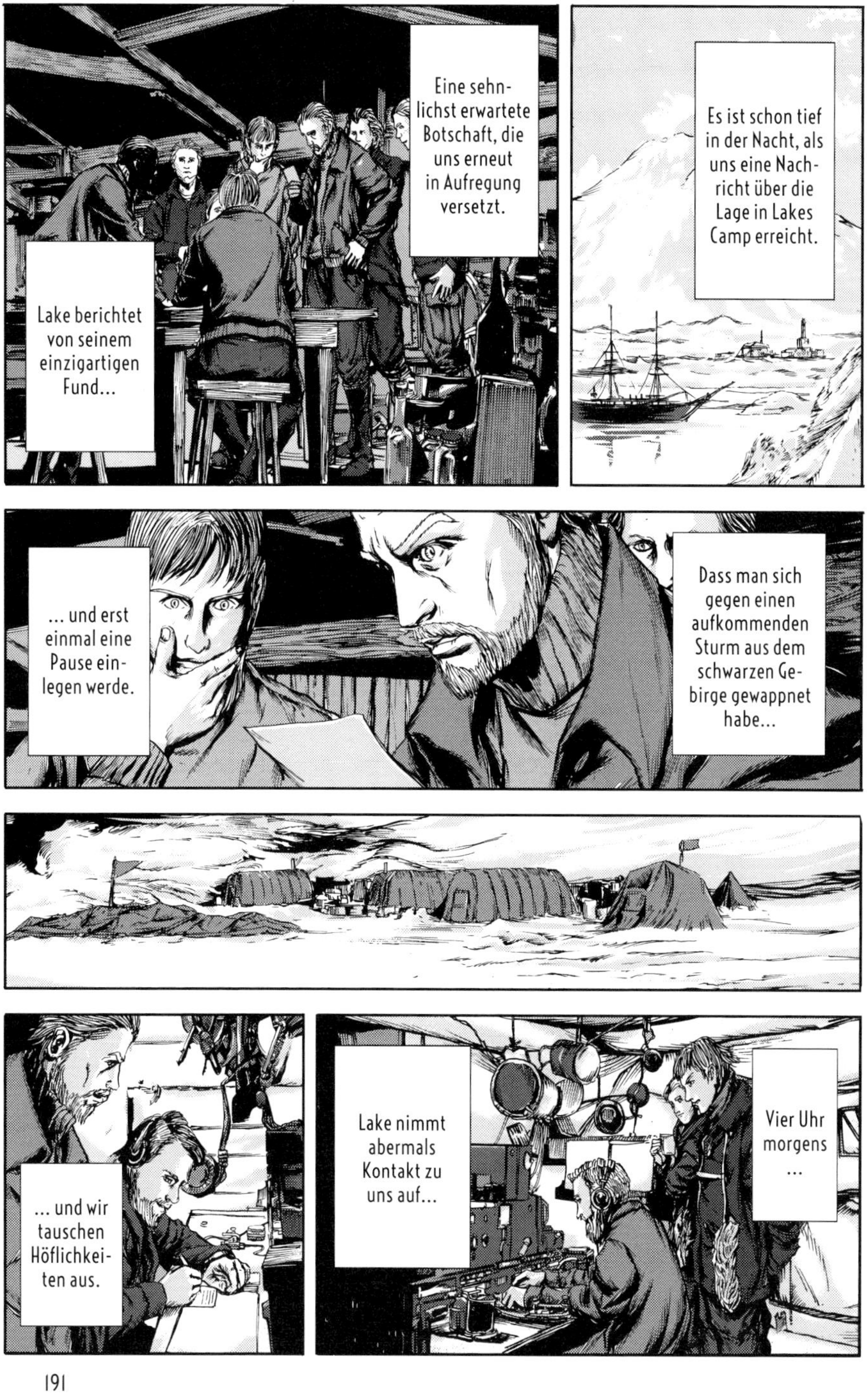
Es ist schon tief in der Nacht, als uns eine Nachricht über die Lage in Lakes Camp erreicht.
Eine sehnlichst erwartete Botschaft, die uns erneut in Aufregung versetzt.
Lake berichtet von seinem einzigartigen Fund...
Dass man sich gegen einen aufkommenden Sturm aus dem schwarzen Gebirge gewappnet habe...
... und erst einmal eine Pause einlegen werde.
Vier Uhr morgens ...
Lake nimmt abermals Kontakt zu uns auf...
... und wir tauschen Höflichkeiten aus.

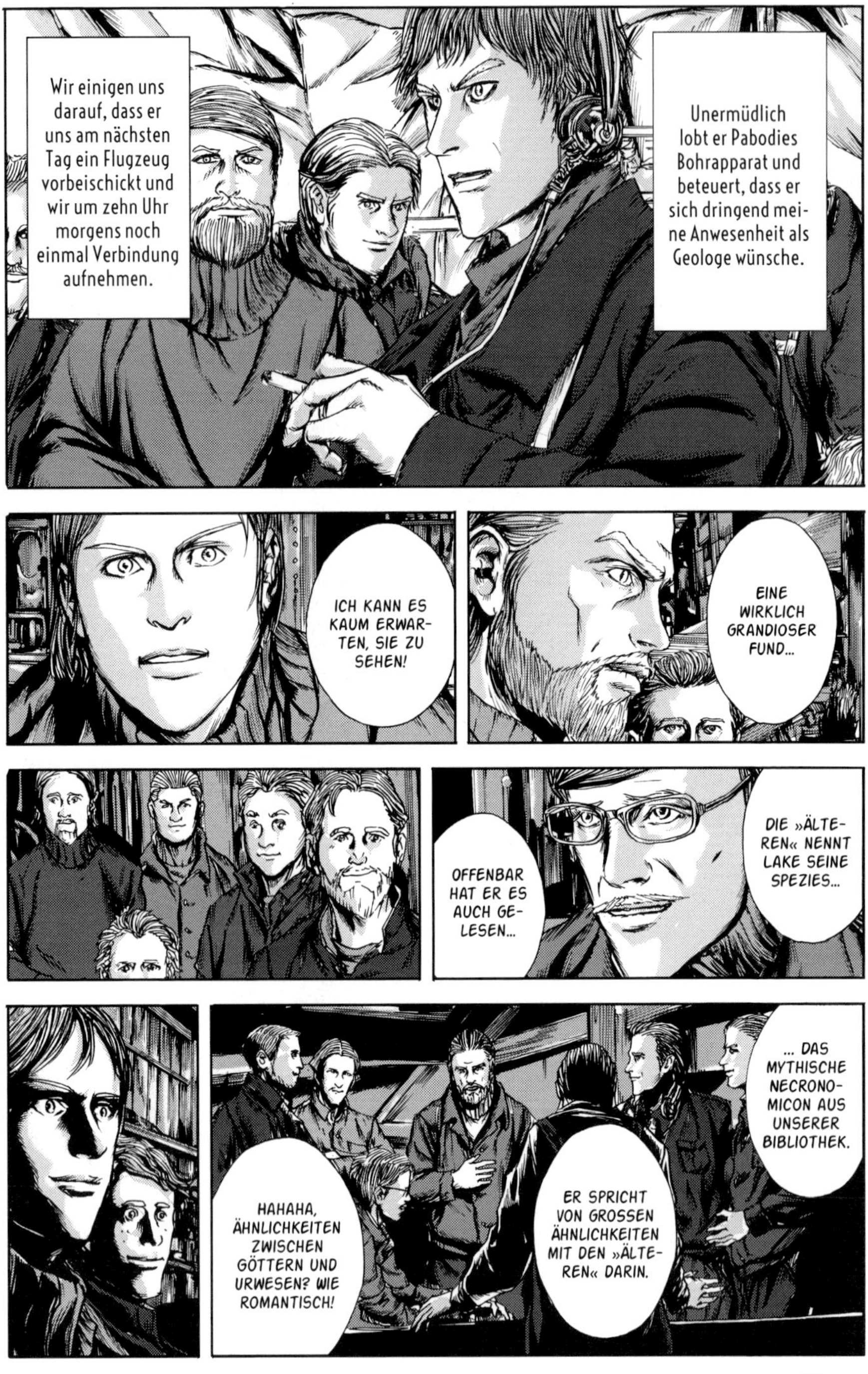
Wir einigen uns darauf, dass er uns am nächsten Tag ein Flugzeug vorbeischickt und wir um zehn Uhr morgens noch einmal Verbindung aufnehmen.
Unermüdlich lobt er Pabodies Bohrapparat und beteuert, dass er sich dringend meine Anwesenheit als Geologe wünsche.
ICH KANN ES KAUM ERWARTEN, SIE ZU SEHEN!
EINE WIRKLICH GRANDIOSER FUND…
DIE »ÄLTEREN« NENNT LAKE SEINE SPEZIES…
OFFENBAR HAT ER ES AUCH GELESEN…
… DAS MYTHISCHE NECRONOMICON AUS UNSERER BIBLIOTHEK.
ER SPRICHT VON GROSSEN ÄHNLICHKEITEN MIT DEN »ÄLTEREN« DARIN.
HAHAHA, ÄHNLICHKEITEN ZWISCHEN GÖTTERN UND URWESEN? WIE ROMANTISCH!

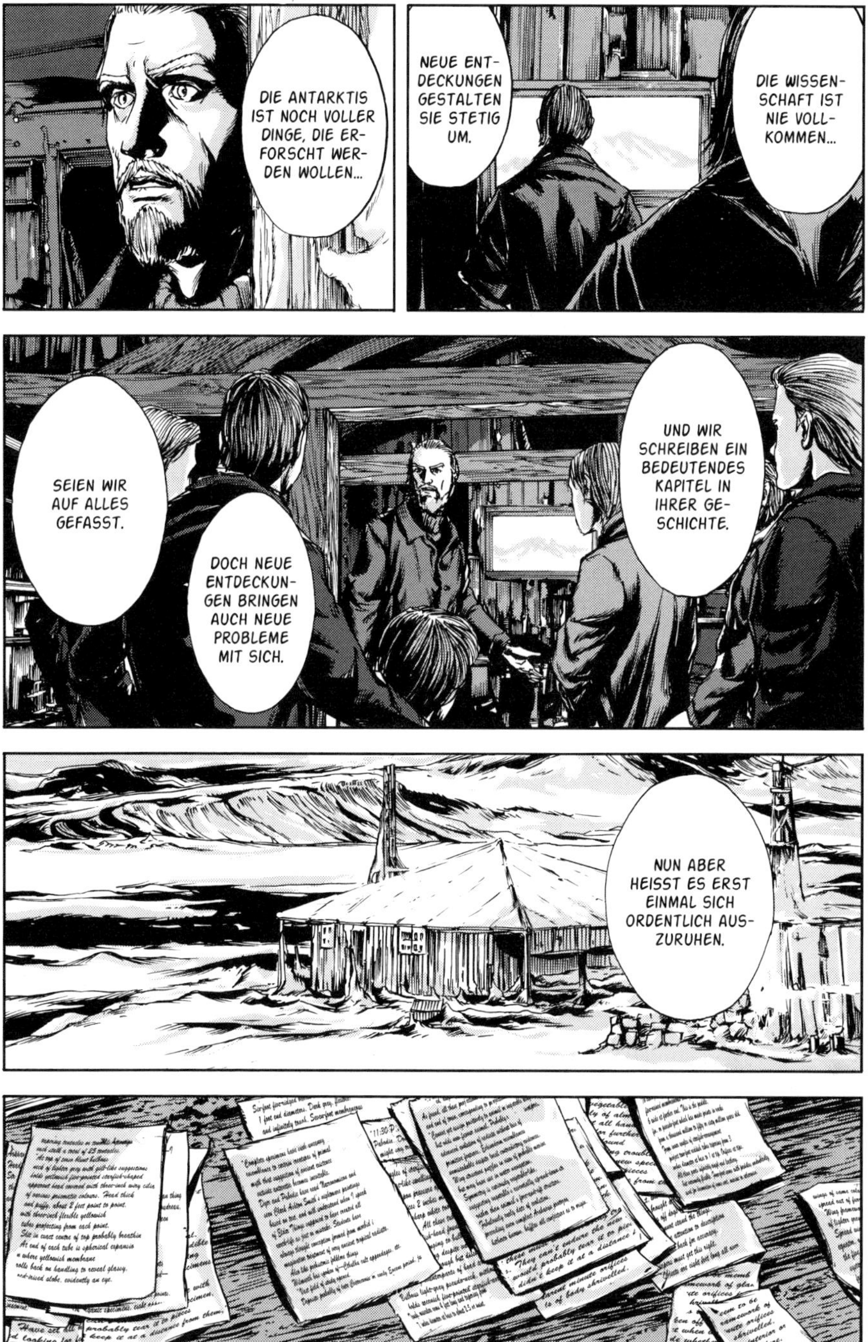
DIE ANTARKTIS IST NOCH VOLLER DINGE, DIE ERFORSCHT WERDEN WOLLEN...
DIE WISSENSCHAFT IST NIE VOLLKOMMEN...
NEUE ENTDECKUNGEN GESTALTEN SIE STETIG UM.
UND WIR SCHREIBEN EIN BEDEUTENDES KAPITEL IN IHRER GESCHICHTE.
DOCH NEUE ENTDECKUNGEN BRINGEN AUCH NEUE PROBLEME MIT SICH.
SEIEN WIR AUF ALLES GEFASST.
NUN ABER HEISST ES ERST EINMAL SICH ORDENTLICH AUSZURUHEN.

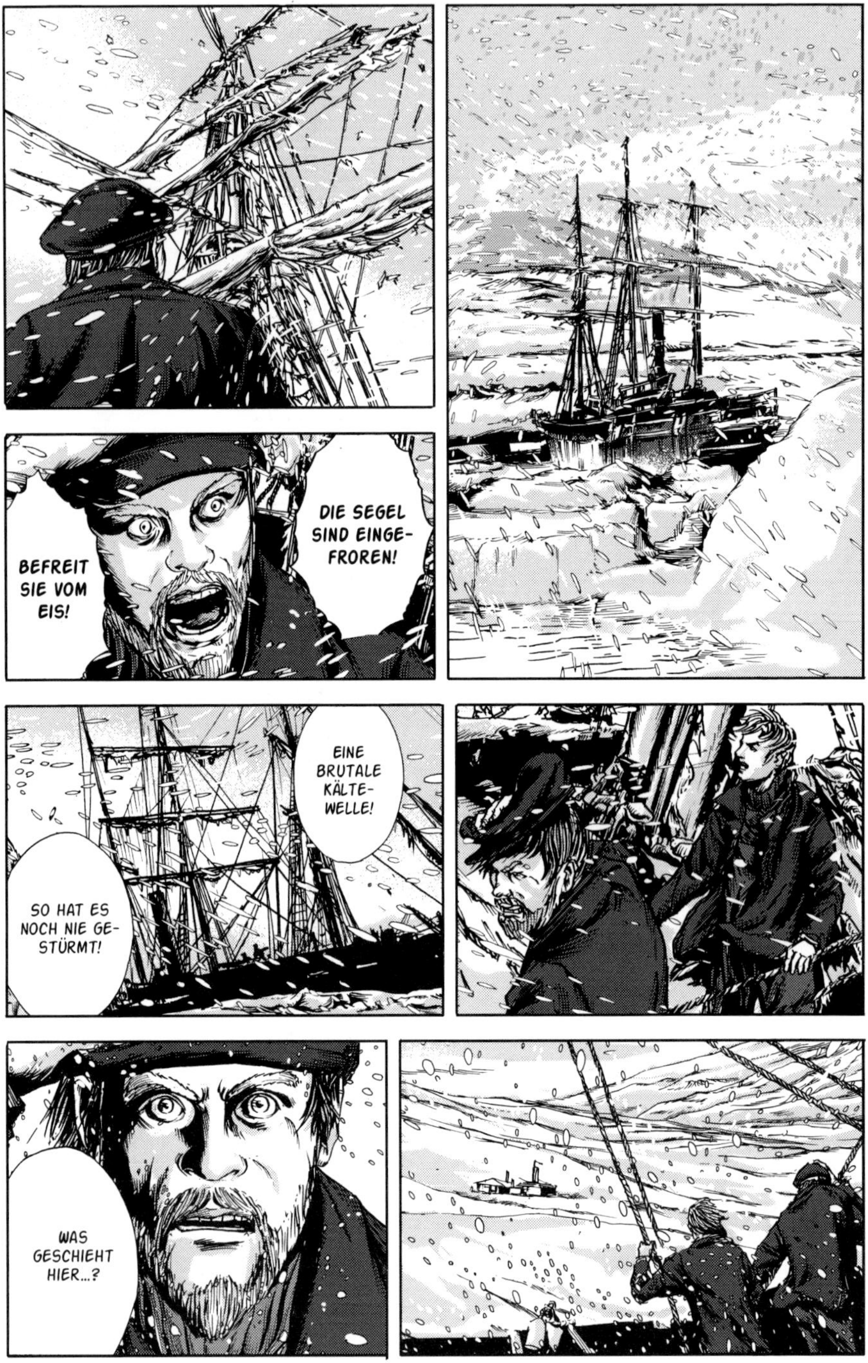

DIE SEGEL SIND EINGE-FROREN!
BEFREIT SIE VOM EIS!
EINE BRUTALE KÄLTE-WELLE!
SO HAT ES NOCH NIE GE-STÜRMT!
WAS GESCHIEHT HIER...?

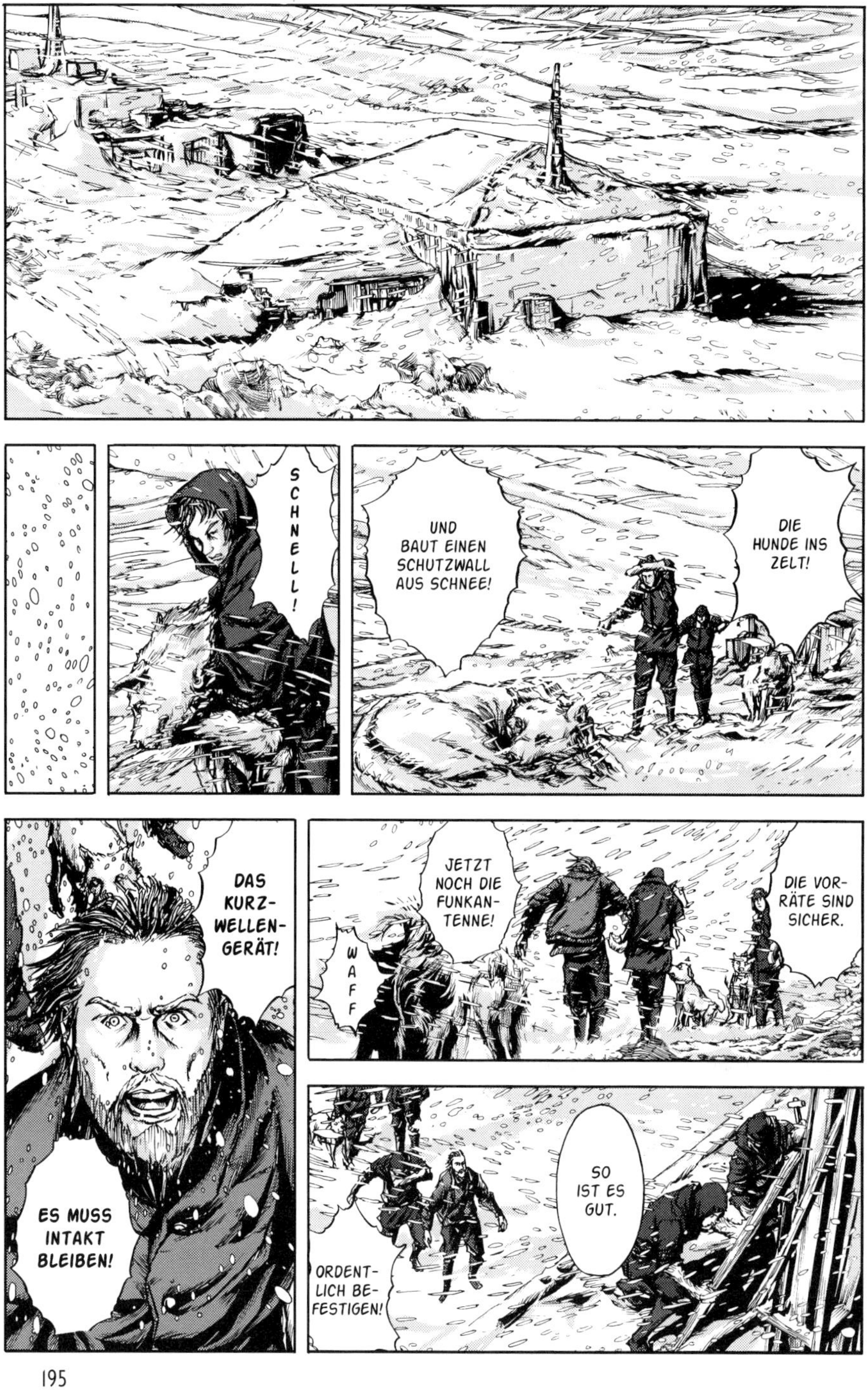
SCHNELL!
UND BAUT EINEN SCHUTZWALL AUS SCHNEE!
DIE HUNDE INS ZELT!
DAS KURZWELLEN-GERÄT!
ES MUSS INTAKT BLEIBEN!
JETZT NOCH DIE FUNKANTENNE!
WAFF
DIE VORRÄTE SIND SICHER.
SO IST ES GUT.
ORDENTLICH BEFESTIGEN!

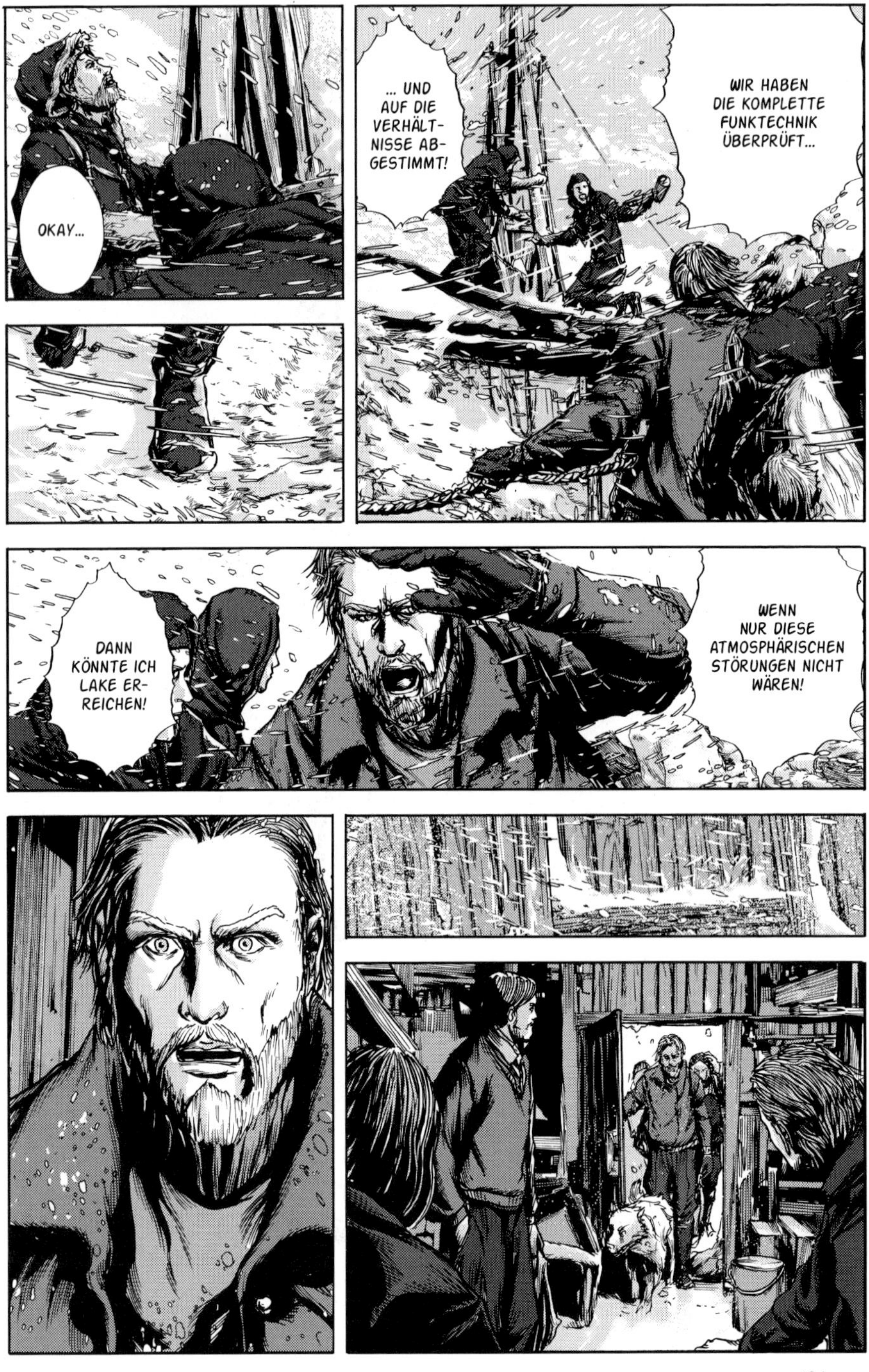
WIR HABEN DIE KOMPLETTE FUNKTECHNIK ÜBERPRÜFT...
... UND AUF DIE VERHÄLT-NISSE AB-GESTIMMT!
OKAY...
WENN NUR DIESE ATMOSPHÄRISCHEN STÖRUNGEN NICHT WÄREN!
DANN KÖNNTE ICH LAKE ER-REICHEN!

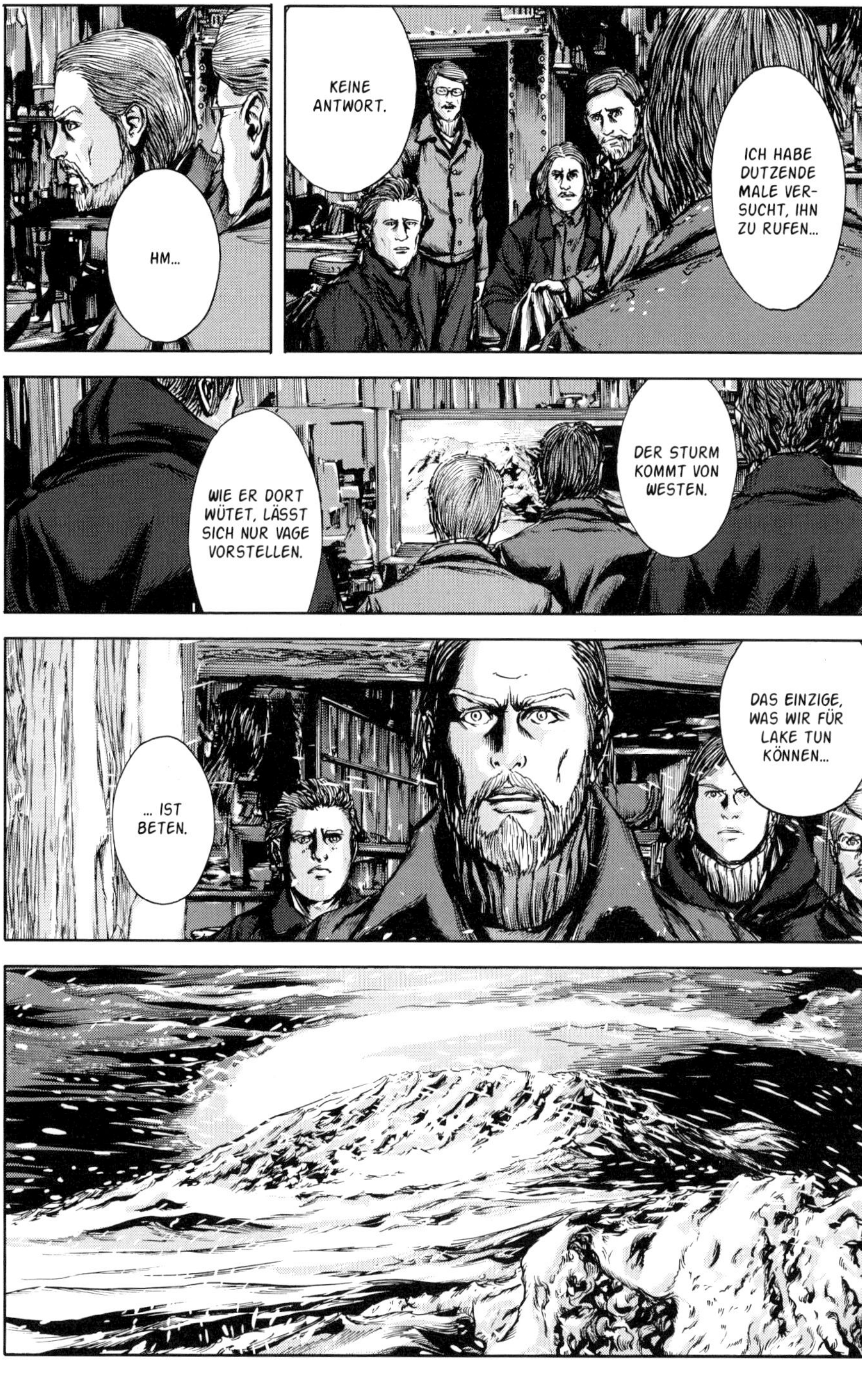
HM...
KEINE ANTWORT.
ICH HABE DUTZENDE MALE VERSUCHT, IHN ZU RUFEN...
WIE ER DORT WÜTET, LÄSST SICH NUR VAGE VORSTELLEN.
DER STURM KOMMT VON WESTEN.
DAS EINZIGE, WAS WIR FÜR LAKE TUN KÖNNEN...
... IST BETEN.

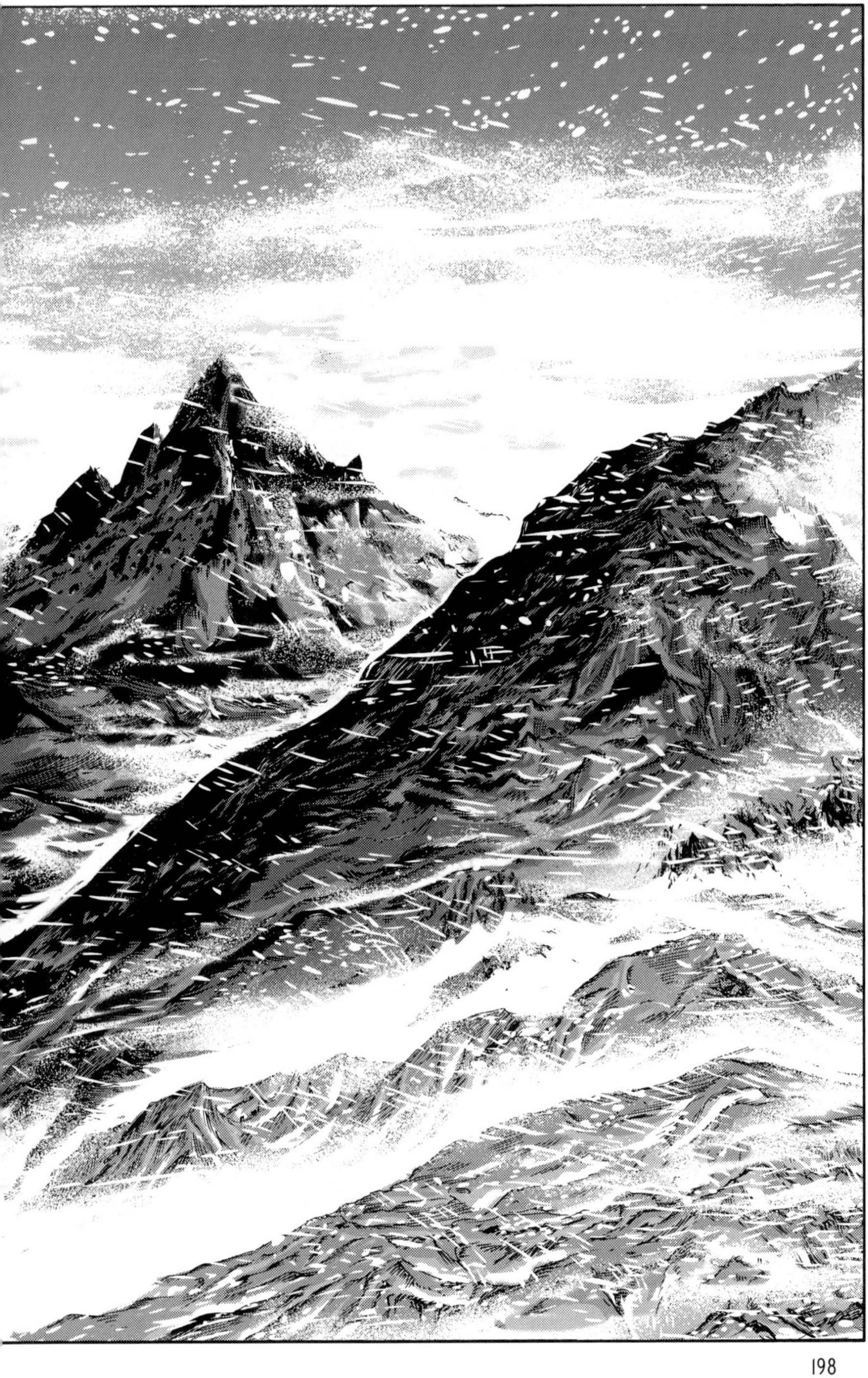

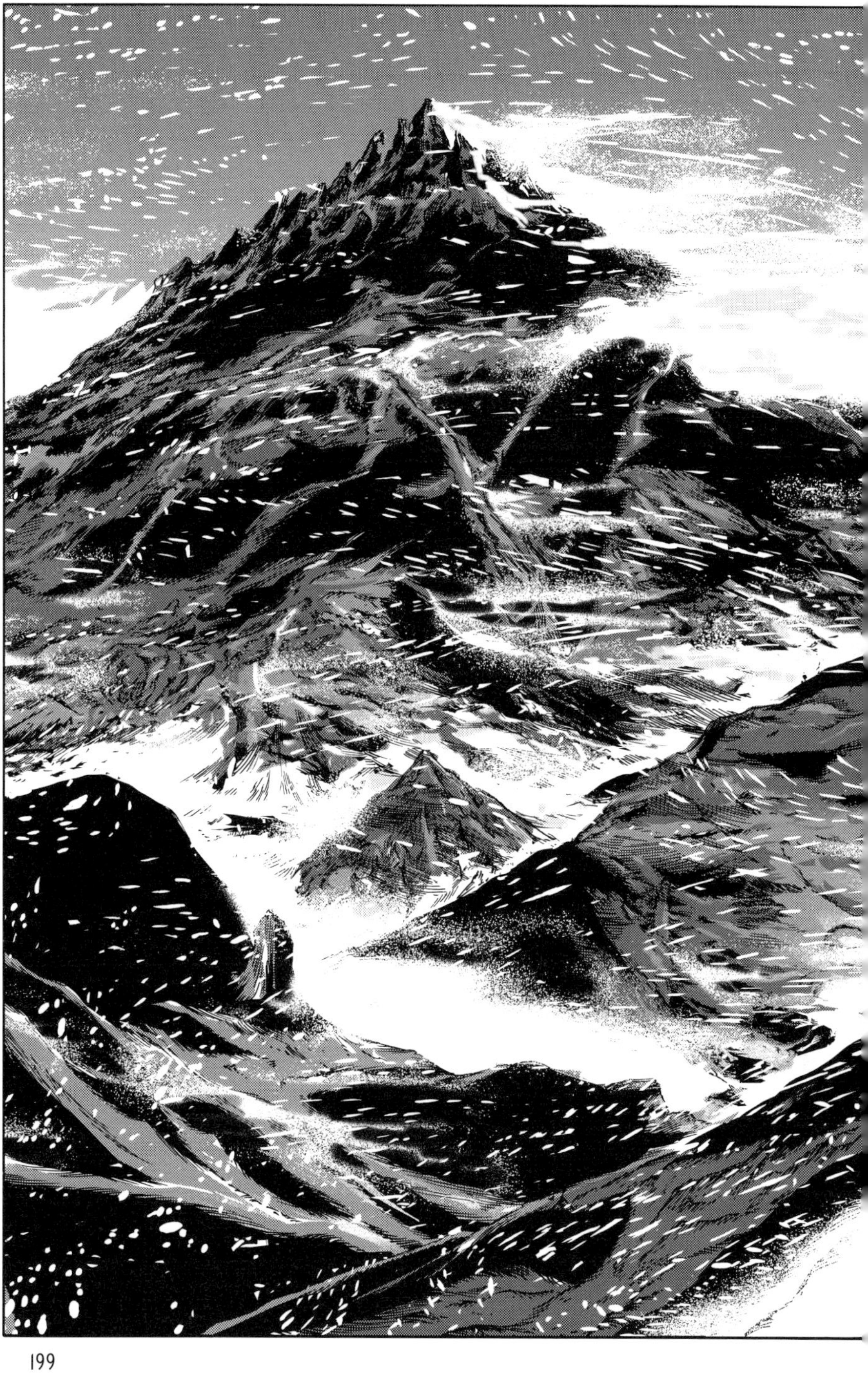

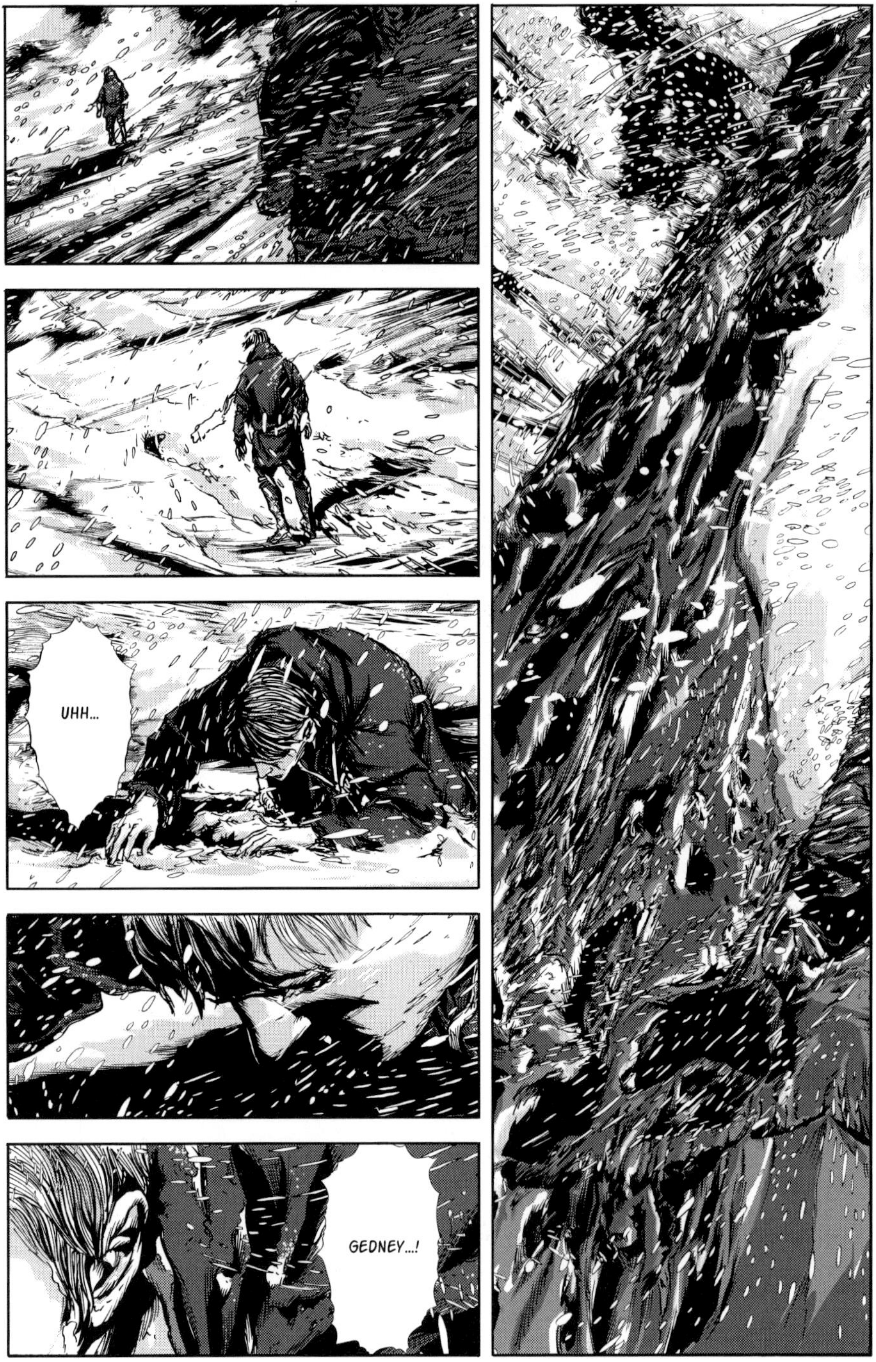
UHH...
GEDNEY...!

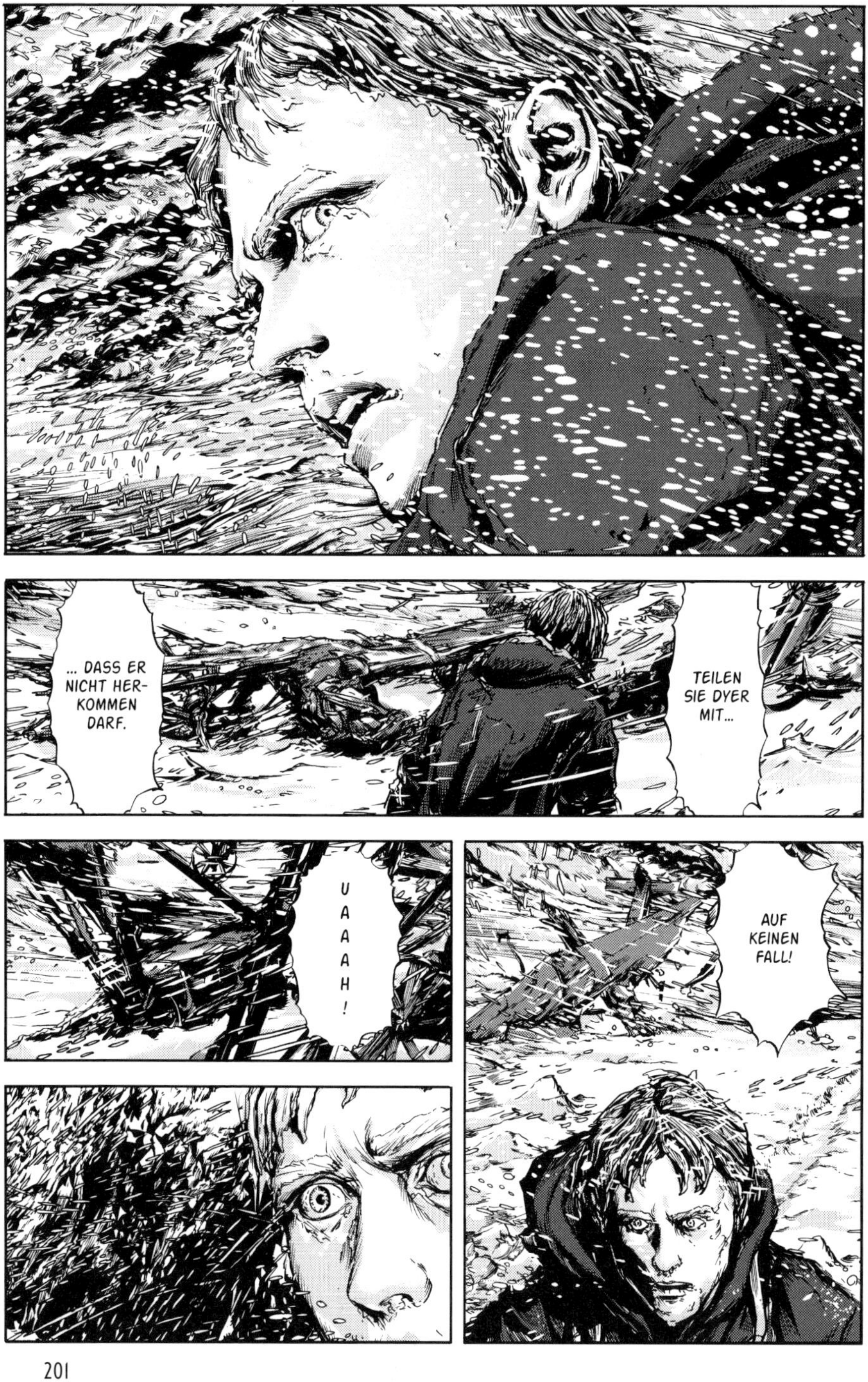
TEILEN SIE DYER MIT...
... DASS ER NICHT HER-KOMMEN DARF.
AUF KEINEN FALL!
UAAAH!

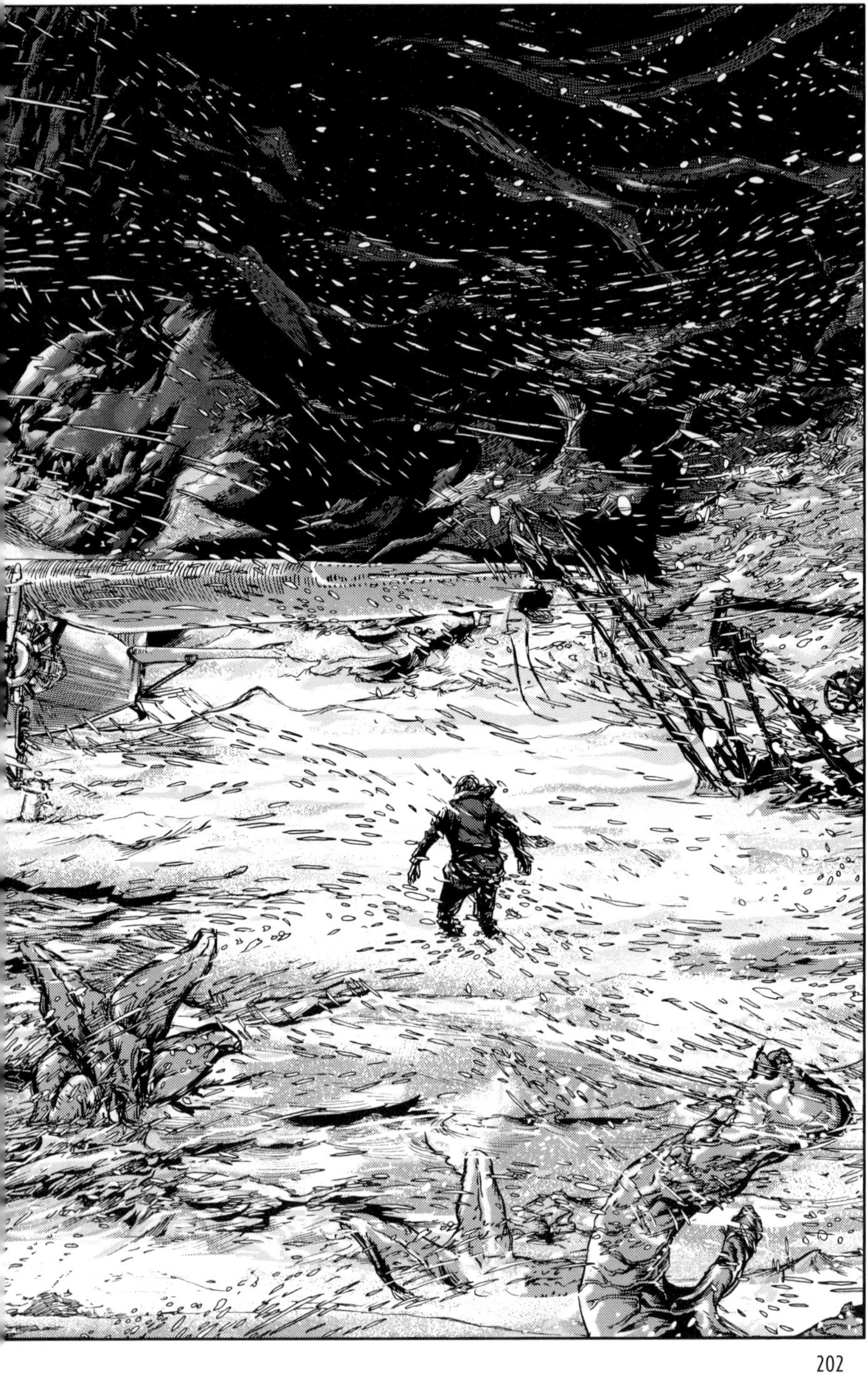

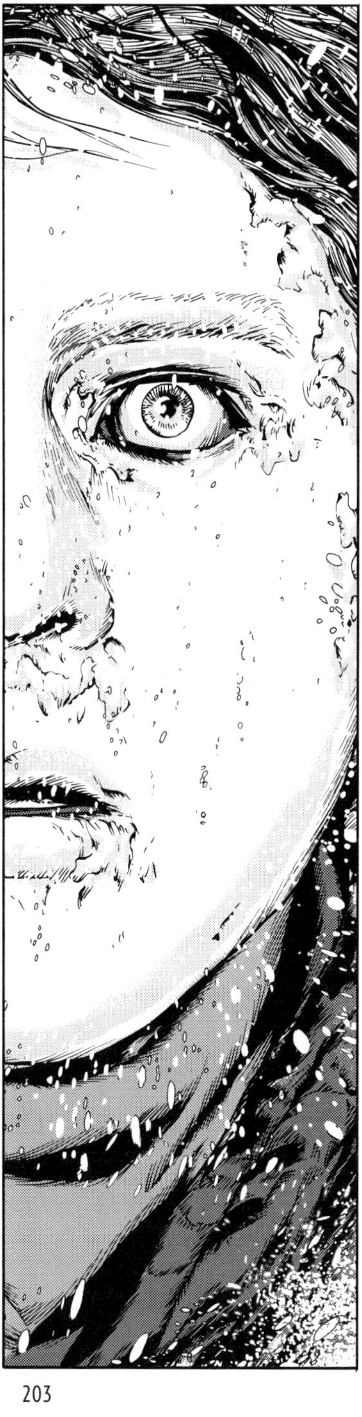

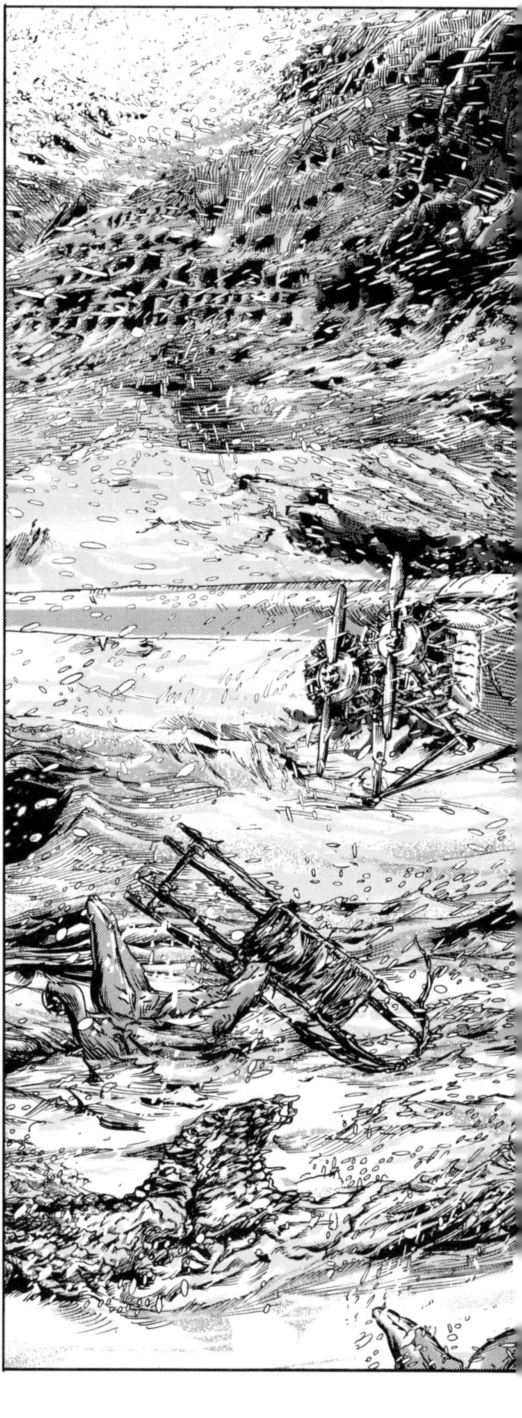

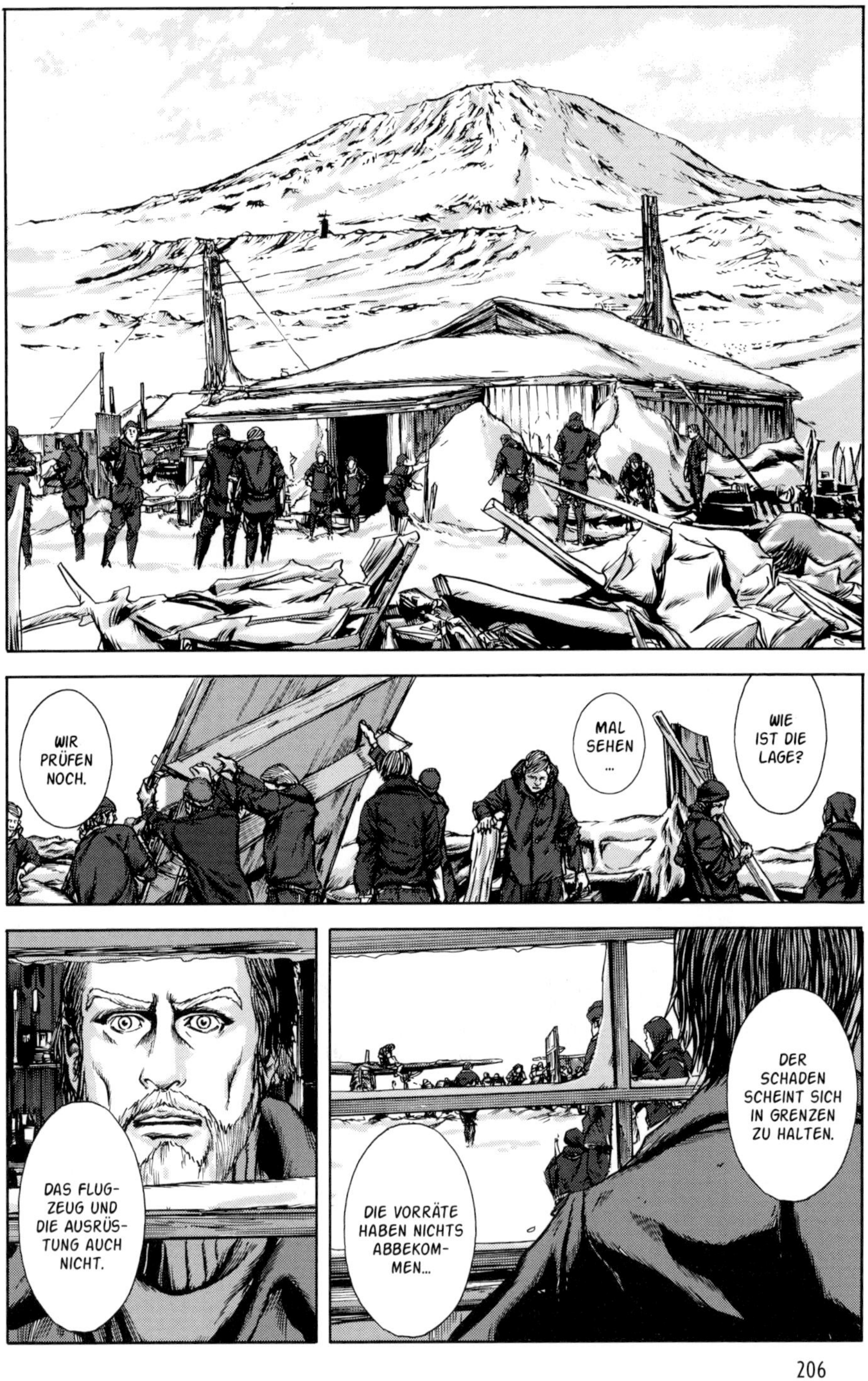
WIE IST DIE LAGE?
MAL SEHEN ...
WIR PRÜFEN NOCH.
DER SCHADEN SCHEINT SICH IN GRENZEN ZU HALTEN.
DIE VORRÄTE HABEN NICHTS ABBEKOMMEN...
DAS FLUGZEUG UND DIE AUSRÜSTUNG AUCH NICHT.

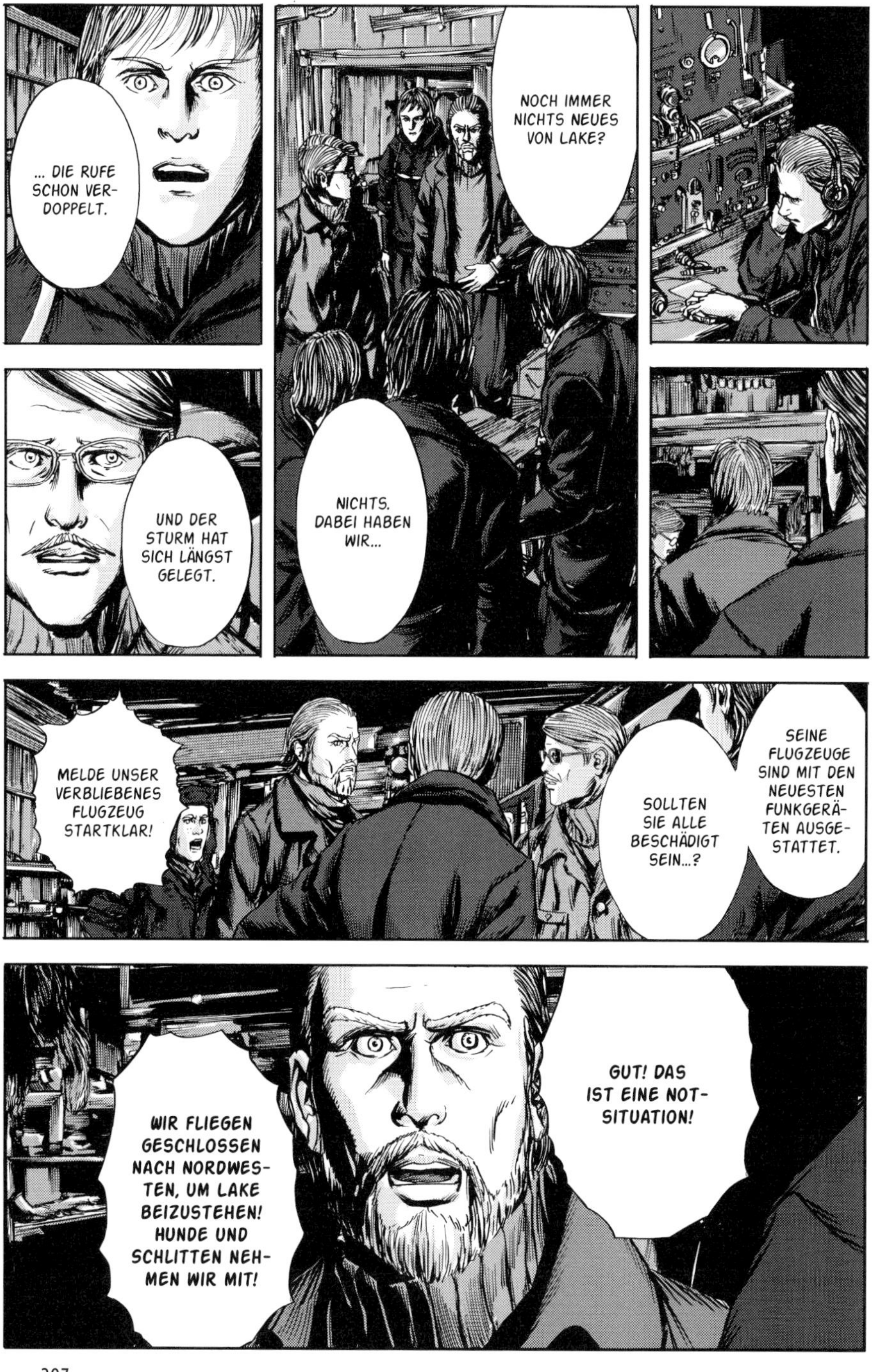
… DIE RUFE SCHON VERDOPPELT.
NOCH IMMER NICHTS NEUES VON LAKE?
UND DER STURM HAT SICH LÄNGST GELEGT.
NICHTS. DABEI HABEN WIR…
MELDE UNSER VERBLIEBENES FLUGZEUG STARTKLAR!
SOLLTEN SIE ALLE BESCHÄDIGT SEIN…?
SEINE FLUGZEUGE SIND MIT DEN NEUESTEN FUNKGERÄTEN AUSGESTATTET.
GUT! DAS IST EINE NOTSITUATION!
WIR FLIEGEN GESCHLOSSEN NACH NORDWESTEN, UM LAKE BEIZUSTEHEN! HUNDE UND SCHLITTEN NEHMEN WIR MIT!

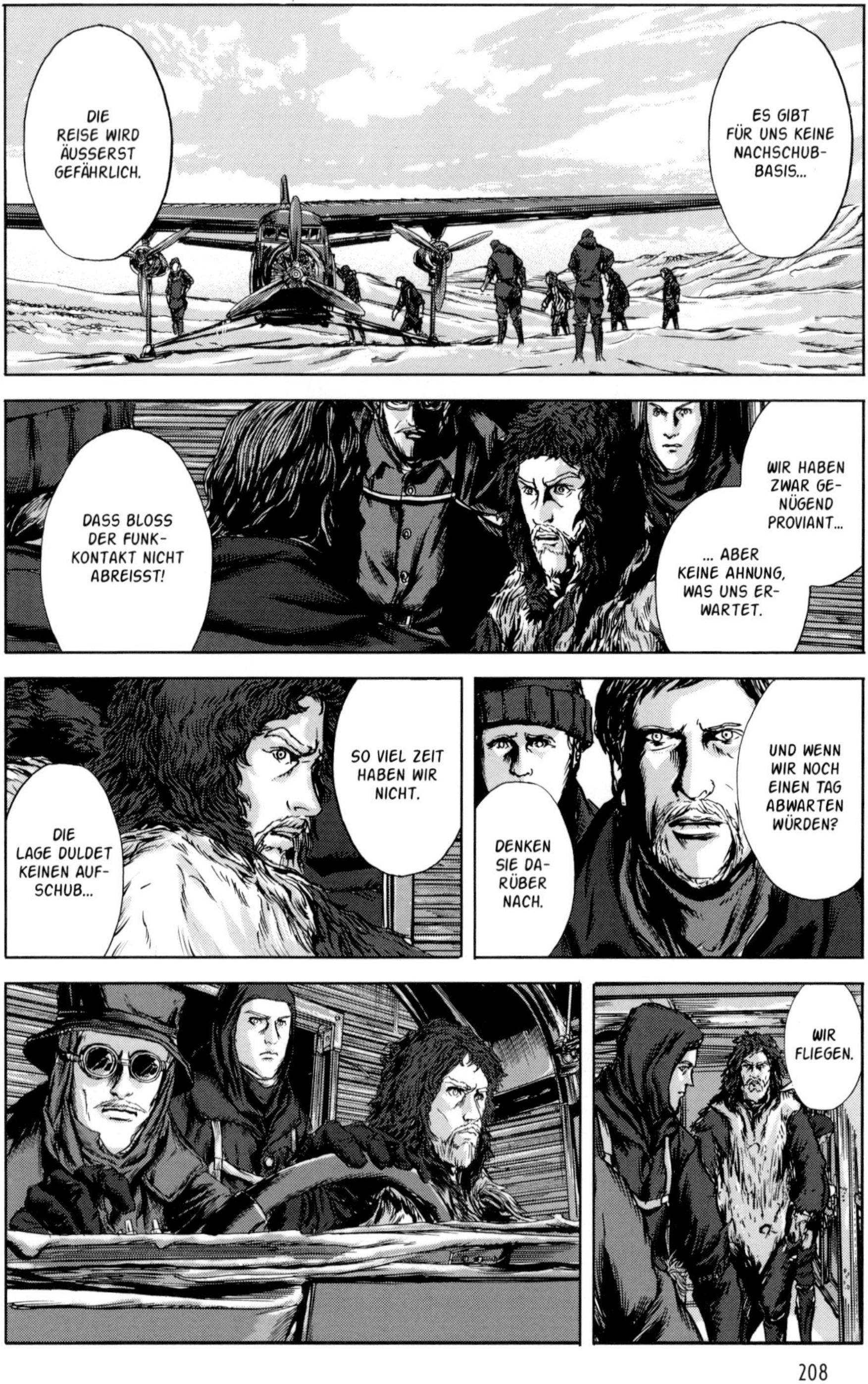
ES GIBT FÜR UNS KEINE NACHSCHUB-BASIS...
DIE REISE WIRD ÄUSSERST GEFÄHRLICH.
WIR HABEN ZWAR GE-NÜGEND PROVIANT...
... ABER KEINE AHNUNG, WAS UNS ER-WARTET.
DASS BLOSS DER FUNK-KONTAKT NICHT ABREISST!
UND WENN WIR NOCH EINEN TAG ABWARTEN WÜRDEN?
DENKEN SIE DA-RÜBER NACH.
SO VIEL ZEIT HABEN WIR NICHT.
DIE LAGE DULDET KEINEN AUF-SCHUB...
WIR FLIEGEN.

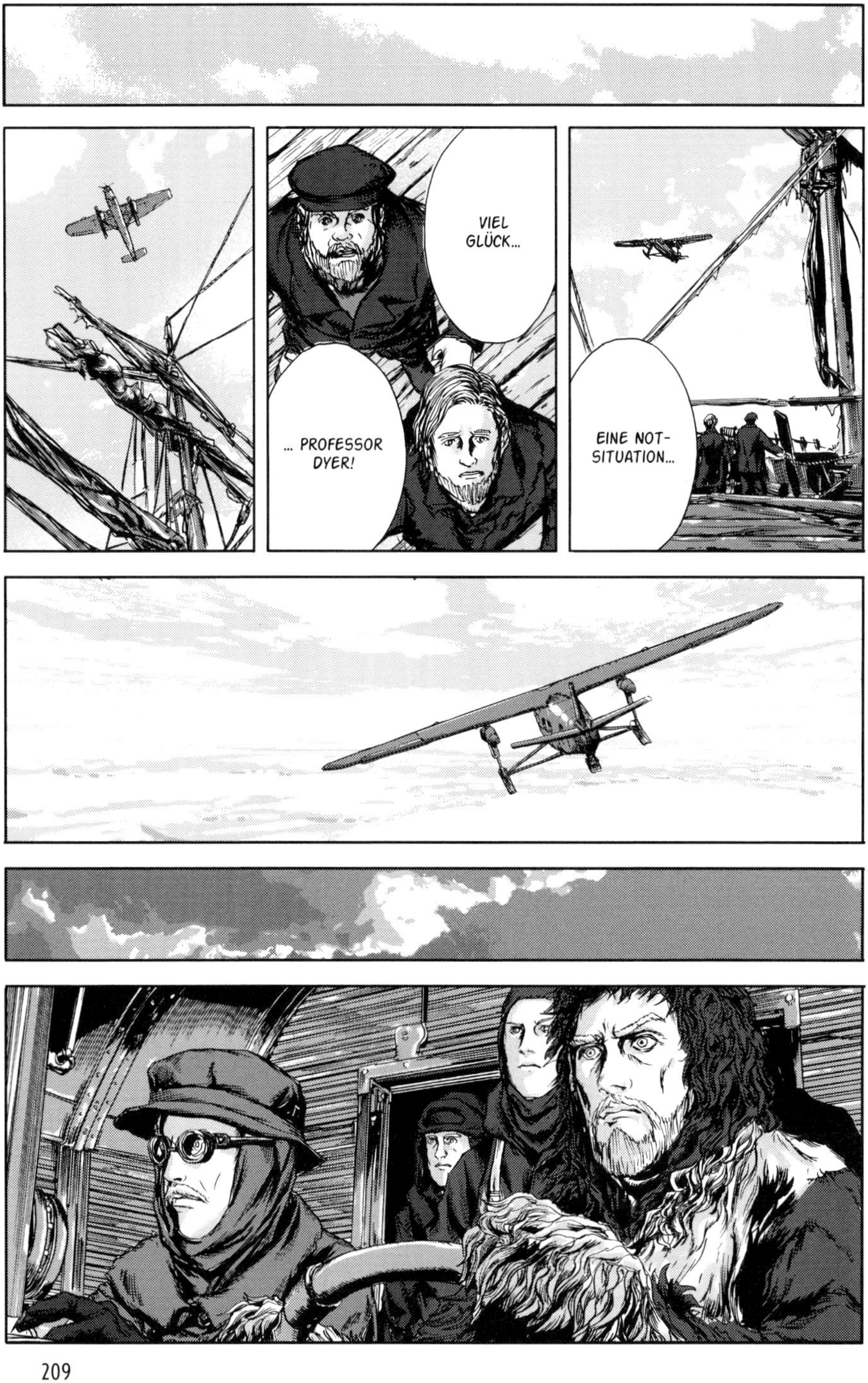
VIEL GLÜCK...
... PROFESSOR DYER!
EINE NOT-SITUATION...

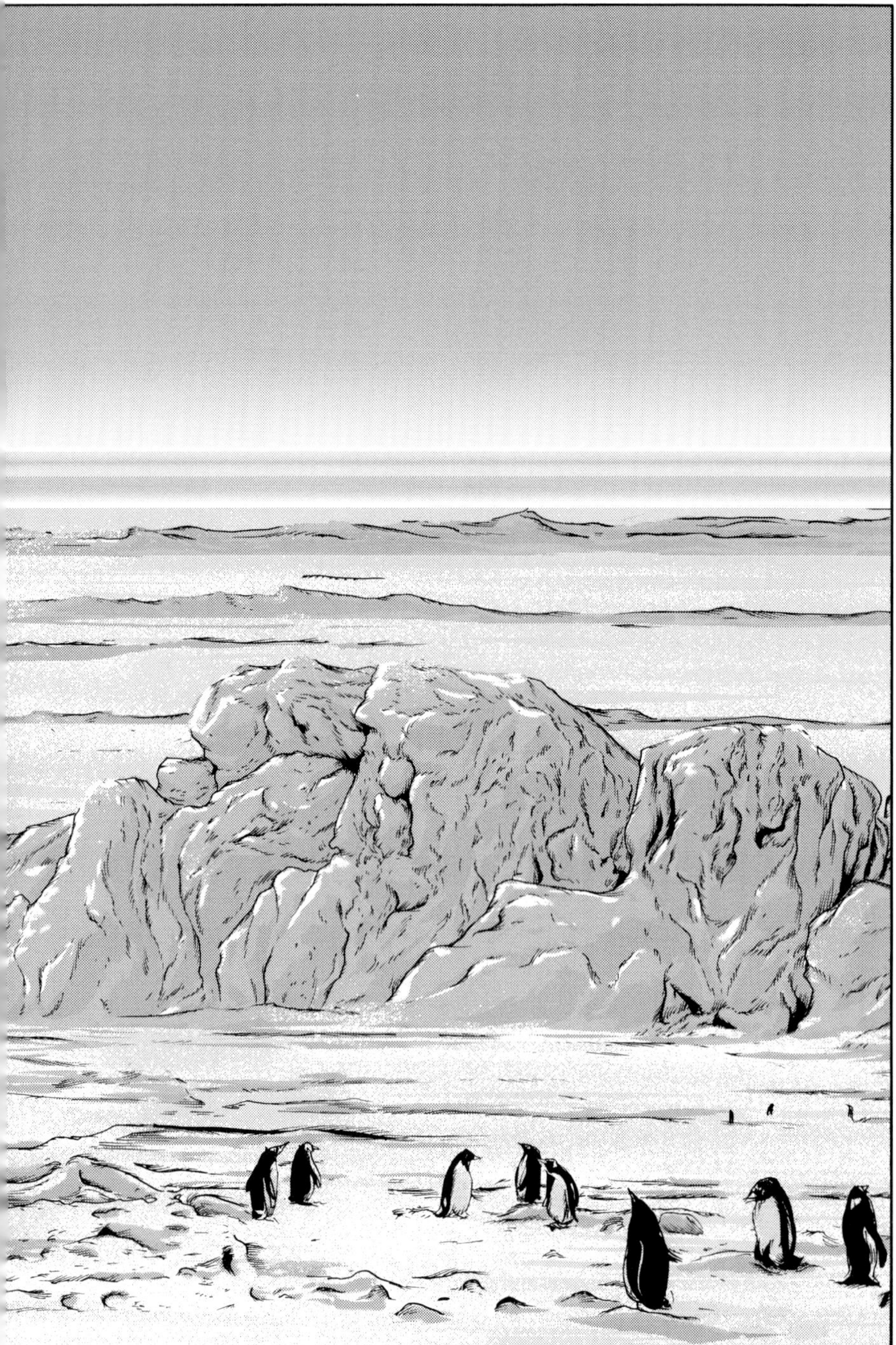

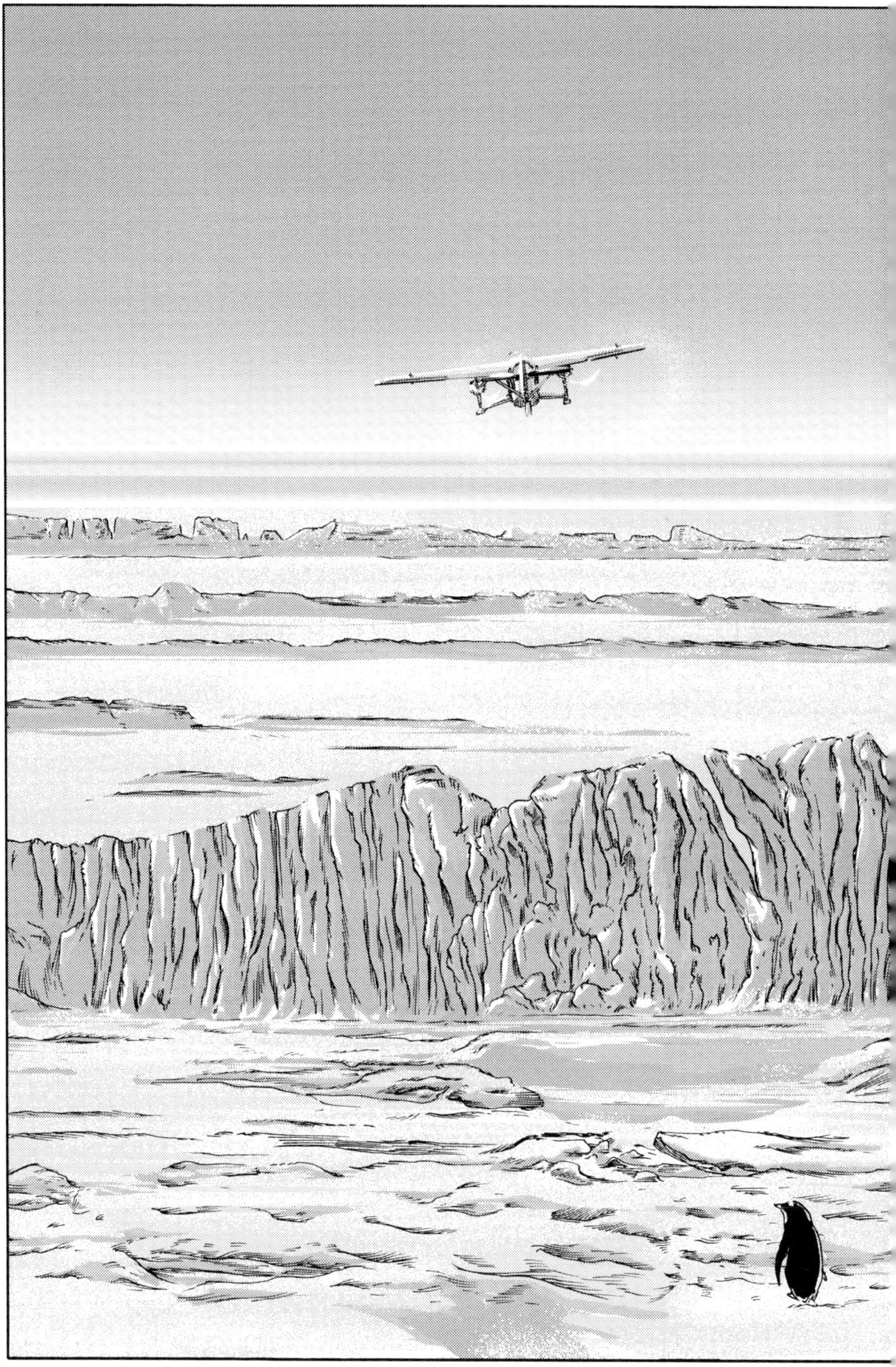

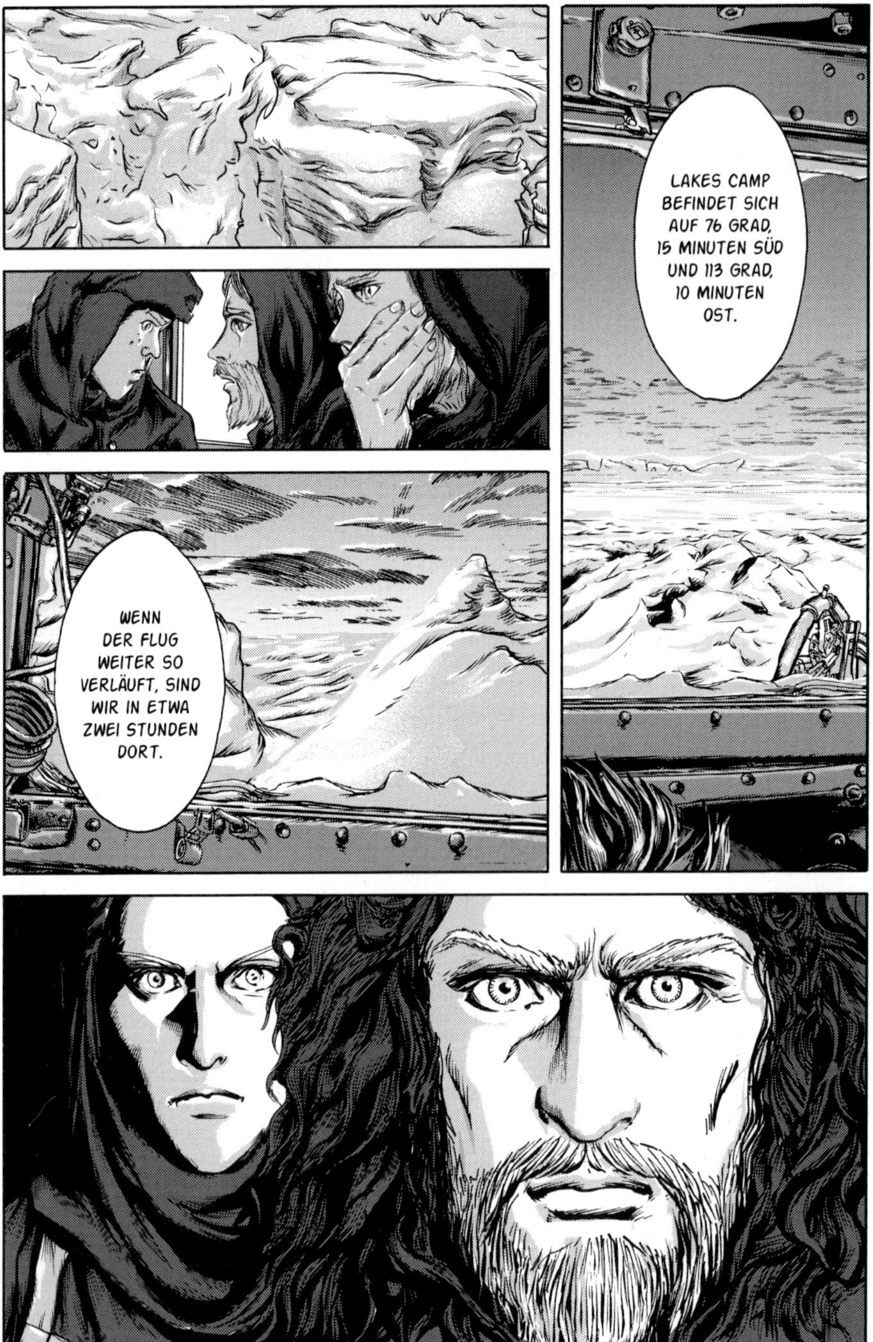
LAKES CAMP BEFINDET SICH AUF 76 GRAD, 15 MINUTEN SÜD UND 113 GRAD, 10 MINUTEN OST.
WENN DER FLUG WEITER SO VERLÄUFT, SIND WIR IN ETWA ZWEI STUNDEN DORT.

9 REISE INS TEUFLISCHE GEBIRGE

To the Nameless and Horrible Westward Mountains

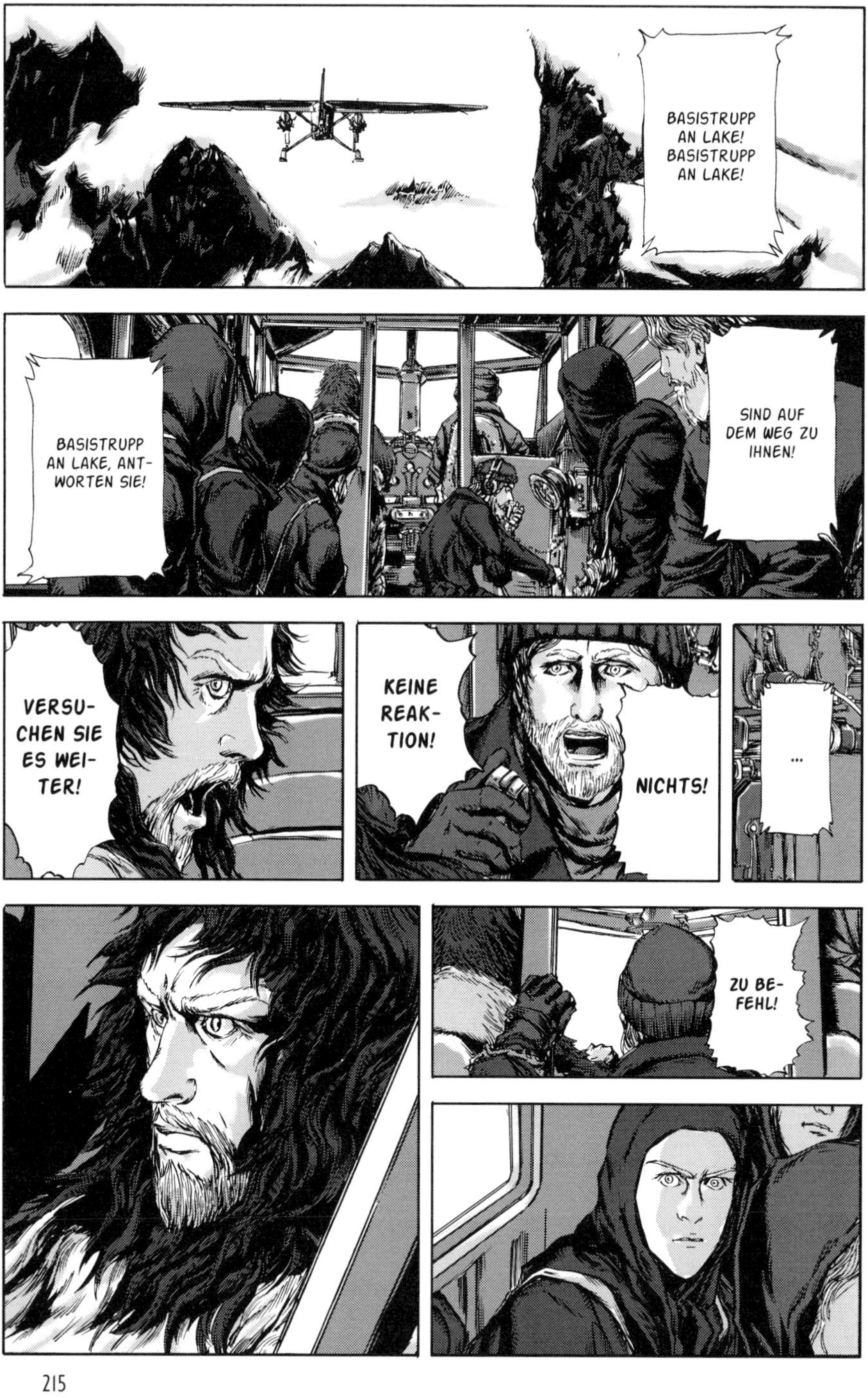
BASISTRUPP AN LAKE! BASISTRUPP AN LAKE!
BASISTRUPP AN LAKE, ANTWORTEN SIE!
SIND AUF DEM WEG ZU IHNEN!
VERSUCHEN SIE ES WEITER!
KEINE REAKTION!
NICHTS!
...
ZU BEFEHL!

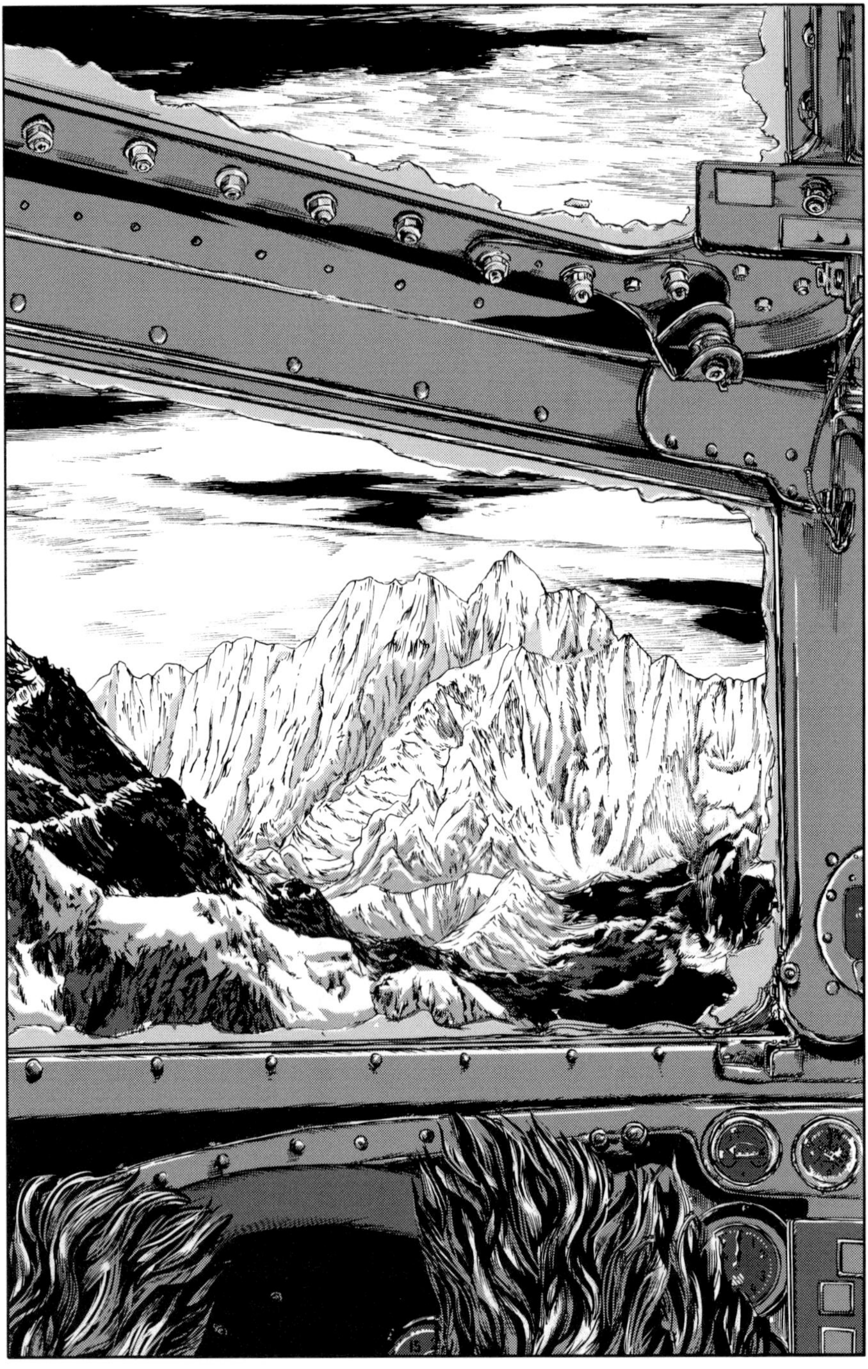

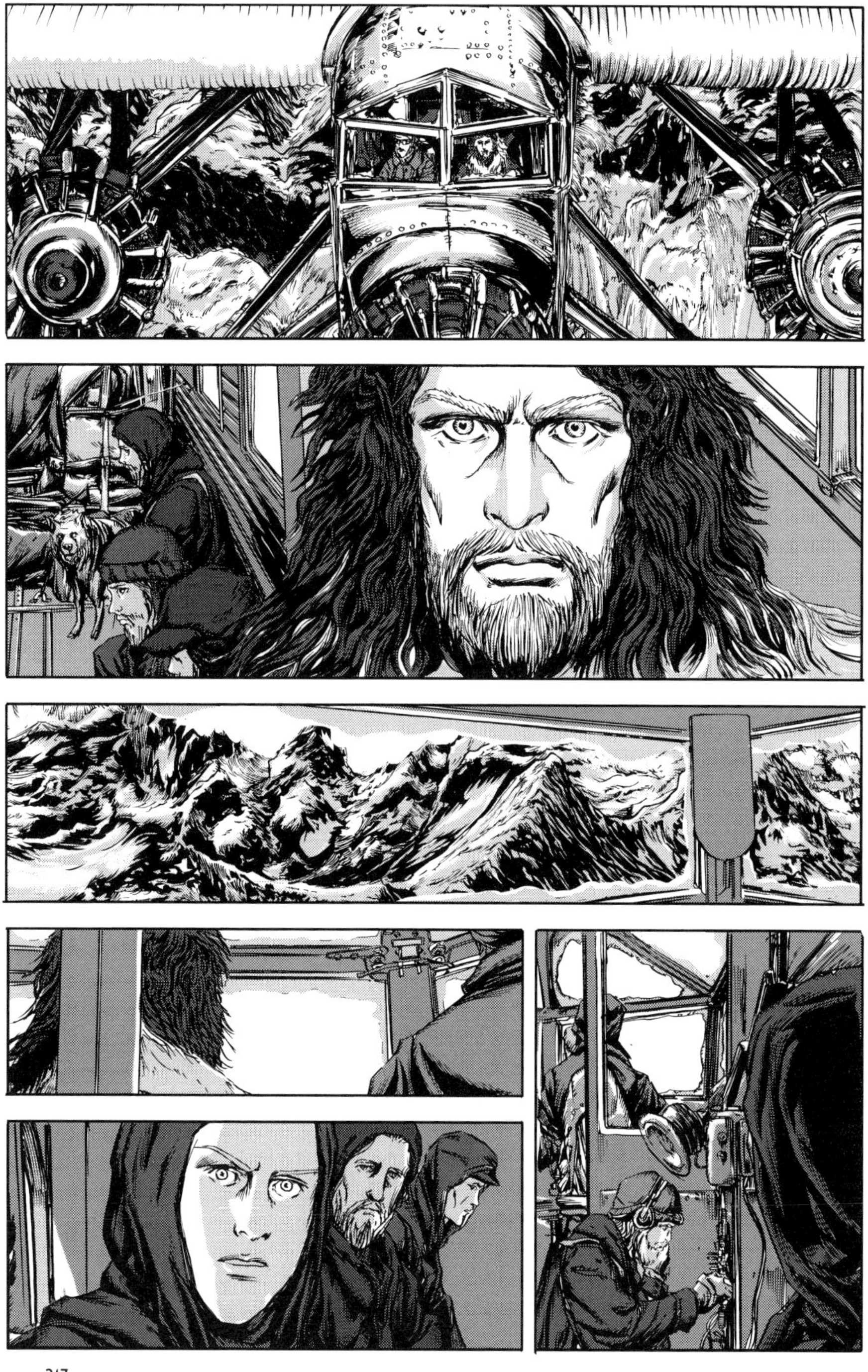

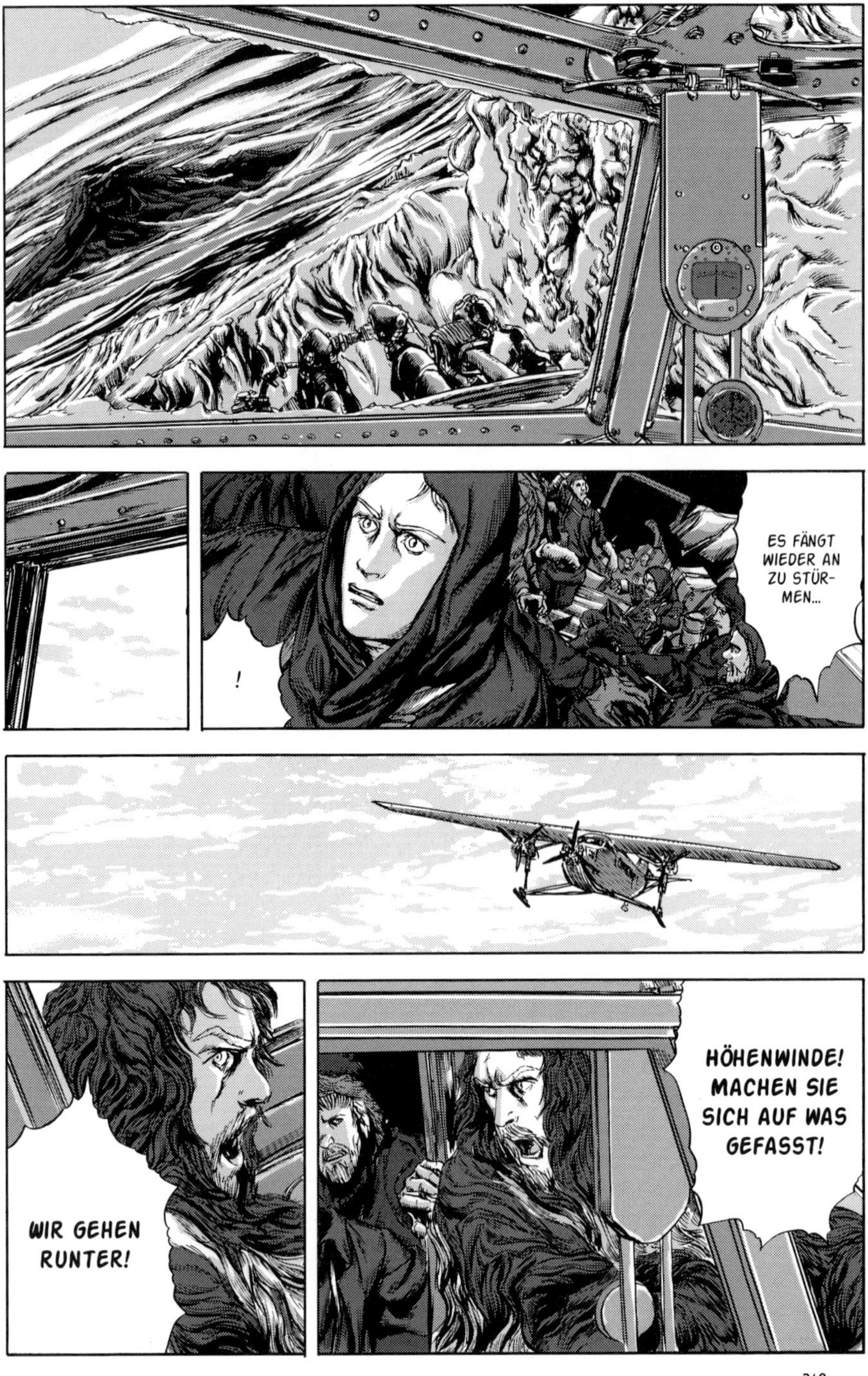
ES FÄNGT WIEDER AN ZU STÜR-MEN...
!
HÖHENWINDE! MACHEN SIE SICH AUF WAS GEFASST!
WIR GEHEN RUNTER!

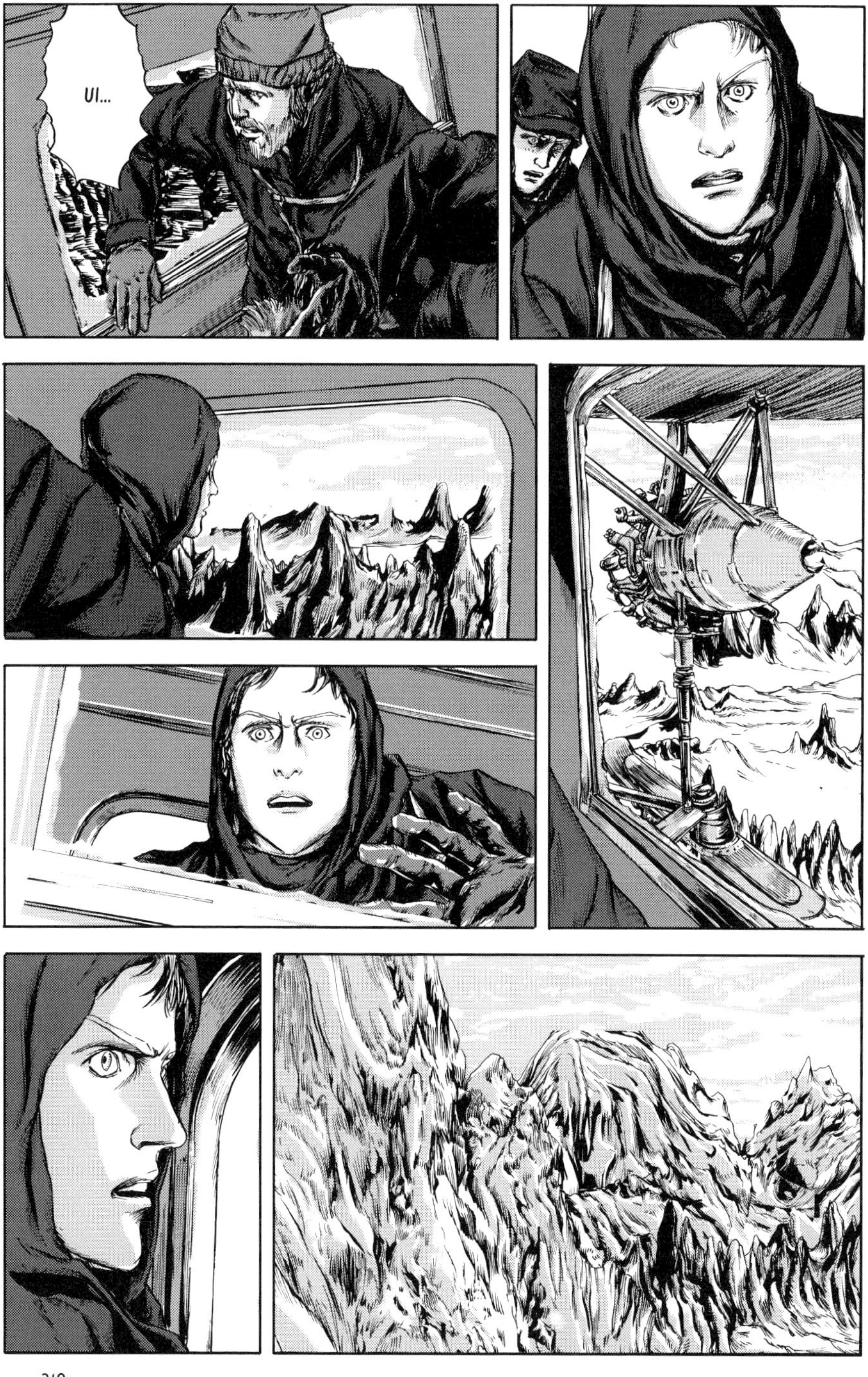
UI...

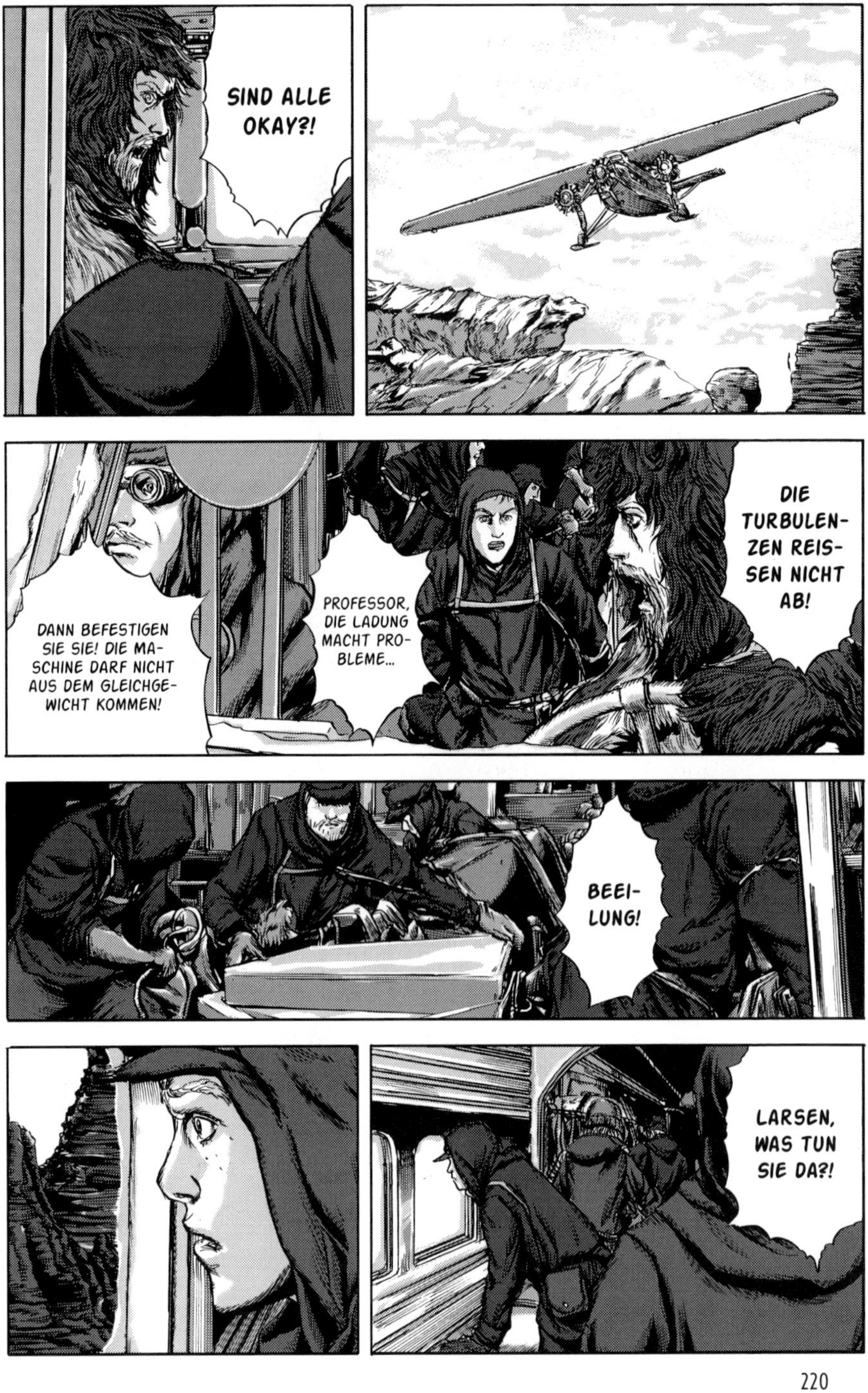
SIND ALLE OKAY?!
DIE TURBULENZEN REISSEN NICHT AB!
PROFESSOR, DIE LADUNG MACHT PROBLEME...
DANN BEFESTIGEN SIE SIE! DIE MASCHINE DARF NICHT AUS DEM GLEICHGEWICHT KOMMEN!
BEEILUNG!
LARSEN, WAS TUN SIE DA?!

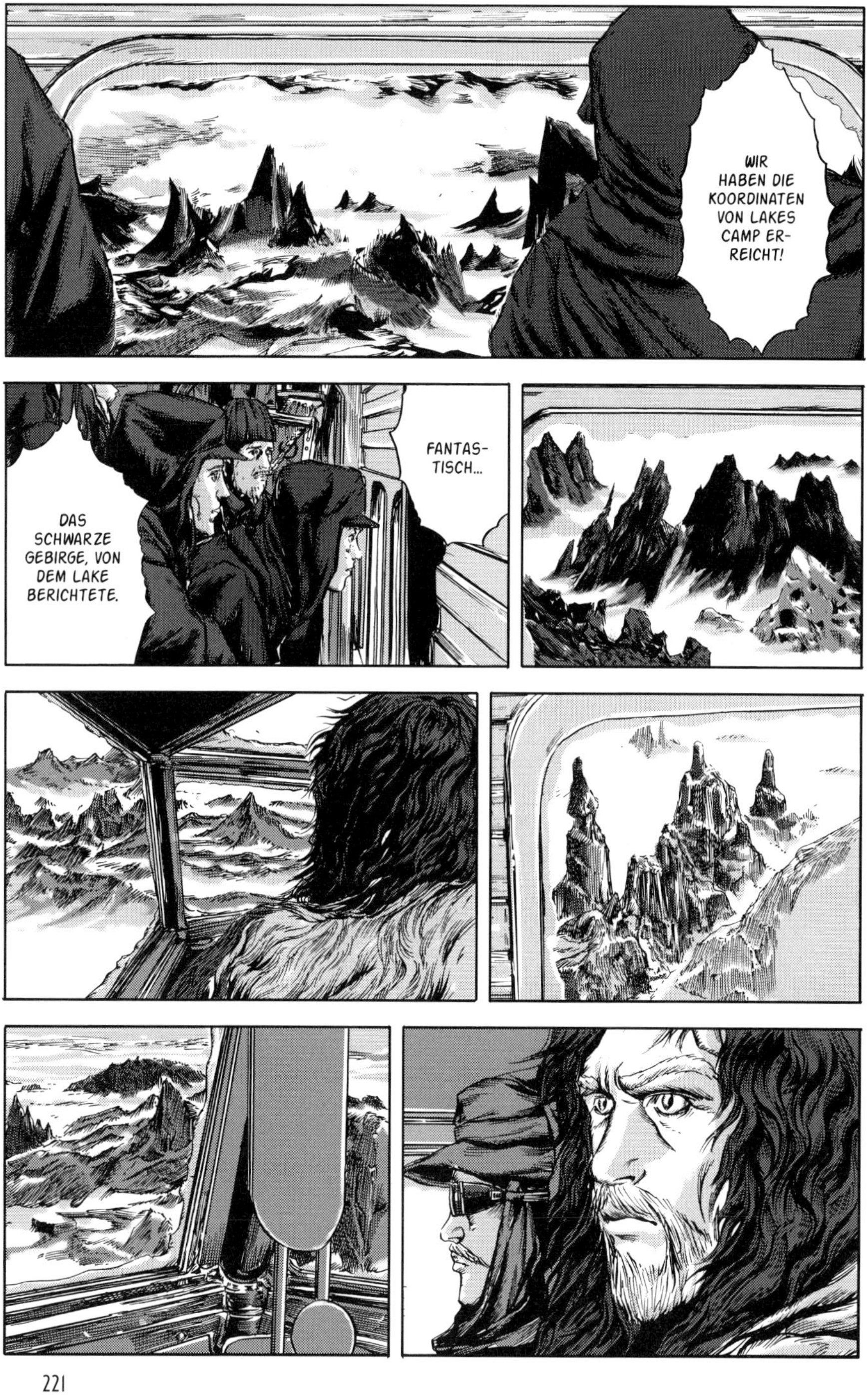
WIR HABEN DIE KOORDINATEN VON LAKES CAMP ER- REICHT!
FANTAS- TISCH...
DAS SCHWARZE GEBIRGE, VON DEM LAKE BERICHTETE.

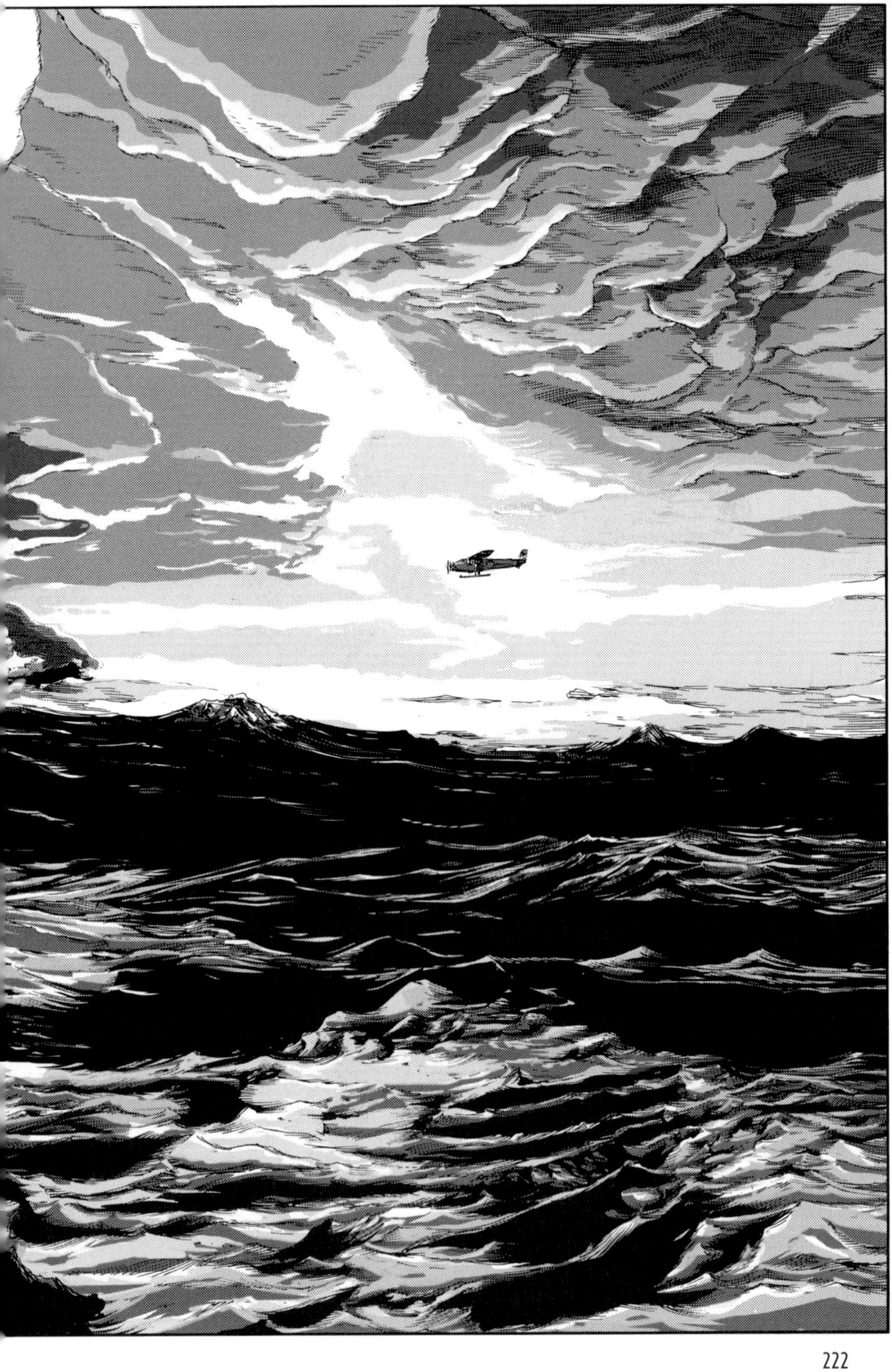

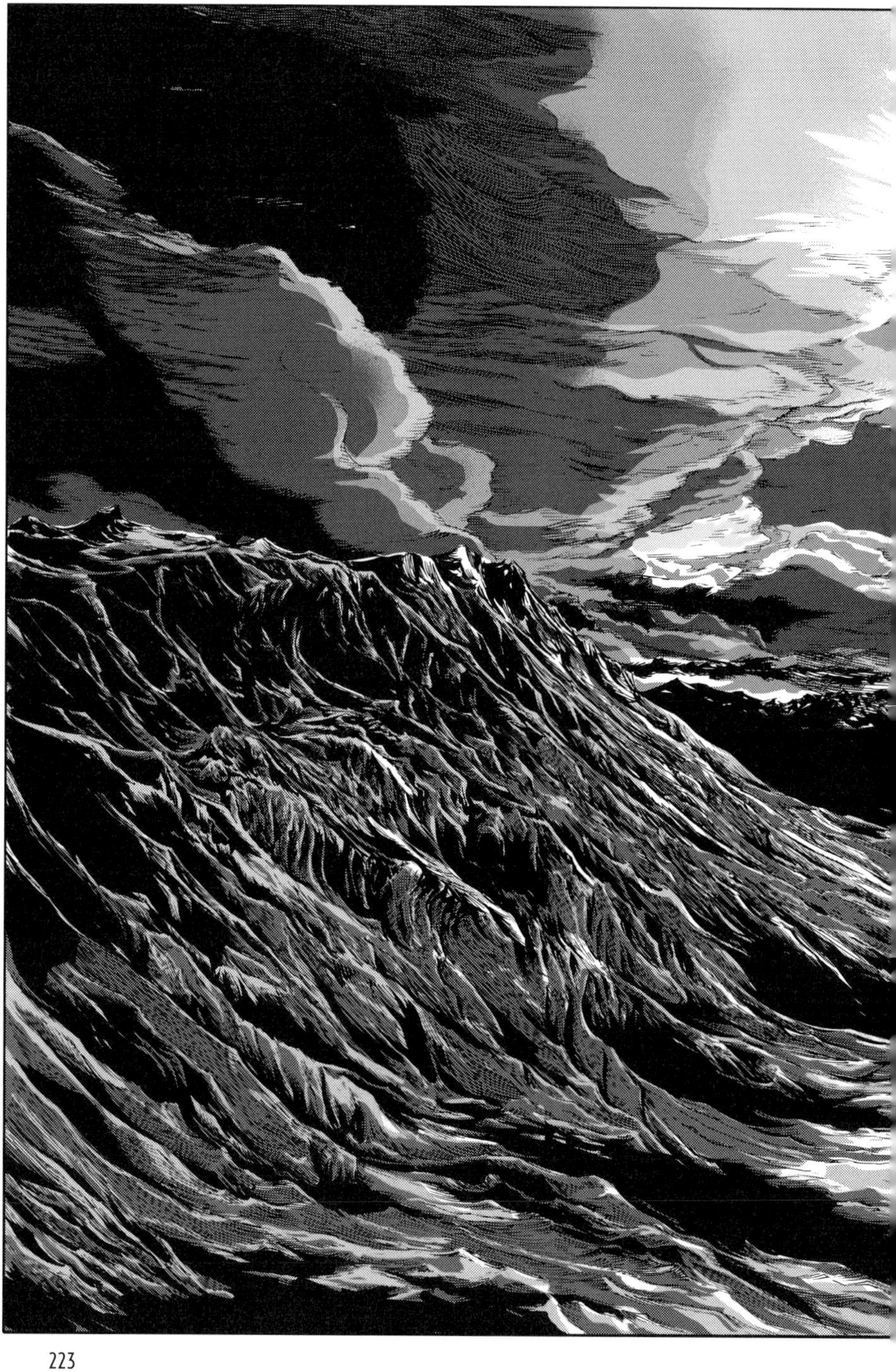

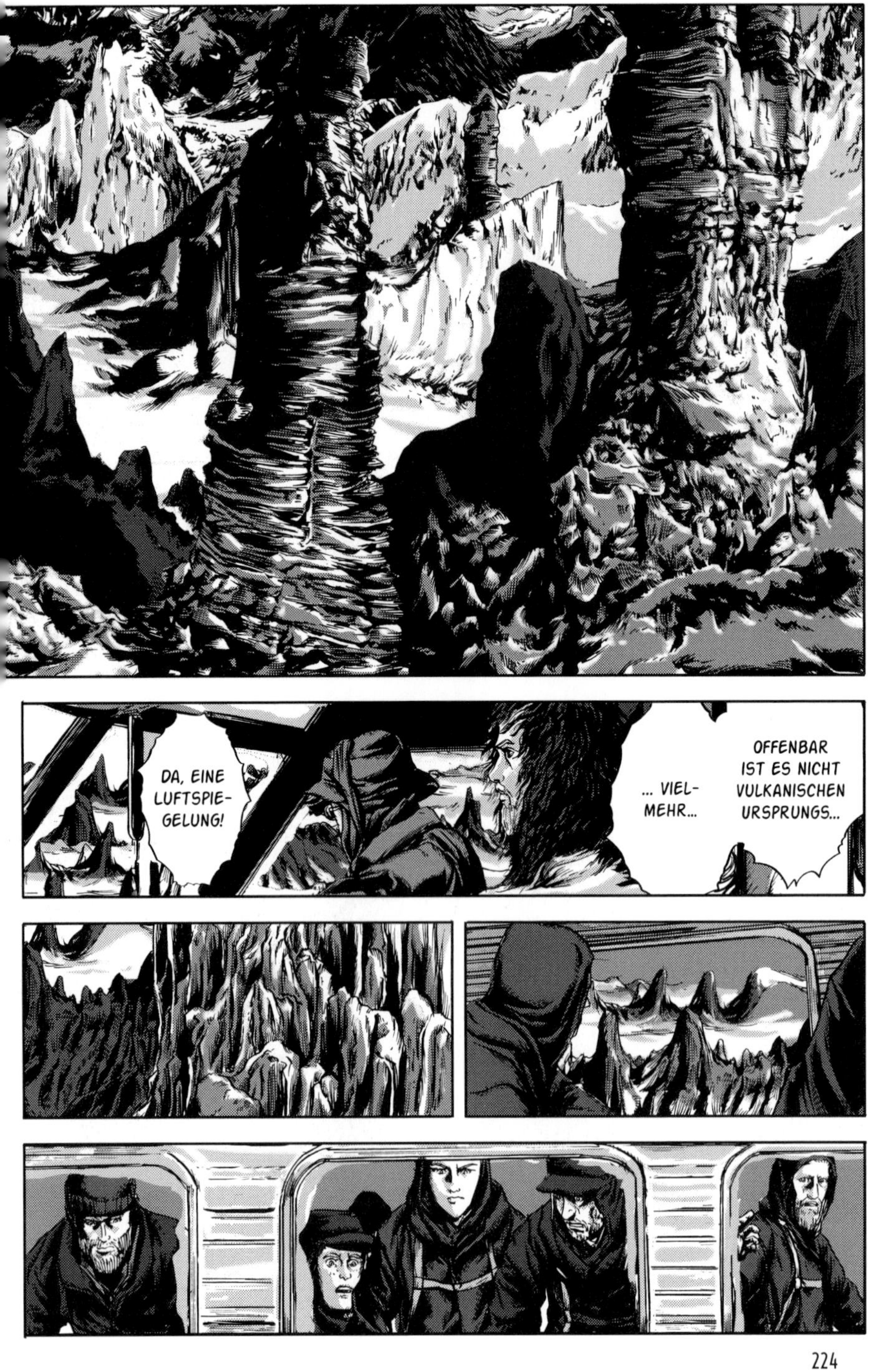
DA, EINE LUFTSPIE-GELUNG!
... VIEL-MEHR...
OFFENBAR IST ES NICHT VULKANISCHEN URSPRUNGS...

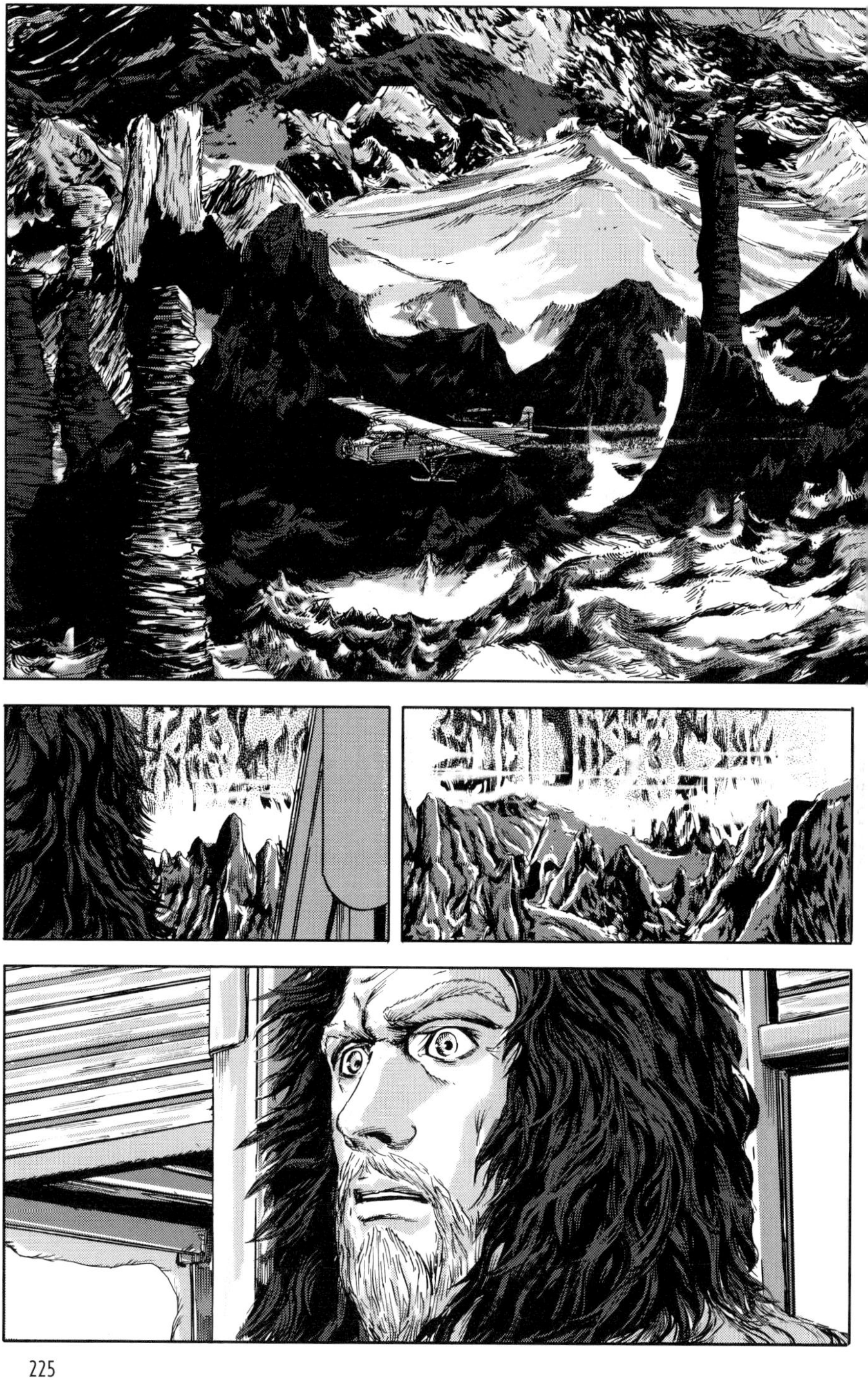

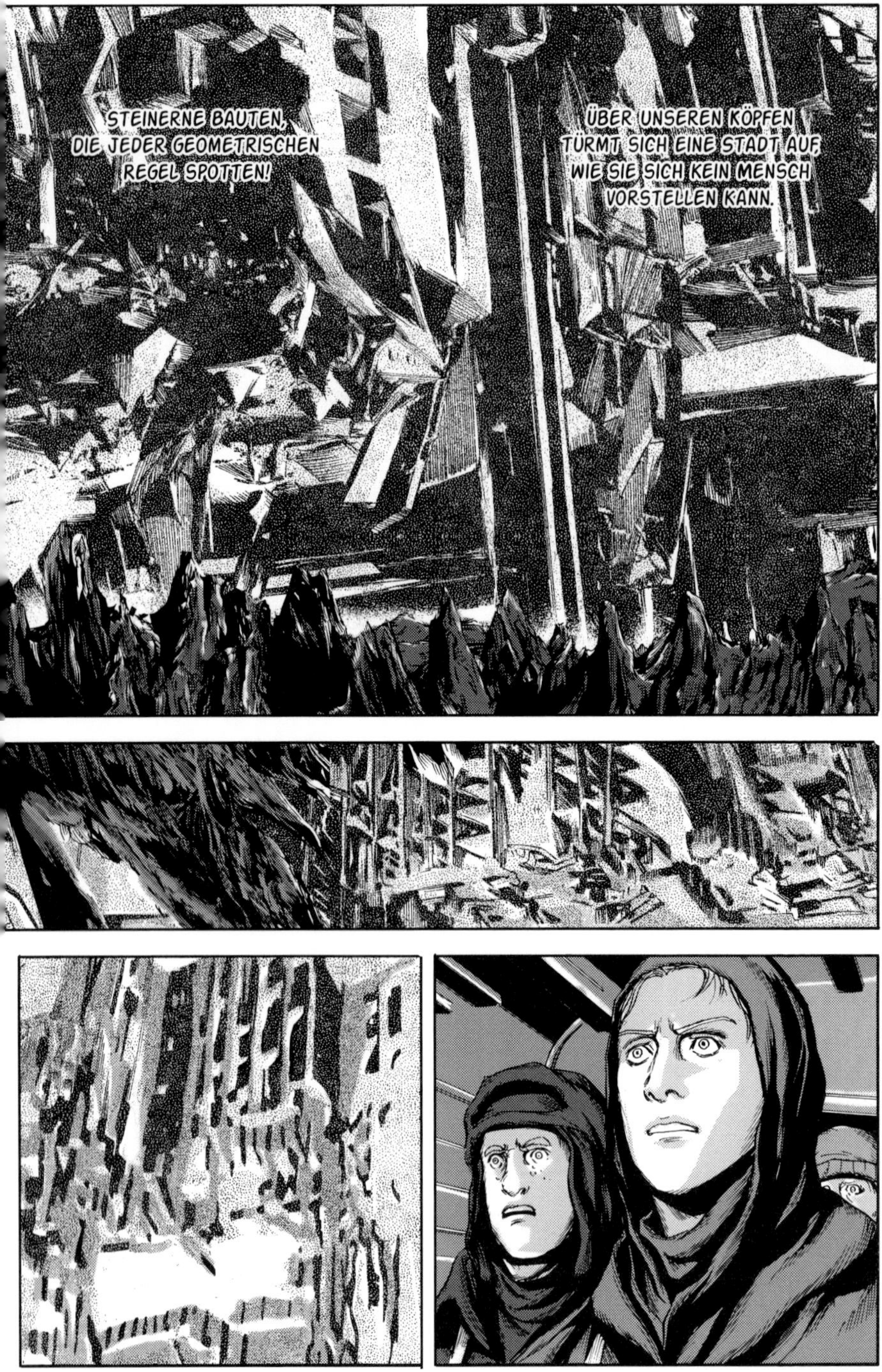
ÜBER UNSEREN KÖPFEN TÜRMT SICH EINE STADT AUF, WIE SIE SICH KEIN MENSCH VORSTELLEN KANN.
STEINERNE BAUTEN, DIE JEDER GEOMETRISCHEN REGEL SPOTTEN!

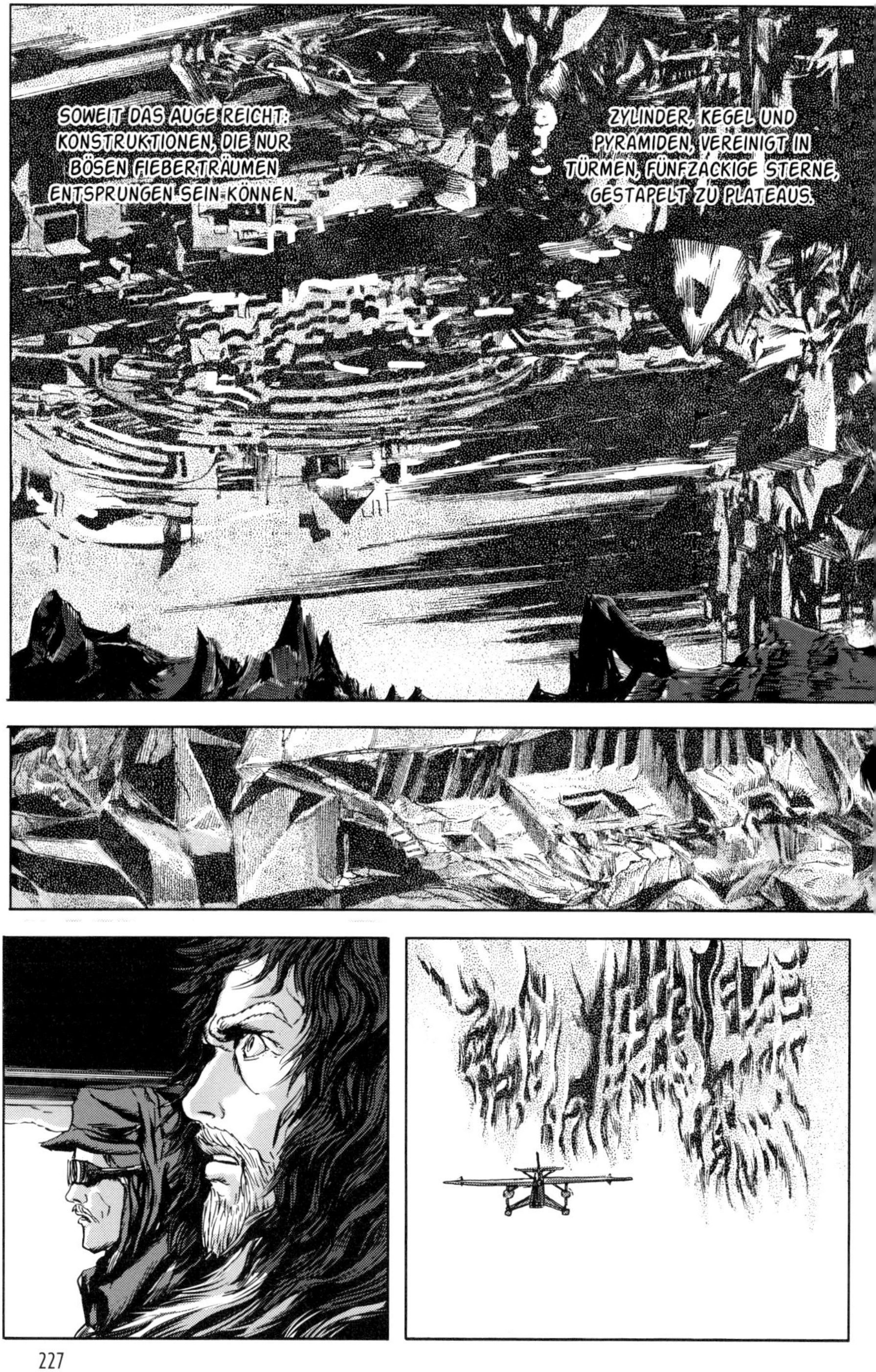
SOWEIT DAS AUGE REICHT: KONSTRUKTIONEN, DIE NUR BÖSEN FIEBERTRÄUMEN ENTSPRUNGEN SEIN KÖNNEN.
ZYLINDER, KEGEL UND PYRAMIDEN, VEREINIGT IN TÜRMEN, FÜNFZACKIGE STERNE, GESTAPELT ZU PLATEAUS.

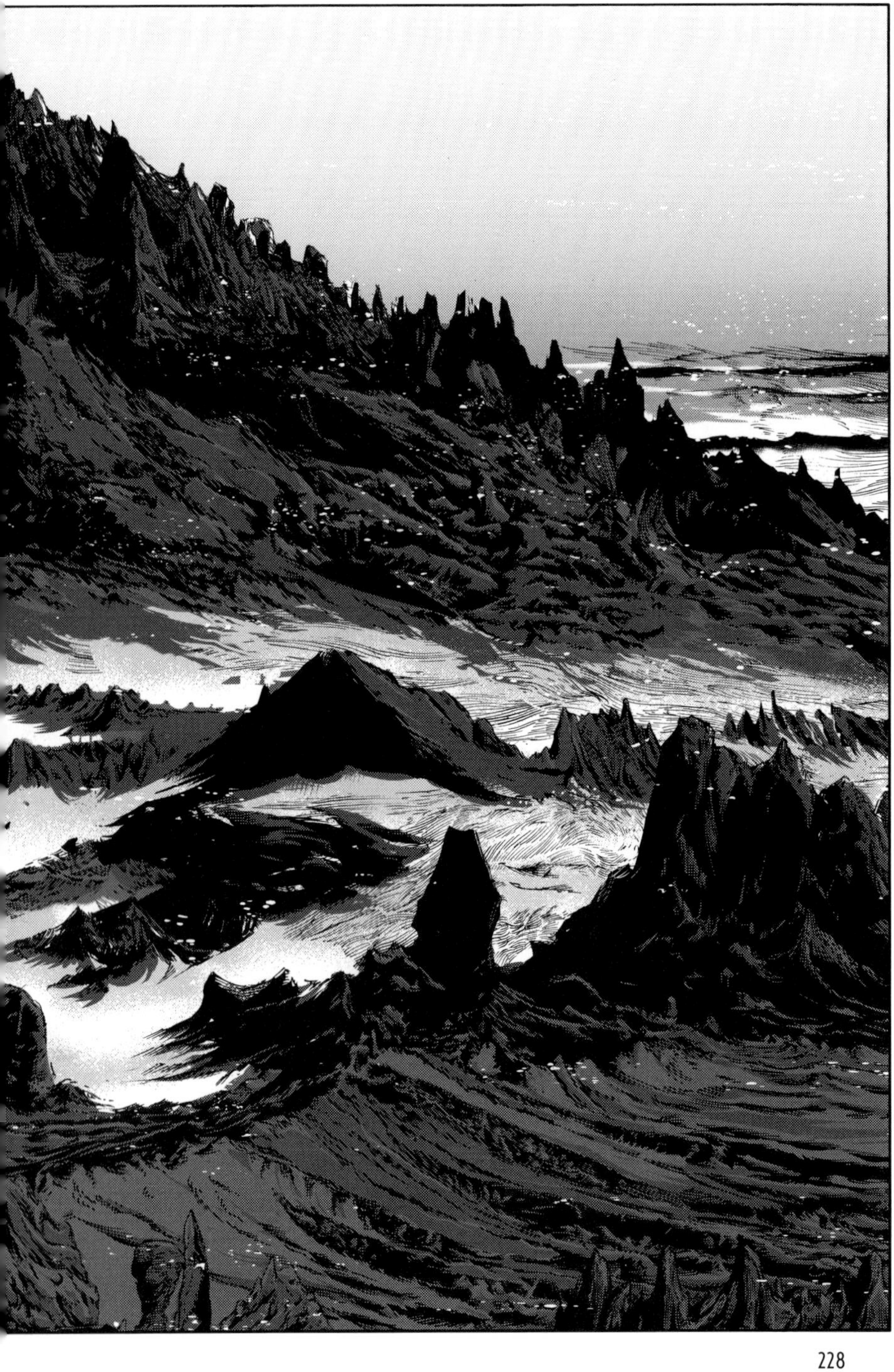

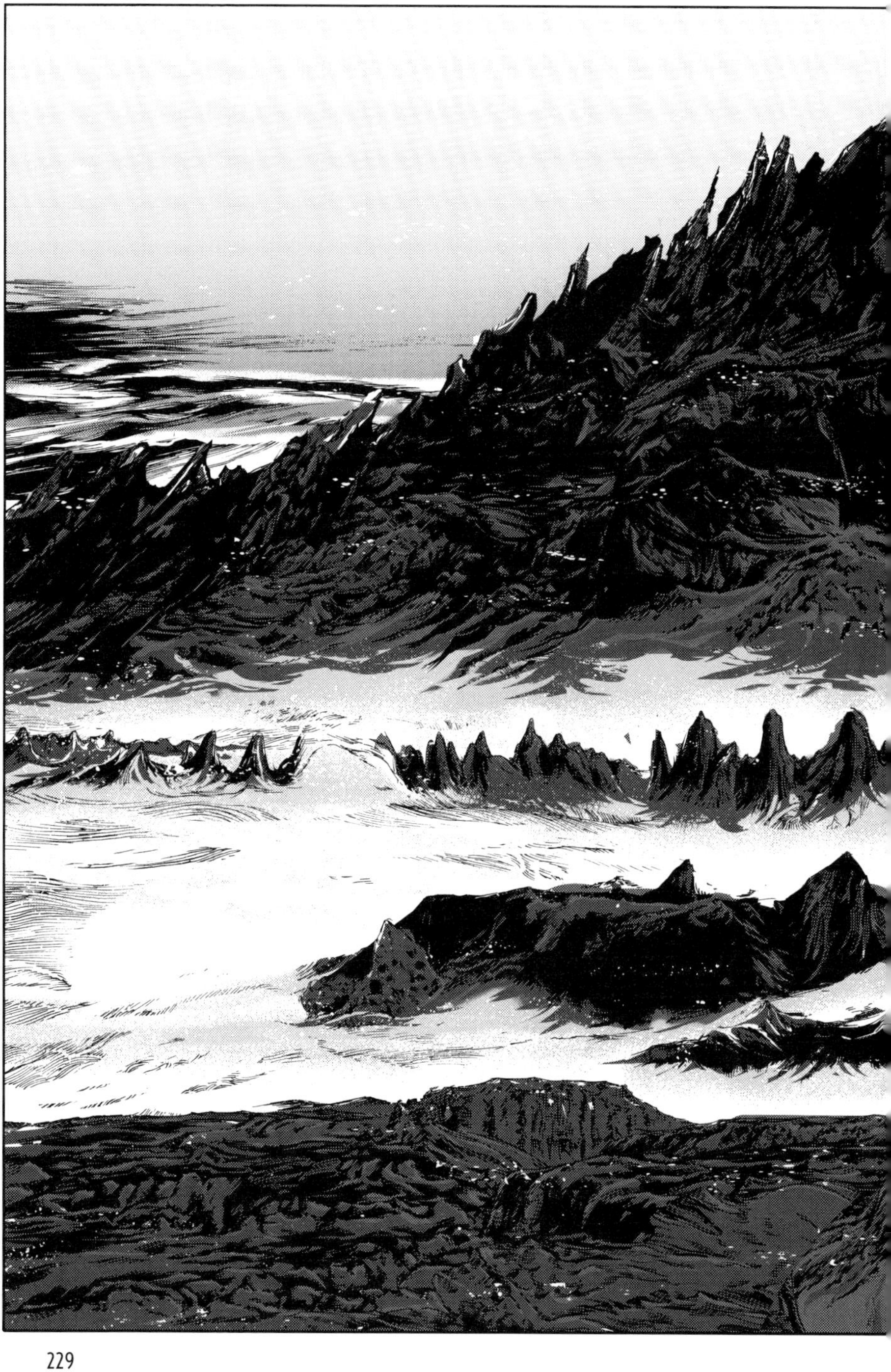

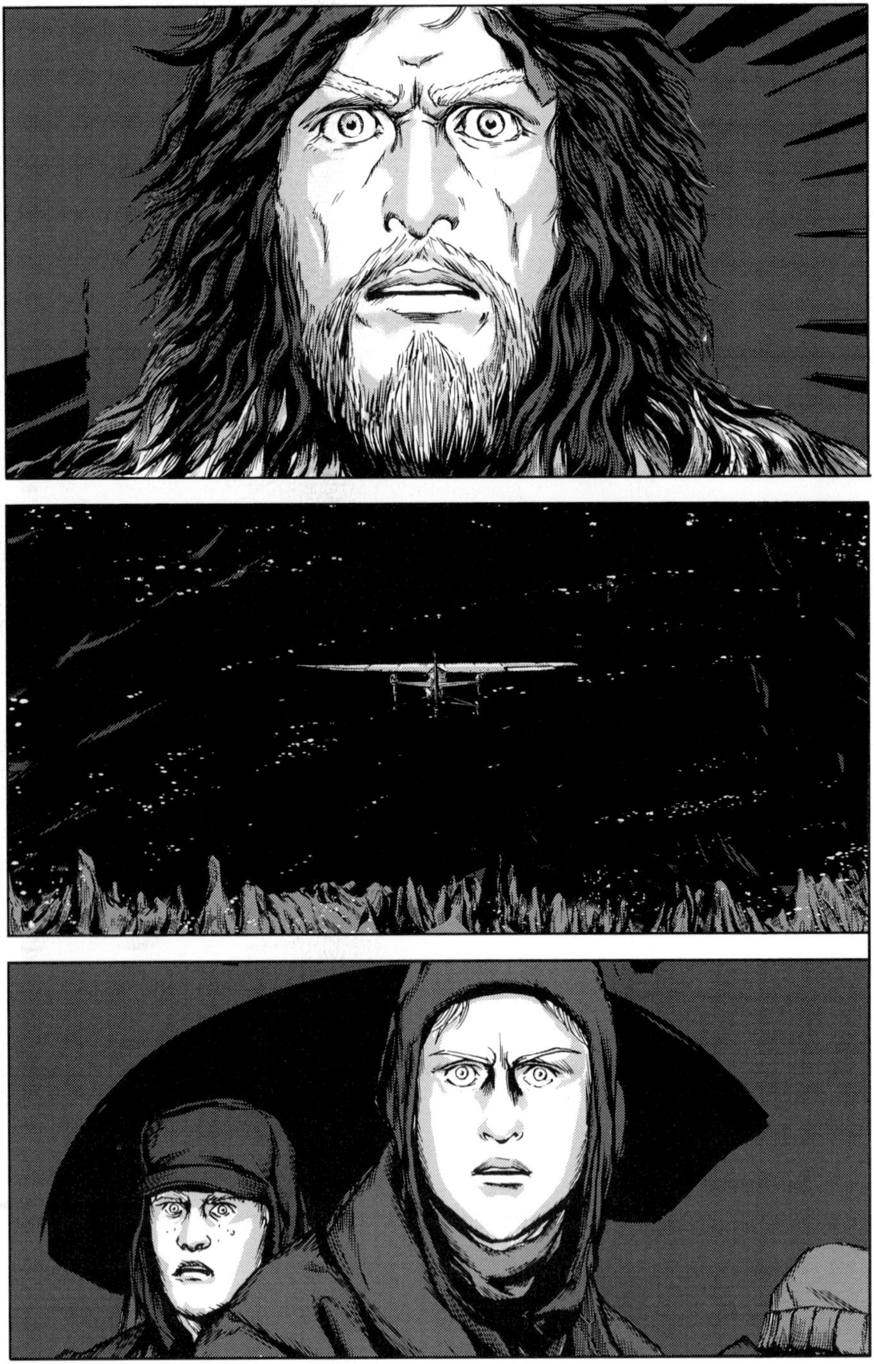

10 BRUTALE VERNICHTUNG

Dreadful Havoc

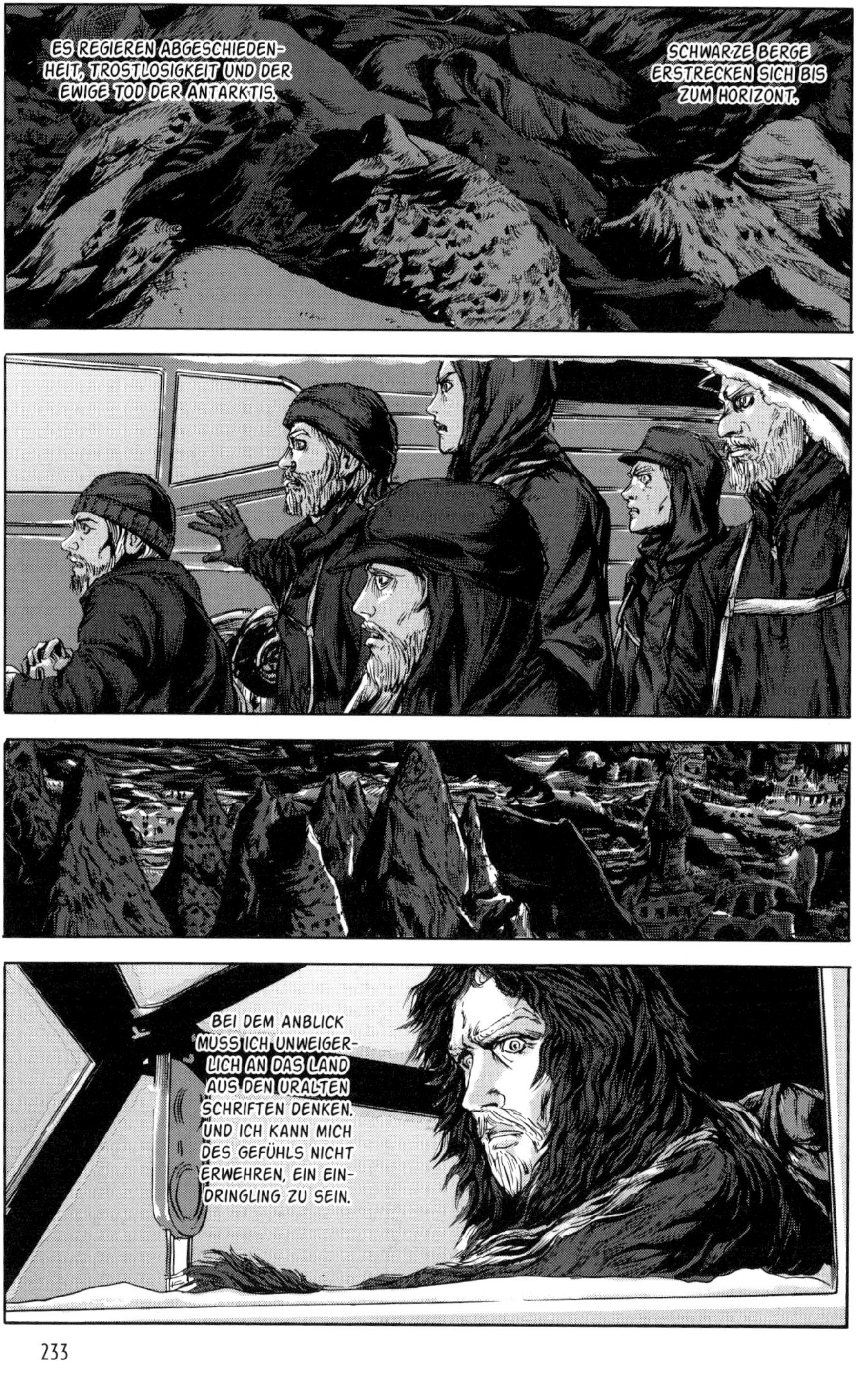
SCHWARZE BERGE ERSTRECKEN SICH BIS ZUM HORIZONT.
ES REGIEREN ABGESCHIEDENHEIT, TROSTLOSIGKEIT UND DER EWIGE TOD DER ANTARKTIS.
BEI DEM ANBLICK MUSS ICH UNWEIGERLICH AN DAS LAND AUS DEN URALTEN SCHRIFTEN DENKEN. UND ICH KANN MICH DES GEFÜHLS NICHT ERWEHREN, EIN EINDRINGLING ZU SEIN.

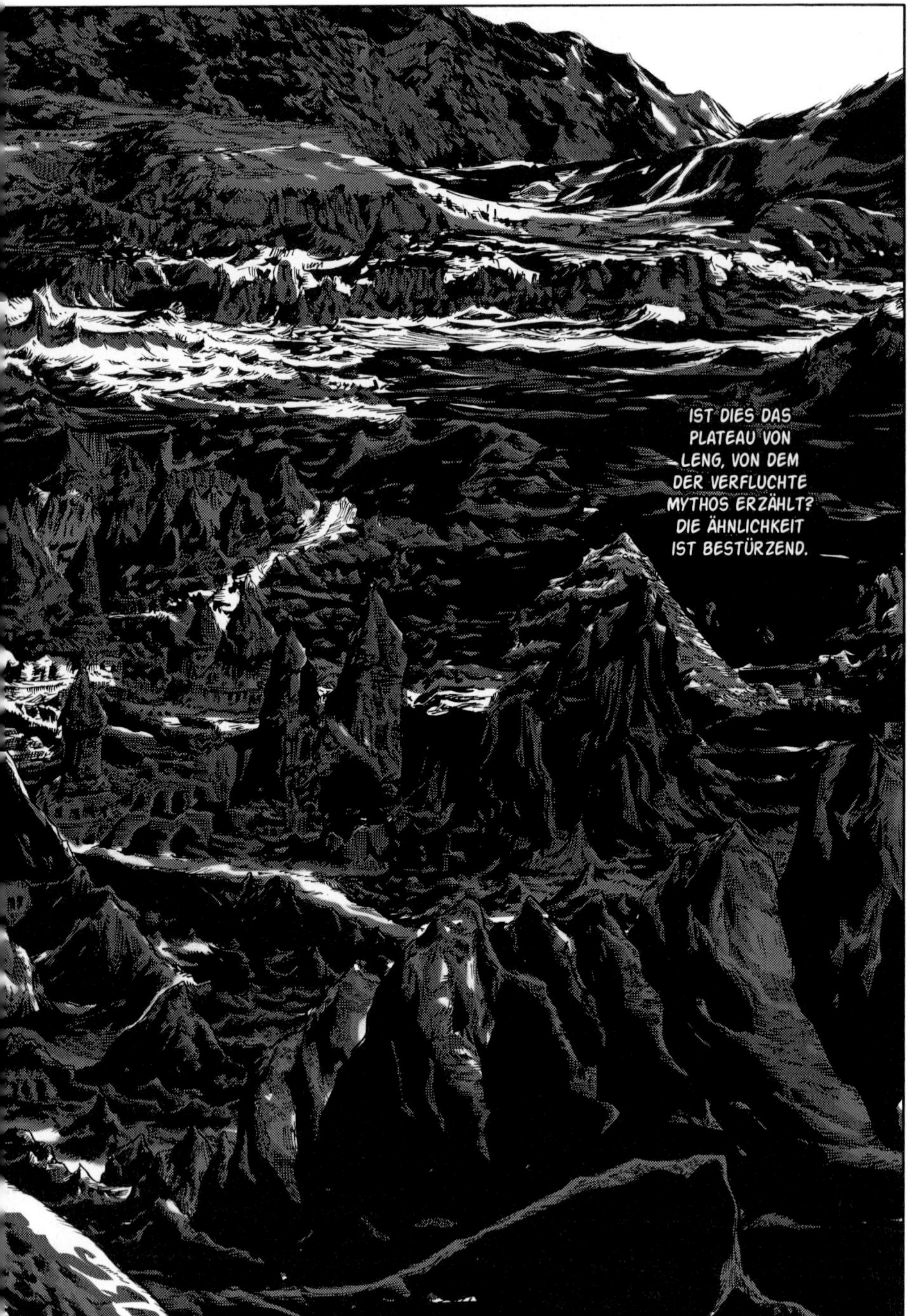
IST DIES DAS PLATEAU VON LENG, VON DEM DER VERFLUCHTE MYTHOS ERZÄHLT? DIE ÄHNLICHKEIT IST BESTÜRZEND.

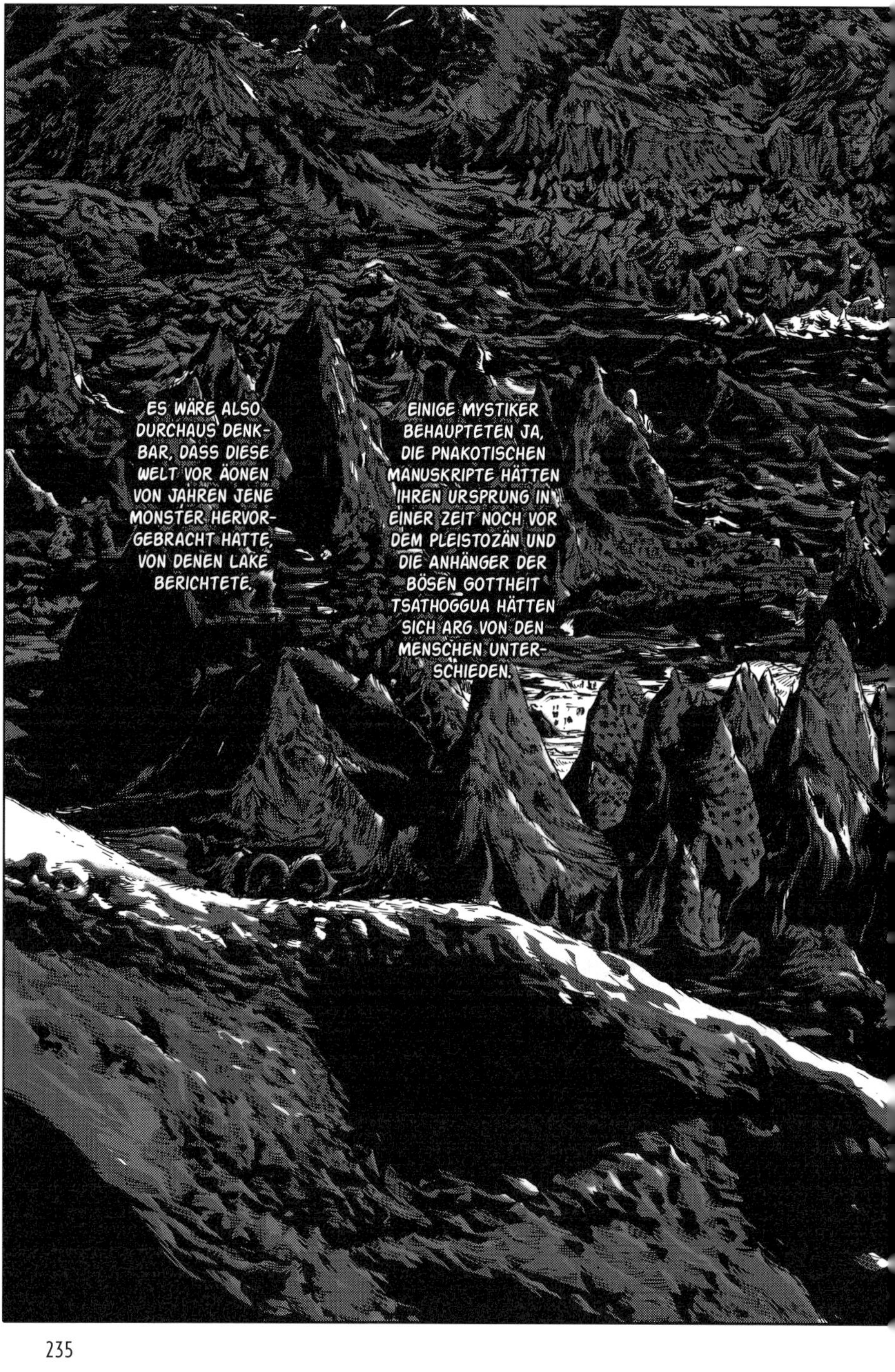
ES WÄRE ALSO DURCHAUS DENK-BAR, DASS DIESE WELT VOR ÄONEN VON JAHREN JENE MONSTER HERVOR-GEBRACHT HATTE, VON DENEN LAKE BERICHTETE.
EINIGE MYSTIKER BEHAUPTETEN JA, DIE PNAKOTISCHEN MANUSKRIPTE HÄTTEN IHREN URSPRUNG IN EINER ZEIT NOCH VOR DEM PLEISTOZÄN UND DIE ANHÄNGER DER BÖSEN GOTTHEIT TSATHOGGUA HÄTTEN SICH ARG VON DEN MENSCHEN UNTER-SCHIEDEN.

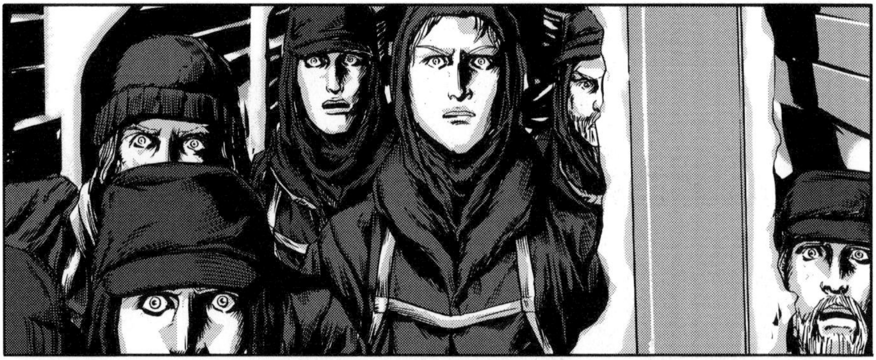

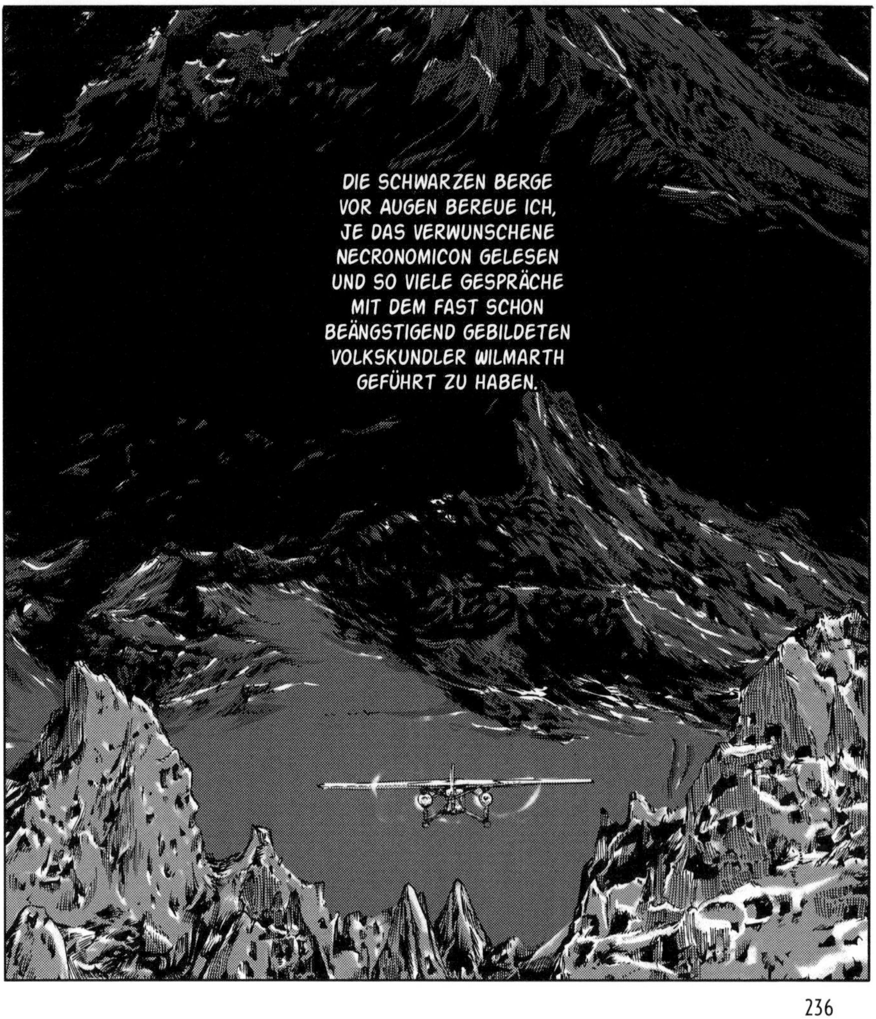
DIE SCHWARZEN BERGE VOR AUGEN BEREUE ICH, JE DAS VERWUNSCHENE NECRONOMICON GELESEN UND SO VIELE GESPRÄCHE MIT DEM FAST SCHON BEÄNGSTIGEND GEBILDETEN VOLKSKUNDLER WILMARTH GEFÜHRT ZU HABEN.

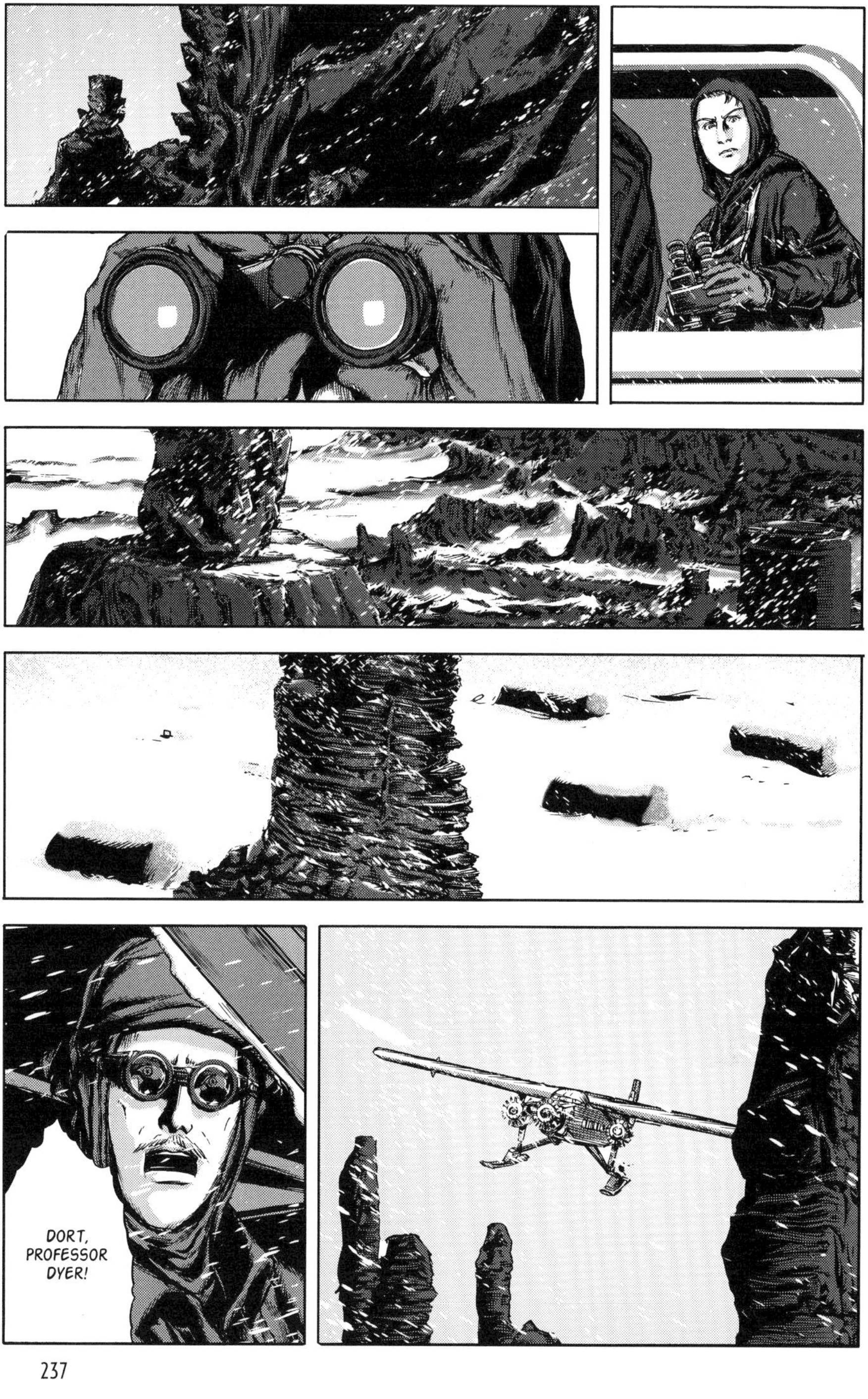
DORT, PROFESSOR DYER!

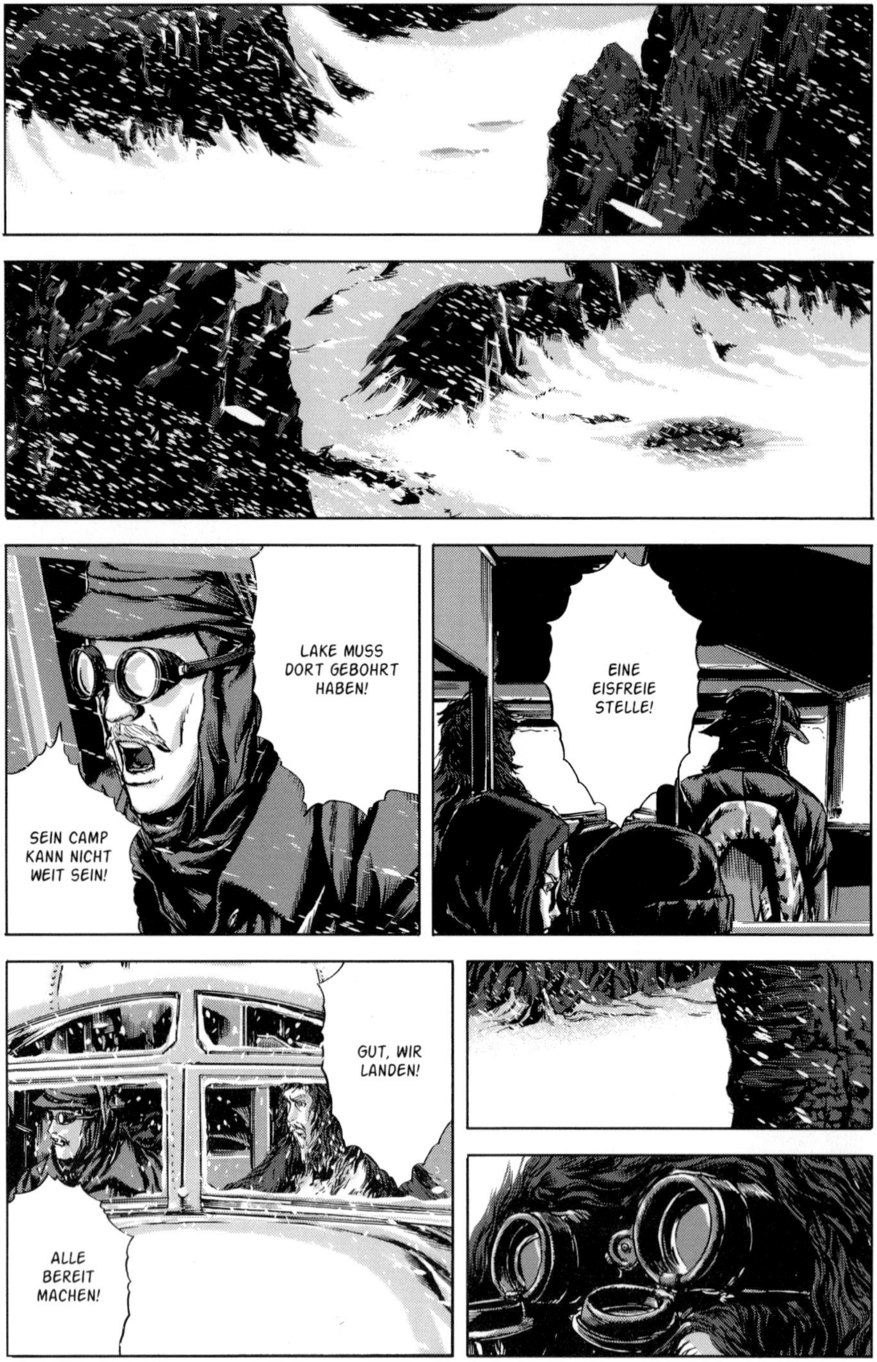
LAKE MUSS DORT GEBOHRT HABEN!
SEIN CAMP KANN NICHT WEIT SEIN!
EINE EISFREIE STELLE!
GUT, WIR LANDEN!
ALLE BEREIT MACHEN!

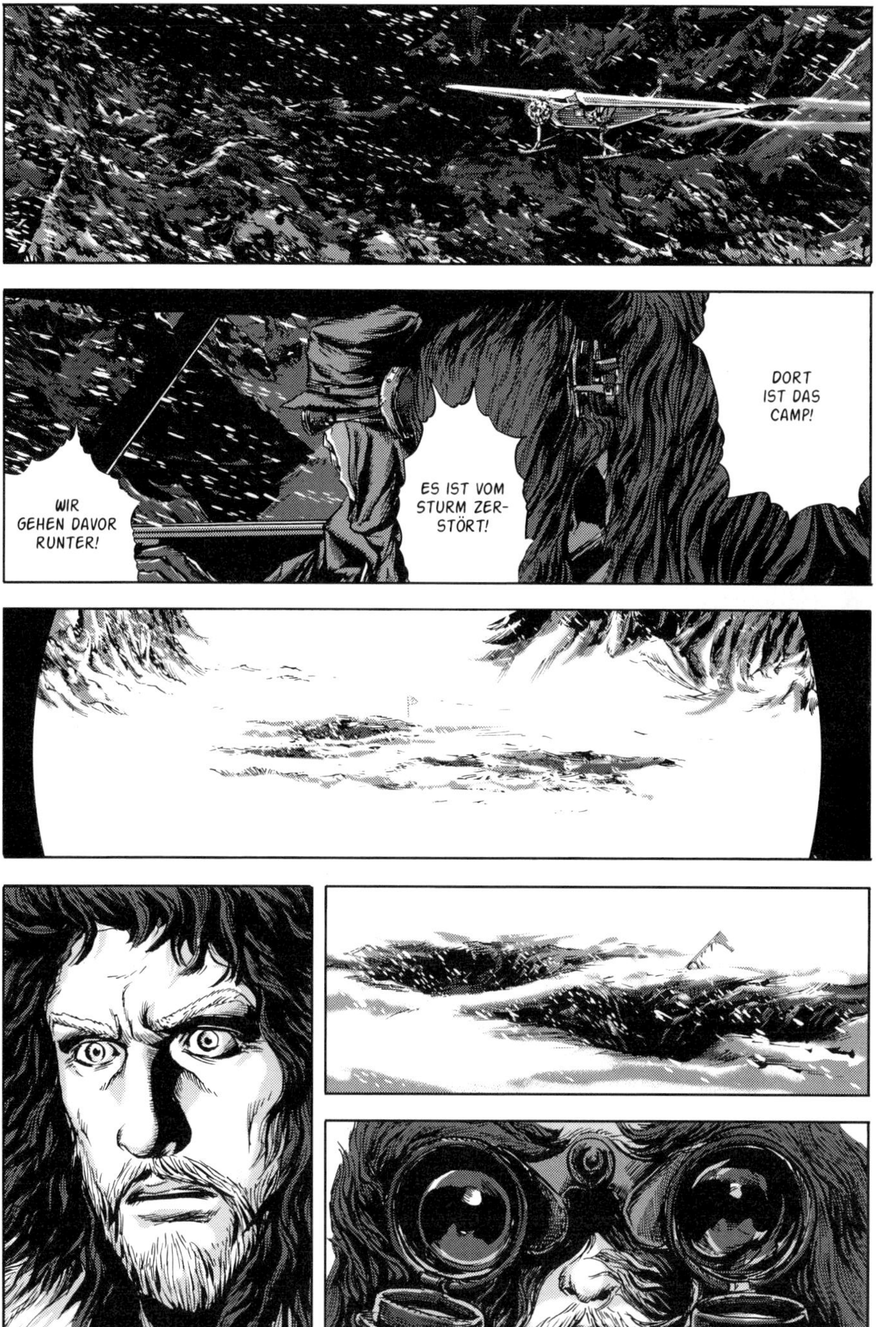
DORT IST DAS CAMP!
ES IST VOM STURM ZERSTÖRT!
WIR GEHEN DAVOR RUNTER!

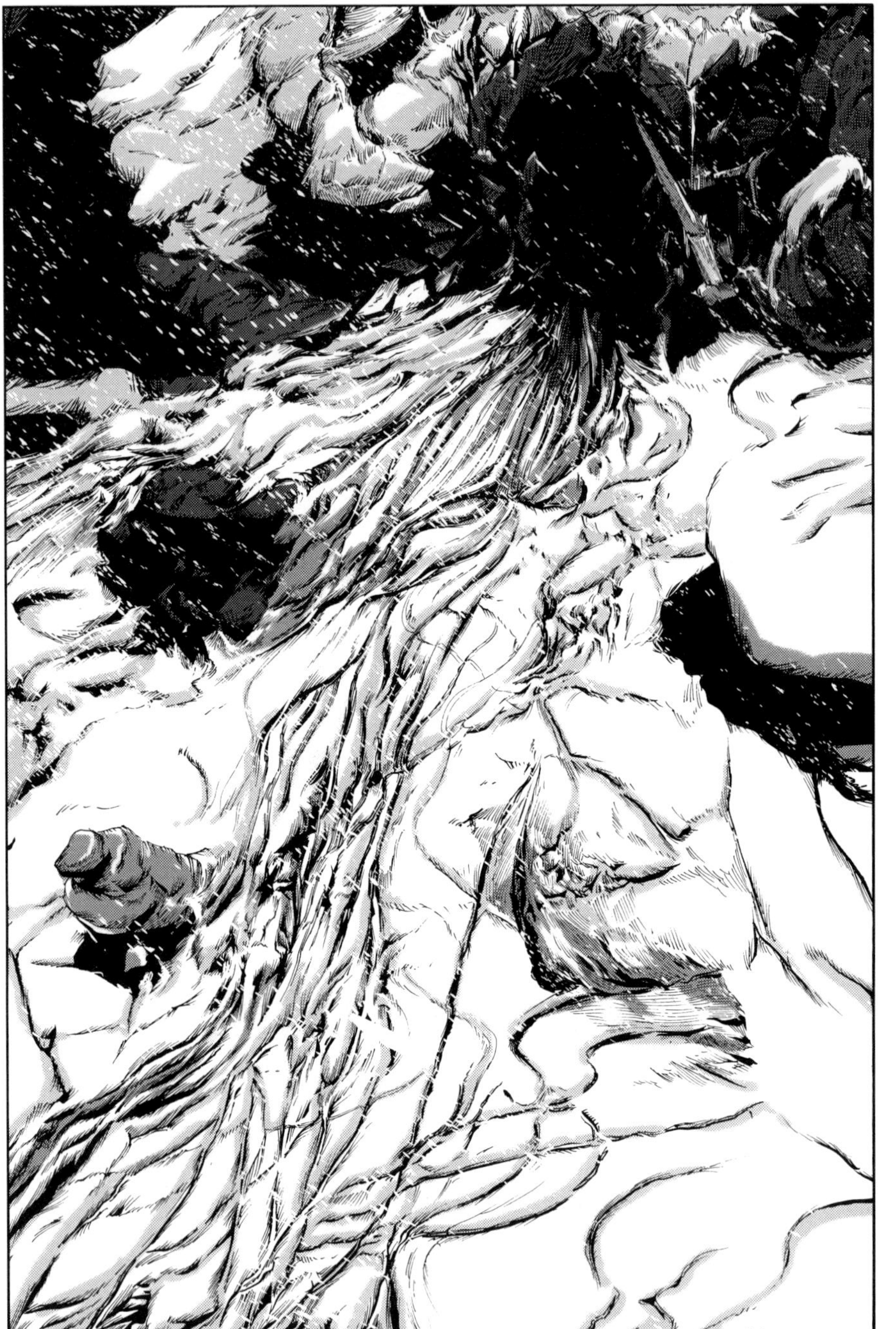

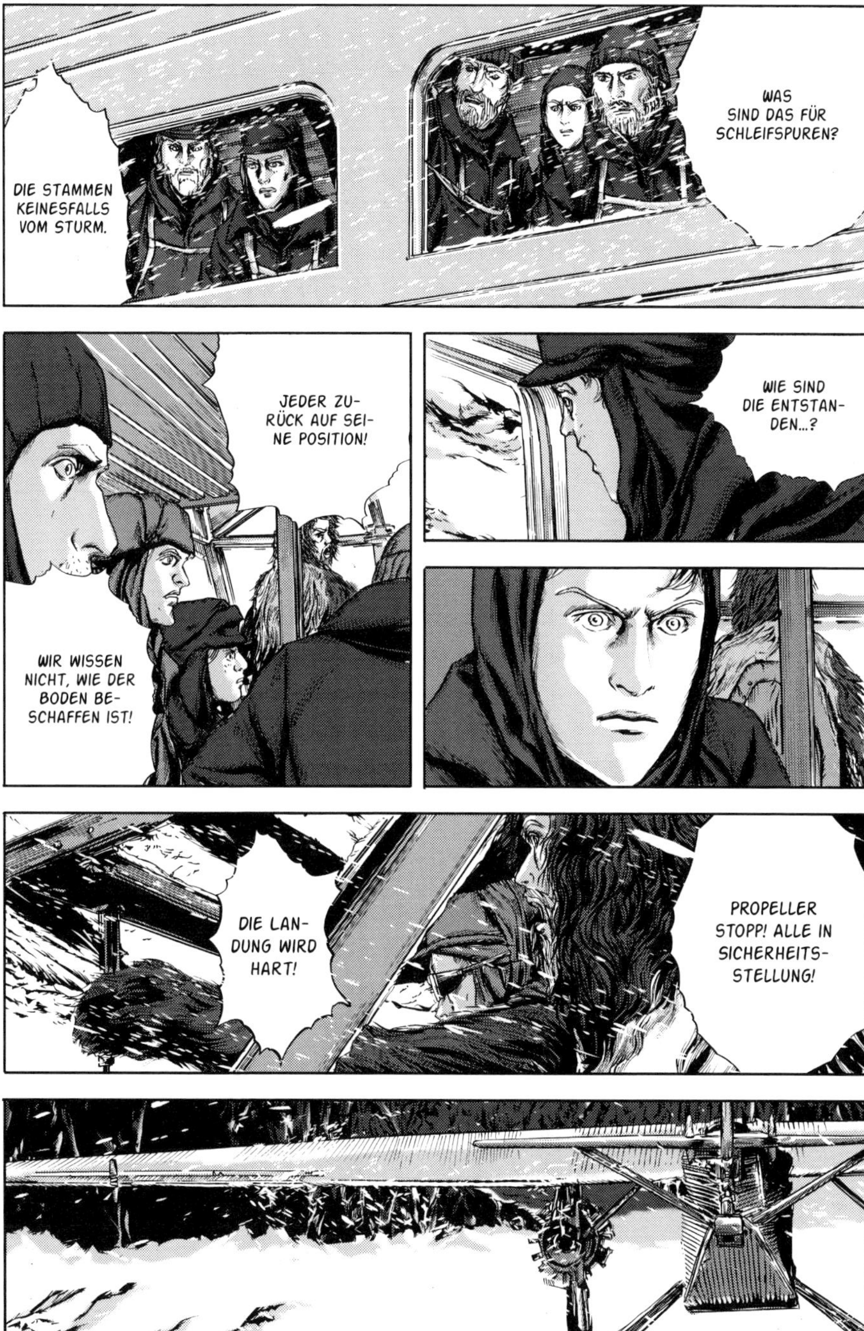
WAS SIND DAS FÜR SCHLEIFSPUREN?
DIE STAMMEN KEINESFALLS VOM STURM.
WIE SIND DIE ENTSTANDEN...?
JEDER ZURÜCK AUF SEINE POSITION!
WIR WISSEN NICHT, WIE DER BODEN BESCHAFFEN IST!
PROPELLER STOPP! ALLE IN SICHERHEITSSTELLUNG!
DIE LANDUNG WIRD HART!

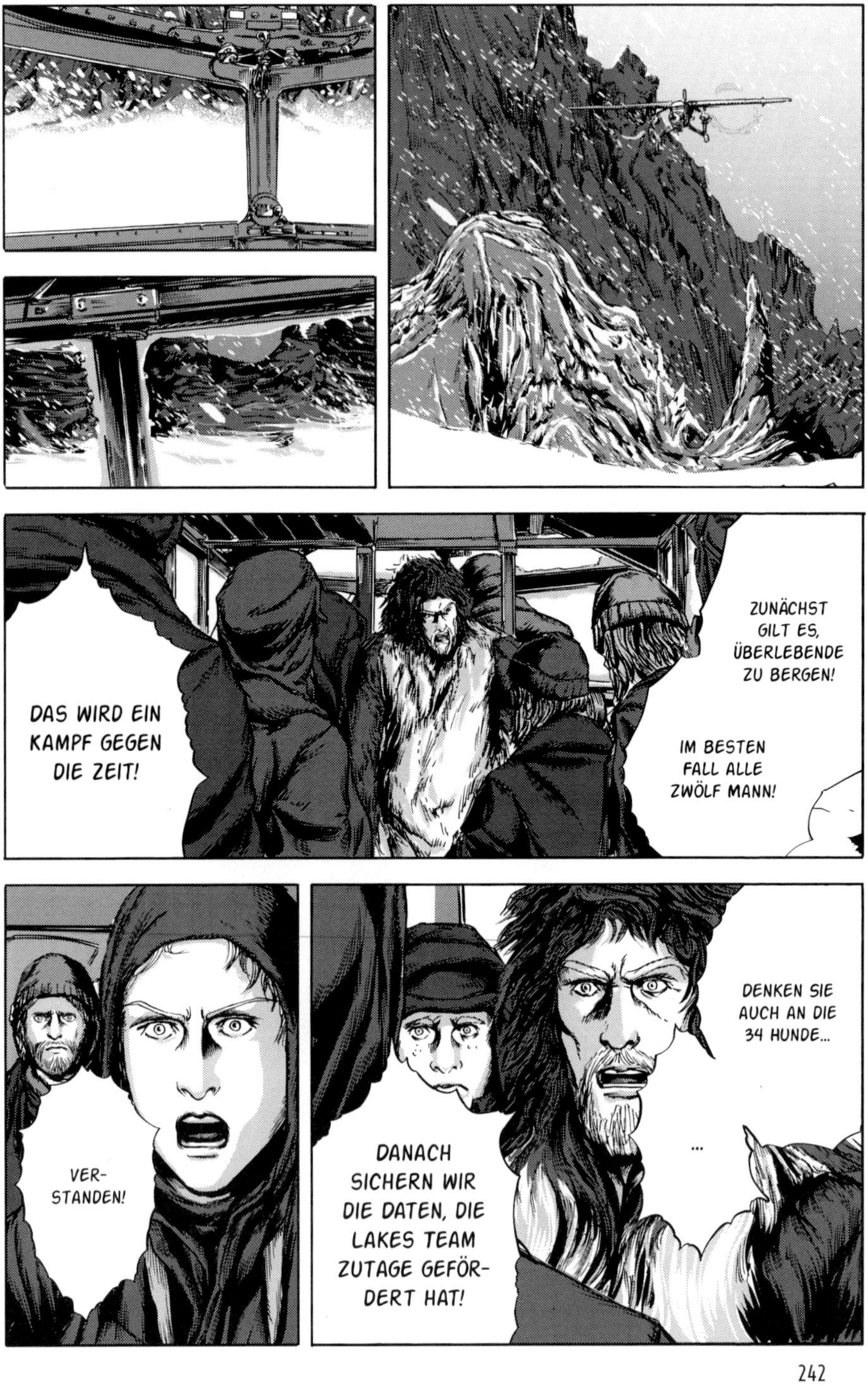
DAS WIRD EIN KAMPF GEGEN DIE ZEIT!
ZUNÄCHST GILT ES, ÜBERLEBENDE ZU BERGEN!
IM BESTEN FALL ALLE ZWÖLF MANN!
VER-STANDEN!
DANACH SICHERN WIR DIE DATEN, DIE LAKES TEAM ZUTAGE GEFÖR-DERT HAT!
DENKEN SIE AUCH AN DIE 34 HUNDE...
...

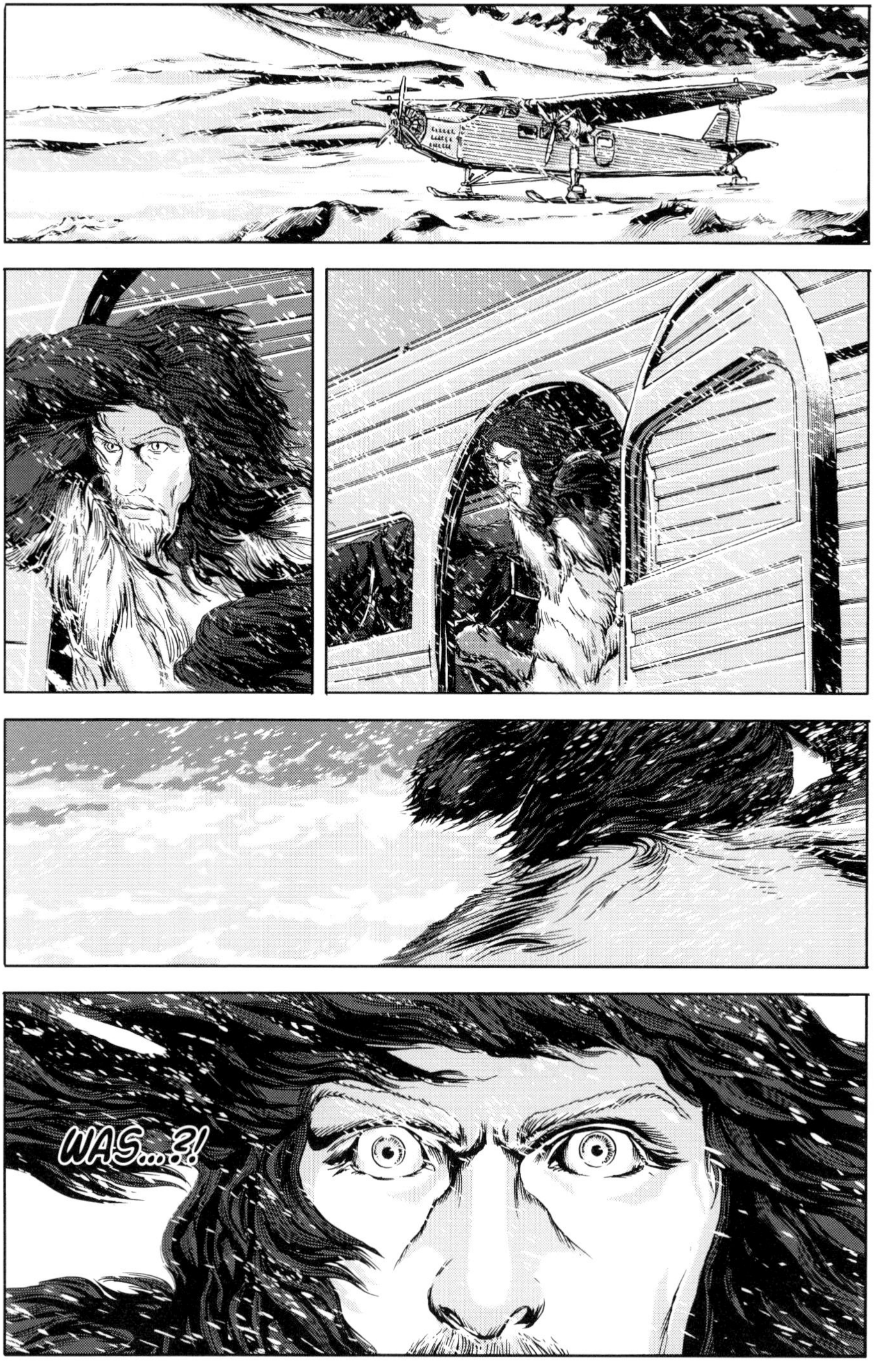
WAS...?!

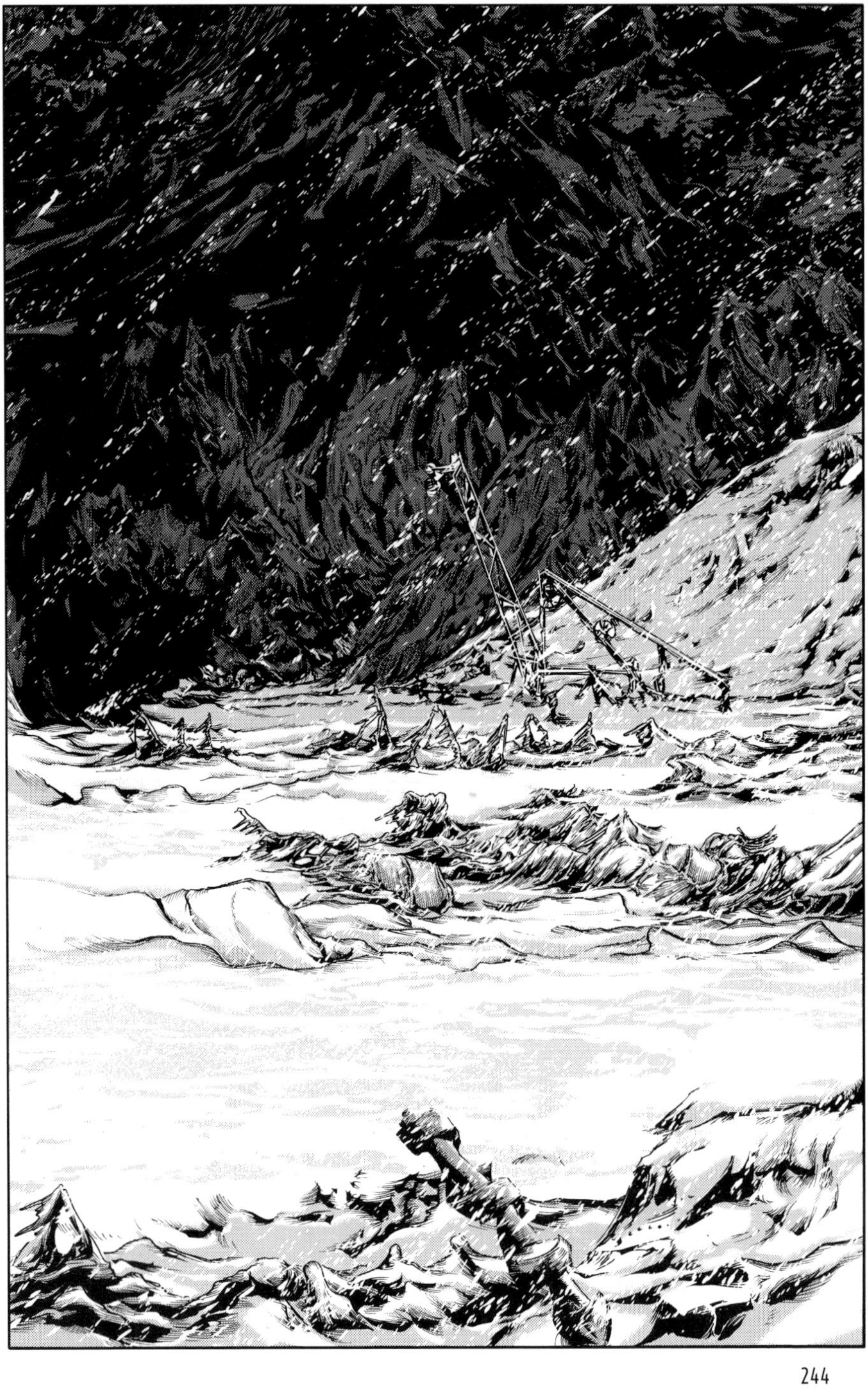

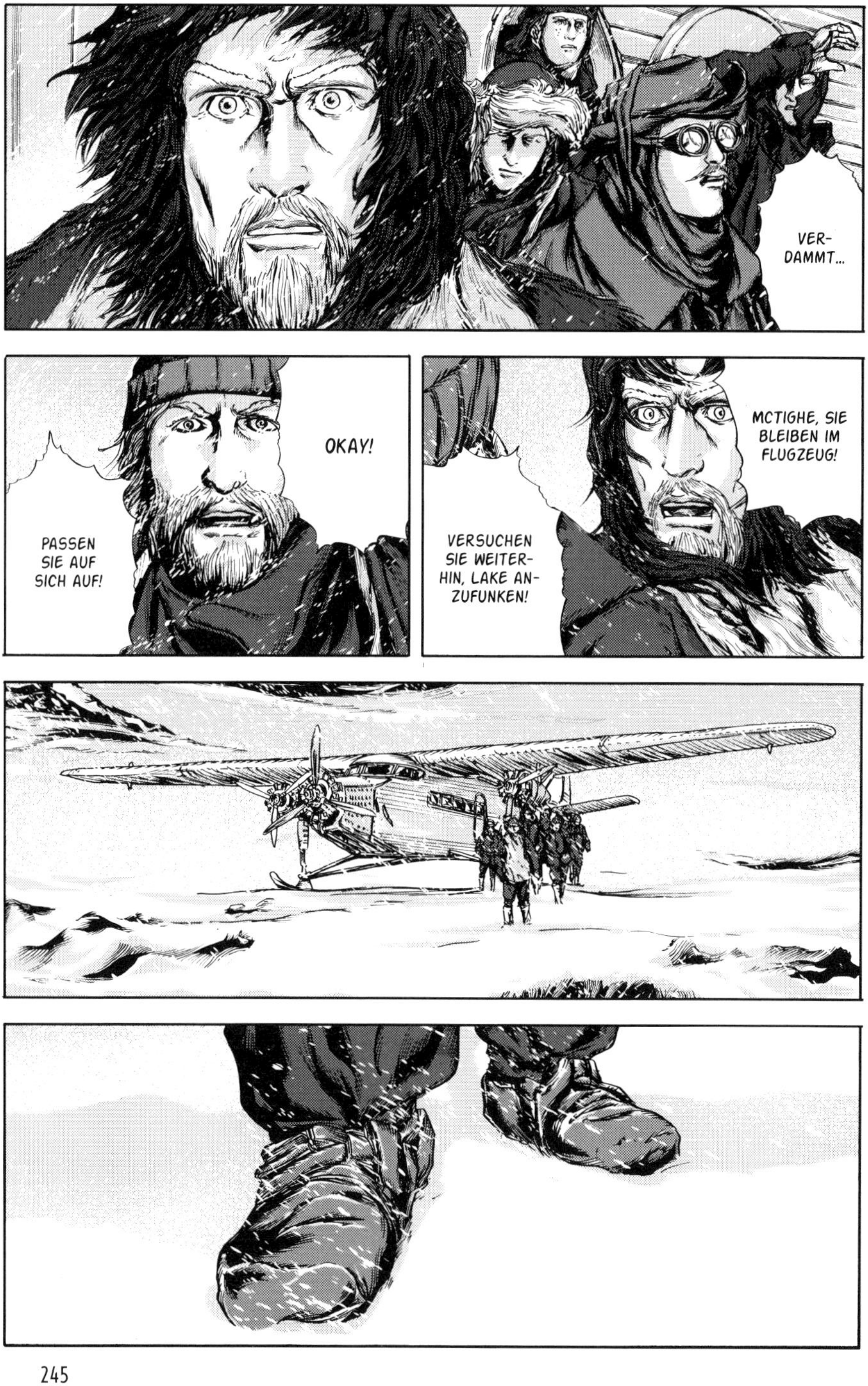
VER-
DAMMT...
PASSEN SIE AUF SICH AUF!
OKAY!
MCTIGHE, SIE BLEIBEN IM FLUGZEUG!
VERSUCHEN SIE WEITER-HIN, LAKE AN-ZUFUNKEN!

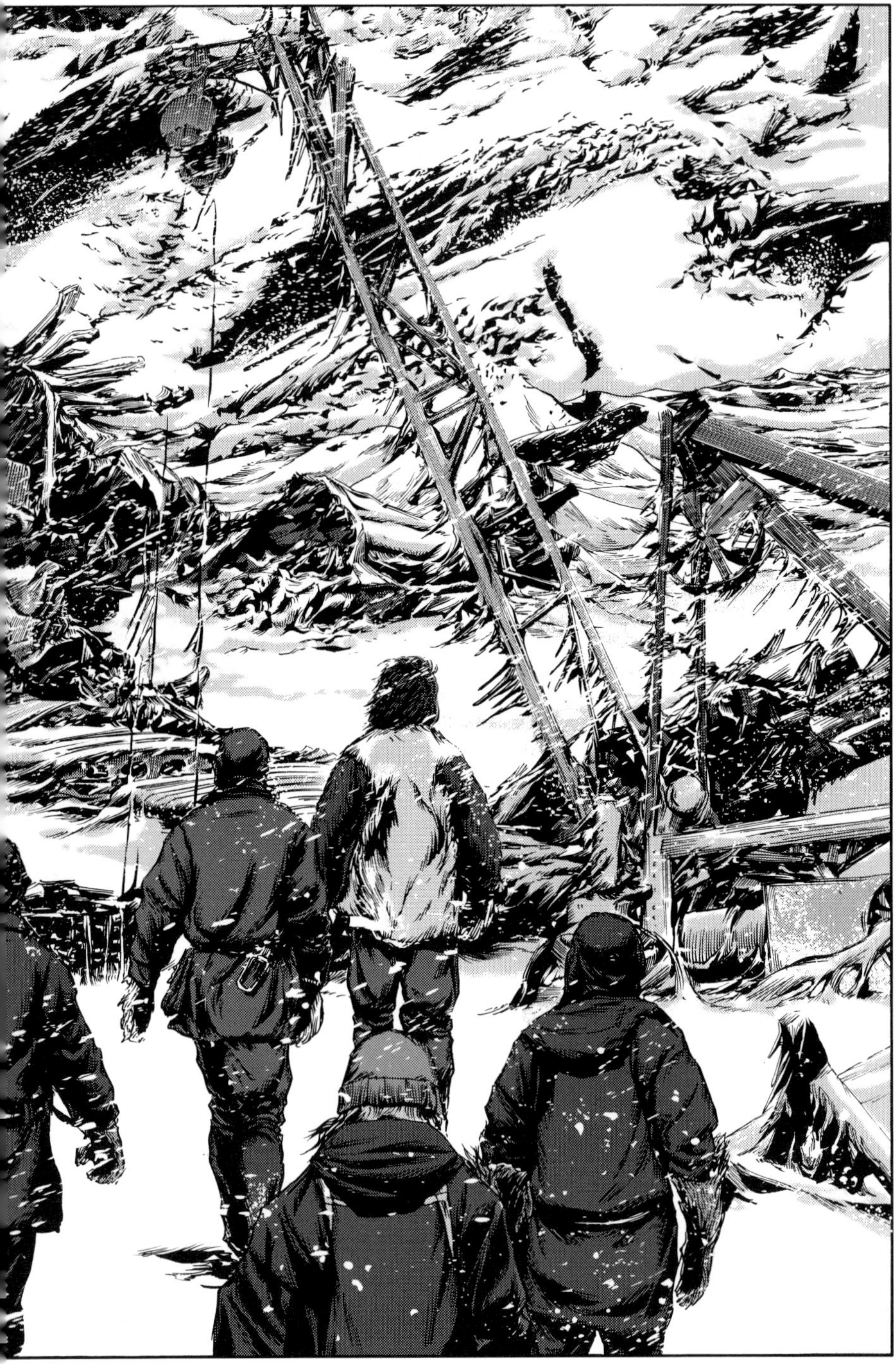

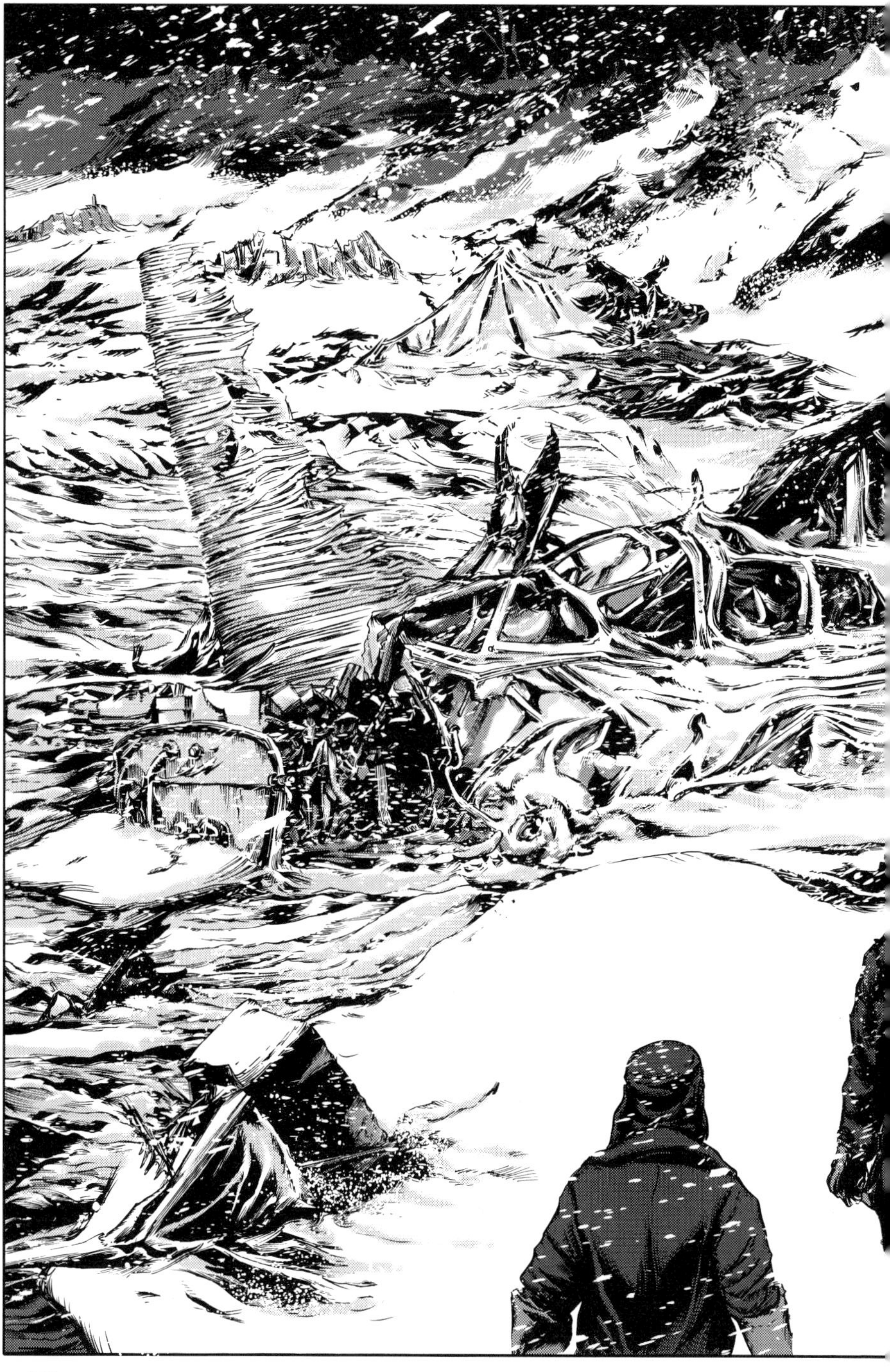

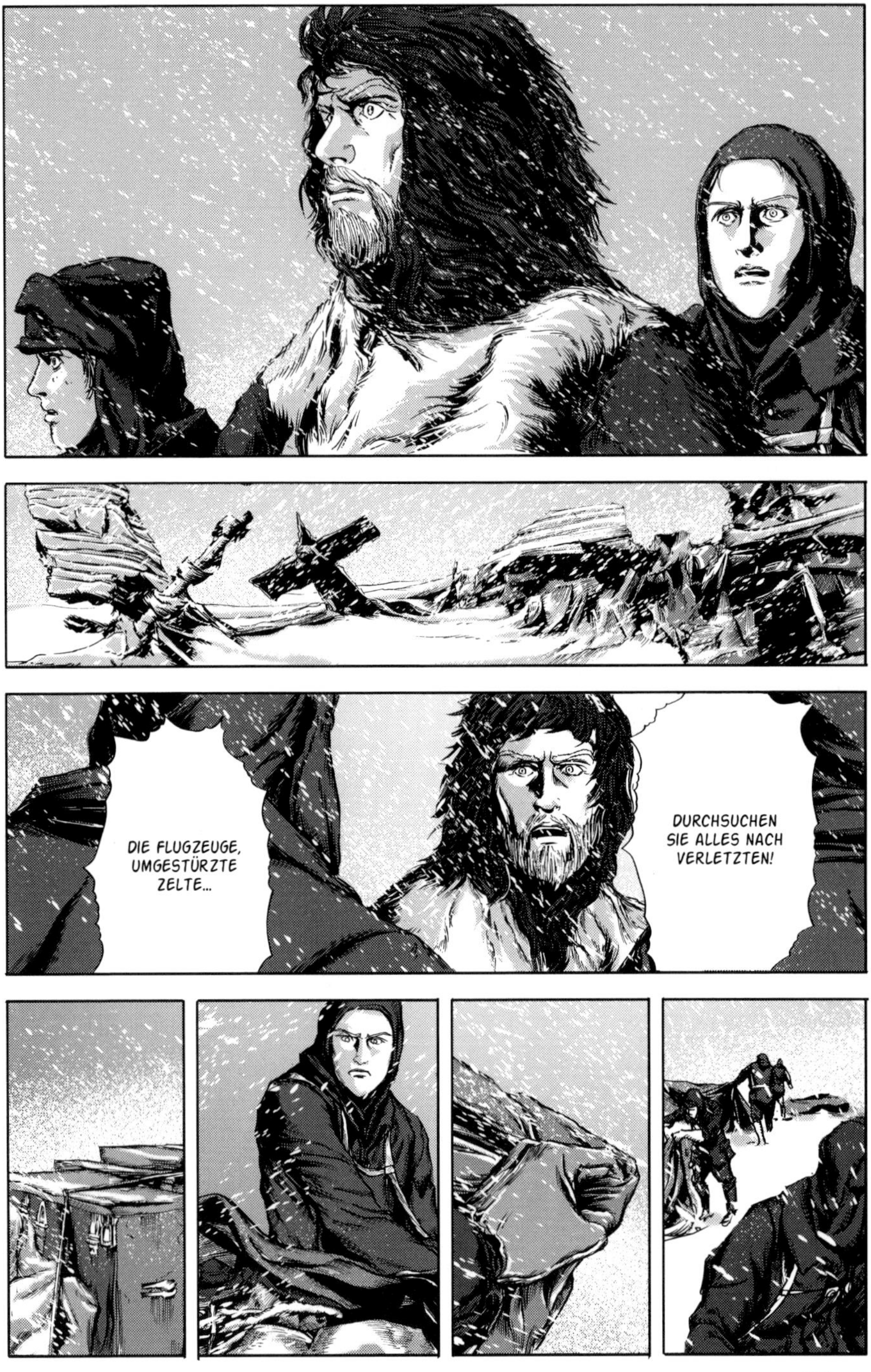
DIE FLUGZEUGE, UMGESTÜRZTE ZELTE...
DURCHSUCHEN SIE ALLES NACH VERLETZTEN!

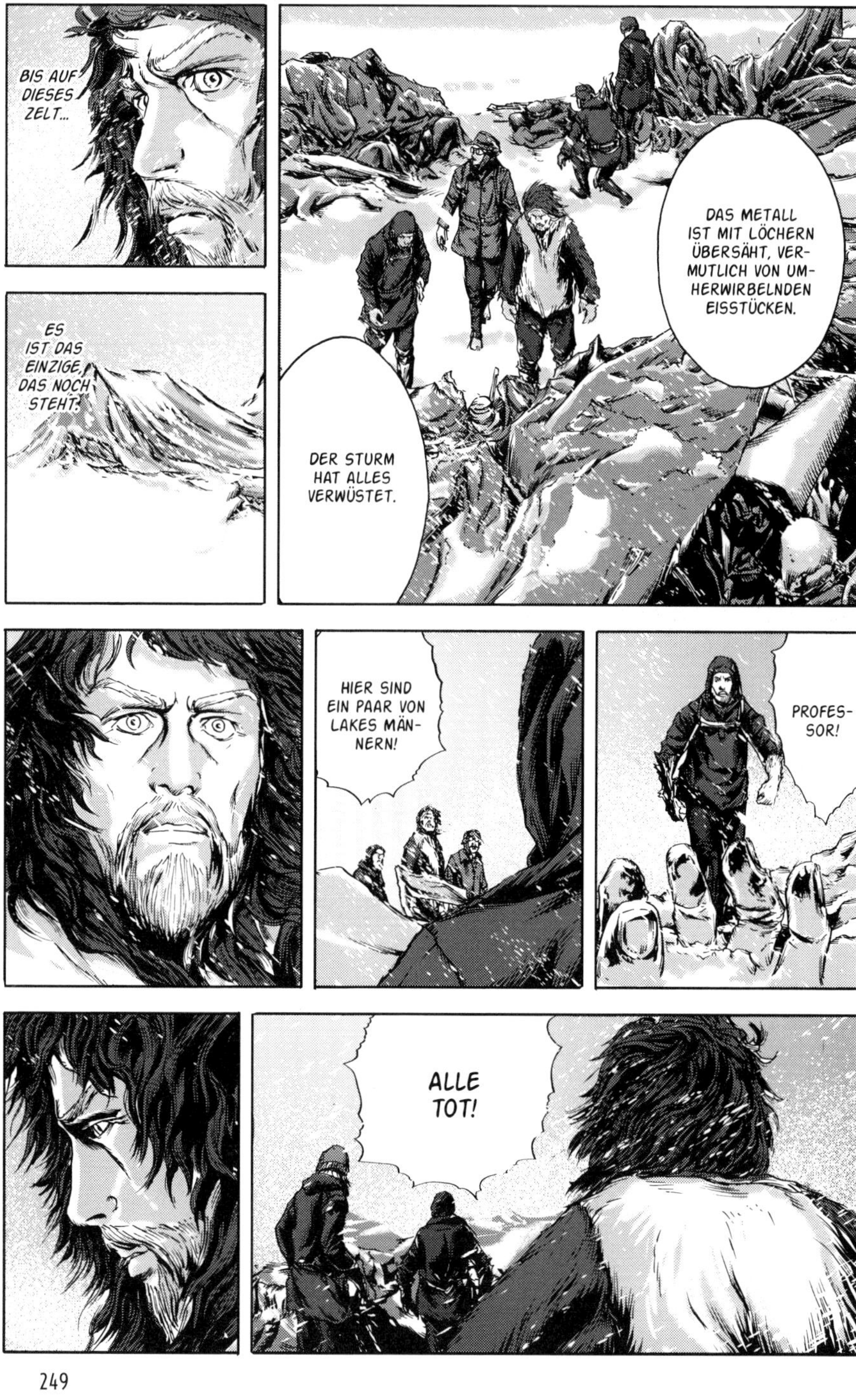
BIS AUF DIESES ZELT...
ES IST DAS EINZIGE, DAS NOCH STEHT.
DER STURM HAT ALLES VERWÜSTET.
DAS METALL IST MIT LÖCHERN ÜBERSÄHT, VERMUTLICH VON UMHERWIRBELNDEN EISSTÜCKEN.
HIER SIND EIN PAAR VON LAKES MÄNNERN!
PROFESSOR!
ALLE TOT!

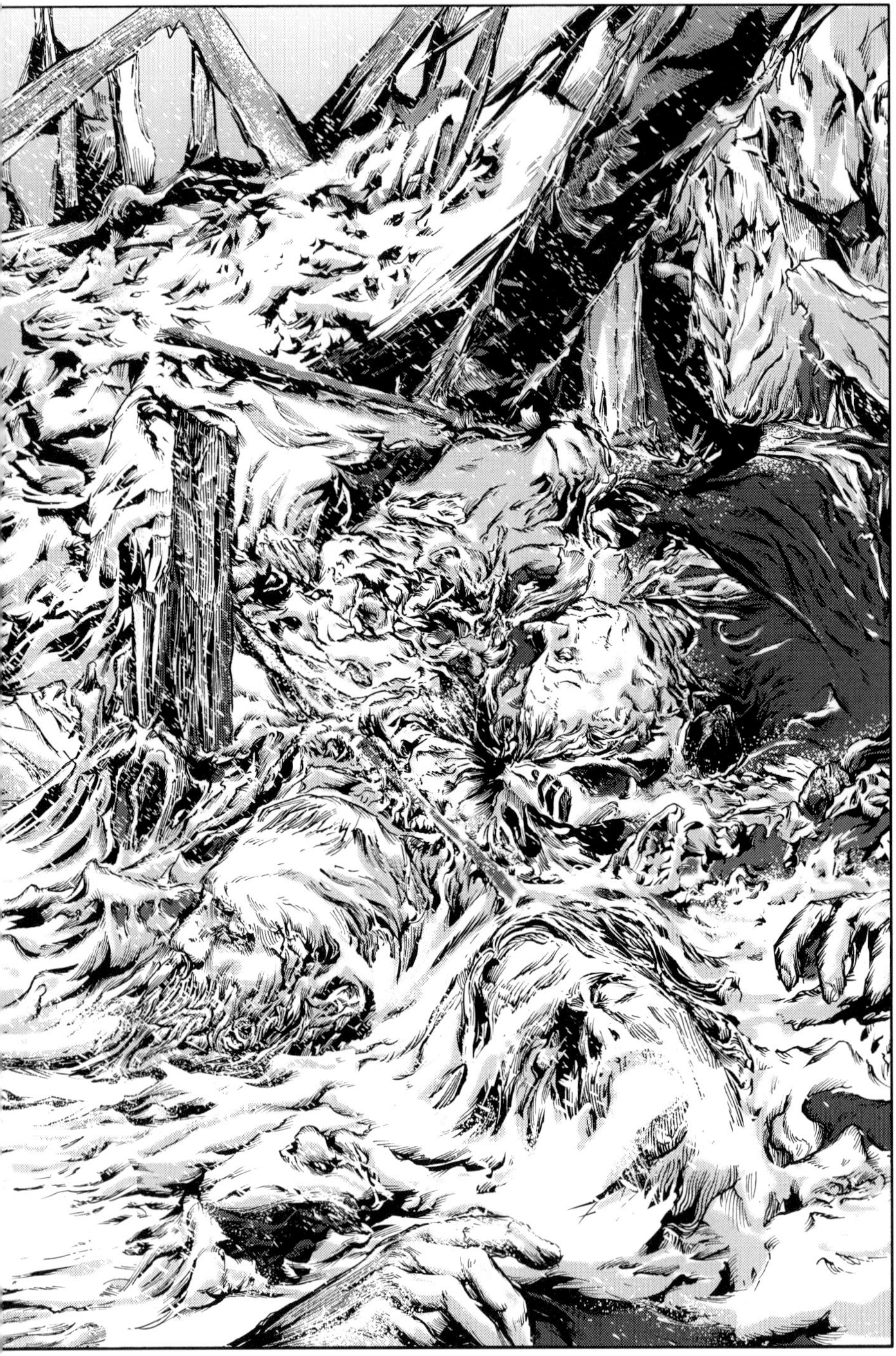

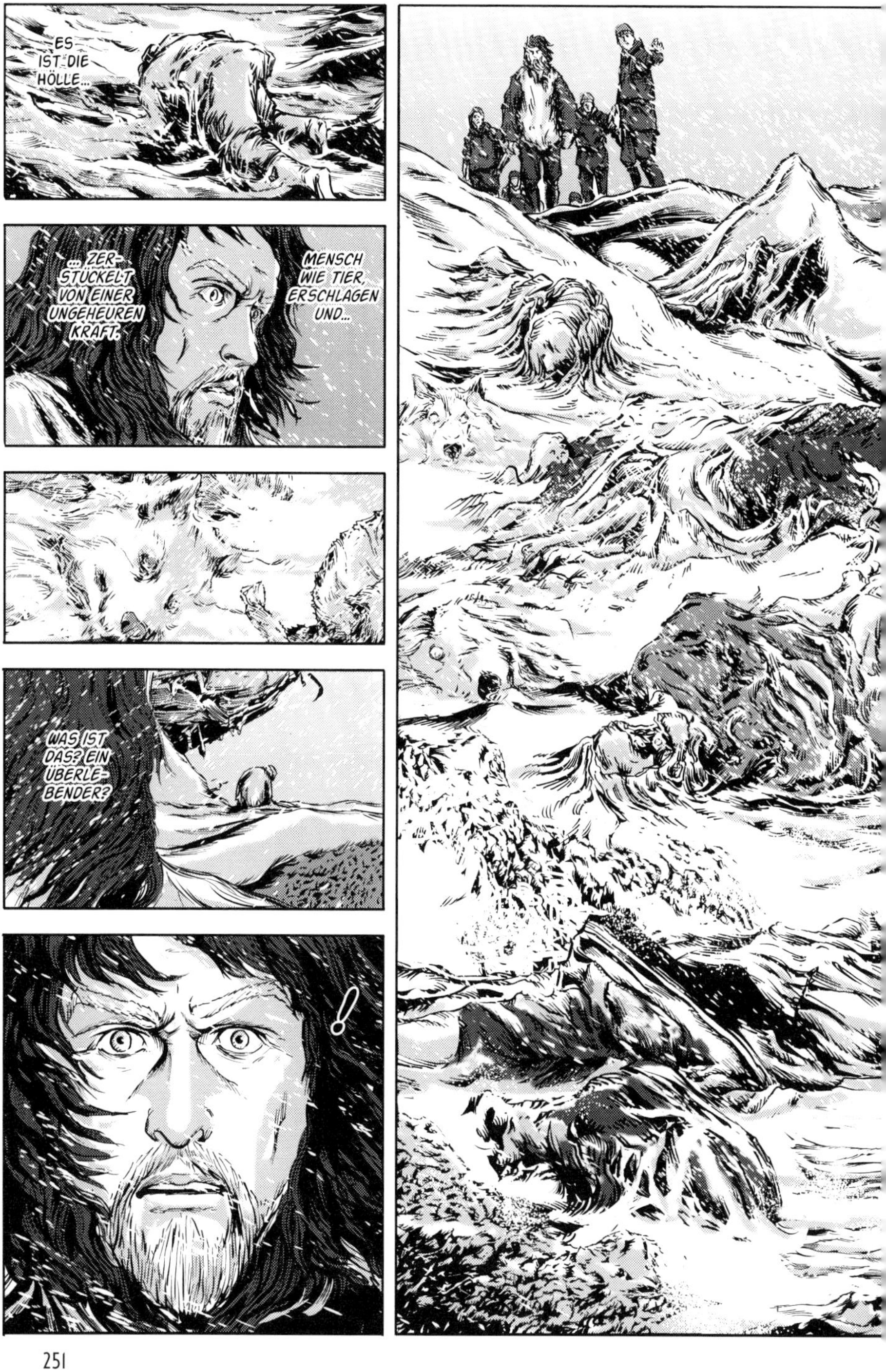
ES IST DIE HÖLLE...
MENSCH WIE TIER, ERSCHLAGEN UND...
... ZER-STÜCKELT VON EINER UNGEHEUREN KRAFT.
WAS IST DAS? EIN ÜBERLE-BENDER?
!

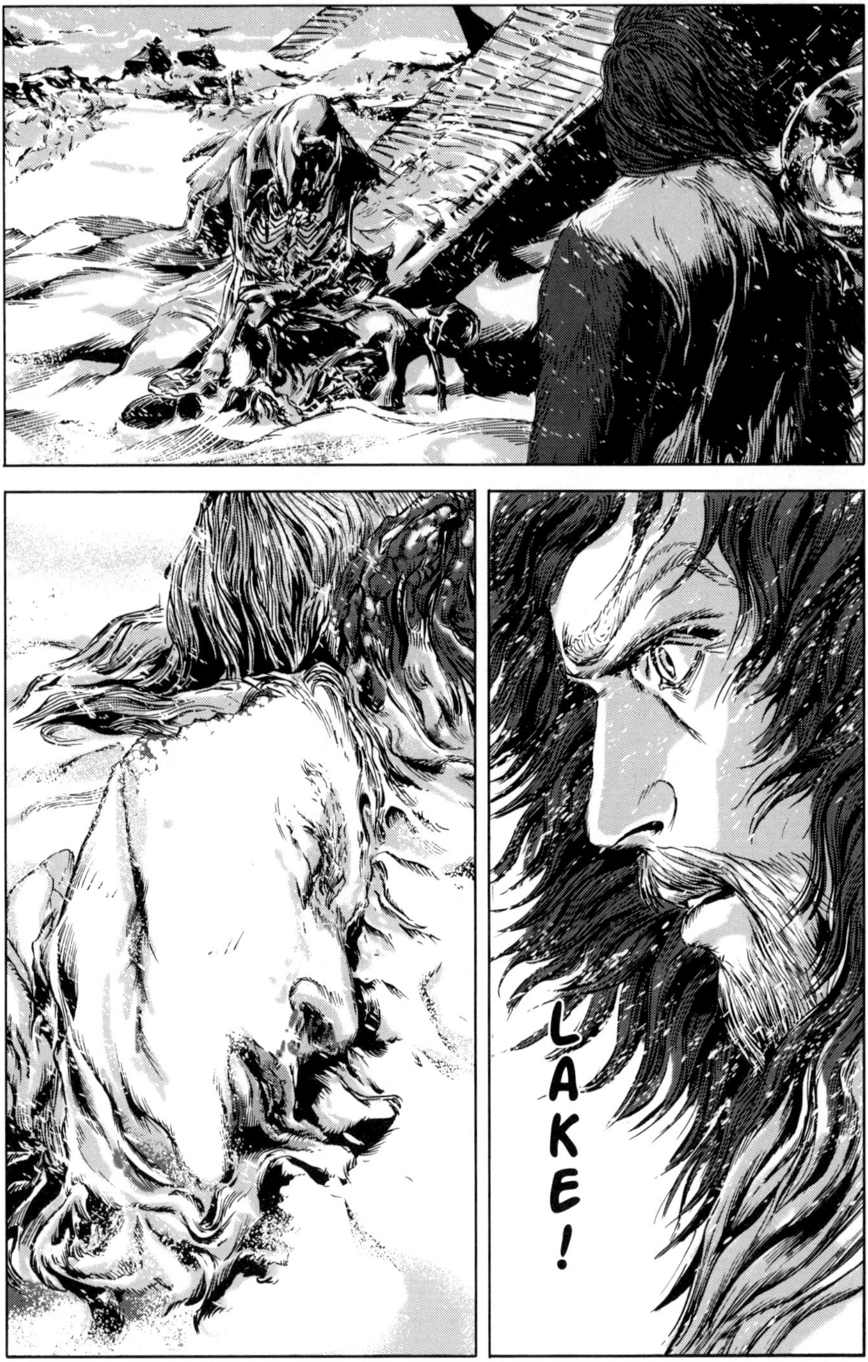
LAKE!

11 EIN GRAUSIGER FUND

The Scene of the Tragedy

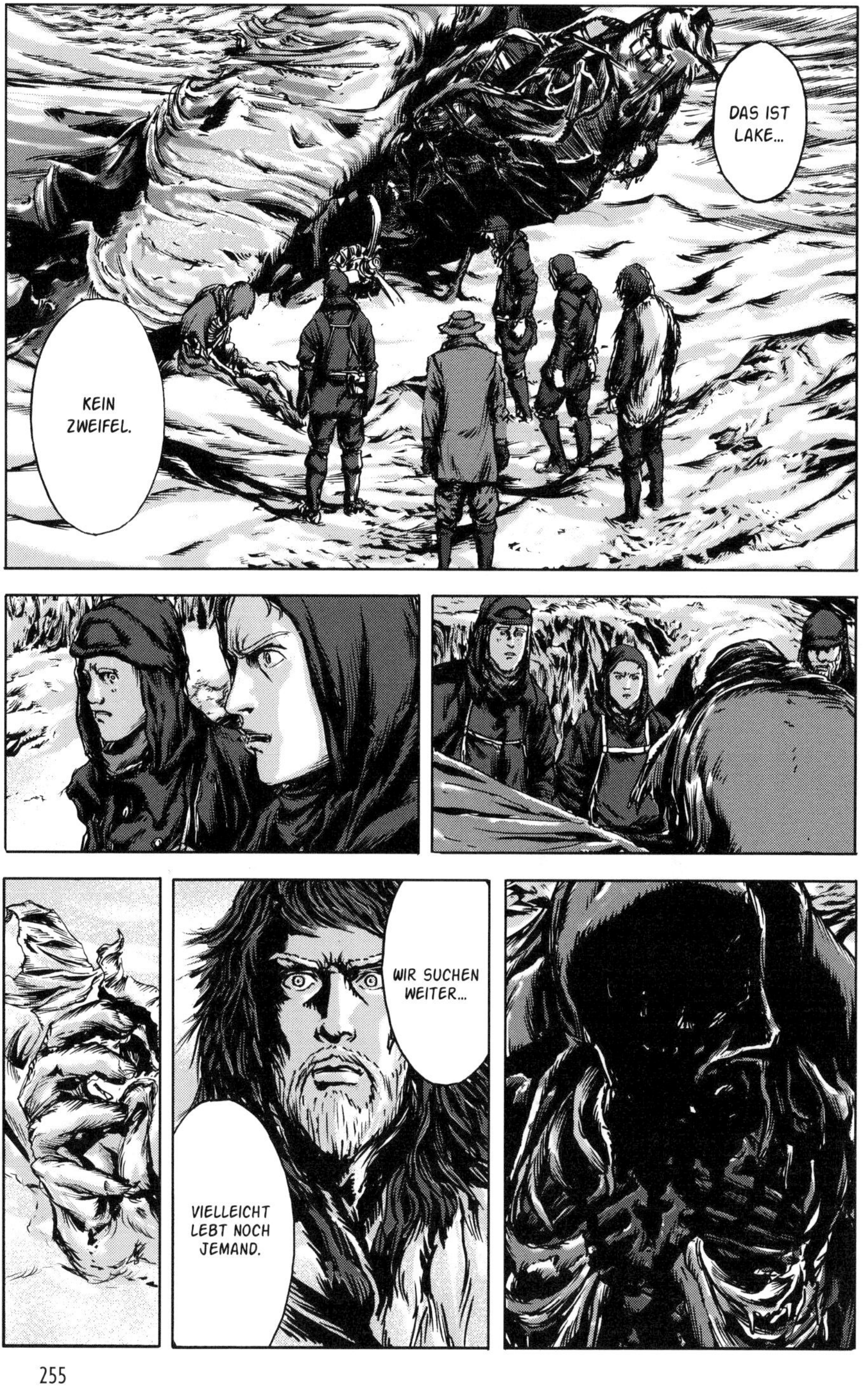
DAS IST LAKE...
KEIN ZWEIFEL.
WIR SUCHEN WEITER...
VIELLEICHT LEBT NOCH JEMAND.

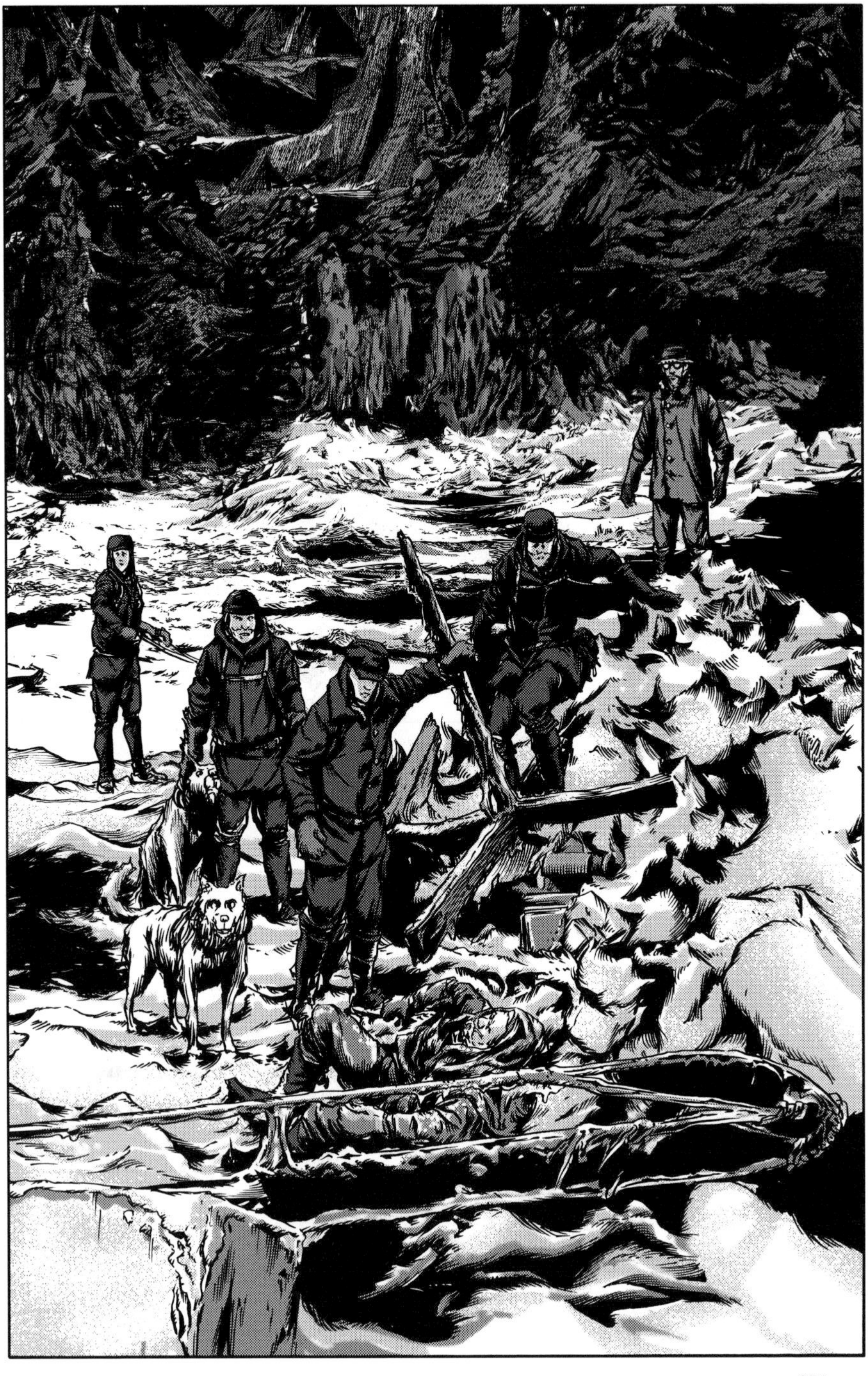

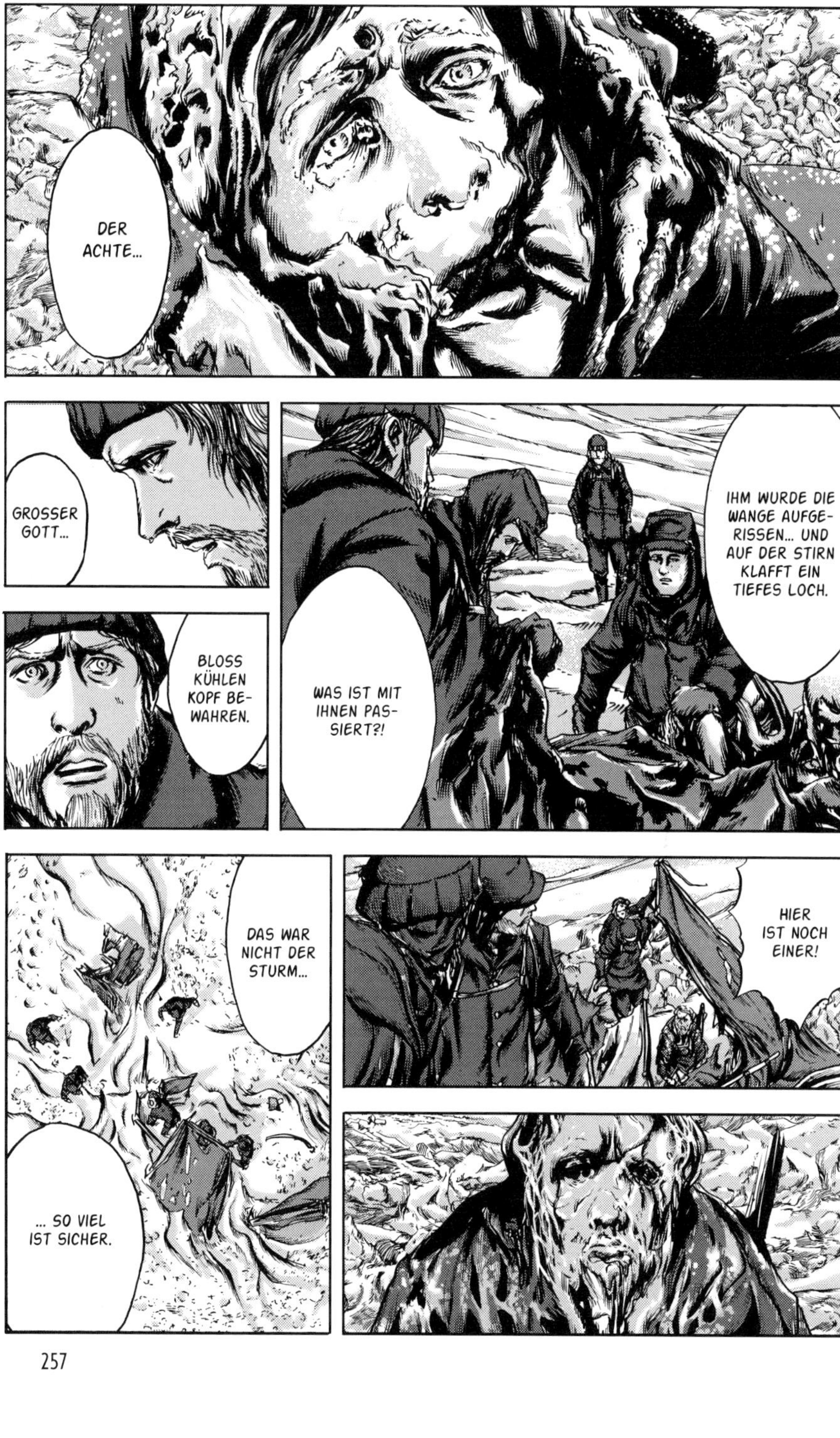
DER ACHTE...
IHM WURDE DIE WANGE AUFGERISSEN... UND AUF DER STIRN KLAFFT EIN TIEFES LOCH.
WAS IST MIT IHNEN PASSIERT?!
GROSSER GOTT...
BLOSS KÜHLEN KOPF BEWAHREN.
HIER IST NOCH EINER!
DAS WAR NICHT DER STURM...
... SO VIEL IST SICHER.

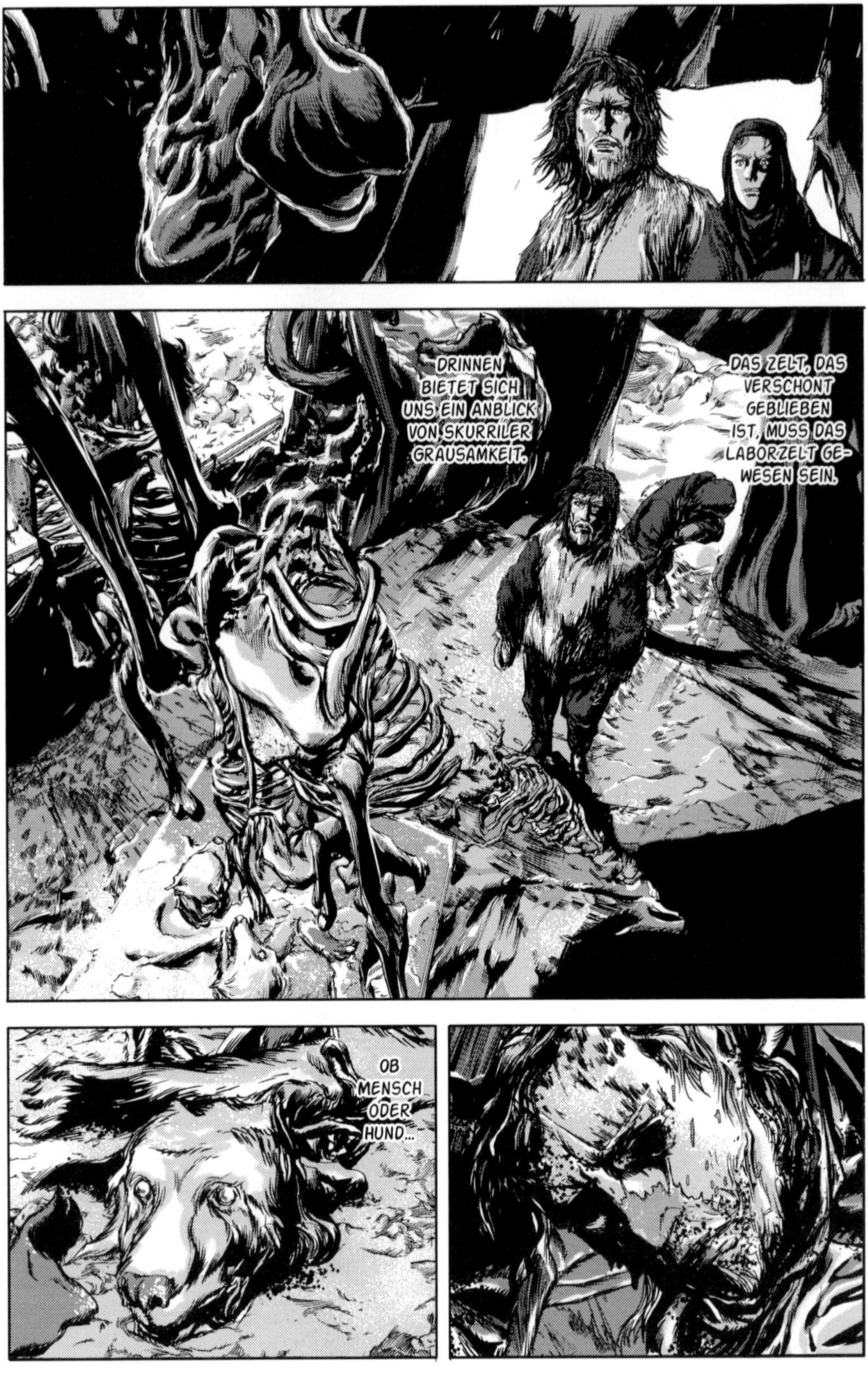
DAS ZELT, DAS VERSCHONT GEBLIEBEN IST, MUSS DAS LABORZELT GE-WESEN SEIN.
DRINNEN BIETET SICH UNS EIN ANBLICK VON SKURRILER GRAUSAMKEIT.
OB MENSCH ODER HUND…

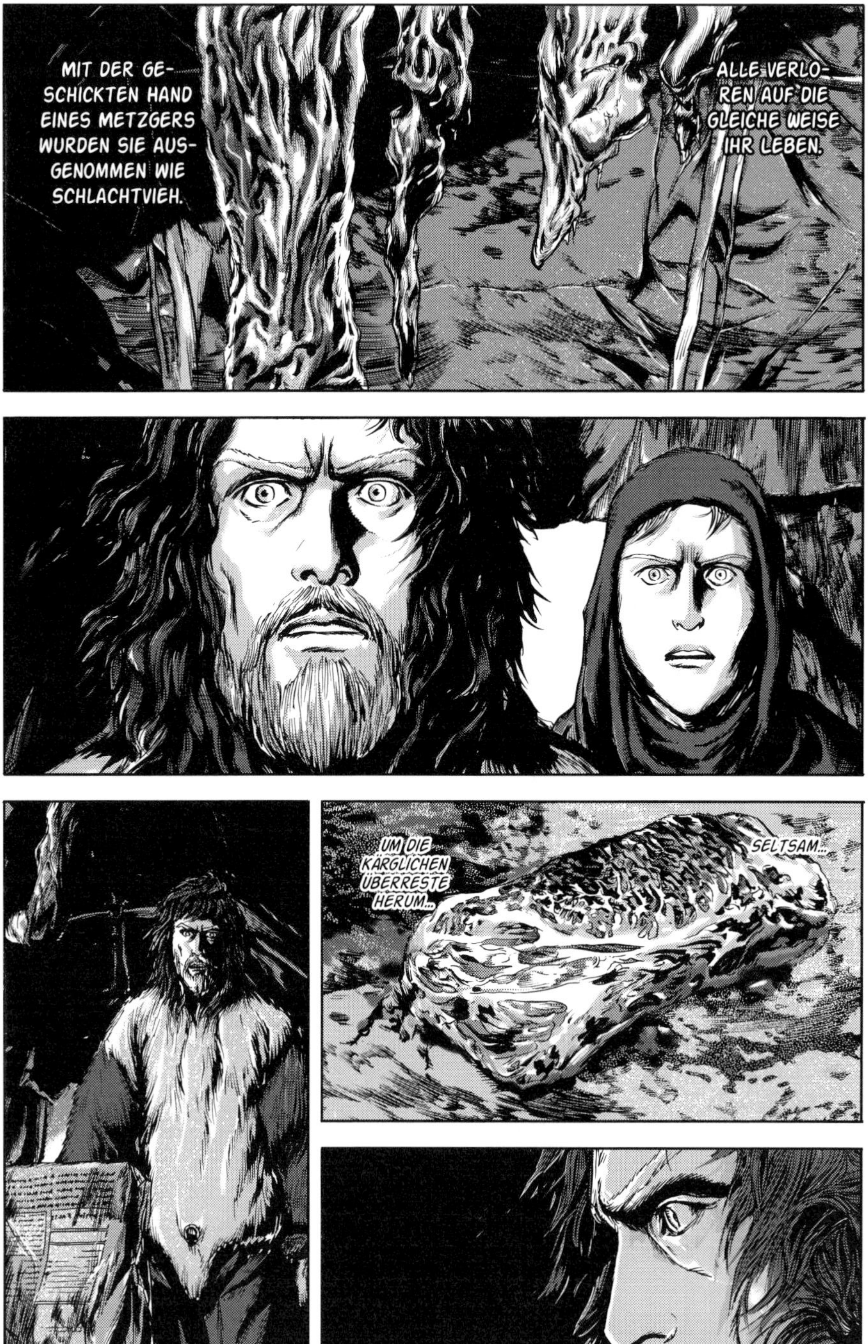
MIT DER GE-
SCHICKTEN HAND
EINES METZGERS
WURDEN SIE AUS-
GENOMMEN WIE
SCHLACHTVIEH.
ALLE VERLO-
REN AUF DIE
GLEICHE WEISE
IHR LEBEN.
SELTSAM...
UM DIE
KÄRGLICHEN
ÜBERRESTE
HERUM...

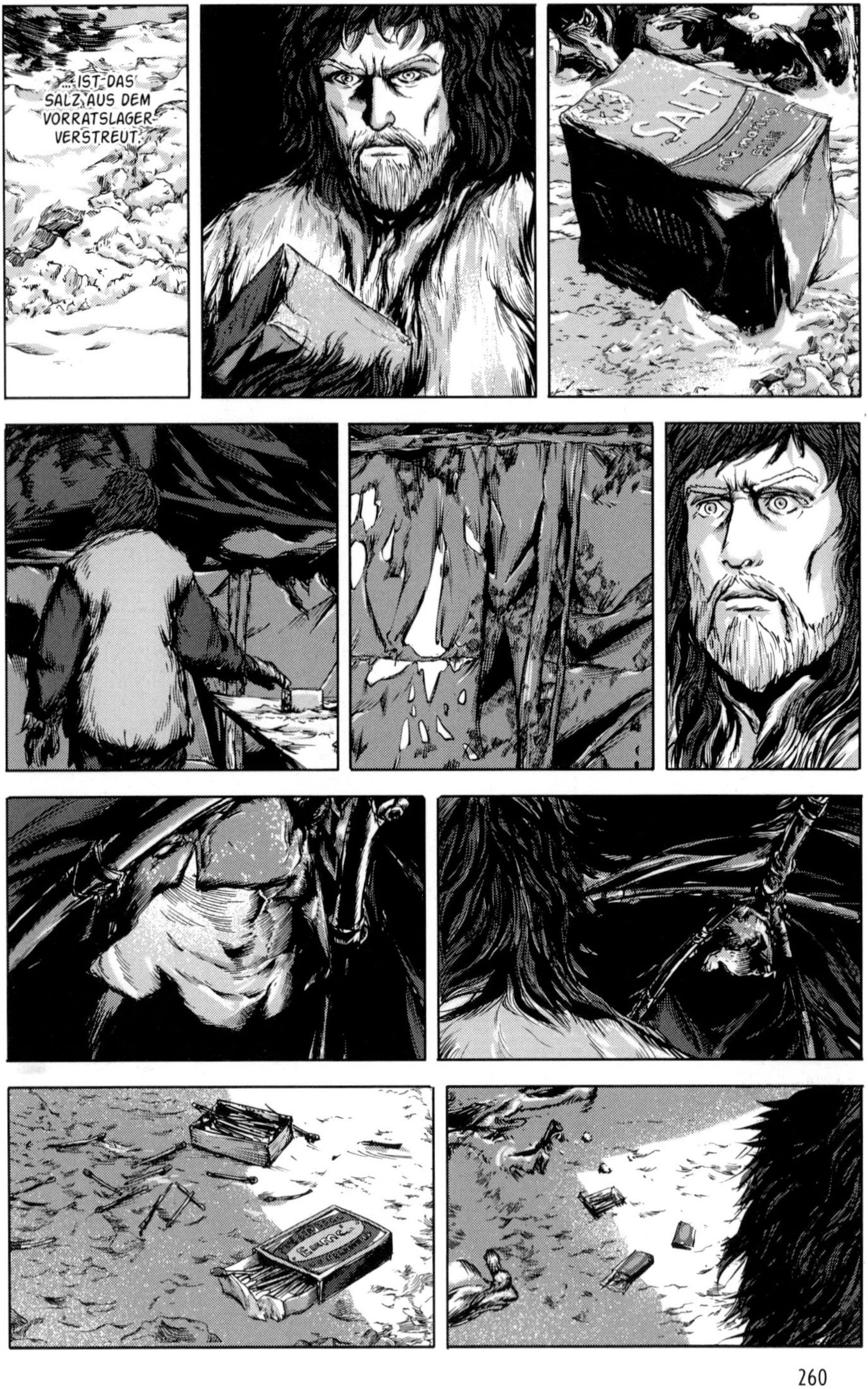
...IST DAS SALZ AUS DEM VORRATSLAGER VERSTREUT.
SALT

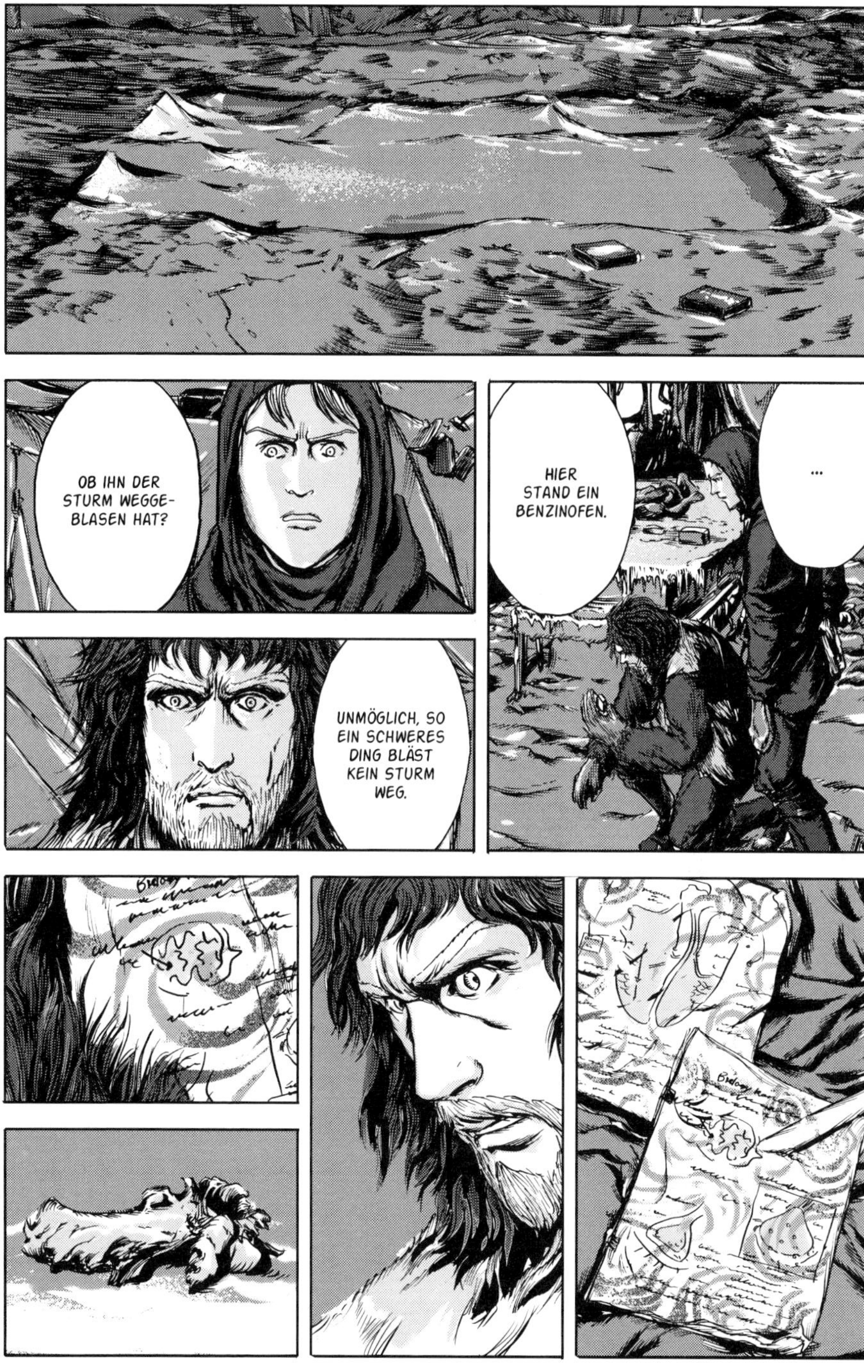
...
HIER STAND EIN BENZINOFEN.
OB IHN DER STURM WEGGE-BLASEN HAT?
UNMÖGLICH, SO EIN SCHWERES DING BLÄST KEIN STURM WEG.

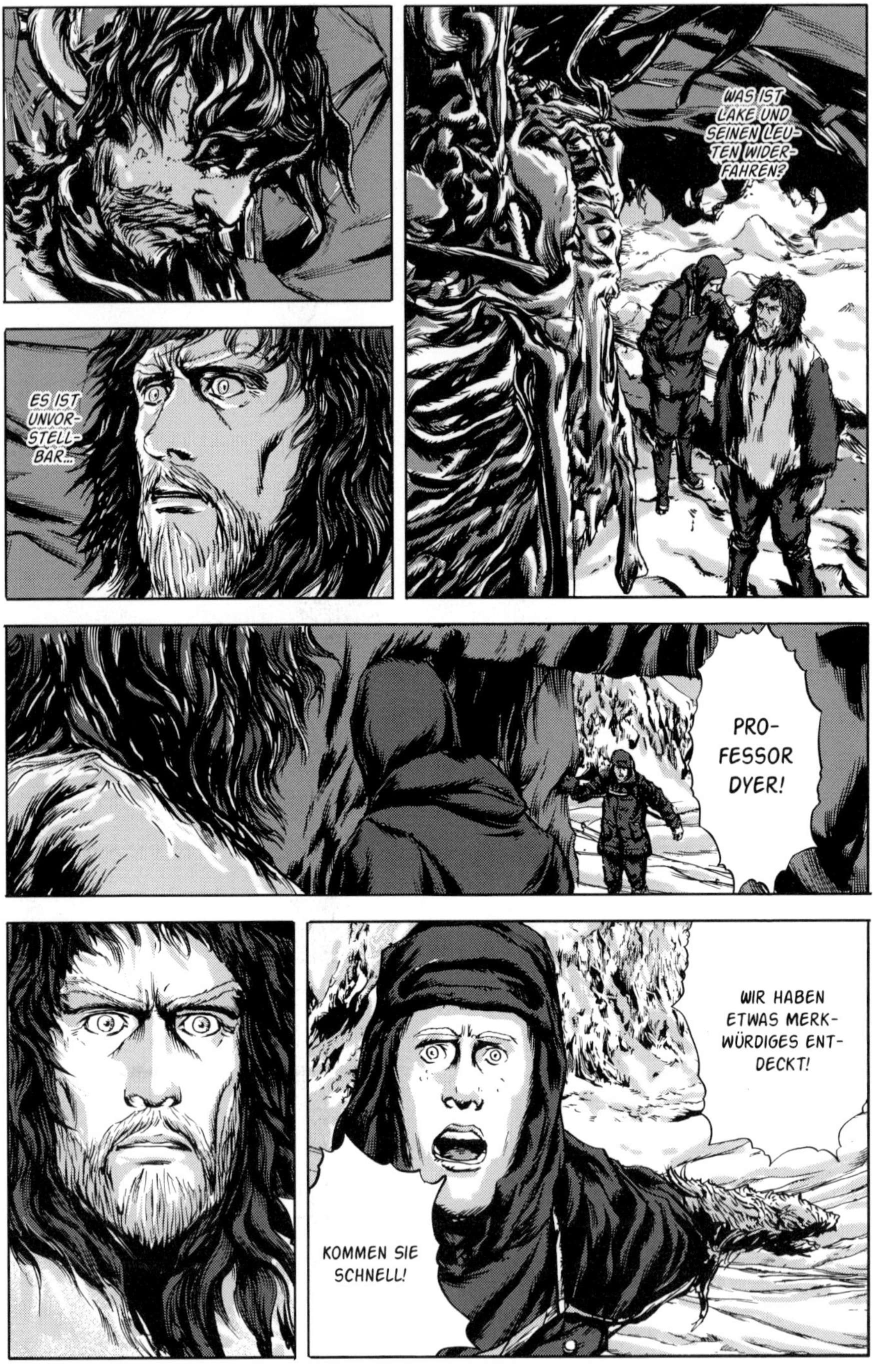
Es ist unvor-stell-bar...
Was ist Lake und seinen Leu-ten wider-fahren?
Pro-fessor Dyer!
Wir haben etwas merk-würdiges ent-deckt!
Kommen Sie schnell!

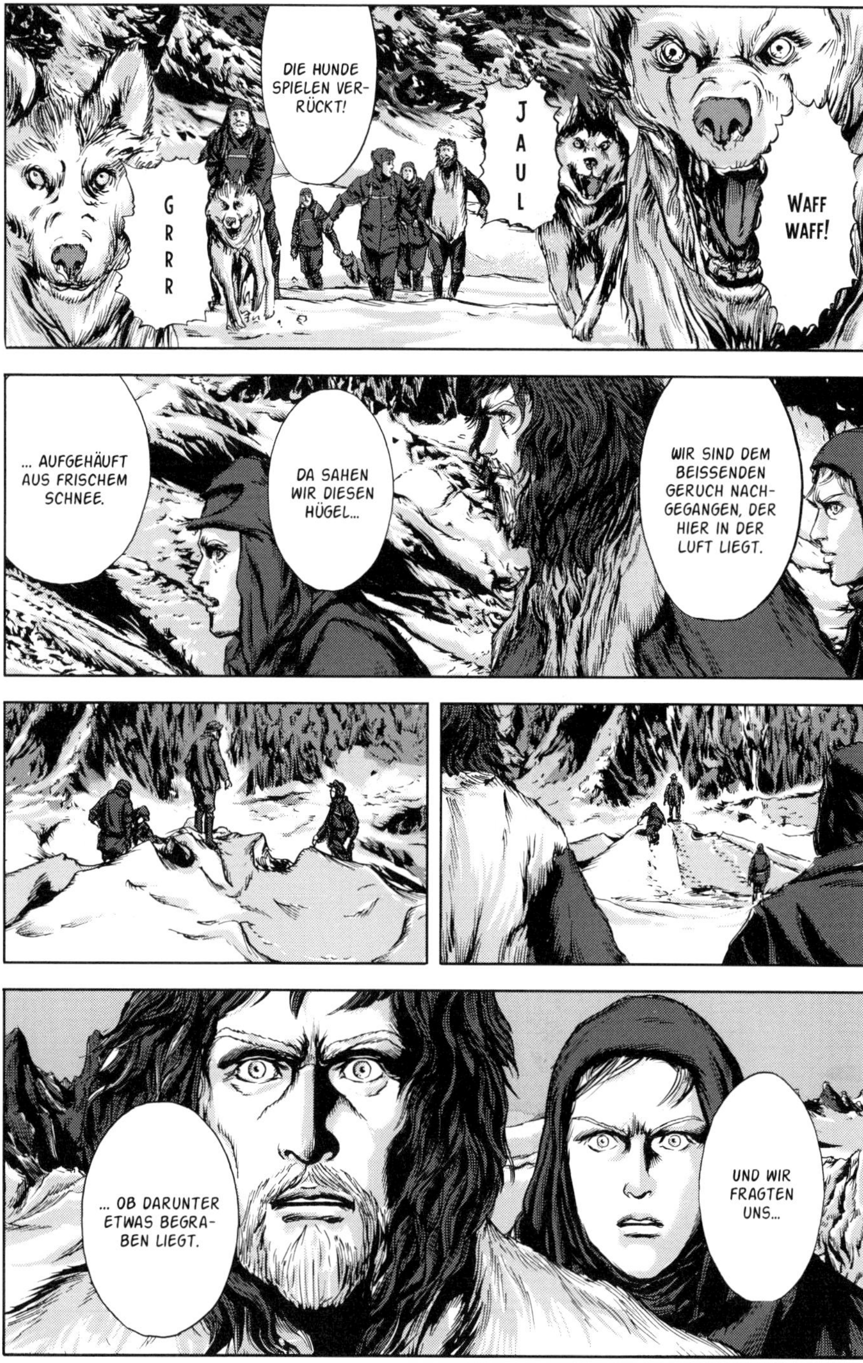
WAFF WAFF!
J A U L
DIE HUNDE SPIELEN VERRÜCKT!
G R R R
WIR SIND DEM BEISSENDEN GERUCH NACHGEGANGEN, DER HIER IN DER LUFT LIEGT.
DA SAHEN WIR DIESEN HÜGEL...
... AUFGEHÄUFT AUS FRISCHEM SCHNEE.
UND WIR FRAGTEN UNS...
... OB DARUNTER ETWAS BEGRABEN LIEGT.

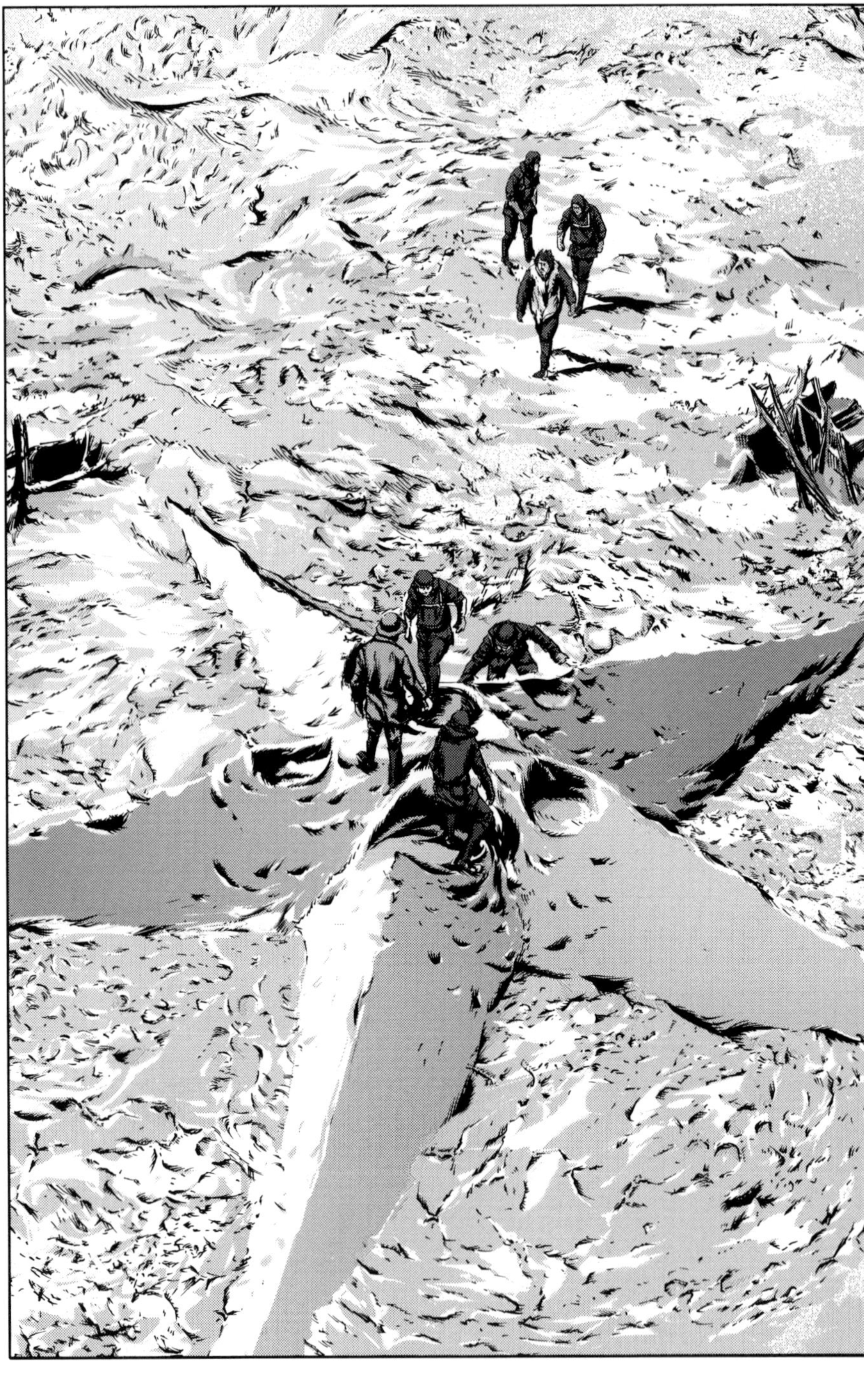

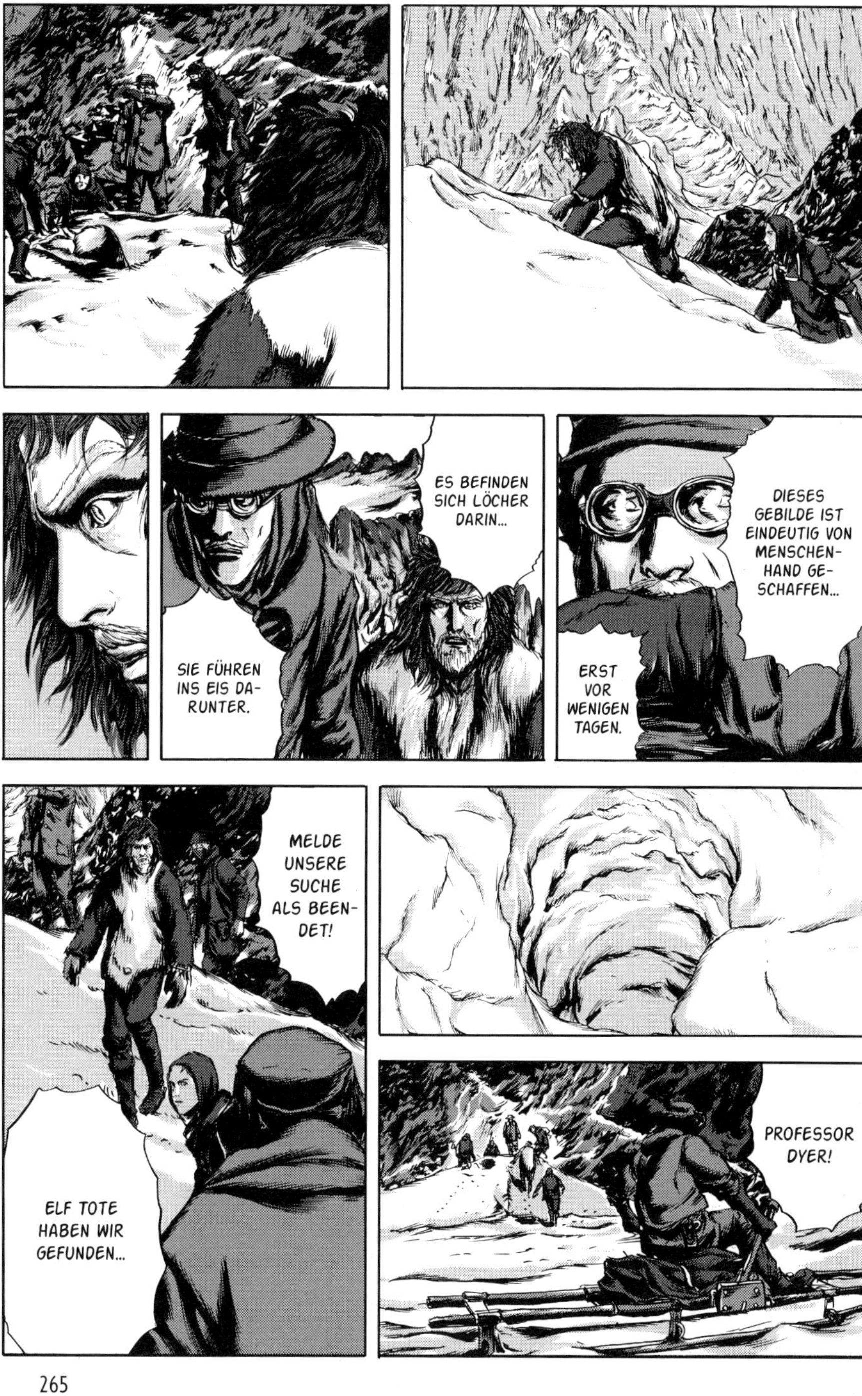
ES BEFINDEN SICH LÖCHER DARIN...
SIE FÜHREN INS EIS DA-RUNTER.
DIESES GEBILDE IST EINDEUTIG VON MENSCHEN-HAND GE-SCHAFFEN...
ERST VOR WENIGEN TAGEN.
MELDE UNSERE SUCHE ALS BEEN-DET!
ELF TOTE HABEN WIR GEFUNDEN...
PROFESSOR DYER!

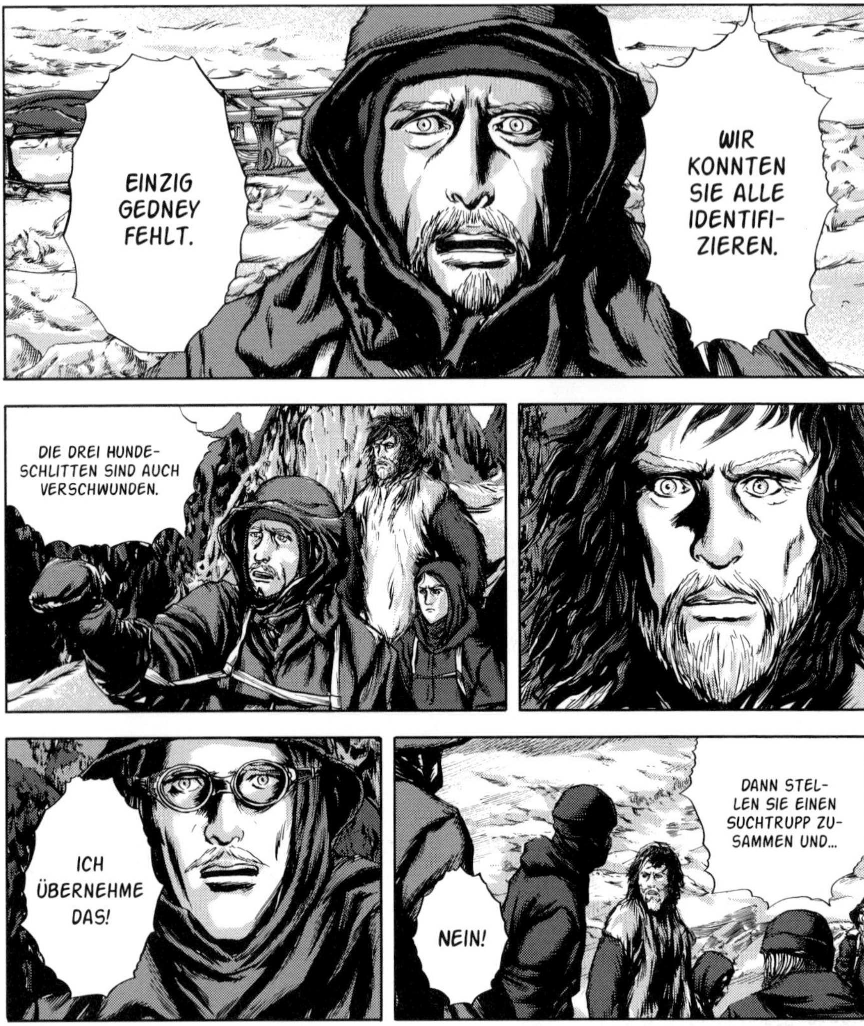
WIR KONNTEN SIE ALLE IDENTIFIZIEREN.
EINZIG GEDNEY FEHLT.
DIE DREI HUNDESCHLITTEN SIND AUCH VERSCHWUNDEN.
DANN STELLEN SIE EINEN SUCHTRUPP ZUSAMMEN UND...
NEIN!
ICH ÜBERNEHME DAS!
GUT, PABODIE! SEIEN SIE VORSICHTIG!
ICH WERDE DIE GESAMTE UMGEBUNG MIT DEM FLUGZEUG ABSUCHEN.

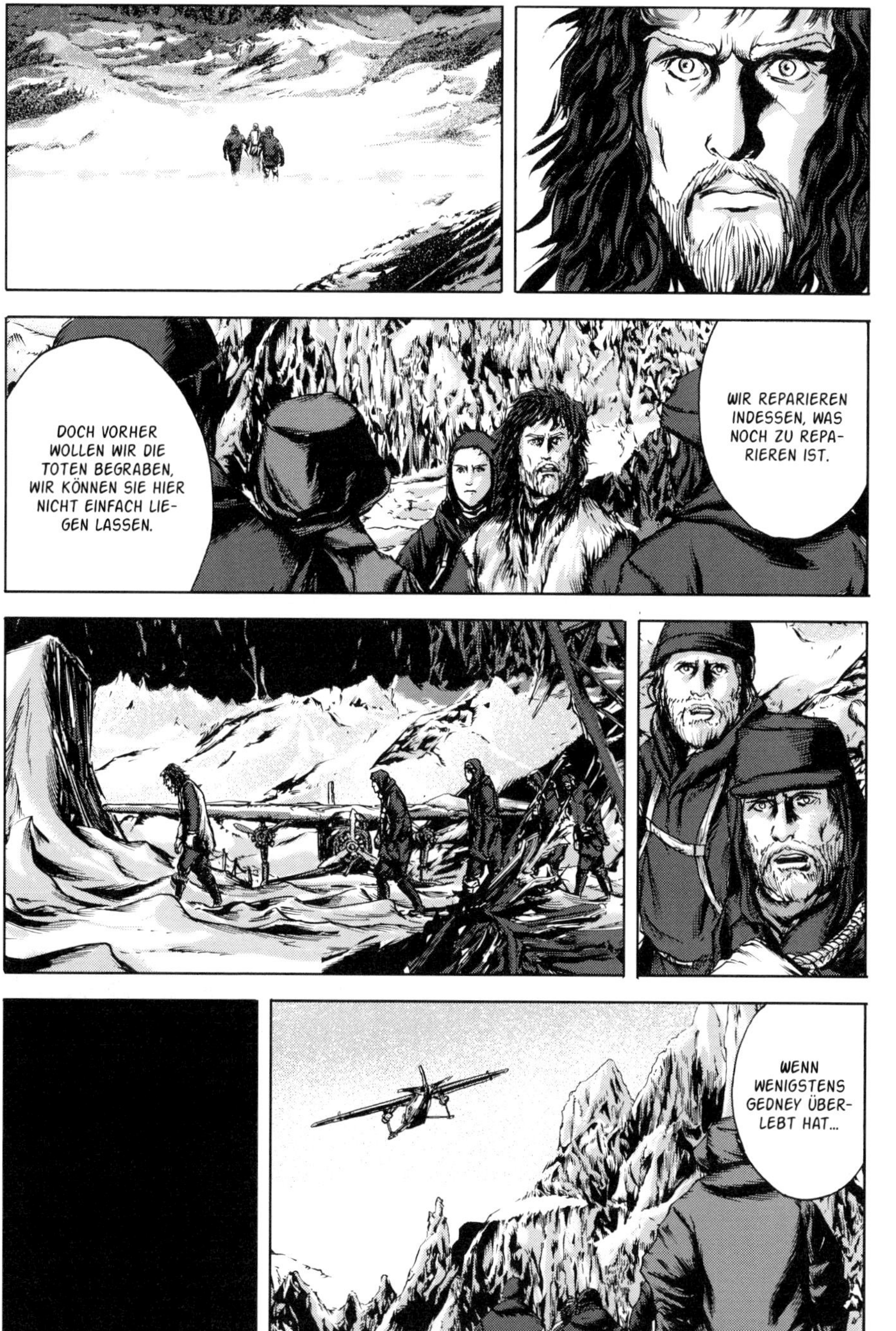
DOCH VORHER WOLLEN WIR DIE TOTEN BEGRABEN, WIR KÖNNEN SIE HIER NICHT EINFACH LIEGEN LASSEN.
WIR REPARIEREN INDESSEN, WAS NOCH ZU REPARIEREN IST.
WENN WENIGSTENS GEDNEY ÜBERLEBT HAT...

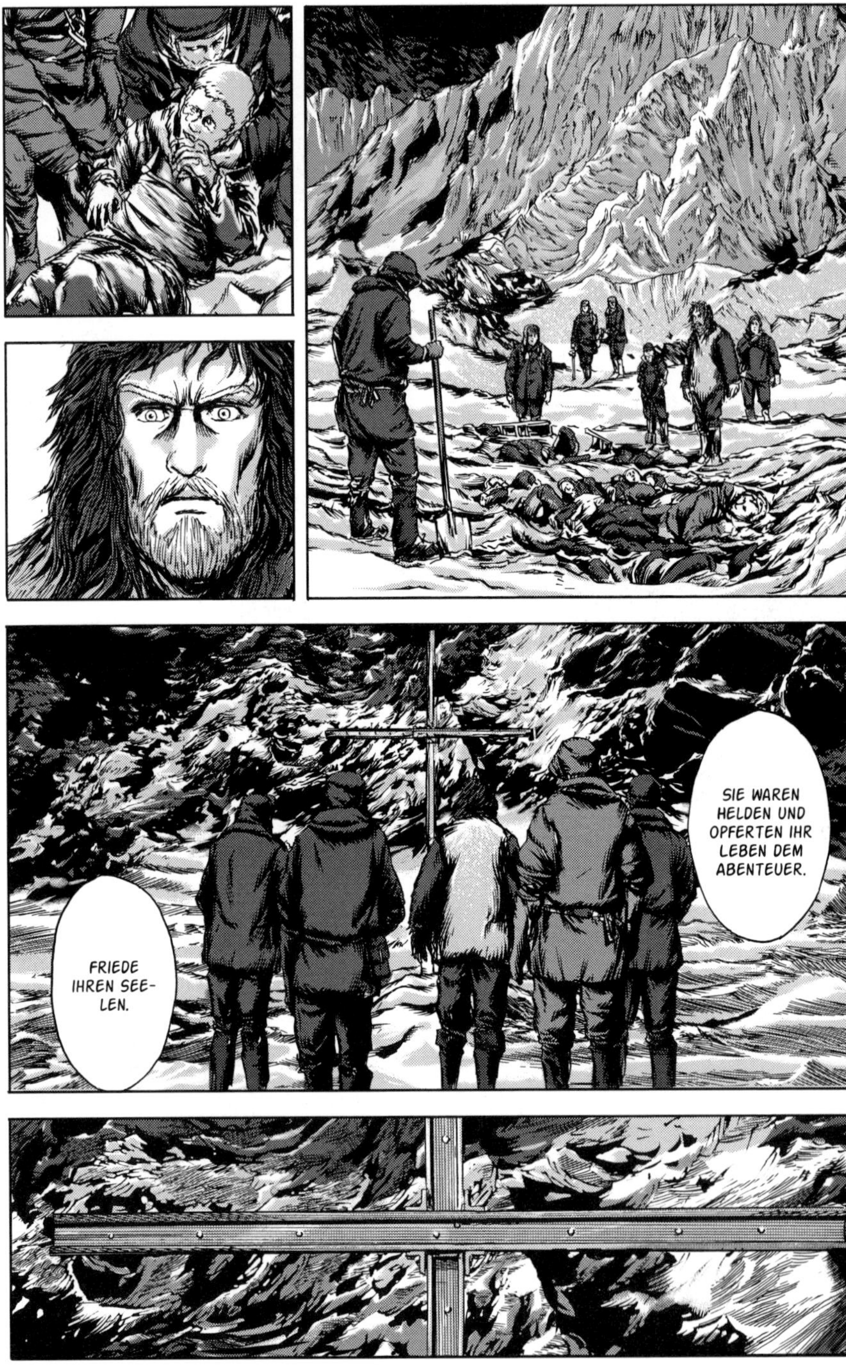
SIE WAREN HELDEN UND OPFERTEN IHR LEBEN DEM ABENTEUER.
FRIEDE IHREN SEE-LEN.

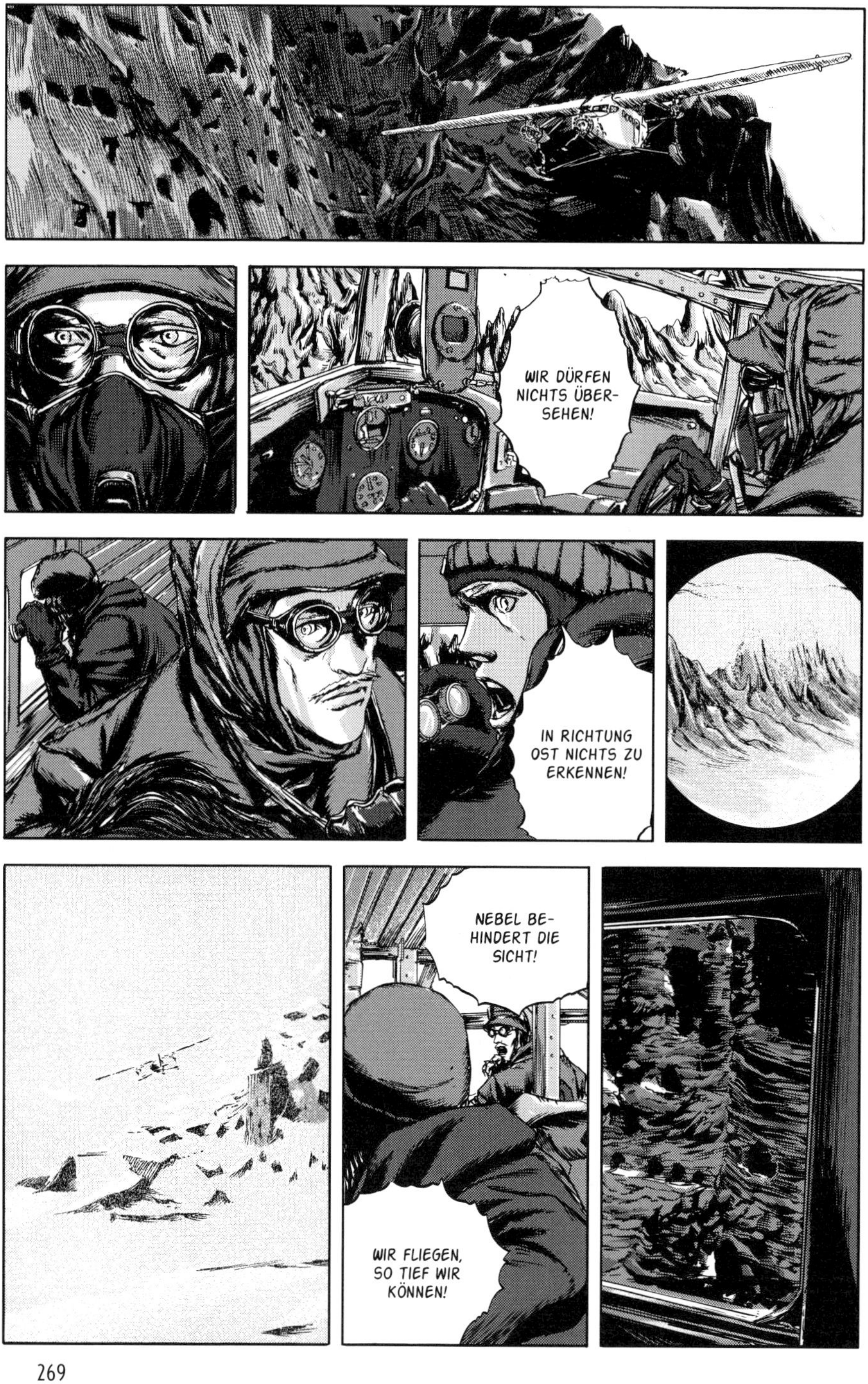
WIR DÜRFEN NICHTS ÜBER-SEHEN!
IN RICHTUNG OST NICHTS ZU ERKENNEN!
NEBEL BE-HINDERT DIE SICHT!
WIR FLIEGEN, SO TIEF WIR KÖNNEN!

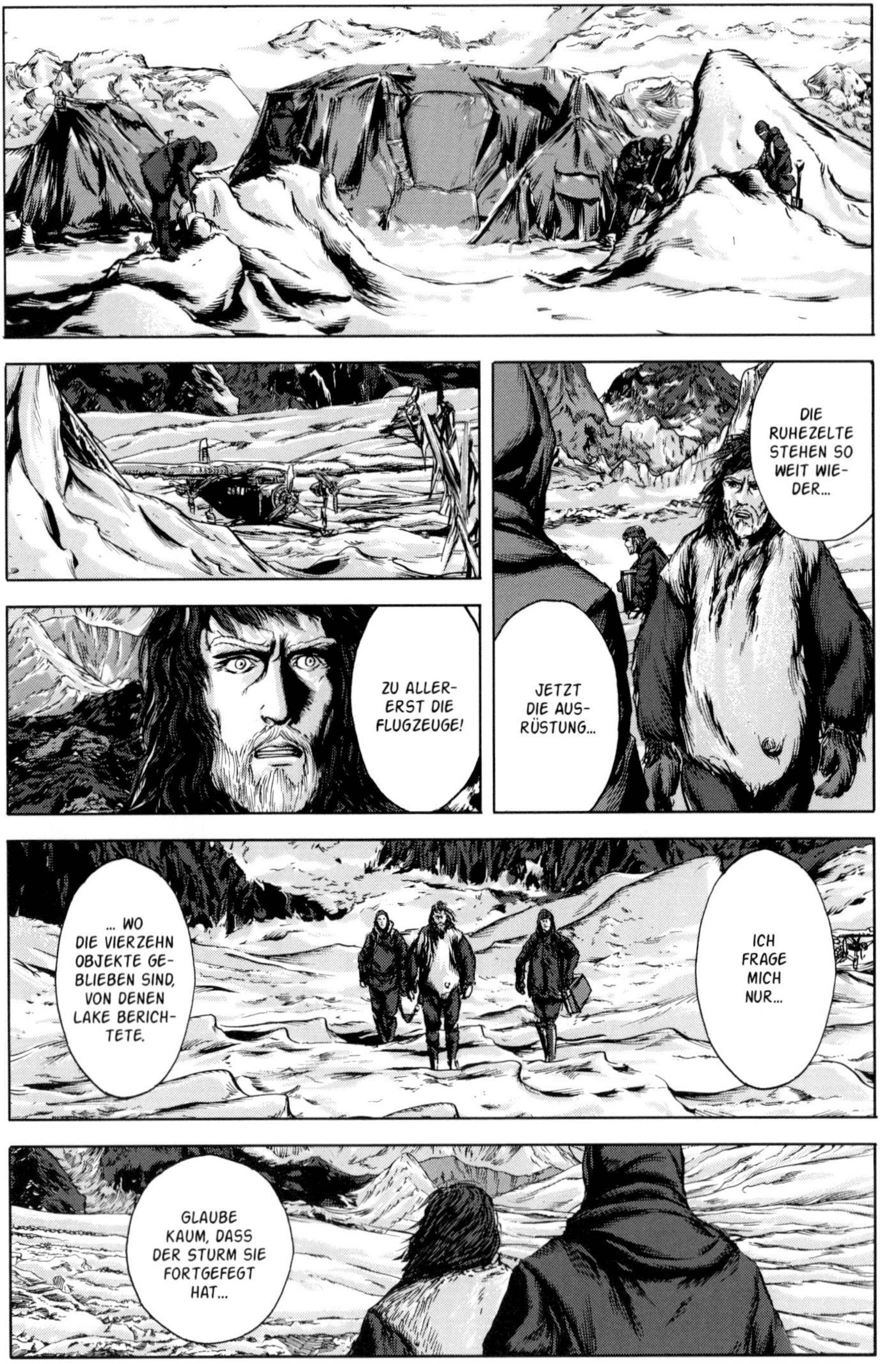
DIE RUHEZELTE STEHEN SO WEIT WIEDER...
JETZT DIE AUSRÜSTUNG...
ZU ALLERERST DIE FLUGZEUGE!
ICH FRAGE MICH NUR...
... WO DIE VIERZEHN OBJEKTE GEBLIEBEN SIND, VON DENEN LAKE BERICHTETE.
GLAUBE KAUM, DASS DER STURM SIE FORTGEFEGT HAT...

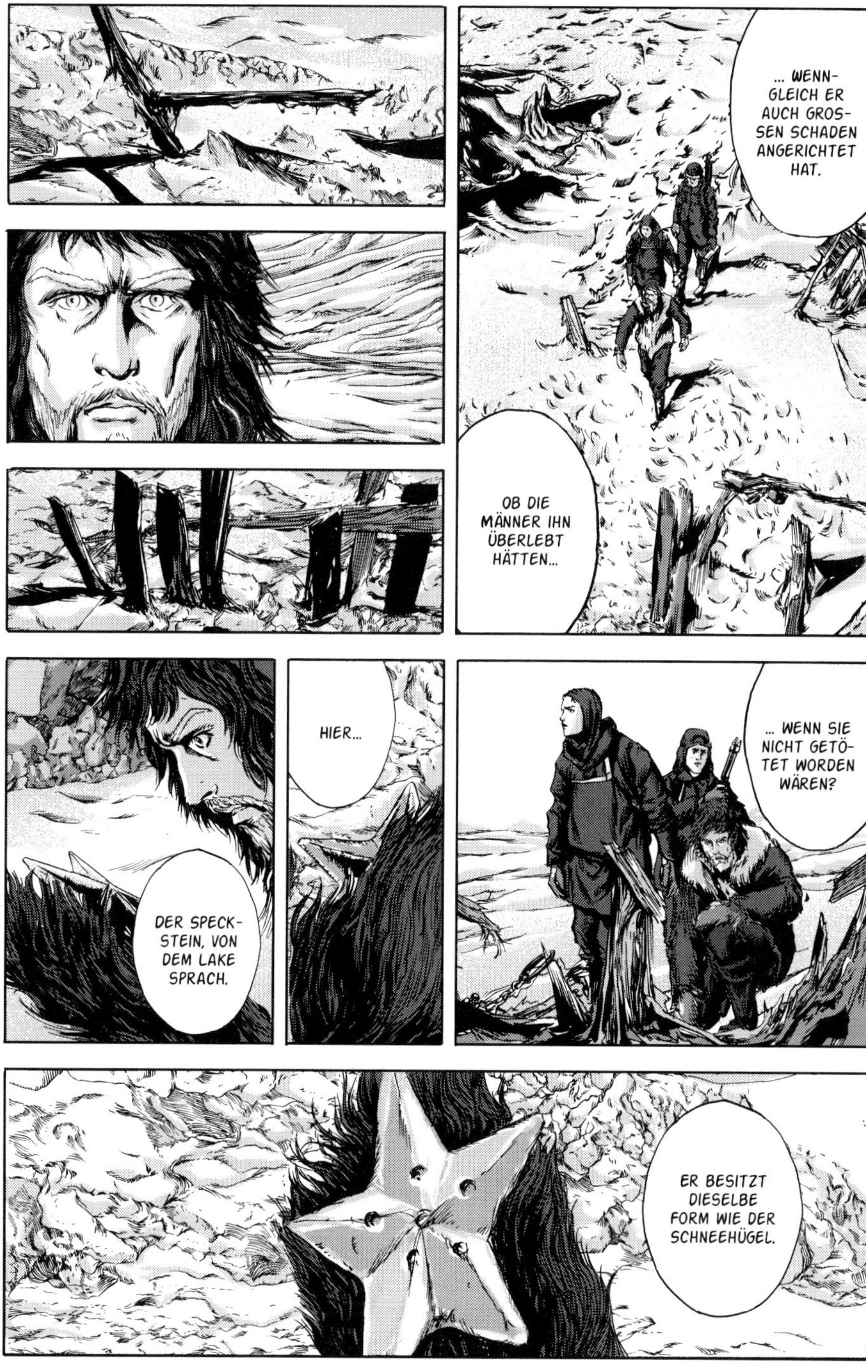

... WENNGLEICH ER AUCH GROSSEN SCHADEN ANGERICHTET HAT.
OB DIE MÄNNER IHN ÜBERLEBT HÄTTEN...
... WENN SIE NICHT GETÖTET WORDEN WÄREN?
HIER...
DER SPECKSTEIN, VON DEM LAKE SPRACH.
ER BESITZT DIESELBE FORM WIE DER SCHNEEHÜGEL.

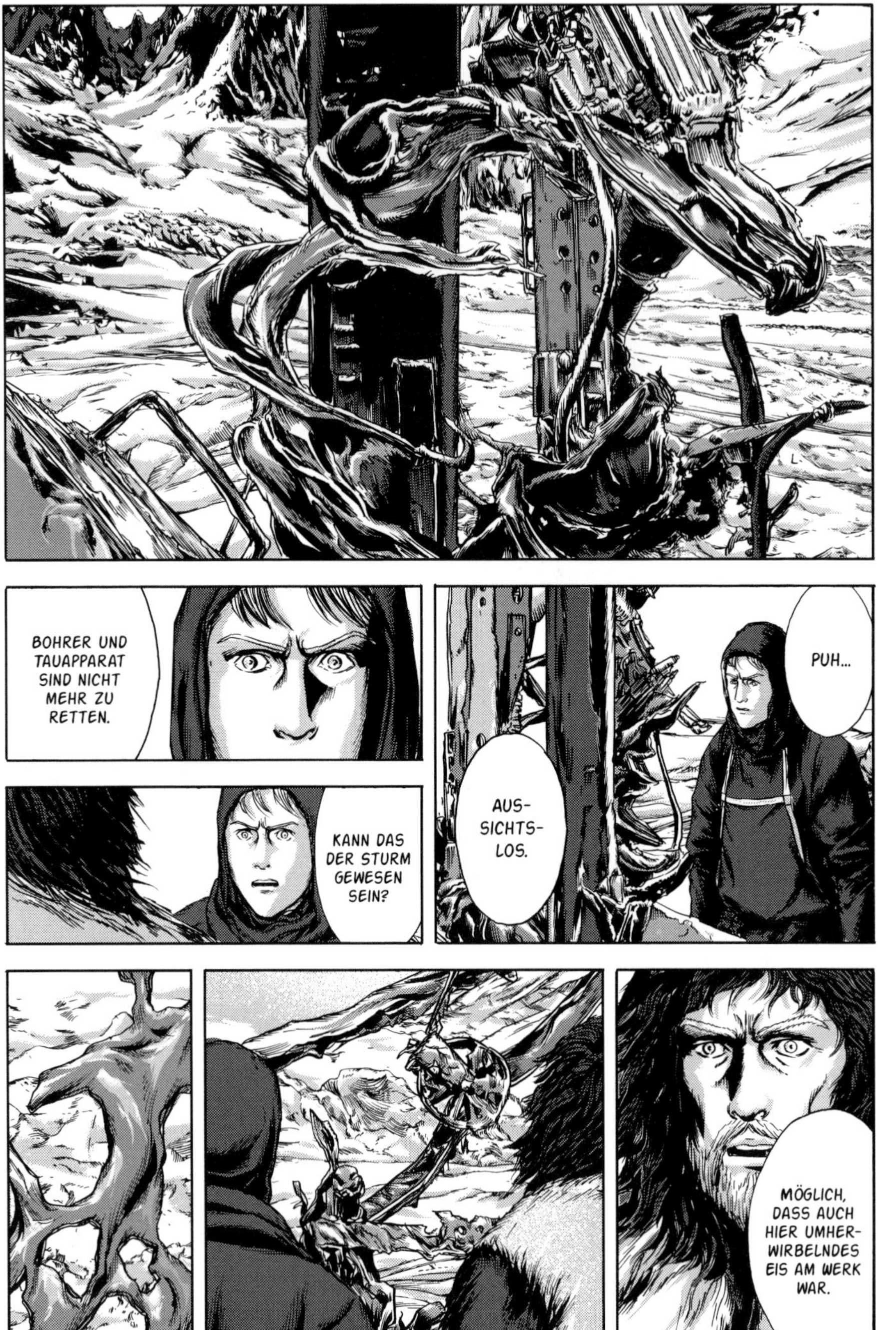

BOHRER UND TAUAPPARAT SIND NICHT MEHR ZU RETTEN.
PUH...
AUS-SICHTS-LOS.
KANN DAS DER STURM GEWESEN SEIN?
MÖGLICH, DASS AUCH HIER UMHER-WIRBELNDES EIS AM WERK WAR.

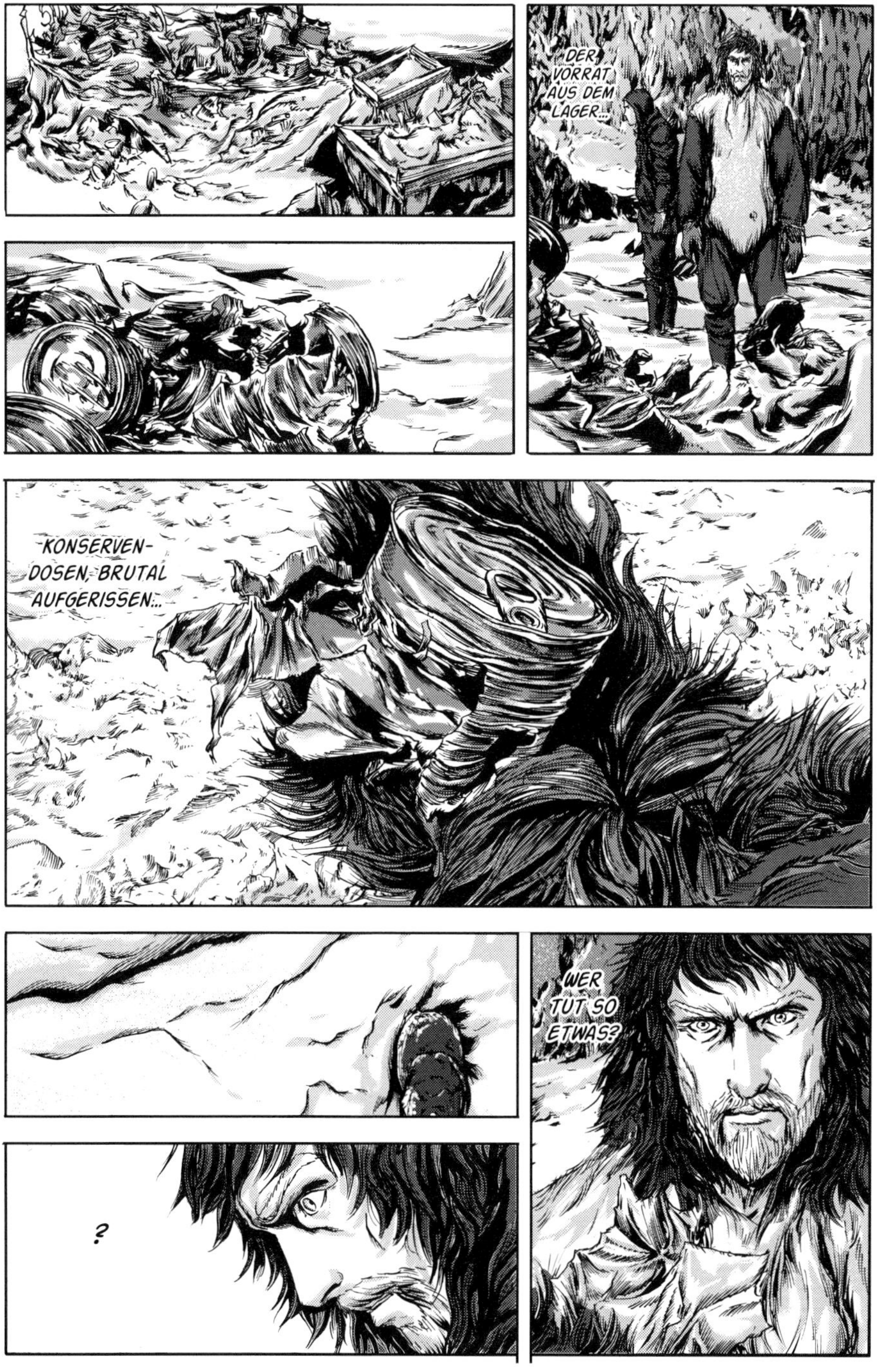
DER VORRAT AUS DEM LAGER…
KONSERVEN-DOSEN, BRUTAL AUFGERISSEN…
WER TUT SO ETWAS?
?

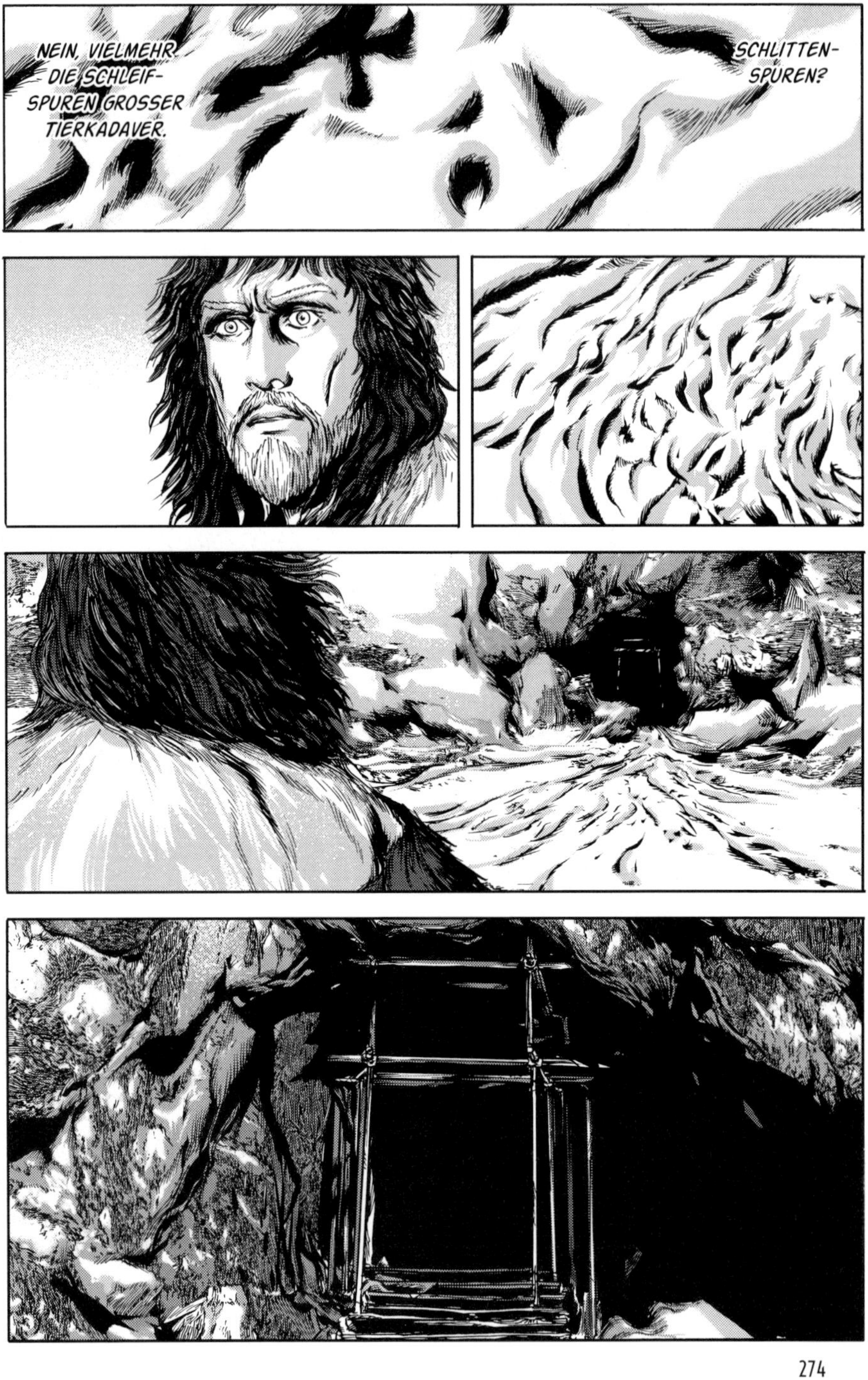
SCHLITTEN-
SPUREN?
NEIN, VIELMEHR DIE SCHLEIF-
SPUREN GROSSER
TIERKADAVER.

12 DER STERNENHÜGEL

Under Five-pointed Mounds

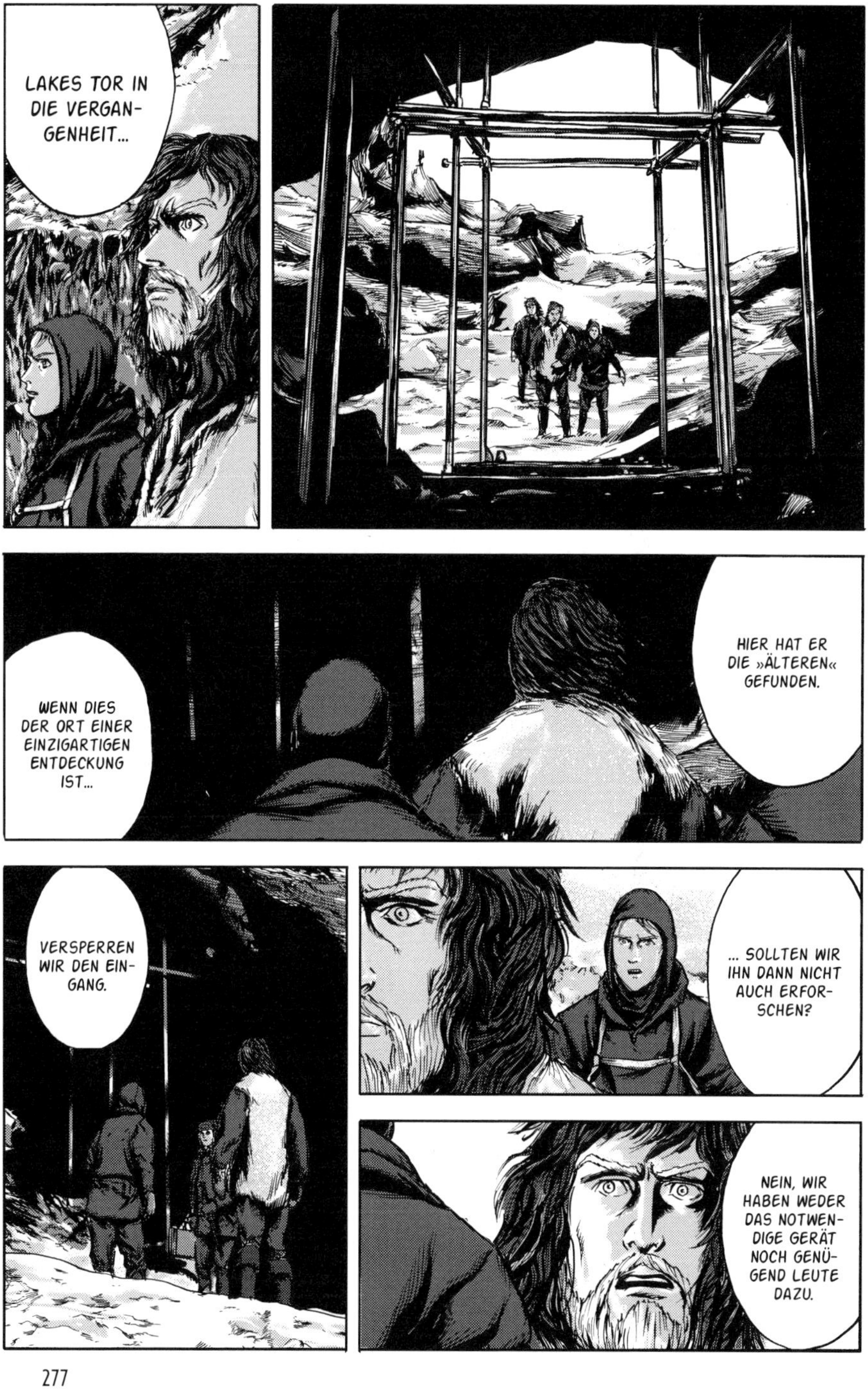
LAKES TOR IN DIE VERGANGENHEIT...
HIER HAT ER DIE »ÄLTEREN« GEFUNDEN.
WENN DIES DER ORT EINER EINZIGARTIGEN ENTDECKUNG IST...
... SOLLTEN WIR IHN DANN NICHT AUCH ERFORSCHEN?
NEIN, WIR HABEN WEDER DAS NOTWENDIGE GERÄT NOCH GENÜGEND LEUTE DAZU.
VERSPERREN WIR DEN EINGANG.

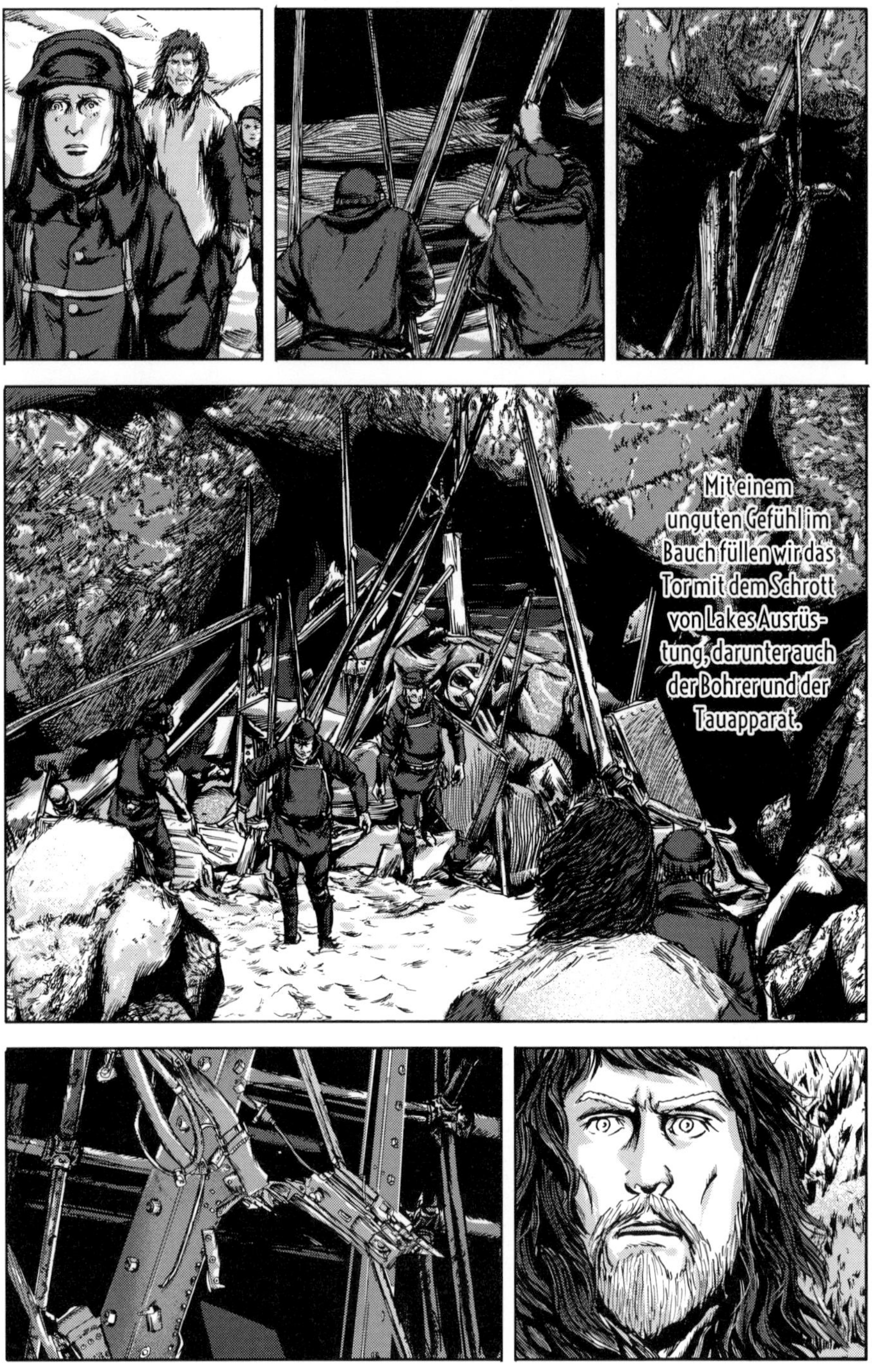
Mit einem unguten Gefühl im Bauch füllen wir das Tor mit dem Schrott von Lakes Ausrüstung, darunter auch der Bohrer und der Tauapparat.

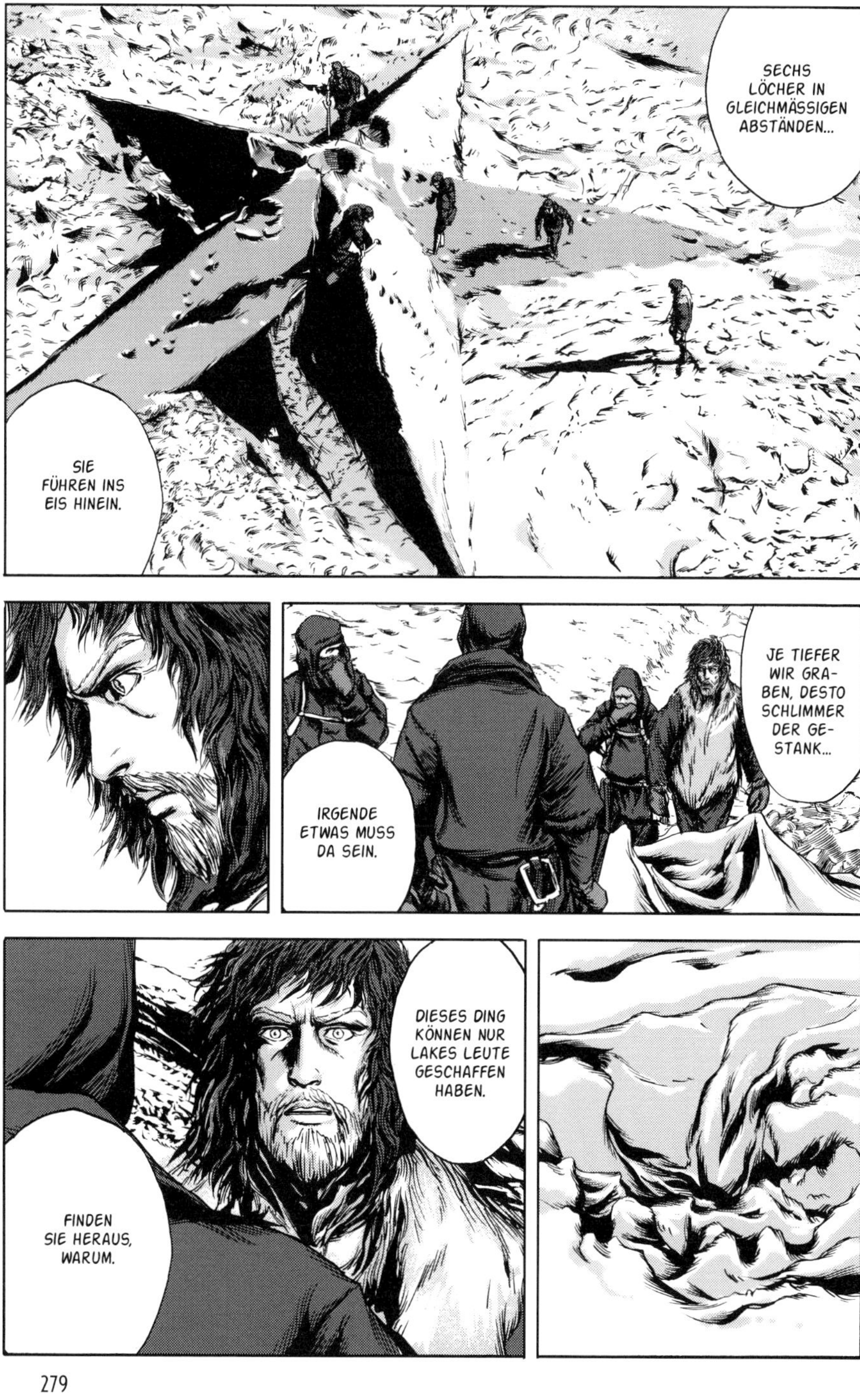
SECHS LÖCHER IN GLEICHMÄSSIGEN ABSTÄNDEN...
SIE FÜHREN INS EIS HINEIN.
JE TIEFER WIR GRABEN, DESTO SCHLIMMER DER GESTANK...
IRGENDE ETWAS MUSS DA SEIN.
DIESES DING KÖNNEN NUR LAKES LEUTE GESCHAFFEN HABEN.
FINDEN SIE HERAUS, WARUM.

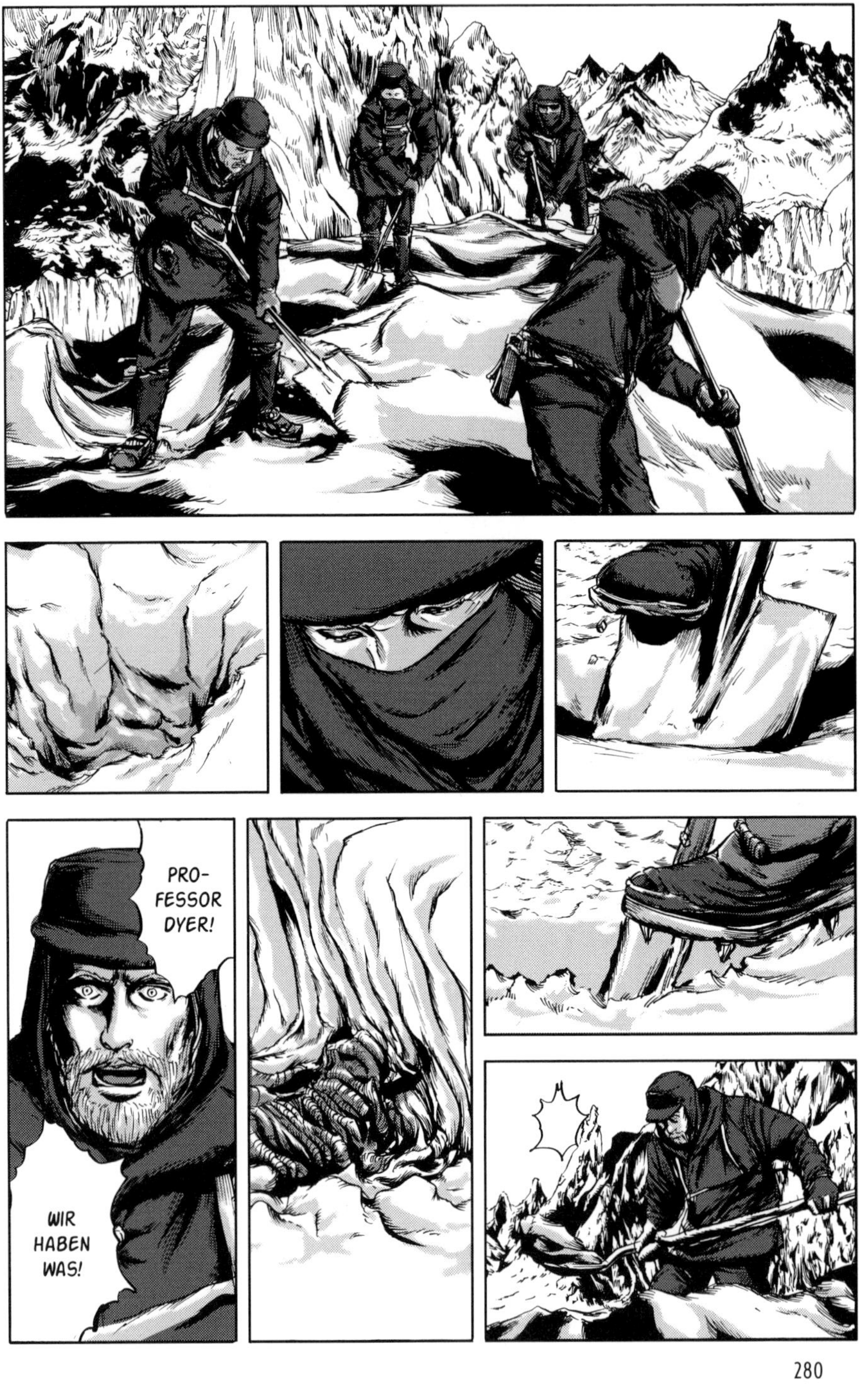
PRO-
FESSOR
DYER!
WIR
HABEN
WAS!

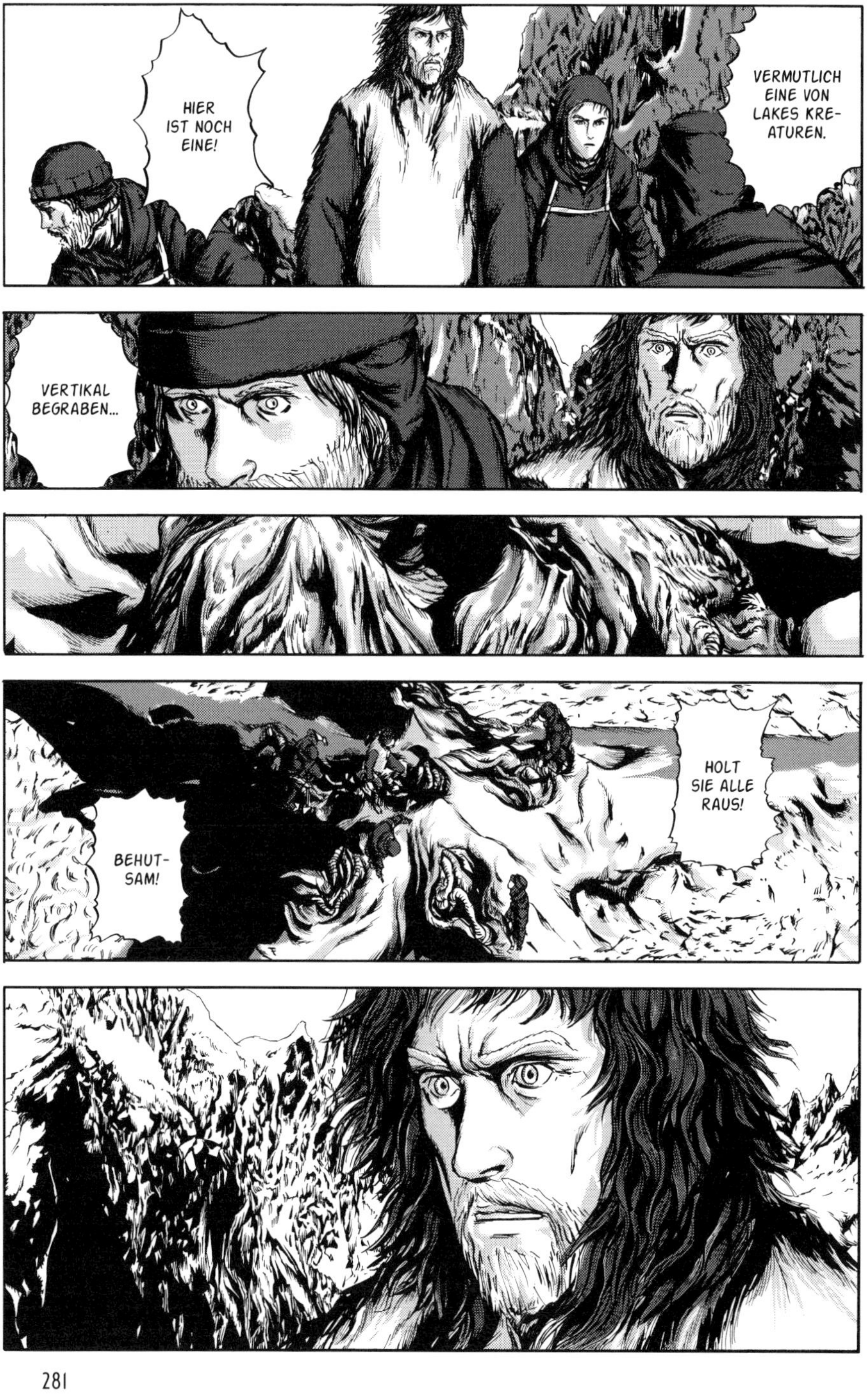
VERMUTLICH EINE VON LAKES KREATUREN.
HIER IST NOCH EINE!
VERTIKAL BEGRABEN...
HOLT SIE ALLE RAUS!
BEHUTSAM!

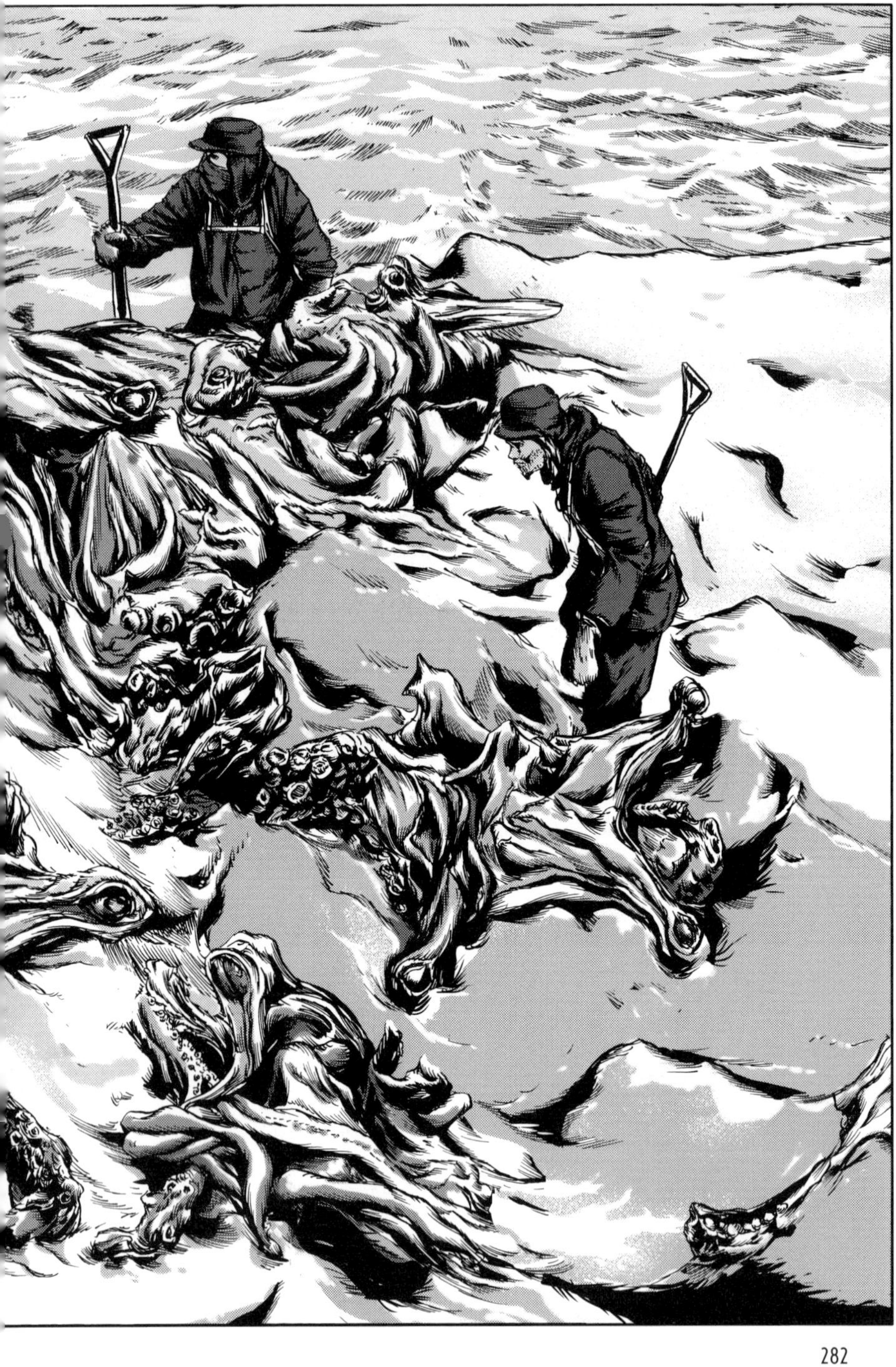

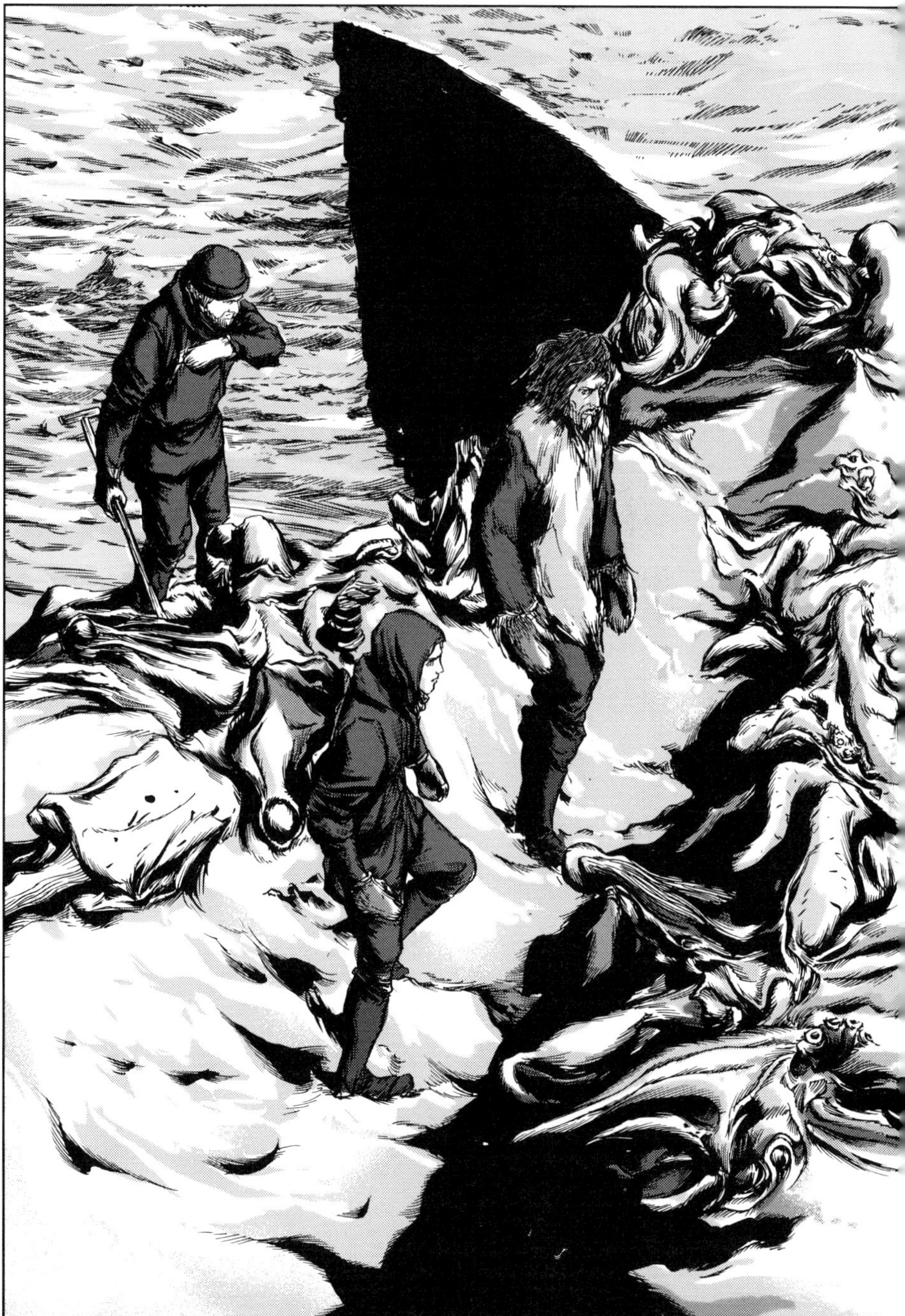

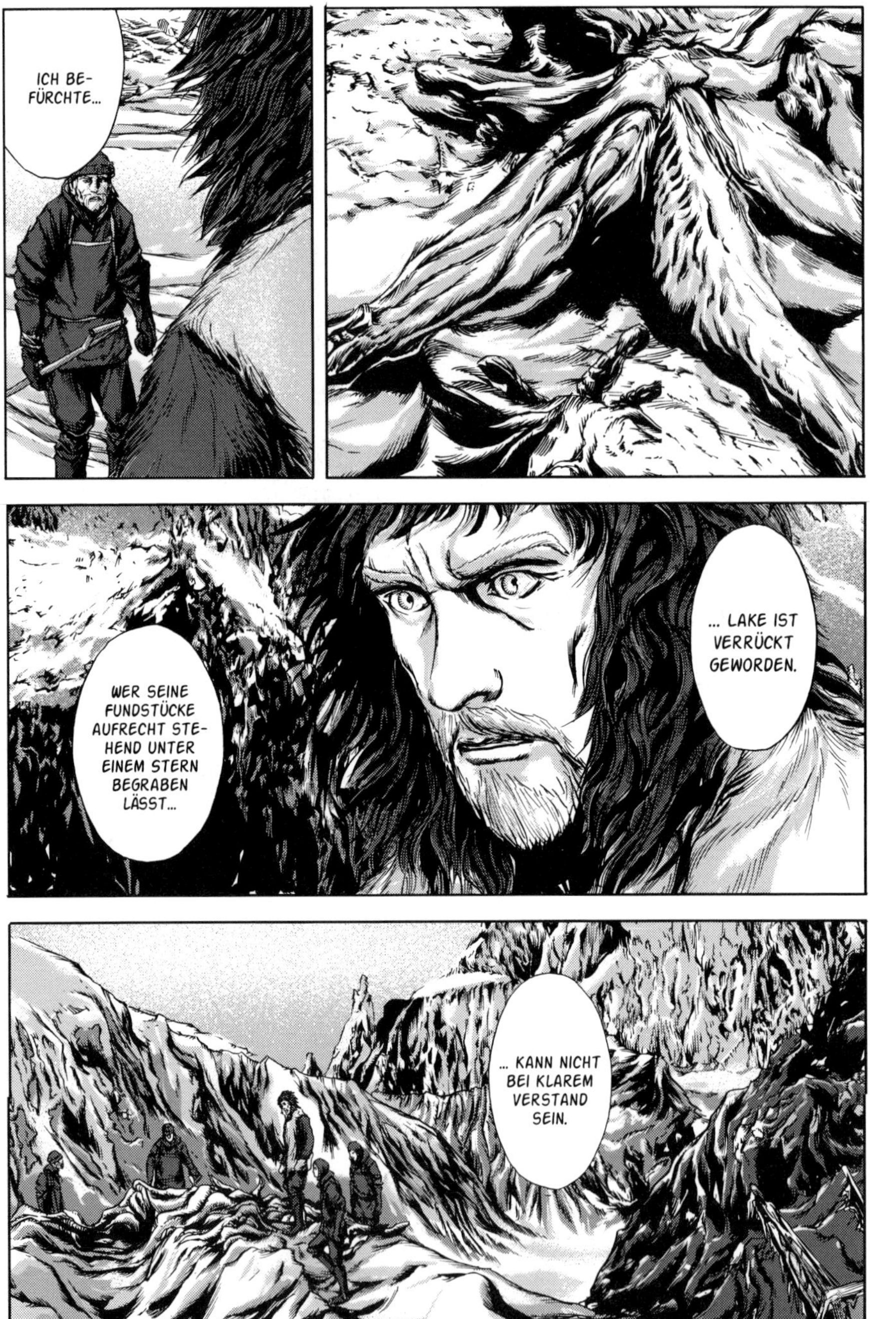
ICH BEFÜRCHTE...
... LAKE IST VERRÜCKT GEWORDEN.
WER SEINE FUNDSTÜCKE AUFRECHT STEHEND UNTER EINEM STERN BEGRABEN LÄSST...
... KANN NICHT BEI KLAREM VERSTAND SEIN.

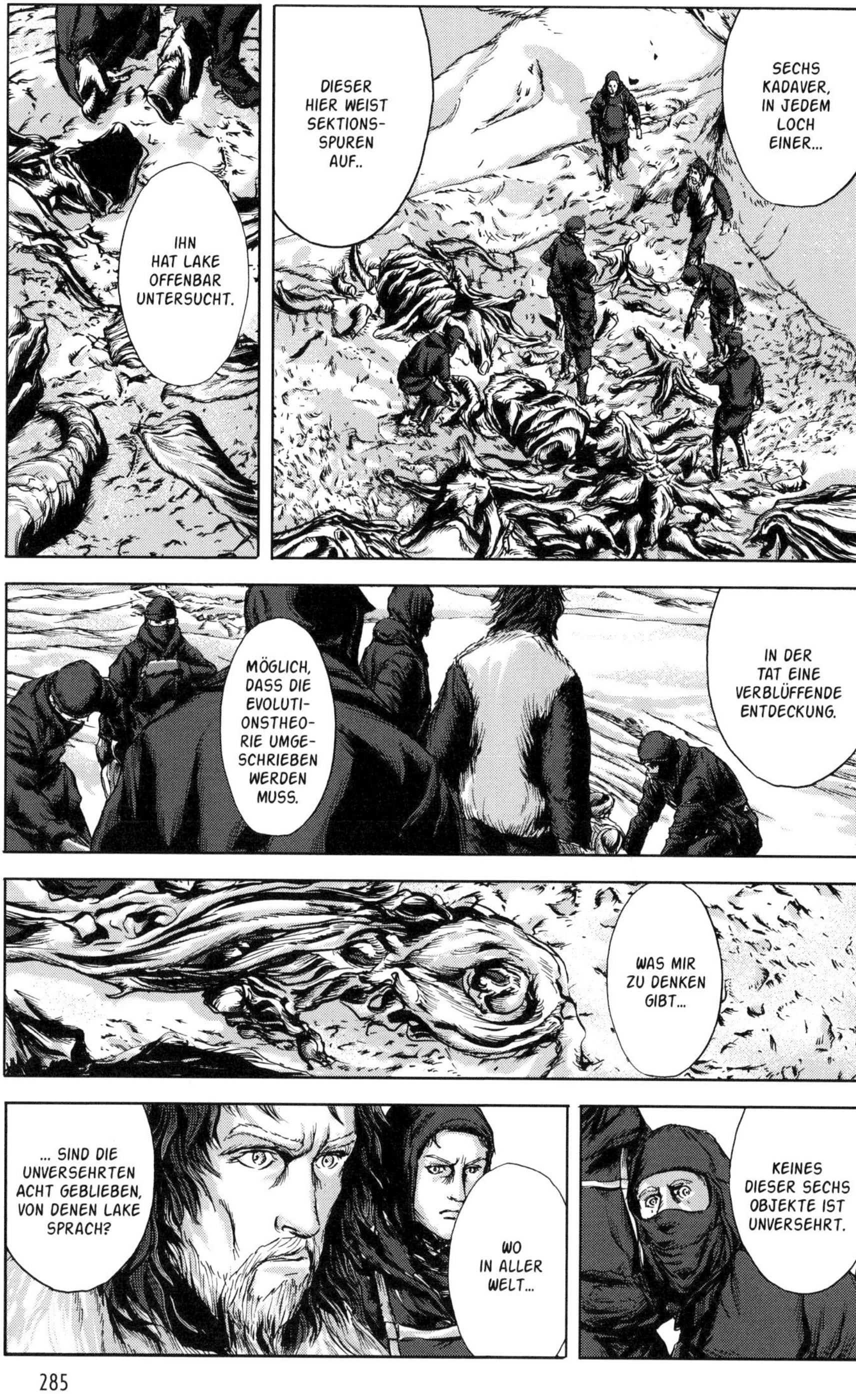
SECHS KADAVER, IN JEDEM LOCH EINER...
DIESER HIER WEIST SEKTIONS-SPUREN AUF..
IHN HAT LAKE OFFENBAR UNTERSUCHT.
IN DER TAT EINE VERBLÜFFENDE ENTDECKUNG.
MÖGLICH, DASS DIE EVOLUTI-ONSTHEO-RIE UMGE-SCHRIEBEN WERDEN MUSS.
WAS MIR ZU DENKEN GIBT...
KEINES DIESER SECHS OBJEKTE IST UNVERSEHRT.
WO IN ALLER WELT...
... SIND DIE UNVERSEHRTEN ACHT GEBLIEBEN, VON DENEN LAKE SPRACH?

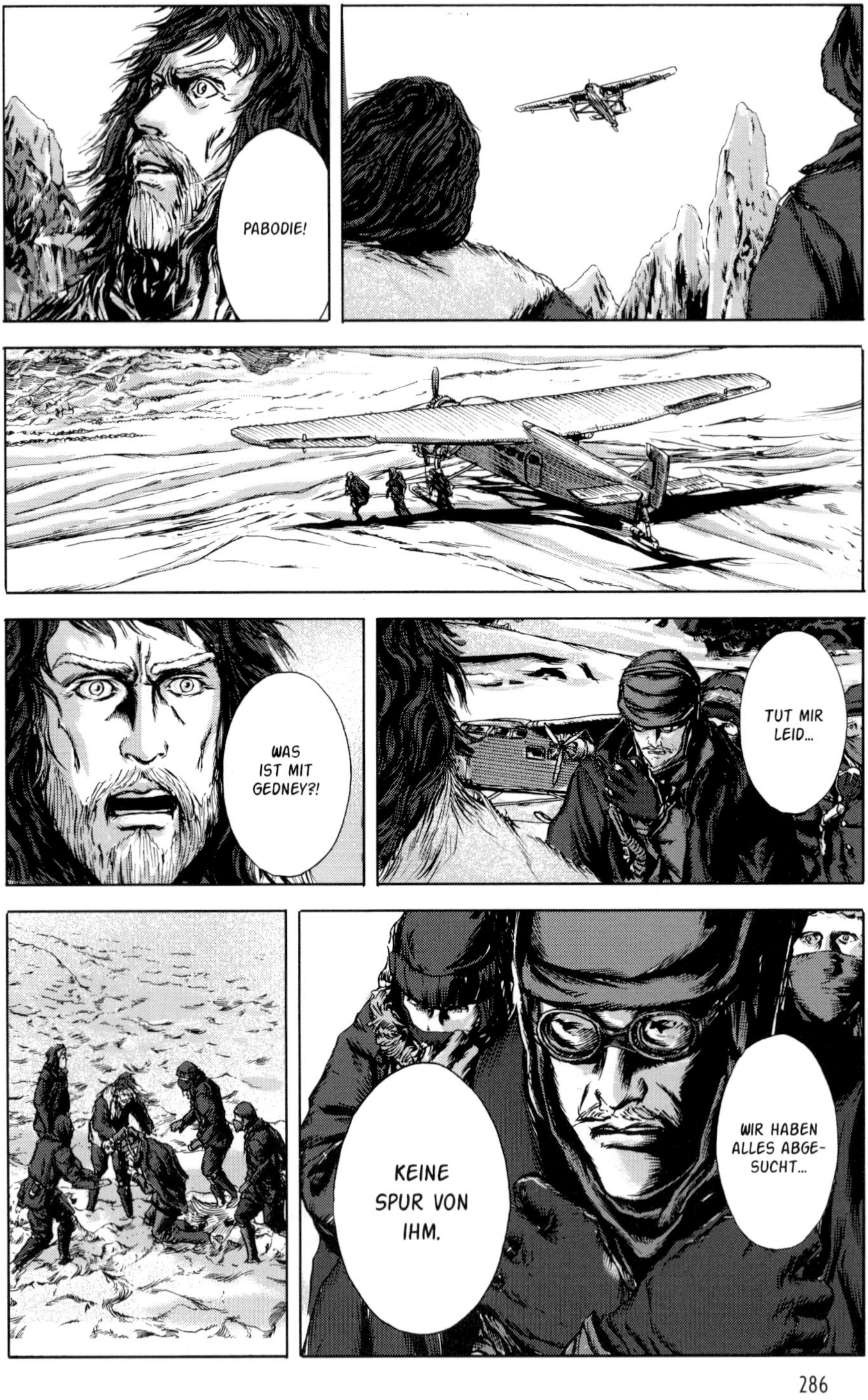
PABODIE!
WAS IST MIT GEDNEY?!
TUT MIR LEID...
WIR HABEN ALLES ABGE-SUCHT...
KEINE SPUR VON IHM.

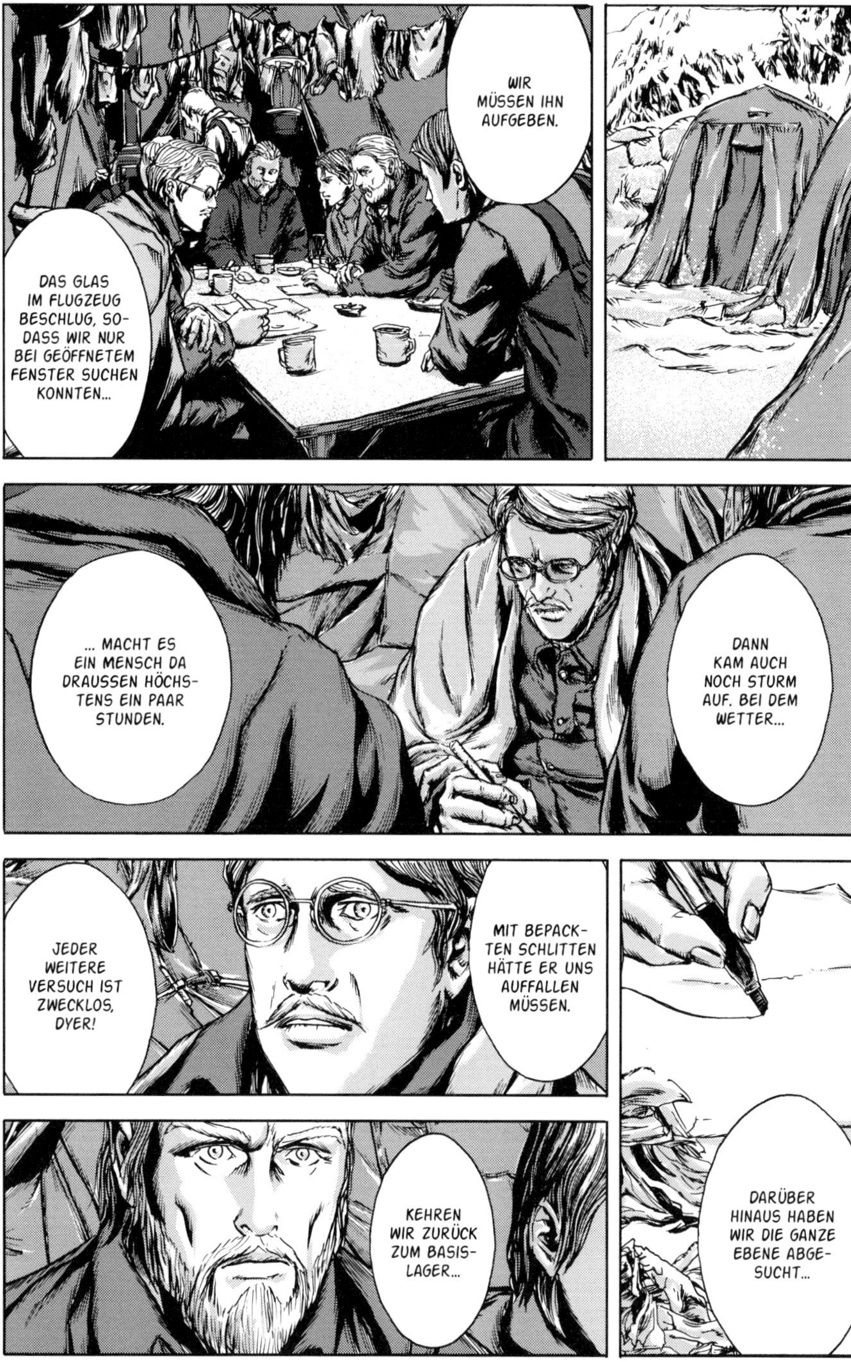

WIR MÜSSEN IHN AUFGEBEN.
DAS GLAS IM FLUGZEUG BESCHLUG, SO-DASS WIR NUR BEI GEÖFFNETEM FENSTER SUCHEN KONNTEN...
... MACHT ES EIN MENSCH DA DRAUSSEN HÖCHS-TENS EIN PAAR STUNDEN.
DANN KAM AUCH NOCH STURM AUF. BEI DEM WETTER...
JEDER WEITERE VERSUCH IST ZWECKLOS, DYER!
MIT BEPACK-TEN SCHLITTEN HÄTTE ER UNS AUFFALLEN MÜSSEN.
KEHREN WIR ZURÜCK ZUM BASIS-LAGER...
DARÜBER HINAUS HABEN WIR DIE GANZE EBENE ABGE-SUCHT...

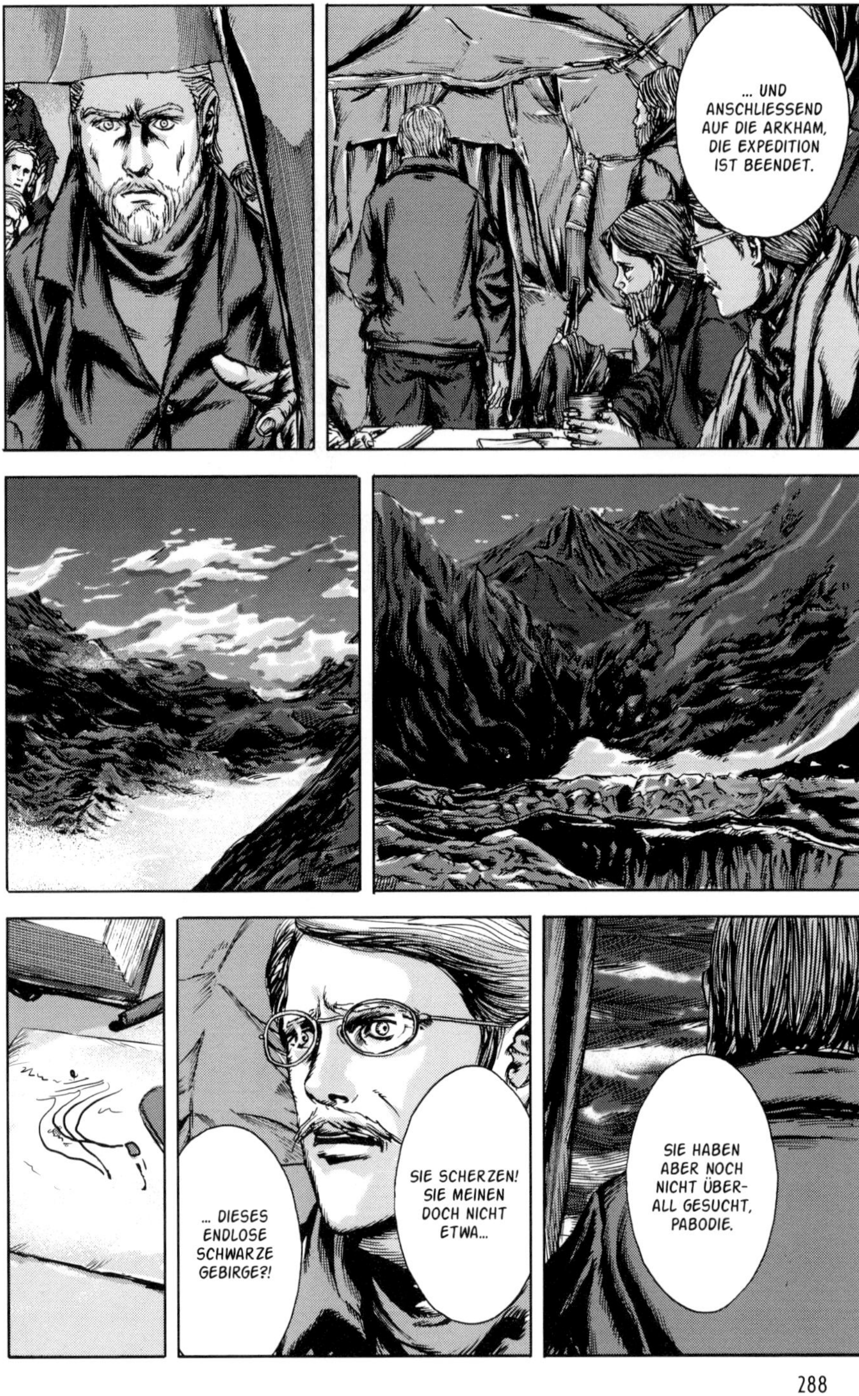
... UND ANSCHLIESSEND AUF DIE ARKHAM, DIE EXPEDITION IST BEENDET.
SIE HABEN ABER NOCH NICHT ÜBERALL GESUCHT, PABODIE.
SIE SCHERZEN! SIE MEINEN DOCH NICHT ETWA...
... DIESES ENDLOSE SCHWARZE GEBIRGE?!

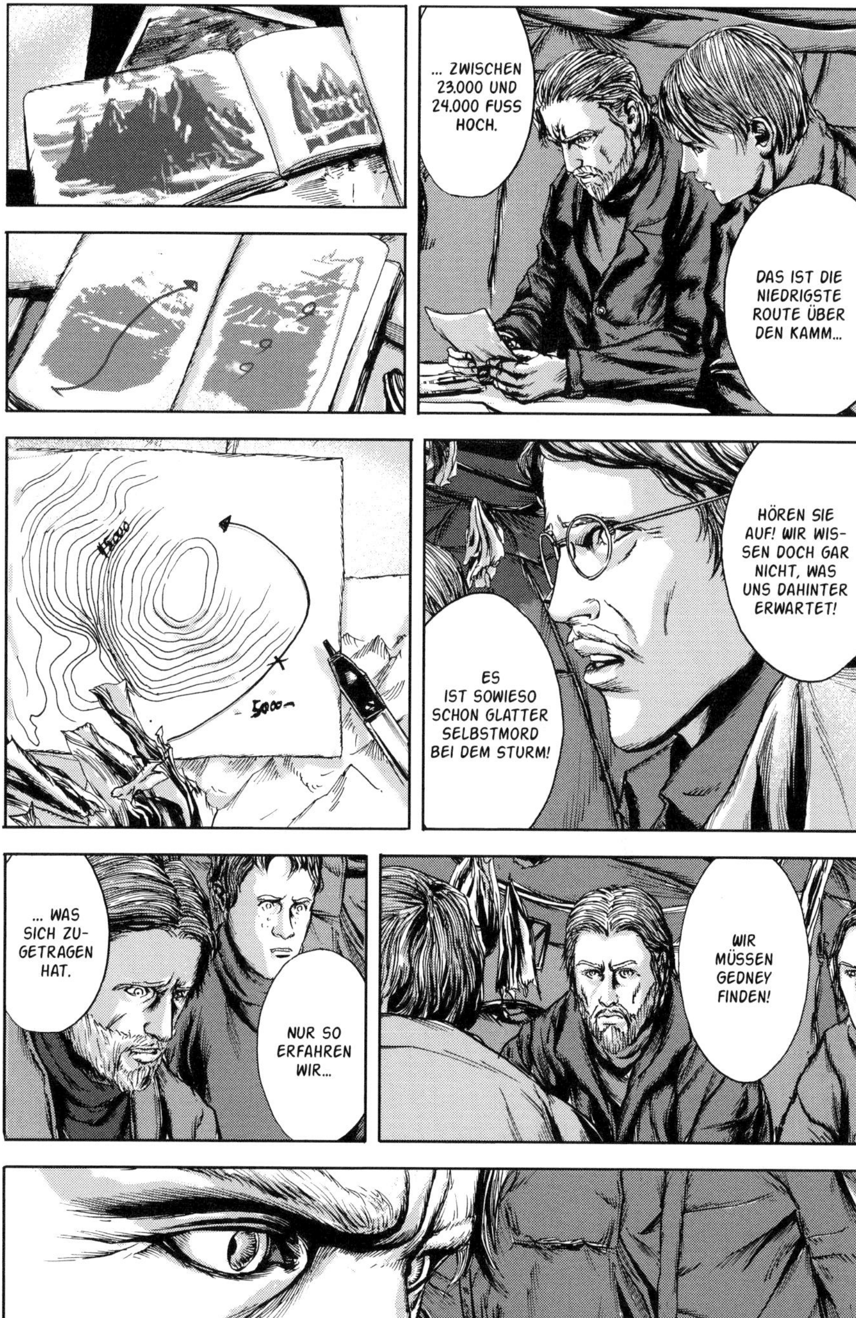
DAS IST DIE NIEDRIGSTE ROUTE ÜBER DEN KAMM...
... ZWISCHEN 23.000 UND 24.000 FUSS HOCH.
HÖREN SIE AUF! WIR WISSEN DOCH GAR NICHT, WAS UNS DAHINTER ERWARTET!
ES IST SOWIESO SCHON GLATTER SELBSTMORD BEI DEM STURM!
WIR MÜSSEN GEDNEY FINDEN!
NUR SO ERFAHREN WIR...
... WAS SICH ZUGETRAGEN HAT.

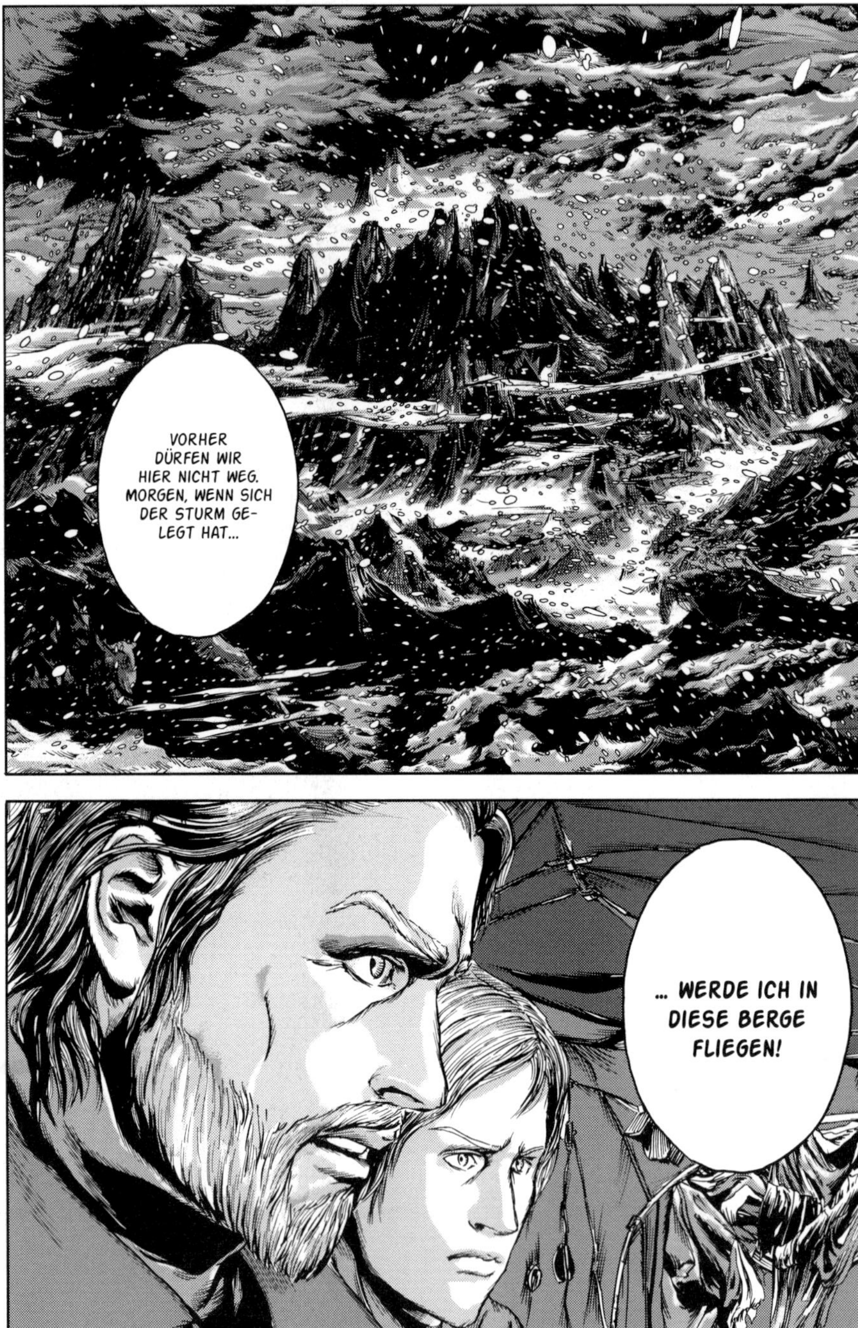
VORHER DÜRFEN WIR HIER NICHT WEG. MORGEN, WENN SICH DER STURM GE-LEGT HAT...
... WERDE ICH IN DIESE BERGE FLIEGEN!

ENDE

»Berge des Wahnsinns« Teil 1

von H. P. Lovecraft

Pechschwarze Berge, eine unbekannte Lebensform und ein grausiges Schauspiel, das jede Vorstellung übersteigt.

Um herauszufinden, was Lake und seine Männer getötet hat, begibt sich Dyer auf die Suche nach Gedney …

… und damit auch in Sphären, die kein Mensch betreten darf.

Fortsetzung folgt in H. P. Lovecraft
»Berge des Wahnsinns« Teil 2

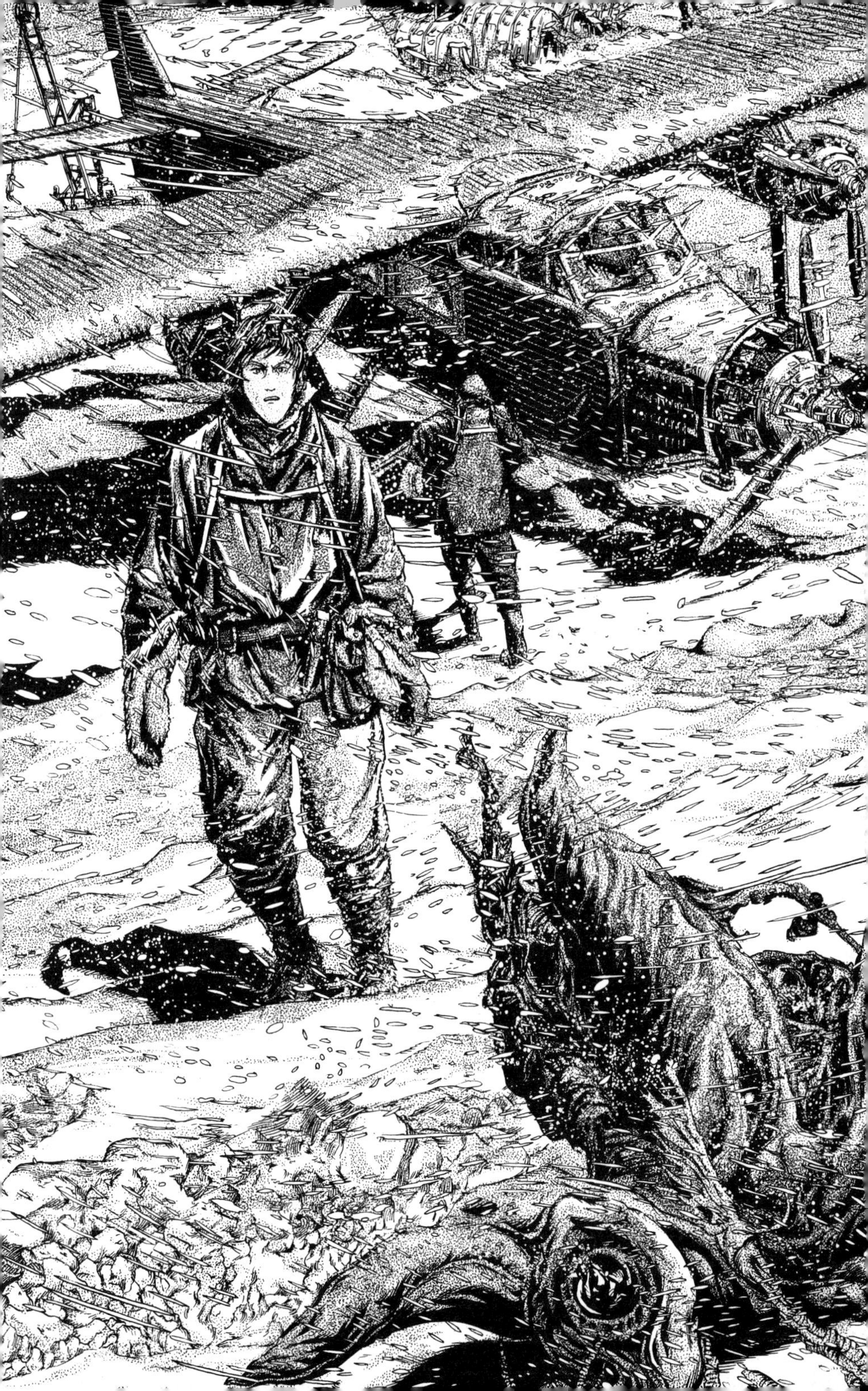

Carlsen Manga! News –
jeden Monat neu per E-Mail!
www.carlsenmanga.de
www.carlsen.de

Wir behalten uns die Nutzung unserer Inhalte für Text- und Data-Mining im Sinne von § 44b UrhG ausdrücklich vor.

CARLSEN MANGA
© 2020 Carlsen Verlag GmbH | Völkersstraße 14-20, 22765 Hamburg
Aus dem Japanischen von Jens Ossa
KYOKI NO SANMYAKU NITE LOVECRAFT KESSAKUSHU vol. 1, 2
© Tanabe Gou 2016, 2017
First published in Japan in 2016, 2017 by
KADOKAWA CORPORATION, Tokyo.
German translation rights arranged with
KADOKAWA CORPORATION, Tokyo
through TOHAN CORPORATION, Tokyo
Redaktion: Petra Lohmann
Textbearbeitung: Germann Bergmann
Herstellung: Karen Kollmetz/Maria Niemann
Alle deutschen Rechte vorbehalten
ISBN 978-3-551-72456-4
Bei Fragen zum Produkt: carlsen.de/kontakt

VERANTWORTUNG · PRODUZIERT MIT
MIX
Papier | Fördert gute Waldnutzung
FSC www.fsc.org
FSC® C002795

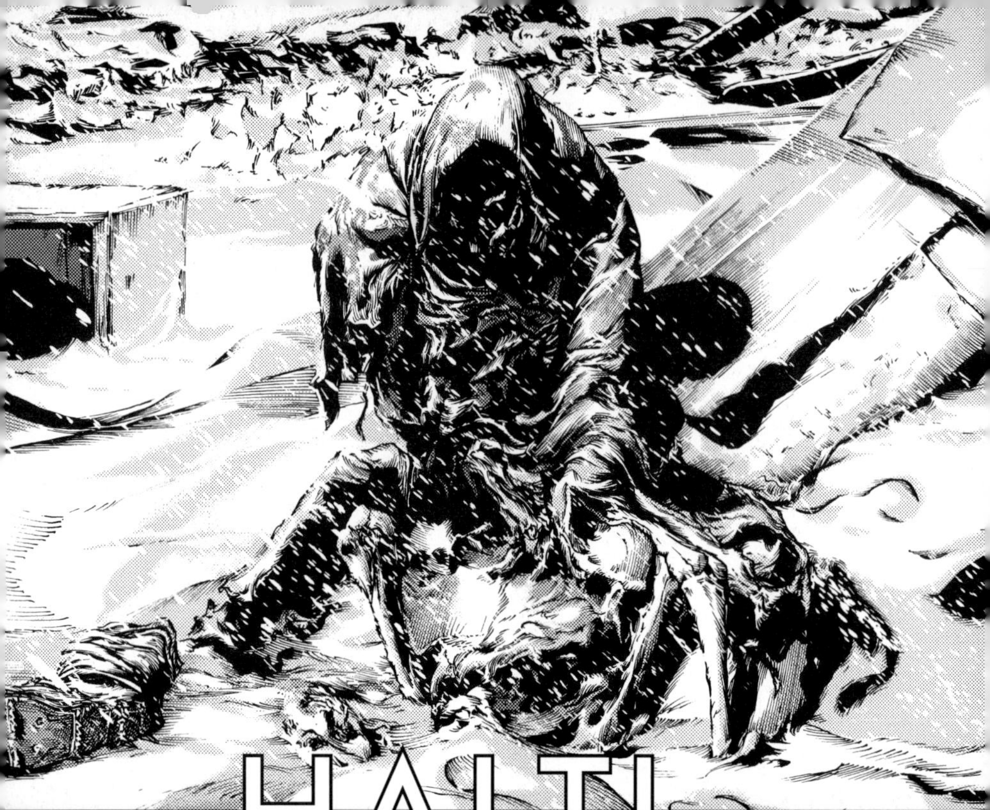

HALT!

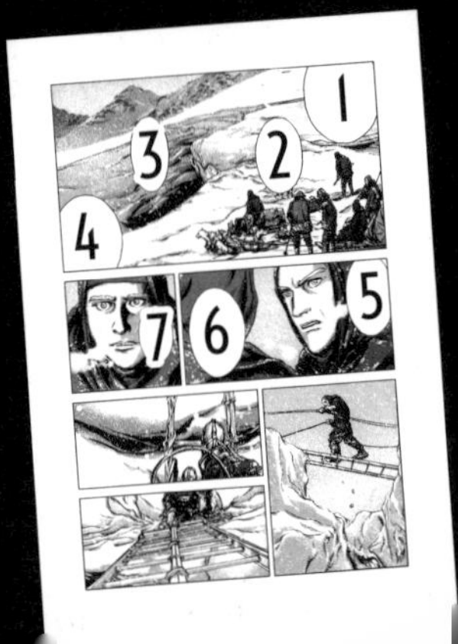

BERGE DES WAHNSINNS ist eine japanische Serie, und in Japan wird von hinten nach vorn und von rechts nach links gelesen. Man schlägt diesen Manga also hinten auf und blättert ihn nach vorn durch. Auch die Bilderfolgen und der Erzähl- bzw. Lesefluss funktionieren auf den Seiten von rechts oben nach links unten – wie in der kleinen Grafik hier gezeigt.

Wir wünschen unheimlich gute Unterhaltung mit H. P. Lovecraft!